어린이 문학에 나타난

힘과 목소리, 주체성

POWER, VOICE AND SUBJECTIVITY IN LITERATURE FOR YOUNG READERS

Power, Voice and Subjectivity in Literature for Young Readers
by Maria Nikolajeva

Authorized translation from English language edition published by Routlegde Inc.,
part of Taylor & Francis Group LLC.

This edition is published by arrangement with Taylor & Francis and Fancis Group LLC,
through Shin Agency.

어린이 문학에 나타난

힘과 목소리, 주체성

POWER, VOICE AND SUBJECTIVITY IN LITERATURE FOR YOUNG READERS

마리아 니꼴라예바 Maria Nikolajeva 지음

고선주 | 구은혜 | 권미경 | 김현경 | 나선희 | 송정 옮김

(주)교 문 사

마리아 니꼴라예바의 최신 저서 『어린이 문학에 나타난 힘과 목소리, 주체성_Power, Voice and Subjectivity in Literature for Young Readers』(2010)를 우리말로 내놓습니다. 국내에 소개되는 니꼴라예바의 네 번째 책입니다. 앞서 번역된 니꼴라예바의 저서로는 김서정 선생님이 옮긴 『용의 아이들_Children's Literature Comes of Age』, 조희숙 선생님 팀이 옮긴 『아동문학의 미학적 접근_Aesthetic Approaches to Children's Literature』, 서정숙과 한국어린이문학교육학회 그림책 연구팀이 옮긴 캐롤 스콧과의 공저 『그림책을 보는 눈: 그림책의 분석과 비평_How Picturebooks Work』 등이 있습니다.

새로 선보이는 니꼴라예바의 최선 저서는 영어권의 어린이 대상 문학 작품을 포함해 북유럽, 러시아, 브라질 등에서 출간된 작품들에 대한 비평을 담은 것으로 현재 지구 둘레 아이들이 즐겨 읽고 있는 책에 대한 정보가 가득합니다. 그러한 저서들은 어린이문학을 어떻게 바라볼 것인가와 같은 기본적인 질문과 관련하여 다양한 관점을 제시하기도 합니다. 어린이문학을 어른의 규범에 맞춰 따라가기로 정의하고 있으며 언어와 비언어 사이의 소통, 장르, 시간(時間), 장소, 성, 목소리, 사상, 종(種), 시각화 등에서 여러 작품을 분석하고 있습니다.

저자는 각 차원에서 어른 작가가 어린이를 대상으로 쓴 작품 내부에서의 타자화, 어른과 어린이라는 두 개의 다른 세계의 부딪힘을 두 개의 다른 논리의 공존 즉, '달리 보기'로 제안합니다. 서문에서 저자가 밝힌 것처럼 여기에 실린 글들은 최근 몇 해 동안 발표한 논문과 연설문을 한층 더 발전시킨 것이어서 장마다 새로운 읽을거리와 연구거리를 던져주고 있으며, 어린이문학에 대한 시각과 연구 방향이 앞으로 어떻게 바뀌고 진행될까? 또 우리가 간과하고 있는 점은 무엇일까? 되묻게 만듭니다.

2009년에 새로운 읽을거리를 찾아 인터넷을 서핑 하던 중 우연히 이 책의 발간 정보를 접하고 바로 번역 준비에 들어갔습니다. 고선주가 목소리의 타자화(8장), 이데올로기의 타자화(9장)를, 구은혜가 의미의 타자화(2장)와 배경의 타자화(6장)를, 권미경이 〈해리포터〉와 아동문학의 비밀(1장)과 미래의 타자화(5장)를, 김현경이 어린이의 타자화(4장)와 종(種)의 타자화(10장)를, 나선희가 시각적인 것의 타자화(11장)와 독자의 타자화(12장)를, 송정이 장르의 타자화(3장)와 성의 타자화(7장)를 담당하였습니다. 함께 공부하자는 처음의 취지대로 우리말로 옮기고 수정하면서 생각거리를 나누고 또 얻었습니다. 아직 다하지 못했지만, 어디 끝이 있겠는가 싶은 마음에 탈고합니다. 이제, 독자 여러분의 따뜻한 애정 어린 비평을 기다려봅니다. 고맙습니다.

2012년 녹음을 바라보며
번역자 드림

차례

역자 서문 _1
들어가면서 _6

01 CHAPTER
〈해리포터〉와 아동문학의 비밀 19

카니발의 시작 : 아동문학의 약속 24
카니발의 지속 : 절정의 주인공 26
카니발의 종료 : 성인의 승리 29
반복되는 카니발 : 후편의 목적 31
카니발에 대한 의문 : 연령주의의 영구성 34

02 CHAPTER
의미의 타자화 : 언어와 (비)언어소통 39

헌드레드 에이커 숲에 나타난 권력과 억압 50

03 CHAPTER
장르의 타자화 : 판타지와 리얼리즘 63

카니발로서의 판타지 65
시간의 힘 69
어린이 편에 서기 75
일상의 카니발 79

04
CHAPTER
어린이의 타자화 : 조지 맥도널드의 동화 85

주인공 어린이 92
화자와 등장인물 96
성 107

05
CHAPTER
미래의 타자화 : 디스토피아의 세계 115

어디에도 없는 곳과 모든 곳 117
완전한 행복? 전체주의적 행복? 121
권력의 구조 125
권력, 기억, 그리고 언어 129
목소리와 주관성 134
네가 원하는 것은 어디에? 139

06
CHAPTER
배경의 타자화 : 오리엔탈리즘과 '로빈슨 크루소'류 소설 141

남자 '로빈슨 크루소'류 소설 151
여자 '로빈슨 크루소'류 소설 152

07
CHAPTER
성의 타자화 : 새로운 남성상, 새로운 여성상 165

새로운 남성상 168
소녀들이 주도하다 176
진짜 목소리 찾기 180

CHAPTER 08

목소리의 타자화 : 성이 바뀐 목소리와 행위 187
공적 목소리와 사적 목소리 190
신뢰와 권위 195
성과 장르 199
양성화, 의상과 변신 203
주관성과 행위 207

CHAPTER 09

이데올로기의 타자화 : 사회봉사로서의 문학 211
간단한 도덕적 교훈 213
규범의 역전 218
과거 저주하기 222
이데올로기와 마술적 리얼리즘 226

CHAPTER 10

종(種)의 타자화 : 동물의 사용(남용) 231
소품으로서의 고양이 236
고양이다운 고양이 238
말썽꾸러기 고양이 240
안내자 고양이 244
혼란스러운 십대 고양이 248

CHAPTER 11

시각적인 것의 타자화 : 그림책에 나타난 권력 구조 253
영웅주의, 불복종, 그리고 순응주의 259
힘을 갖게 해주는(박탈하는) 꿈 264

힘과 모호성 267
어린이의 승리 272

12
CHAPTER
독자의 타자화 : 동일시의 오류 277

공포와 이상화 281
방황하는 화란인과 방랑하는 유대 인 284
분리된 자아 287
합치된 자아 294
분리된 화자 299

결론 : 성인의 자기부정 304

참고문헌 307
찾아보기 320

역자 서문

아동문학과 아동문화에 대한 독창적인 연구를 촉진하기 위해 마련한 〈아동문학과 아동문화 총서〉 시리즈는 작가와 일러스트레이터를 비롯하여 여러 시대에 걸친 역사적 고찰, 장르 분석, 문학과 대중매체에 대한 비교 연구 등과 관련된 다양한 저술들을 모노그래프 형식으로 출간하고 있다. 이 시리즈가 다루고 있는 범위는 가히 전 세계적이라 할 수 있으며, 무엇보다도 아동문학에 대한 참신한 학제 간 연구를 장려하기 위해 기획되었다.

이 총서 시리즈에서는 아동문학과 아동문화를 이해하기 위해 청소년기 소년·소녀까지 포괄하는 가장 넓은 의미의 아동이라는 용어를 사용한다. 특히, 아동문학이 생긴 이후 아동의 개념이 상당히 많이 바뀌었다는 사실에 주목해, 아동문화에 일어난 변화와 이것이 아동의 형상화와 사회화에 미친 영향을 집중 조명하고자 한다. 이 시리즈는 아동문학에 중점을 두는 한편, 아동문화가 지닌 미학과 가치를 파악하려는 노력의 일환으로 아동용 라디오 프로그램과 영화, TV 프로그램, 예술에 대한 다양한 모든 형태의 연구를 수용하고 있다. 최근 50년 사이 아동문화에 중대한 변화가 있었을 뿐만 아니라, 이런 움직임을 간파한 학자들의 연구에도 급격한 변화가 있었다. 이를 고려한 〈아동문학과 아동문화 총서〉 시리즈의 목적은 이 분야에 대한 연구를 진작하는 동시에 세계 각국 최고의 학문적 성과를 집대성해 새로운 연구 방향을 제시하는 데 있다.

Jack Zipes

감사의 글

이 책의 핵심이 된 첫 번째 글은 〈Bonniers litterära magasin〉(2003: 3)에 실린 「삐삐는 왜 베개에 발을 올려놓고 잘까? 퀴어, 카니발과 아동문학」이라는 제목의 스웨덴어로 쓰인 논문이다. 이를 확장하여 "아동문학 : 예술, 교육과 권력"을 2004년 10월 아이슬란드 레이캬빅에서 열린 제3차 아동문학연구 노르웨이 워크숍에서 발표하고, 나중에 덴마크어로 『아동문학탐색_På opdagelse i børnelitteraturen』(2005)에 「아동문학 : 예술, 교육 그리고 권력」으로 출간하였다. 2005년 11월 일본 오사카에서 내 그림상 수상 연설, 「아동문학 : 주관성, 목소리와 권력」은 〈IICLO Bulletin〉(2006 : 29)에 실렸다.

이론의 유용성에 관한 논지는 〈Canadian Children's Literature〉(2006 : 1)의 "이론은 무엇이며, 어떻게 사용할 수 있으며 왜 사용하여야 하는가?"로 발전하였으며, 나이 우선하기 또는 연장자의 규범 따르기(aetonormativity) 개념을 2008년 7월 브라질 상파울로에서 열린 학술대회 논문으로 처음으로 발표하여 〈Neohelicon: Acta Comparationis Litterarum Universalum〉(2009: 1) 특별호에 「이론, 후이론과 나이 우선하기」으로 출간되었다.

1장 초고는 〈문학의 역사_Tidskrift för litteraturvetenskap〉(2003 : 4)에 스웨덴어로 쓰인 것을 영어로 『Critical Perspectives on Harry Potter』(2008) 속 「해리포터와 아동문학의 비밀」이라는 제목으로 테일러 & 프랑세스 출판사에서 친절하게 재출간하였다.

2장은 Jason Finch 등이 엮은 『Humane Readings: Essays in Literature Mediation and Communication in Honour of Roger D. Sell』(2009), 「단어를 사용할 때 의미는 내가 선택한 대로다 : 아동 독자를 위한 문학에서 권력과 비의사교환」으로 존 벤자민 출판사의 친절한 재출간 배려에서 나왔다.

3장 Diana Wynne Jones의 『The Tale of Time City』에 대한 부분은 2009년 3월 올란도에서 개최된 국제환상예술학술대회에서 "시간과 전체주의"라는 제목의 기조강연에서 발전된 것이다. Astrid Lindgren 부분은 2007년 4월 크로에시아 자그렙과 슬로베니아 류블랴나에서 열린 아스트리드 린드그렌 100주년 기념 학술대회에 부분적으로 발표한 "삐삐는 왜 베개 위에 발을 올려 놓고 잘까 또는 아스트리드 린드그렌 작품에서의 권력 전복"이라는 제목의 논문이다. 크로에시아어과 슬로베니아어로 출간되었다.

4장은 예초에 2005년 7월 영국 우스터 맥도날드 100년 학술대회에서 발표하여 「조지 맥도날드의 요정이야기 속의 목소리, 성과 타자성」이라는 제목으로 『The Noble Unrest : Contemporary Essays on the Work of George MacDonald』(2007)에 실려 출판되었다. 이는 캠프리지 스칼라 출판사의 동의로 이루어졌다.

5장은 2007년 9월 포체프스트룸에서 열린 제3차 사우스아프리카 아동문학 학술대회에 발표한 "디스토피아의 전형: 국제적 맥락에서의 Know-Ten 부정" 제목의 기조강연을 대폭 수정한 것이다.

7장은 2005년 4월 벨지움 안트웹 아동과 책 학술대회의 기조강연에서 발달된 것으로 『Changing Concepts of Childhood and Children' s Literature』(2006)의 「새로운 남성성, 새로운 여성성: 21세기를 향한 스웨덴 청소년 소설」로 출간됐다. 이는 〈Swedish Book Review〉 특별호(2006년 증보판) 서문 「소녀들이 스웨덴 청소년 소설을 점령하다」와 상호보완적이다.

8장에서 발전된 성을 바꾼 목소리(crossvocalization)의 핵심 아이디어는 2002년 11월 스웨덴 오레브로(Örebro) 대학교에서 열린 한 학술대회에 발표한 것으로 『화자 : 텍스트 안에 감춰진 목소리_Berättaren : En gäckande röst i texten』(2003)의 「권위적인 남자와 믿을 수 없는 여자 : 성과 나레이션」과 〈문학의 역사〉의 「성을 바꾼 목소리와 주관성 : 문학에서의 수행적 목소리」(2003 : 1/2)로 부분적으로 겹치는 두 에세이를 스웨덴어로 출간했다. 에세이집 출간 후 얼마 지나지 않아 2003년 4월 미국 네쉬빌에서 열린 현대비평접근 학술대회에서 「성을 바꾼 목소리와 행위」와 덴마크 학술지 〈Passage〉(2005: 2)의 「아동문학에서의 목소리, 권력과 성」 논문이 게재되었다.

9장의 주요 부분은 「사회적 봉사로써 요정 이야기」라는 제목으로 〈Marvels & Tales, Journal of Fairy-Tale Studies 16〉(2002)에 실렸던 것으로 웨인주립대학교 출판사의 허락으로 재출간하였다.

고양이의 문학적 표현을 다룬 10장 부분은 2007년 5월 우스터 대학교 명예박사 수여 기념 강의에서 발표되었으며, 「악마, 귀신, 영혼, 친구 : 문학에 나타난 고양이의 기호학 정립을 위하여」라는 제목으로 〈Marvels & Tales, Journal of Fairy-Tale Studies 23〉(2009)에 실린 것을 웨인주립대학교 출판사의 허락으로 재출간하였다.

11장은 2007년 9월 스페인 바르셀로나에서 있은 그림책 연구의 새 추진 학회에서 발표한 논문 「그림책의 권력과 주관성」의 확장판이다.

12장의 주요 개념 '동일시 오류'는 2005년 6월 노르웨이 오슬로에서 열린 2005년 아동기 학회 기조강연 「동일시 오류 : 아동문학에서의 관점과 주관성」의 제목으로 발표되었다. 그 개념은 다시 스웨덴어로 〈어린이책_Barnboken〉 (2008: 2)의 『목소리 저편 : 일인칭 화자 내러티브에서 내포 저자』와 네브라스카대학교 출판사에서 출간 진행중에 있는 책 『Telling Children's Stories : Narrative Theory and Children's Literature』 안에 「동일시 오류 : 내러티브 이론과 아동문학」으로 등장한다.

텍스트 분석 부분 중 일부는 2007년 7월 영국 로햄튼대학교 국제아동문학여름캠프의 기조 강연 「비교아동문학–무엇을 비교할 것인가?」에서 발표되고 후에 〈Explorations into Children's Literature〉(2008 : 1)에 실렸다.

저를 초대해서 발표의 기회를 준 이 모든 학술대회 관계자들과 새 아이디어를 책과 에세이로 진행시키도록 격려해준 편집자 분들께 감사드린다.

아스트리드 린드그렌 기념 수상식의 심사자로 6년간 일하게 되어, 다른 곳에서는 만날 수 없는 국제적인 아동문학가들과 폭넓은 교류의 기회를 갖게 되었다.

전 세계의 많은 학자들에게서 제 일에 대해 비평을 들을 수 있었고, 특히 노르딕 학술연구원이 기금을 주어 기존의 학자들과 신진 학자들과의 연구공동체를 조직하고 연구 분위기를 진작시킬 수 있다는 점이 무엇보다 인상깊은 일이었다. Jean Webb, Kimberley Reynolds, Rod McGillis, David Rudd, Perry Nodelman, Nina Christensen, Janina Orlov, Elina Druker, Karen Coats, Mike Cadden과 André Moura에게 특별히 감사한다. Jack Zipes가 항상 지지해준 것에 대하여 감사하게 생각한다.

책의 집필 도중 일본 오사카 아동문학국제기구에서 수여하는 이 분야의 최고 상인 국제그림형제상을 아동문학연구에 평생 기여하였다는 명목으로 수상하게 되었다. 이 상이 앞으로 저를 연구에 매진하도록 만들 것은 추어도 의심할 여지가 없다.

이 책의 초기 연구는 스톡홀름 대학교 국제연구기금에서 주어진 것이다. 현재 근무 중인 영국의 캠브리지대학교 교육부에서 연구 시간을 충분히 주었기에 이를 마칠 수 있었다. 캠브리지로 옮기도록 격려하고 지원해준 Morag Styles에게 감사를 드리는 것이 도리이리라 생각한다.

들어가면서

삐삐는 왜 베개 위에 발을 올려놓고 잘까?

1984년 Peter Hunt는 아동문학만의 별도의 이론이 필요하다고 주장하였다(Hunt, 1984; 192). 아동문학만의 특수성에 대한 논의는 여전히 유효성을 지니고 있다. 지난 20~30년간 아동을 위한 책 또는 아동을 대상으로 판매하는 책에 대해 국제적인 아동문학 관련 학자들은 여러 가지 이론을 적용하여 왔다. 많은 문학작품이 가까스로 여성해방이론과 탈식민이론, 그리고 퀴어이론 등의 이론 영역에 부합되기도 했지만 아직도 아동문학은 자신만의 고유한 이론을 발전시키지 못했다. 예를 들어 Peter Hunt의 『Criticism, Theory and Children's Literature』(1991), Jill May의 『Children's Literature and Critical Theory』(1995), Roderick McGillis의 『The Nimble Reader: Literature Theory and Children's Literature』(1996), Margery Hourihan의 『Deconstructing the Hero : Literary Theory and Children's Literature』(1997) 등 아동문학 연구서의 책제목이나 부제로 '이론(Theory)' 이란 단어가 수 없이 많다는 것을 감안하면 참으로 불가사의하다. 하지만 위에서 언급된 제목에서처럼 거의 모든 이론서의 이론이 아동문학과 별개인 것처럼 '아동문학과 함께' 로 나란히 명명되고 있다.

최근 Perry Nodelman의 신작 『The Hidden Adults : Defining Children's Literature』(2008)는 아동문학이론 연구 목적에 대한 그 동안의 명료화 작업 시도를 성공적으로 묘사해 주고 있기 때문에 여기서 이를 다시 반복하지는 않겠다. 이 책은 내가 쓴 이전 책, 특히 『From Mythic to Linear : Times in Children's Literature』(2000)처럼 아동문학이란 무엇이며 무엇을 하는 것이냐는 질문을 다루지도 않을 것이다. 대신 이론적 시각에서 아동문학을 접근하는 방법을 모색할 것이다. 이는 이론 자체를 부정하는 현 세태에 대한 내 나름의 대응이다. 인구에 회자되고 있는 〈Canadian Children's Literature〉

(Nodleman, 2005)의 편집서문에서 Nodelman은 탈이론의 학술적 여지를 살펴보고 주장의 찬반론을 흥미롭게 정리해 놓았다. 이미 10여 년 전 1995년 스톡홀름에서 열린 International Research Society for Children's Literature 학술대회 기조강연 "아동문학의 두려움: 이론 후의 남겨짐(또는 올바름)" (1997)에서 Nodelman은 이 문제에 대해 논의하기 시작했다. 〈Canadian Children's Literature〉 편집서문에 정리되어 있는 의견이 불씨가 되어 열렬한 논쟁이 펼쳐지지는 않았지만 이후 수많은 저서와 논문에서 분명히 탈이론을 향한 움직임을 포착할 수 있었다.

이론의 소멸에 대한 광범위한 논의를 고려해 보면, "사라지기 전 어떠한 이론이 존재했었는가에 대해 놀랍게도 의견이 수렴된 적이 없다."는 Nodelman의 말이 맞다(Nodelman, 2005; 3). 지금이 이론 후 시점이라는 것과 '이론이 존재하지 않았다. 이론이 필요하지도 않았다' 는 Nodelman의 주장(6)에 동의하지 않기 때문에, 이제까지 일관되게 내 연구(예 : Nikolajeva, 1996, 2000, 2002, 2005)에서 보여 왔던 대로 이론은 무엇이며 어떻게 유용한가에 대해 비교적 분명히 알고 있다고 자신한다.

〈Canadian Children' s Literature〉 이후 논쟁에서 자기당착은 심각하다. Rod McGillis는 이론 이후(after theory)를 앞서서와 마찬가지로(McGillis, 2006a) 계속해서 정의한다(McGillis, 2006b; 78). 이미 주장한 바와 같이(예 : Hunt, 1995), Peter Hunt에 의하면 이론 연구는 학문 외적 부분이며 따라서 진짜 삶의 부분인 아동문학에서 이론에 대한 논의는 별 쓸모없다(Hunt, 2006a). 하지만 이론이 아동문학 학자에게 적절한 분석 도구를 제공한다(Hunt, 1984, 1985)는 자신의 이전 주장에 반하는 것이기도 하다. 사실 이론 없이는 적용도 없다. 적용 없는 이론 또한 아무 짝에도 쓸모없기는 마찬가지이고, 아마도 이 점이 반이론가가 주장하는 것일 수도 있겠다.

아마도 '이론' 이라는 말 자체가 유럽에서는 보다 덜하지만 적어도 북아메리카에서는 바람직하지 않은 쪽으로 쓰여 온 결과 그 의미가 탈색된 것 같다. 이 외에도 구체적 문학 텍스트에 적용해서는 안 될 추상적 구조와 논쟁을 가리키기 시작했다. Frederick Jameson을 인용해서 Nodelman이 말한 것처럼 이론은 철학을 대신하는 것(Nodelman, 2005; 4)인지도 모르겠다. 비평가가 두려워 하는 것은 이 '상위 이론(metatheory)과 상위-상위 이론(meta-metatheory)' 이 아마도 수학자의 '아름다운 방정식'과 유사하다는 데 있을 수도 있다. 하지만 아직 우리 분야에서는 약간 더 실용적이다. Gérard Genette의 저서 『Narrative Discourse』(1980)가 영향력을 크게 행사할 수 있었던 데에는 이 책이 분명히 이론에 근거할 뿐 아니라 이론을 어떻게 적용할 수 있는가를 보여주고 있기 때문으로, '방법 에세이'라는 부제에서도 강조되고 있는 점이다. 구체적 텍스트 분석에 적용할 수 없는 이론은 급진적이고 대담하기는 하지만 쓸모가 전혀 없는 사각형 모양의 바퀴 달린 자전거와 같다.

따라서 기본적 개념 정리로 되돌아 갈 필요가 있겠다. 가장 근본적으로 문학 이론의 경우에 있어서 이론은 연구 대상에 대한 학자적 자세의 폭, 그리고 다루고 있는 연구 대상에 대한 일반적인 태도와 틀에 달렸다. 새로운 연구 패러다임이 이전의 것을 뒤엎는 자연과학과는 달리 인문학의 이론은 맞거나 틀린 것도 아니고, 타당하다거나 부정되는 것도 아닐 뿐더러, 어느 이론이 다른 이론보다 나은 것도 아니다. 하나의 이론은 무엇을 왜 하고 있느냐는 결정적 질문들의 집합체이다. 학문 연구에 필수적·통합적인 이론이 없다고 느끼거나 이론의 존재를 부정할 수는 있겠지만, 텍스트를 읽는 동안 마음에 품고 있는 질문 없이는 비평적이기 어렵기 때문에 작품을 대할 어떤 자세가 필요하다.

Nodelman이 〈Canadian Children's Literature〉에서 검토한 적 있는 막시즘(maxism)은 적어도 아니지만, 모사(mimetic) 이론에 의하면 문학 텍스트는 그 텍스트가 창출된 사회를 반영한다. 이에 예를 들자면, 요정 이야기 분석의 사회적 모델이 생겨난다. Jack Zipes의 저서가 아주 좋은 예이다(예 : Zipes, 1983). 문학이 실제를 반영한다는 주장은 John Stephens의 『Language and Ideology in Children's Fiction』(1992)의 전제로, 이 책을 예로 들자면, 언어학과 사회언어학, 그리고 대화 분석 이론을 조사 영역으로 기반한다. 이 이론들이 Stephens로 하여금 텍스트가 어떻게 독자의 이해를 조정하는가 하는 질문을 가지고 구체적 분석의 초점을 장르와 이야기 구성, 그리고 다른 공식적 이슈에 맞추도록 도왔다. Stephens는 내포된 이데올로기를 어떻게 드러낼 수 있는가를 조사하면서 내러티브 이론에서 분석적 적용을 찾았다. 하지만 이데올로기라는 것은 텍스트와 텍스트 뒤에 존재하는 실제, 저자와 저자의 의도 또는 잠재적 관점, 여기에 더해서 독자와 텍스트로부터 의미를 도출할 수 있는 독자의 능력 사이에 놓여 있다. Stephens가 자신이 사용한 자료에 반하여 이론적 자세를 구축하지 않는 이상, 어떤 질문을 던질 것인가에 대해 알지 못한 것 같다. 성숙한 학자가 아닌 대학생에게서 볼 수 있는 '이론 전의 무지(Nodelman, 2005; 8에서 인용된 Eagleton)'에 딱 들어맞는 경우이다.

오늘날 안타깝게도 간과되고 있는 Northrop Frye는 문학에 대해 다르게 급진적인 견해를 보였다. 문학을 현실의 반영으로 보지 않고 신화의 대체 또는 변질로 본 것이다(Frye, 1957). 이런 결정적 관점을 통해 Frye는 일정 장르가 나레티브 형태나 상승 플롯 구도 및 하강 구도 등의 구조, 로맨틱 또는 모사적 인물 등과 어떻게 작용하는지 보여주면서 독자적인 장르 체계를 고안할 수 있었다. 이런 도구는 아동문학과 밀접한 관계에 있다.

막시즘 비평가로 곧잘 오해받는 Mikhail Bakhtin은 소설이 현대인의 고민을 문학적으로 반영한다는 견해를 아무 연관성 없는 논문과 작업을 통해 아마 가장 잘 설득력 있게 피력해 온 것 같다. 『Epic and Novel』(1981a)와 보완되는 다른 에세이(1981b, 1986)를 통해, Bakhtin은 절충적이며, 종합적이고, 다채로운 구성과 소리를 갖는 대화체 문학 형태와 서사시라고 자신이 명명한 이전의 형태 사이에 존재하는 근본적 차이를 구분하였다. 소설의 인물과 서사시적 영웅 사이에 존재하는 차이 또한 보여줬다. 후기의 노작에서는 모사가 아닌 카니발적인 본질(1968)과 대위법(1984), 언어와 상호 텍스트성(1981d), 시간과 공간(1981c), 그리고 『Author and Hero in Aesthetic Activity』(1990)에서 기술되었던 저자와 독자, 그리고 등장인물 간의 얽힌 관계 등의 여러 측면을 강조한다. 이는 설화론(narratology)이 대두되기 훨씬 전의 일이다. 고정된 단일 주관성을 조사하는 대화법(dialogics)은 문학을 카니발로 여기는 후기 구성주의 견해보다 몇 십 년 전이며, 마찬가지로 단일 해석 전략이 예술과 현실 간의 관계에 대한 포스트모던 견해보다 훨씬 먼저이다.

아동문학의 등장과 확립이 서구 소설과 평행하게 이루어졌기 때문에 Bakhtin의 광범위한 이론은 아동문학에도 적용된다. 쉽게 적용할 수 있는 분석 기구를 제공하고 있지는 않지만 아동문학 학자들은 카니발과 상호 텍스트성(Stephens, 1992), 이어성(heteroglossia, 異語性)[1]과 주관성(McCallum, 1999; Wilkie-Stibbs, 2002), 서

1) 러시아 학자 Bakhtin이 고안한 개념으로 언어의 기본 조건, 즉 모든 언어가 대화적이며 모든 발화는 언제나 사회적 맥락에서 일어나므로 그 개념이 제 아무리 개인적이며 자기 일치적이라 하더라도 그 자체 내에 명백하지 않는 것들과 일종의 대화 관계에 있음을 지칭한다. 그러므로 기본적으로 하나의 언어는 여러 맥락에서 각각의 의미들로 해석될 수 있다.

사시적 영웅에서 현대적 인물까지의 변천(Hourihan, 1997)에서 볼 수 있듯이 Bakhtin 개념을 가져다 발달시켜왔다.

최근의 아동문학 비평서가 기초하는 이론으로는 Julia Kristeva의 문학 이론(Westwater, 2002)과 Michel Foucault(Trites, 2000), Jacques Lacan(Coates, 2004)을 들 수 있다. Kristeva(1982, 1984)나 Foucault(1977), 또는 Lacan(2002)이 문학텍스트에 바로 가져다 적용할 수 있는 도구를 제공하지는 않는다. 대신 텍스트를 가지고 학자 스스로 연구방법과 접근을 가능하도록, 문학 텍스트에 대해 일반적으로 적용할 수 있는 사고의 방향을 제시한다. 원문 분석(deconstruction)이 텍스트 분석의 새로운 지평을 여는 데 효과적으로 사용할 수 있는 도구를 제공하지 않는 한 이는 사이비에 불과하다. 더욱 중요한 점은, '의미의 다양성 인정(Nodelman, 2005; 7에서 Payne)' 이라고 간단히 정의될 수 있는 이전 이론적 자세에 반대할 만한 어떤 것도 원문 분석이 가지고 있지 못하며 따라서 독단적 해석의 정당성 또한 없다는 데 있다. 어느 이론도 궁극적 답일 수는 없다. 일정 이론이 모든 질문에 대해 해답을 주지 않는다고 비난하는 것은 바보같은 짓이다.

이론의 시대는 이미 지나갔다고 주장하는 아동문학 학자들은 아동문학 이론이 한 번도 정립된 적 없다는 사실을 깨닫지 못한 채, 일반적 비평 이론에 대해 초보적인 비난의 화살을 날리고 있다. 이론적 반대가 50여 년 전 아이들이 무엇을 읽었는가 하는 순전히 경험적이며 어떤 책이냐 하는 기술적인 초보 연구로 돌아가 있거나 돌아가고 있는 것에 대한 것인가? 더 나쁘게는 아동문학을 교육 목적의 관점에서 판단하여 아이들은 무엇을 읽어야 한다는 처방 단계로 돌아가고 있는가? Hunt의 '아동주의 비평(Hunt, 2006b)' 과 같은 맥락에서 아동 인간을 위해 책 인간을 거부하는 것으로 단순히, 책 인간과 아동 인간, 즉 문학과 교육 간의 다리를 성공적으로 이을 수 있었던가?

극단으로 가면 아동주의 비평의 중심 아이디어는 아동이 스스로 문학작품을 써야 하거나 더 어렵기는 하지만 퀴어 이론이나 탈식민 이론이 주변부 집단에 대해 견지해온 급진적 지지로써, 아동만이 진정한 아동문학을 창조할 수 있다는 것이다. 결과적으로 아동만이 자신의 문학을 연구하고 진단할 수 있다는 논리가 명백히 성립한다. 이전에 침묵하던 다른 예술적 표현과 아동문학이 여기에 다른 양상을 보인다.

생물학적으로나 심리학적으로 부정하기 어려운 사실로서, 성인은 더 폭 넓은 경험과 풍부한 언어, 더 높은 인지 능력을 가지고 성인 작가가 아동의 책을 쓰고, 성인 비평가가 이를 평가한다(예 : Nodelman, 2008). 하지만 오늘날 아동문화가 아동 자신의 이야기와 그림, 그리고 연극을 통칭하듯 아동문학이라는 용어도 어느 날에는 아동에 의한 문학을 지칭하게 될지 모른다. '아동문학' 과 '아동을 위한 문학' 을 구분짓는 것은 어떨까? 말할 것도 없이 이는 이론 연구의 목적을 더욱 어렵게 할 것이다. 다른 사회 그룹이 아동을 위해 만든 책이라는 아동의 관점을 가져다 '아동주의 비평' 을 이론적 바탕으로 삼아야 하는가? 아니면 성인의 지위를 이용하여 주제와 이야기, 또 이데올로기가 아동을 표적으로 하는, 즉 아동을 판매대상으로 하는 책을 만들어 내는데 박차를 가할 것인가? 그러한 물음에 관하여 단지 하나의 관점으로 비평의 자세를 좁힐 필요는 없다.

〈Canadian Children' s Literature〉 논문에 의하면 McGillis은 텍스트 중심 연구가 자신을 위해서뿐만 아니라 크게는 관용적의 필요를 느끼지 않는 연구 공동체를 위한 것이다. 또한 상위 이론(high theory)과 페미니즘, 환경비평(ecocriticism), 그리고 퀴어(queer)을 나란히 열거한다(McGillis, 2006b). 이런 연구 자세가 아동문학 이론 존재에 의문을 품게 하고, 확장해서는 아동문학을 개념상 하위로 놓으므로 해서 냉대를 불러온다. 상위 또는 하위는 뭐라 변명해도 가치 지향적인 이분법이다. 다른 학자와 마찬가지로 McGillis는 학제간 접근을 주장한다. 최근 아동문학 연구는 아동기 연구에 접근하고 있으며, 비평가들은 이를 환영한다(예 : Coats, 2006). 문학 연구가 아동기 연구로부터 얻을 것이 확실히 있겠지만, 아동문학 연구가 현실적인 이슈에 국한되는 것이 창피하듯이 아동기 연구 또는 성차 연구, 문화 연구로 흡수되어 버릴 수 있다.

최근 이론의 찬반 논쟁을 요약하자면, 거의 모든 저명한 학자는 역사와 문화, 사회, 이데올로기 등에서 맥락화를 지향하며, 텍스트 중심 아동문학 연구를 동료 문학 연구가의 관점에서 우선적으로 인정받으려는 자세를 피하도록 하여야 한다. 〈Canadian Children's Literature〉 주 논쟁은 아동문학에 관련하여 이론 부재, 나아가서 아동문학만의 특별한 이론의 부재에 대한, 다시 말하자면 이론에 관한 것이다. 처음 질문으로 돌아왔다. 이론이란 것이 있는가? McGillis가 하위로 부른

페미니스트와 탈식민, 퀴어, 환경이론이 문학 연구에 깊숙이 자리를 잡아가는 반면, 이를 필적할 만한 어린 독자를 위한 문학이라는 특수한 조건에서 자라난 이론이 없다. Zohar Shavit은 이미 1980년대 애매모호(ambivalence)의 개념을 문화의 다체계(polysystem) 안에서 일정 텍스트와 그 자세에 일차적으로 적용했다(Shavit, 1980, 1999). David Rudd의 아이디어 혼성(hybrid) 또한 같은 논리지만 어린 독자와 관련된 모든 텍스트로 적용 범위를 확대시키고 있다(Rudd, 2006). Jean Perrot은 연구의 기반을 놀이 이론에 두자고 제안(Perrot, 2006)하는데, 이 또한 역시 주 개념을 다른 것에서 빌려오고 있으며 유희성(playfulness)은 소위 탈근대(postmodern) 예술의 결정적 요소이기는 하나, 초기 교훈적 아동의 텍스트에서 찾아보기는 어렵다. 이제까지 살펴 본 여러 비평적 자세는 우리가 내린 판단과 무관하게 모두 똑같이 정당하다. 아동문학은 교육에서 가장 흔하게 쓰이는 도구이다. 일반적으로 아동문학은 이데올로기의 수단이라 비난받는다. 아동문학은 그것을 만들어 낸 사회의 아동관을 반영한다(Zornado, 2000; Natov, 2003; Clark, 2003; Zipes, 2001). 아동문학은 성인 저자 자신의 아동기에 대한 향수어린 기억이다(Inglis 1981). 아동문학은 성인 저자의 아동기 시절 고통스런 기억에 대한 치료적 작업이다(Rose, 1984; Reynolds, 2007). 그리고 기대에 벗어날 것 없이 아동문학이라는 것은 없다.

아동문학에 대한 모든 연구는, 아마 간과된 다른 것이 있다면 몰라도, 아동문학 연구로 표면적으로 발표되었든 되지 않았든 관계없이 이 전제 중 하나에 근거한다. 이 기본자세 없이는 '깊이 읽기' 가 이루어질 수 없다. 확립된 선행 연구에 근거하거나 이론 영역에 근거하지 않고서는 이를 계속 만들어 갈 수밖에 없다. 겨우 몇 마디 말이 전부인 그림책을 포함해서 어느 문학 텍스트도 여러 다면적 학문의 입장을 허락할 만큼 충분히 복잡하고, 새로운 이론적 이슈가 생겨날 가능성은 언제나 존재하기 때문에 어느 텍스트 분석도 충분할 수는 없다. 이것으로부터 이데올로기, 구조, 독자의 흥미 또는 연구자의 흥미에 따라 질문을 계속해 나갈 수 있다.

'문학이란 무엇인가?', '아동은 무엇인가?', '아동기는 무엇인가?', '성인 저자는 어떻게 아동의 경험을 글에 실을 수 있는가?' 등 연구 대상에 대한 중요한 질문에 대해 해답이 나지 않는 한 우리는 결코 이론 밖에, 뒤에, 후에도 존재할 수 없다. '아동문학 연구자들은 다른 학자들이 모르는 것을 알거나, 적어도 알 수 있는 위치에 있다(Nodelman, 2005; 17)' 는 Nodelman의 발견에 전적으로 동의한다. 적어도 내게 있어서는, 이 점 때문에 노력할 가치가 있다.

아동문학 연구에 다시 회자되기 시작한 질문은 덴마크 학자 Torben Weinreich의 저서 『Children's Literature: Art or Pedagogy?』(2000)의 제목에 반영되었듯, 아동문학이 교육의 영역인가 아니면 예술의 영역인가 하는 것이다. 모든 아동문학 연구의 가장 핵심적인 질문이 아니라면 적어도 핵심적인 질문 중 하나이다. 어린 독자를 대상으로 쓰여진 그리고 판매대상으로 하는 문학을 일차적으로 문학 작품으로 고려해야 하는가 아니면 교육적 도구로 고려하고 연구해야 하는가? 일차적이란 단어를 붙이는 것은 아동문학은 물어볼 것도 없이 이 둘 모두이기 때문이다. 양쪽 모두 열렬한 지지자가 있어 아직까지 이 질문은 유효하다. '문학과 교훈의 결별' 로 아동문학 비평에서 종종 언급되곤 한다. 이미 지적한 바 대로, 아동문학은 아동기의 생생한 묘사라기보다, 성인 작가의 아동기에 대한 향수어린 시각을 반영하고 있다고 여러 학자는 제안한다. 다른 말로 바꾸면, 저자는 있는 그대로가 아닌 아동기란 어떠해야 한다고 말한다. 이 점이 아동문학을 예술이 아닌 것으로 치부하게 할 수는 없지만, 강한 훈육 측면을 전제한다.

'둘 중 하나' 가 아닌, David Rudd(2006)가 혼성(hybrid)이라 명명한 '둘 다' 이다. 하지만 아동문학을 문학-훈육으로 묶어 '문학' 이라 부르는 것과 별도의 영역으로 하자는 것이 아니라 '일반 또는 성인 문학' 과 구별 짓는 아동문학적 맥락으로 사용하자는 것이다. 사실, 모든 문학은 예술이면서 교육 또는 이데올로기의 수단, 그 '둘 다' 이다. 예를 들어, 그리스도교의 교회와 전체주의 정부 둘 다는 예술의 이데올로기적 힘을 깨달아 목적을 이루기 위해 이를 이용했다. 이런 관점에서 보면 아동문학은 특별하지 않다. 아마 이데올로기적 또는 교훈적 목적이 아동문학에서 더 자주 외향적으로 드러나긴 했지만, 이것은 정도의 문제지 본질의 문제는 아니다.

문학 대 훈육 논쟁과는 달리 최근에 이르러 아동문학의 특성 한 가지가 비평가에게 주목받기 시작했다. Roberta Trites가 청소년 문학의 부제로 삼은 권력이 그것이다. Trites(2000)의 연구는 Michael Foucault의 인구에 회자되는 '권력은 어디에나 있다' 는 문구를 철저히 신봉한다. Trites는 권력을 성인 문학의 하나의 특성이자 모티브로 강조하고 있지만, 나는 ABC에서부터 청소년 문학까지 모든 아동문학에 어떤 형식으로든 존재하고 있다고 본다. 청소년 문학은 여성 문학 또는 토착 문학, 게이 문학 등 사회 내 미력한 집단을 다루는 다른 여러 문학과, 기대한 바와 같이 약속이라도 한 듯 유사하다. 각각의 문학 작품에서 주요 갈등은 권력의 위치를 검토하고 기존의 권력 구조를 인정하거나 부정한다. 억압된 집단의 발견은 페미니스트 이론과 탈식민지 이론, 또 퀴어 이론 같은 비평 이론의 탄생을 불러온다. 이 이론들은 권력의 소재와 특히, 퀴어 이론이 '정상' 그리고 '정상적' 이라 부르는 것을 부정하는 데 공통점이 있다. Roberta Trites는 기본적으로 10대 주인공은 억압적 상황에서 사라져 버리거나 억압되거나 하는 두 가지 길밖에는 없다고 반복해서 주장한다. 사실 청소년 소설 작가는 반항적인 주인공을 어떻게 처리할까 고심하다 폭력적인 죽음, 또는 심지어 자살로 없애버린다. 열린 결말에서도 때때로 죽음을 가능한 해결책으로 제시한다. 더 빈번하게는 주인공이 점차 성인의 규범을 받아들이며 청소년기를 뒤로 하고 성인기로 진입하여 자신이 억압당했던 똑 같은 방식으로 억압할 태세를 갖춘다. 권력의 재생산은 학교 연재물에 빈번히 나타나는데, 어제의 억압받던 신입생이 어느 날 갑자기 학생장이 되어 어리고 힘없는 후배를 대상으로 복수를 하는 것이다.

내 자신의 학문적 연구 방향에 대한 기본적 질문을 필사적으로 찾던 중, 순수 내러티브 이론뿐 아니라 전통적인 구조주의와도 성공적으로 멀어지며 Michel de Certeau(1986)의 타자(the other)와 같은 개념 달리 보기(heterology)를 접하게 되었다. 이는 사회의 다른 그룹 간의 불균형 또는 불평등, 비대칭에 대한 의문, 성 또는 계급, 국가, 인종의 다름에서 생기는 권력과 차별을 다루는 여러 비판적 자세를 하나로 담는 개념이다. 남성 저자가 여성 등장인물을 만들 때 페미니스트 이론을 통해 타자를 경험 가능하게 했으며 해방 이론이 소수 인종의 이미지를 바꾸는 데 기여했다면, 청소년 문학의 이종성 접근은 성인 작가와 청소년 독자 사이의 권력 갈등을 시험할 것이다. 따라서 우리는 아이와 어른 사이의 불균형, 불평등, 비대칭이 아동과 청소년 문학 작품에 어떻게 제시되고 평가되는지 다룰 것이다.

퀴어 이론의 중심 개념인 다르게 규범 짓기(heteronormativity)에 유사하게, 아동문학의 출발에서부터 지금까지 아동문학의 특성으로 지배해 온 연장자의 규범 따르기, 나이 우선하기(aeronormativity, 라틴어 'aero'는 '나이에 속하는'의 뜻이다.)라는 개념을 제안한다. 퀴어 이론을 이성 간 그리고 동성 간 성적 관계로 국한시키지 않는 상상력을 발휘한다면 사실 권력 위치 분석에는 퀴어 이론이 가장 적합하다. 넓은 의미의 이 퀴어 이론의 핵심은 어느 한 쪽을 정상 또는 기준으로 놓지 않는다는 데 있다. 퀴어 연구는 확립된 패턴, 이 연구에서는 성인의 기준을 다른 것과 어떻게 바꾸는가 하는 것과 보통 아동을 권력자로 그리고 힘없는 아이를 비정상으로 놓는다면 어떤 일들이 벌어질까를 시험한다.

아동과 성인의 불균형은 고집스런 성인 이야기 전달자 목소리와 초점 아동 등장인물 간의 관계에서 가장 확연하게 나타난다. 다시 말하자면 성인 이야기 전달자가 아동을 이야기하는 방식에서 변질의 정도가 드러난다. 변질의 정도라고 표현한 것은 아동을 위한 글쓰기라는 정의 자체가 이미 변질이기 때문이다. 이 단계에서는 모든 문학이 권력 구조를 반영한다고 주장할 수도 있고, 아동문학을 다른 어떤 것으로 대치할 수도 있다. 하지만 페미니스트문학 특성이 성관련 권력구조에 있으며 해방문학이 인종 관련 권력 구조에 있듯, 아동문학 특성이 아동과 성인의 권력의 상하 구조에 초점을 맞추고 있다는 점 이외에는 더 이상 언급하지 않겠다. 아동문학에는 나이에 관련된 인지적 간극 외에 다른 요소들이 권력의 불균형 현상을 심화시키거나 약화시키기도 하고 좁히기도 한다. 수 세기 동안 한 사회집단을 교육시키고 사회화하며 억압하여 온 숙련된 도구로서, 아동문학만큼 권력 구조가 확연히 눈에 띄는 분야는 드물다. 뿐만 아니라 아동문학은 어제의 아이가 자라 스스로 억압자가 되는, 끊임 없는 권력의 위치 변화를 보여 준다. 이어지는 문장 『삐삐 롱스타킹』에서 다음과 같이 언급하듯이 전복시킬 필요 없이 확립된 권력 구조를 부정하는 상황 묘사만으로도 아동문학은 억압의 구조를 뒤집을 수 있다.

●●● 남쪽 바다의 삐삐; 55

물론 너는 몸에 좋은 시리얼을 먹어야 해. 몸에 좋은 시리얼을 안 먹으면, 키도 자라지도 않고 몸이 클 수도 없으며 힘이 세질 수도 없지. 그리고 만약 몸이 크지 않고 힘도 세지 않게 되면 그땐, 네 아이들이 생겨도 네 아이들에게 몸에 좋은 시리얼을 먹일 힘이 없을 테니까….

경제적 자원이 없고, 정치 사회적인 결정에 의견을 낼 수도 없으며, 어른이 그대로 따르리라 기대하여 의심 없이 부과한 수많은 명령과 규칙에 따라야 하는 아이들에 비교하면 우리 사회에서 성인은 무한의 권력을 갖는다. 이것이 문학 작품뿐만 아니라 실생활에서의 규범이다. 『톰 소여』에서 『삐삐 롱스타킹』까지 어린이 책에서 학교는 억압의 도구로 적지 않게 그려진다. 하지만 어른이 더는 영리하지 않고 돈도 많지 않고 권력이 크지도 않다면, 성인과 아동의 관계는 어떻게 될까? 문학 텍스트에서 아동의 규범이 성인의 규범을 대체하게 된다면 어떤 일이 벌어질까? 『삐삐 롱스타킹』에서 삐삐는 발을 베개 위에 올려 놓고 잔다. 머리를 베개에 올려 놓고 발은 이불 밑에 넣는 것이 일상적으로 통용되는 규범일 때 삐삐의 행동들은 상식을 벗어난 행동이다. 예를 들어, 삐삐는 자신의 행동 및 이집트 사람은 뒤로 걷는다거나 콩고에서는 거짓말이 일상이라는, 다른 곳에서 다른 규범이 있다는 주장을 통해 기존 규범에 의혹을 제시한다. 결국 머리를 베개에 올리고 자는 것이 제일 편리하다는 것으로 판명되지만, 이것이 문제가 아니다. 퀴어 이론이 보여주고자 하는 점은 다음과 같다.

첫째, 규범 자체가 애매하다.

둘째, '주류'와 '비주류' 간의 논쟁 자체가 주류를 비주류 앞에 선점하며, 권위적이며, 더욱 힘을 부과한다는 것이다.

퀴어 이론은 하나의 규범을 다른 규범에 대체하기 위한 것이 아니라 모든 조건은 똑같이 정상이라고 주장한다. Astrid Lindgren은 『삐삐 롱스타킹』에서 아이러니하게 '(모든) 아이들에게는 반듯이 조언을 해줄 사람이 누군가 있어야 하며, 모든 아이들은 학교에 가서 구구단을 배워야 해'(38)라며 퀴어 이론이 등장하기 훨씬 전 퀴어 이론을 적용하고 있다. 삐삐의 기준은 성인 기준 만큼이나 값진 것으로 밝혀진다. 삐삐는 하지만 아동문학에서 특별한 등장인물이다. 반대로 무조건적으로 아이들의 규범으로 성인의 규범을 대체하는 거의 모든 아이의 유토피아에서 아이의 규범이 성립할 수 없음을 보여 주고 있다. 폴란드 교육자 Janusz Korczak의 슬프고도 놀라운 책, 『King Matt the First』(1923)에는 무지와 경험의 부족으로 권력을 얻지만 실패하는 아이가 등장한다. 그리고 진심으로 아이들 편에 섰던 위대한 교육자 Korczak 마저도 아이의 규범을 단순히 아름다운 꿈으로 받아들여야만 하는 상황이 발생한다.

권력을 초점으로 삼은 또 하나의 이론은 Bakhtin이 소설론의 요소로 꼽은 카니발 이론이다. 만약 퀴어 이론이 일차적으로 성규범을 조사하기 위해 사용되었다면, 아동문학 연구뿐만 아니라 일반문학 연구에서 카니발 이론은 과장, 비틀기, 거꾸로 된 세상, 그로테스크, 음담패설, 극장, 서커스, 시장, 광대 등의 카니발 성향을 분명히 보이는 텍스트에 일차적으로 적용되었다. Bakhtin의 문학을 카니발, 즉 사회적으로 해방되는 과정의 상징적 표현, 전복되고 그래서 위장된 권위의 부정으로 보는 관점이 너무 무시되어 왔다. Bakhtin은 전체주의 국가에서 살고 일했기 때문에 정권에 대한 비판을 중세와 고전문학 연구 뒤로 감추고 있지만 권력과 억압의 이슈는 자신에게 특별한 문제였다. 이론적 논쟁의 출발점에서 일차적으로 무작위로 선택한 텍스트로 특별히 François Rabelais를 들어 모든 권력 구조 변동이 일어날 때 기존 규범의 일시적 전복(사순절 앞서서 일시적인 그로테스크한 축제와 과도함), 즉 중세 카니발의 핵심을 차지한다. 왕과 주교들이 권좌를 빼앗기고 명예가 회손될 때, 여전히 왕관을 쓰고 있는 왕은 바보다. 카니발은 따라서 규제해 온 권위에 의해 용인되는 모습을 보인다. 나아가 축제는 본질상 일시적이라 이전 권위의 회복을 전제하고 있다. 하지만 Bakhtin이 보기에 축제는 사회적 상하 질서가 의문시되기도 한다는 점을 보여주기 때문에 전복의 효과가 있다. Bakhtin은 현실을 비틀린 거울에 비추는 도구로서, 존재하는 규칙으로부터 일시적으로 벗어난 상태 또는 사회적 규약으로부터의 완전한 자유로운 관점으로 바라본다.

퀴어 이론의 중추, 규범에 대한 아이디어와 함께, 카니발 개념은 아동문학에 상당히 연관되어 있다. 사실, 카니발과 규범 타파는 논의되어 온 이론 안에서 의미론적으로 연결된다. 우리 사회에서 아동은 억압되고 힘이 없다. 하지만 역설적으로 아동의 계몽과 즐거움을 위해 성인에 의해 쓰여진 소설 속, 일정 상황과 제한된 시간 속에서 아동은 강하고 용감하며, 힘 있고 독립적이다. 신체적 제약 없이 일시적 또는 영구적으로 성인의 보호 없이 주인공 아동은 세계를 탐험하고 독립의 경계를 타진하는 것이 가장 중요한 단서이다. 주인공은 전쟁이나 혁명같은 상황, 또는 멀리 떨어진 이국적 환경, 무인도 같은 곳에서의 일시적 고립, 극한 위험

등의 평범하지 않은 상황에 수차례 직면할지도 모른다. 이런 모든 상황은 소설 속 아이를 돕고 비록 거의 모든 주인공이 안전한 집과 부모의 보호 속으로 되돌아 갈지라도 이야기는 아이에게 부여된 성인의 규칙이 사실 독단적이라는 것을 보임으로써 전복의 효과를 갖는다. 퀴어 이론에 있어서 어른의 규범은 어른이 여전히 기준으로 존재하더라도 바뀔 수 있는 대상이다. 모든 것을 감싸는 일종의 분석 도구를 발달시키기 위해 퀴어 이론과 카니발 이론에서 기본 개념을 빌리는 것이 아동문학 핵심에 다가서는데 더 없이 도움이 되는 것으로 판명되었다.

Alison Lurie는 『Don' t Tell the Grownups』(1990)에서 모든 아동문학을 정의하자면 바로 전복이라고 주장한다. 의심스러운 자세다. 아동문학은 성인 규범에 반하여 사실 전복적일 수 있지만, 상당히 더 자주 보수적이며 성인의 규범을 부정하기 보다는 인정한다. 연령에 관련된 권력 상하 구조와 성인을 기준으로 하는 데서 시작하면, Perry Nodelman이 『The Hidden Adult』(2008)에서 보여 준 것과 같이, 아마도 더 만족스러운 방법으로 연구 목적과 목표를 정의할 수 있을 것 같다.

아동문학은 성인을 기준으로 삼는 것에 잠재적으로 의혹을 품는다. 아동문학가는 주체성을 위해 여러 가지 전략을 고안해 왔다. 전략에는 목소리와 초점, 주관성 같은 이야기 전략뿐 아니라 장르(판타지, 탐험, 디스토피아), 배경(로빈슨 크루소류 소설, 오리엔탈리즘), 그리고 등장인물(영웅, 반영웅, 성전환 인물, 동물, 괴물)이 있다. 하지만 이 모든 전략은 또한 타자성(alterity)을 키울 수 있다.

다음 장에서는 아동문학가들이 텍스트에서 권력 구조를 확인 또는 부정하는 데 사용하는 전략에 대해 논의하겠다.

CHAPTER 01

〈해리포터〉와 아동문학의 비밀

- 카니발의 시작 : 아동문학의 약속
- 카니발의 지속 : 절정의 주인공
- 카니발의 종료 : 성인의 승리
- 반복되는 카니발 : 후편의 목적
- 카니발에 대한 의문 : 연령주의의 영구성

CHAPTER

01 〈해리포터〉와 아동문학의 비밀

이 장에서 나는 〈해리포터_Harry Potter〉 소설을 아동문학의 표본으로 삼아 살펴보겠다. 이 소설에서는 다르게 규범 짓기(heteronormativity)와 다른 전통적인 가치들뿐만 아니라 성인 규범 짓기가 표현되고 계속해서 확인되며 또 재생된다. 〈해리포터〉의 등장인물의 행동들을 통해 역할 모델을 분명하게 드러내는 주인공뿐만 아니라 성인의 우월을 강조하는 성인 영웅주의의 다양한 측면을 접하게 된다. 반복적으로 거론되는 해리 부모의 영광스런 죽음이 이를 보여 주는 가장 분명한 예이다. 그 후에도 연달아 이어지는 영웅적인 면모를 나타내는 주인공들의 사소한 잘못들과 관련사건들의 발생 후에도 그들의 높은 지위는 손상받지 않는다.

이 소설은 아동문학의 전형적 특성을 보이는지 또는 벗어나는지를 살피며 읽어 가는 재미가 있다. 역설적이게도, 그런 특성을 보이던 보이지 않던 〈해리포터〉 시리즈가 인기 있는 이유는 설명 가능하다. 또한 Northrop Frye의 관점(Frye, 1957)에서 이야기하는 신화와 장르 절충주의라는 의미에서 평가해 보는 것도 흥미롭다. 최근 서구 아동소설에서는 대부분의 아동 인물들을 모방적이며 풍자적으로 표현한다. 전 세계적인 열풍을 몰고 온 〈해리포터〉 시리즈의 매력은 아동소설 안에 신비적 인물을 재도입하는 좋은 시도라고 여겨진다. 소설 속의 주인공은 신비한 영웅의 모든 요소들을 지니고 있다. 해리는 신비한 출생의 과거를 가지고 있고, 소외되며, 주변 환경에 강압을 받다가 돌연 무한한 힘이 주어진다. 그는 자신이 지닌 순결함과 타고난 착한 심성으로 악-성인-의 힘을 초월한다. 선택된 자의 표식을 이마에 지닌 해리는 마법 사회에서 미래의 구원자로 추앙받는다. 이러한 구성은 다른 문화권의 신화들에서도 쉽게 발견되는 것으로, 비록 해리가 신이나 신의 아들은 아니지만, Frye의 표상학에 따라 진정한 신화적 영웅으로서는 부적절하고, 그저 신비스런 수준에서 해리를 이해하게 만든다. 신비한 캐릭터로 등장하는 해리는 선악 개념 및 성적 경계의 모호함과 더불어 여러 가지 포스트모던 미학의 다양한 면을 보여 준다. 성인 관심거리, 암시적 요소, 정교한 언어놀이나 사회적 풍자 등의 측면에서 성인적 매력이 생겨난다. 이러한 매력에서 이 소설은 크로스오버(crossover)[1)]의 개념을 보여준다(Beckett, 2008). 그럼에도 불구하고 대부분의 독자들에게 주인공인 해리포터가 지닌 매력은 그가 우리가 생각하는 신비한 영웅상과 전반적으로 일치한다는 점에서 공감을 얻는다.

이를테면 Ursula Le Guin의 〈어스시_Earthsea〉(1968~2001) 시리즈에서의 제드, Susan Cooper의 『The Dark Is Rising』(1973)에서 윌, 또는 Diana Wynne Jones의 『The Lives of Christopher Chant』(1988)에서의 크리스토퍼와 Philip Pullman의 〈황금 나침반_His Dark Materials〉(1995~2000)에서 라이라 같은 다른 어린 마술사들에게서는 찾아볼 수 없었던 안정감을 〈해리포터〉는 보여준다. 이어지는 해리의 모험(또는 사고사)에서 관심은 그가 이기느냐가 아닌 어떻게 이기게 되느냐에 있다. 우리는 주인공이 최후의 상황에 기적적으로 살아남는다는 것은 이미 알고 있다. 그럼에도 우리가 계속해서 읽는 것은 주인공이 정확히 어떻게 살아남게 되는지 알아내기 위해서이다. 문학 속 독자로서 우리가 갖는 지식 외에, 후편의 존재를 알고 있다는 것은 주인공의 긍정적 결과에 대한 믿음을 더해 준다. 후편에서 해리가 없을 수는 없다. 죽는다는 것은 우주의 일부로 모두가 알고 있기 때문에 그가 지금 죽임을 당하고 다음 편에서 부활할 수도 없다. 해리가 신화적인 '다시 살아 돌아오는 신' 이 아닌 것은 분명하다.

카니발 이론과 퀴어 이론은 〈해리포터〉 시리즈의 힘의 구조를 평가하는 좋은 도구이다. 〈해리포터〉 시리즈에서 힘의 위계구조는 분명하다. 마법사들은 마법사가 아닌 사람들보다 우월하다. Diana Wynne Jones 같은 다른 작가들도 마법세계와 마법이 없는 세계를 그려왔으나, 그녀는 마법이 없는 세계를 열등하게 표현하지 않았다. 〈해리포터〉에서 마법국이 자신들의 규칙을 머글들에게 부여하는 것처럼, Jones는 일반인을 사악하게 다스리는 그 어떠한 우월 존재를 계속해서 암시한다.

1) 어떤 장르에 이질적인 다른 장르의 요소가 합해져서 만들어진 것을 뜻한다.

그러나 Jones의 세계에서, 그 권위 존재는 소설 속 인물 상황에서든 아니면 표면적으로든 계속해서 질문된다.

〈해리포터〉의 세계에서 순수 혈통 마법사들은 머글 혈통보다 우월하다. 마지막 권에서 이들에 대한 박해는 인류 역사에서 최악의 민족 학살들을 연상케 한다. 영국의 마법사들은 다른 외국 마법사들보다 우월하다. 이 열등한 외국 마법사들은 소설 속에서 우스꽝스런 동유럽 이름들을 지니고 있다. 마법 공동체 안에서 외국 마법사들에게는 결코 주요 배역이 주어지지 않는다. 패틸 쌍둥이들은 주변에서 겉돌고 호그와트의 동등한 기회정책의 상징으로 희미하게 등장하며, 해리가 좋아하는 초는 소설이 진행되면서 서서히 사라진다. 마법 능력이 없는 마법사 태생인 스퀴브들은 마법 세계에서 최하 지위에 있다. 현실 세계로 바꾸어 보면, 이는 마치 정신적으로 지체된 사람들을 무시하는 것과 비슷하다. 인류는 고블린, 요정, 켄타우로스, 거인, 기괴한 몸체를 지니거나 육신이 손상된 존재들보다 우월하다. 남자들은 여자들보다 우월하다. 이는 맥고나걸 교수의 지위를 남자 교사들의 지위와 비교해 보거나, 예언 교수인 트릴로니의 거듭되는 모욕 장면에서 분명히 드러난다. 헤르미온느의 모호한 역할, 특히 그녀의 제한적 행위는 너무 분명하게 나타난다(특히 비밀의 방에서 그녀가 망연자실해하는 장면에서 두드러진다.). 그리핀도르 퀴디치팀은 배경에 몇몇 소녀들을 그린다. 루나는 미치광이이고, 통스는 중성이다. 이는 그녀 스스로 지은 양성적 이름에 의해 강조된다.

우리의 예측대로 부자들은 가난한 사람들보다 우월하다고 여겨지며, 이 때문에 론의 지위는 희미해지거나 모호해진다. 론은 남자이며 순수 혈통이기에 헤르미온느보다 우월해야 하지만, 그 가족의 경제 상황이 어렵기 때문에 헤르미온느의 지위가 론보다 한 단계 위로 그려진다. 해리는 유복하고, 다른 이들에게 너그러울 수 있으며, 굳이 힘을 과시하지 않더라도, 그는 경제적으로 넉넉하지 못한 학생들보다 우월하다. 마법국으로 대표되는 권력자들은 당연히 일반 시민들보다 우월하여, 그 위대한 덤블도어도 순종해야 한다. 호그와트의 위계질서에는 학생의 연령에 따른 서열이 명확하다. 1학년과 2학년 학생들에게는 마을로 가는 것이 허락되지 않고, 나이 많은 학생들이 공개적으로 어린 학생들을 괴롭힌다. 인종주의적, 성적, 제국주의적, 또 다른 이념적으로 모호한 측면들이 심도 있게 소설에서 파헤

쳐진다. 그럼에도 불구하고 이런 모든 권력의 구조는 가장 중심적인 구조를 지지하고 있다. 성인은 아동보다 우월하다는 것이다.

주인공은 권력의 모든 조건을 충족시키지만, 한 가지를 가지고 있지 못하다. 고로, 그는 규범의 전달매체로 표현된다. 성인과 아동 사이 힘의 긴장 상태에서 해리는 절대적인 성인 통제하에서 그들과 같은 조건에서 성인들이 아동을 놀 수 있게 허락할 때는 일시적으로 우월성을 띄게 된다. 이러한 상태에서도, 성인들은 그들 세계의 서열을 복구해야 할 때는 다양한 방법으로 주도권을 휘어잡는다. Bakhtin의 경우, 이 문제는 영웅이, 또는 독자들이, 이러한 일시적 힘을 경험함으로 권력이 변덕스럽고, 바뀔 수 있는 것이라는 것을 스스로 추리할 수 있는가 하는 것이다. 〈해리포터〉 시리즈는 성인의 기준에서 평가되도록 만들어졌다.

또한 〈해리포터〉 시리즈는 청소년 소설로 논의되어 왔다(Trites, 2001). 아이러니하게도 이 청소년 소설은 주인공에게 힘을 주려 하지 않는다. 하지만 아동을 위한 책들은 카니발화를 통해 주인공에게 힘을 부여한다. 청년 소설에서는, 사회가 주인공을 억압하려 한다. 이러한 주인공이, 중간에 죽거나 없어지지 않는 한, 억압받던 존재에서 억압하는 권력자가 되는 반전을 묘사한다. 〈해리포터〉 시리즈에서 권력은 분명하게 스스로 재생산된다. 해리와 그 친구들은 처음에는 매사에 자기가 우월하다고 강조하는 론의 형 퍼시를 비웃었다. 시리즈 전체를 통해, 유년기를 끝내고 마법국에서 중요한 직업을 얻는 과정에서 퍼시를 통해 독자들은 그의 향상을 본다. 『해리포터와 불사조 기사단』에서 론과 헤르미온느는 반장이 되고, 퍼시는 자기 동생이 관료적 경력에 첫걸음을 디디게 됨을 축하한다.

해리는 반장이 되지 않음으로써 지위의 특별성을 더해간다. 학교 규칙을 어기는 그의 자유는 심판받지 않게 된다. 하지만, 반장이 되는 것 역시 성인에 대한 충성과 연결되어 있다. 물론 반장이라는 직책이 론과 헤르미온느가 점점 더 위험해지는 해리의 모험에 함께 하는 것을 막지는 않지만, 두 사람은 성인의 규범 안에서 자신의 직책에 따른 책임을 진다. 권력을 일찍 경험한 론과 헤르미온느는 언젠가 성인들의 위계 구조로 들어갈 것을 예견해 준다.

카니발의 시작 : 아동문학의 약속

해리는 아동문학의 가장 전형적인 인물이다. 인간 세상에서 태어나면서, 그는 자신의 정통 환경으로부터 격리된다. 자신의 생득권으로부터 격리된 아동은 가장 보편적인 신화적이고 민화적인 주제 중 하나이다. 로맨틱 관습은 약자와 억압받는 자들이 힘을 지니게 되고 사회의 위계질서 안에서 그들의 적절한 지위로 돌아가게 될 것을 조장한다. 해리는 자신이 일시적으로 추방되었던 공동체에 다시 소개되고, 무한한 힘이 주어진다. 아이러니한 것은, 그는 아직 그 힘을 사용하는 법을 배우지 못하였다는 것이다. 더군다나 비록 해리가 자신의 적절한 지위에 다시 돌아왔을지라도, 그는 아직 그 지위에 따른 자신의 가치를 증명하지 못했기에, 몇 차례 시련을 겪는다. 비록 마지막 권에서 호그와트가 더 이상 안전한 장소가 아니라는 점이 다른 〈해리포터〉 시리즈들과 다르지만, 각 권은 자신의 가치를 증명하고자 하는 해리가 겪는 시련 유형을 되풀이한다(Zipes, 2001; 176f). 또한 영웅이 그 시련을 반드시 통과해야 함을 기록하는 것이 로맨틱 모드의 전통이다. 해리는 권위자와 지지자들로 구성된 군대와 무한히 악하고 강한 상대를 대적한다. 그러나 그가 지닌 순결함과 타고난 착한 심성으로 인해 그는 악의를 가진 성인보다 우월할 수 있다.

부모를 없애는 것은 아동문학의 전제이다. 부모 권위의 부재는 소설 속 아동이 성인의 보호 없이 자신의 독립심을 시험하며 느껴보고 세상을 탐험하기 위한 발달과 성숙이 필요하다는 여지를 준다. 하지만 아동은 전혀 성인의 보호 없이는 남겨질 수 없어 대리자가 돌보거나, 아동도 성인 세계에서 세운 규칙을 따른다. 생물학적 부모보다 설정된 부모 인물을 없애는 것이 덜 공격적이며 그런 대리 인물들을 등장시키는 것은 여러모로 스토리 전개상 필수적인 부분을 담당한다. 사춘기에 이르는 주인공이 아니더라도 부모라는 인물은 아동이 반항할 상대로도 필요하다. 소설들이 진행되어감에 따라, 긍정적이던 부정적이던 간에 새로운 아버지 대리자는 등장한다. 원래 삼촌인 버논, 볼드모트, 덤블도어, 해그리드와 스네이프, 시리우스, 루핀, 무디, 루시우스 말포이 등이 그 역할을 한다.

고아인 주인공이 정체성을 찾는 과정을 담은 소설의 주제는 그가 성인의 보호를 받는 다른 아동들은 겪을 수 없는 다양한 시련을 겪음으로써 더더욱 부각된다. 그러나 고아인 주인공 아동도 성인들이 통제해야 하기 때문에 완전히 혼자일 수는 없다. 진짜 부모와 비교할 때, 대리자들은 성인의 힘을 없애기보다는 감소시킨다. 그러므로 소설들은 아동문학의 피할 수 없는 관습에 따른다. 심리학적 관점에서, 덤블도어가 갓난아기 해리를 그 사악한 친척들에게 남겨두는 것은 나중에 설명이 붙지만 비합리적인 행동이다. 이와 비슷하게 호그와트의 교사들이 밤에 해리와 그 친구들을 마법 주문으로 기숙사에 가두어 두지 않고, 돌아다니게 두는 것도 책임감이 없다고 여겨진다. 그러나 이런 무책임한 행동들은 줄거리를 위해서 뿐만 아니라 (해리가 얌전히 침대에서 잔다면 어떤 일들이 일어날 수 있을까?), 등장인물 구성을 위해서도 불가피하다. 점점 더 많은 부모 대리자들뿐만 아니라 마지막에는 덤블도어까지 제거되는 것은 매우 중요하다. 마지막 권에서, 친구들과 지지자들은 크고 작게 희생된다.

대부분의 판타지 소설에서는 평범한 아동들이 마법 요소를 통해 일시적으로 힘을 얻는다. 해리는 이런 유형에서 벗어나 보이지만 제드, 윌, 그리고 크리스토퍼 같은 어린 마법 선배들처럼 해리는 마법을 사용하는 방법을 배워야만 한다. 단지 막대를 흔드는 문제가 아니다. 마법사로서 해리는 그의 수양 가족같은 머글들에 비해서만 전능하다. 또한 호그와트에서는 여러 면에서 또래보다 뛰어나다. 출생부터 유명하고, 퀴디치에서는 무적이며, 선생님들이 그리 보지 않는다 하더라도 학급 친구들에게는 논쟁의 여지없이 활기차고 장난끼가 넘친다. 그는 대부분의 영웅들처럼 용감하다. 그 영웅으로서의 용기는 그가 정말로 영웅이기에 생기는 것이다. 어떤 면에서 해리는 교실의 친구들보다 부족하다. 학업 성취에서도 특별히 우수하지 않다. 해리와 다른 마법사들이 자연의 법칙을 벗어난 전능한 신은 아니다. 그들도 다칠 수 있고, 아프거나 죽을 수도 있다. 어떤 마법사들은 다른 마법사들보다 더 강하다. 덤블도어는 가장 강력한 사람 중 하나이며, 우리가 마침내 알게 되는 것처럼, 그는 자신의 권력을 남용하지 않는다. 해리는 다른 판타지 주인공들과 비교했을 때 엄청난 힘을 가지고 태어지만 그의 힘에는 일련의 제약이 따른다. 아동은 카니발 동안 무한한 힘에 대한 환상을 지닐 수 있지만, 사실상 그것은 성인들에 의해 제한된다. 비록 아동에게 힘이 부여되더라도, 그에게 완전한 통제력이 주어지지는 않는다. 독자들이 모두 알다시피 볼드모트에게 맞설 수 있는 힘을 가진 사람은 해리뿐이다. 하지만, 마지막 전투에 다다르기까지 해리는 성인들의 규칙을 따라야 한다. 아버지의 대리자인 덤블도어가 모든 결정의 결정권을 마지막까지 쥐고 있다.

주인공을 남자로 선정한 것은 우연이 아니다. 정의상 로맨틱 이야기는 남성적이다(Hourihan, 1997). 근대의 남성적 플롯에 여주인공을 넣으려는 시도들은 성의 혼동을 가져와, 겉으로만 여성적인 '억지 춘향(Paul, 2006)'을 만든다.

우리의 성적 인식에도 불구하고 남성은 여전히 여성보다 우월하고, 남성이라는 사실 자체가 해리에게 특권적 지위를 부여한다. 해리는 전형적인 남성의 면모들을 보이지는 않고, 다소 전형적 여성의 면들을 보이기도 한다. 그는 비폭력적이고, 공격적이지 않으며, 서정적이고, 배려심이 많고 너그러워 결국 그는 전형적인 로맨틱 영웅들과 다르다. 그럼에도 불구하고 해리는 다른 현대 판타지 소설 주인공들이 지니고 있는 복합성은 갖추지 못하고 있다.

카니발의 지속 : 절정의 주인공

판타지 유형은 아동에게 힘을 부여하는 매우 효과적인 방법이다. 정상적인 세계에서 억압받고 창피를 당하던 해리는 어떠한 사건도 가능한 마법세계에 배치된다. 해리는 마법열차(새로운 방법은 아니다. 약 100년 전 Edith Nesbit에 의해 이용되었던 유사한 장치이고 다른 많은 판타지 작가들에 의해 사용되었던 방법이다.)를 통해 이동한다. 또한 그는 많은 마법도구들을 갖게 된다. 환상적인 마법 빗자루, 마법 지팡이(심리 분석적으로 접근한 비평에 빠뜨릴 수 없는 남근의 상징), 투명하게 해주는 외투, 마법으로 상호 작용하는 지도 등으로 인해 해리는 다른 학생들이나 대부분의 교사들보다 더 좋은 장비를 갖추게 된다. 론과 헤르미온느는 늘 해리를 돕고 나중에는 루나와 네빌까지도 돕게 된다. 이들은 자신들이 지닌 특수한 재능으로 해리의 부족한 부분을 메운다. 더즐리가족에서 억압된 지위를 지녔던 해리가 호그와트에서 명성 및 막대한 부와 특권을 누리는 지위로 상승되는 것은 쉽게 알 수 있는 동화의 유형이다.

대부분의 판타지 소설에서처럼 해리는 선택받은 자이고, 떠오르는 구세주이다.

『나니아 연대기 : 사자, 마녀 그리고 옷장_The Lion, the Witch and the Wardrobe』(1950)에서부터 〈황금나침판〉까지 이르는 다른 판타지 소설들에서와 같이, 해리에게도 사명에 대한 예언이 있다. Frye의 관점에서 판타지 주인공들 또는 로맨틱 주인공들은 결점이 없다. 그들은 미묘함이 없는 100% 영웅적 존재이다. 그들에게는 결코 의심, 두려움 또는 좌절은 없다. 굳이 묘사하자면, 그들은 규범적인 특징들을 가지고 있다. 강하고, 용감하며, 영리하고, 친절하거나 아름답다. 그들은 도덕적 수준에서도 결함이 없다. 정의롭고, 충성스러우며, 자신이 추구하는 대의를 위해 헌신한다. 낭만주의 아동 주인공에 대한 전제는 아동은 순수하여 악을 정복할 수 있다는 신념에 기초한 낭만주의 시기 아동의 이상형이다. 비록 이 이상적인 아동 주인공의 상이 재고되고, 의심받더라도(McGavran, 1999), 아동 주인공들은 여전히 어떤 교과서적 유형으로 구성된다. 해리도 예외는 아니다. 그의 주 강점은 바로 그가 아동이라는 사실이고, 영아일 때 이미 볼드모트에 대항하여 자신을 보호할 수 있는 힘을 가졌다는 사실이 계속해서 부각된다. 타고난 선함이 해리의 가장 중요한 무기이다.

마법 말고도 아동에게 힘을 실어주는 다른 몇 가지 방법이 있는데 절충주의 장르를 대표하는 소설 속에는 이런 부분들이 많이 나타난다. Frye의 유형에서 매우 사실적으로 묘사된 인물로 영웅은 용기, 지혜, 충성심 등이 보통 사람들보다 더 뛰어나다. 이렇게 다른 인물들보다 뛰어난 허구적 인물들은 이야기 속 인물들뿐 아니라 독자들에게도 선망의 대상이 된다. 성인 독자들은 겸손하고, 매너 좋으며, 선배를 존경하고, 완벽한 영국 신사인 해리를 아동의 모델로서 매우 적합하다고 느낄 것이다. 또한 어린 독자들은 해리의 다른 특성을 좋아할 것이다. 앞서 지적했던 것처럼, 해리는 명성, 용기, 운동 등 여러 면에서 동료들보다 뛰어나다. 그는 퀴디치팀 규칙에 반해 선발될 만큼 선생님들에게 사랑을 받는다.

해리를 전형적 카니발적 인물로서 우월하게 만들어 주는 또 다른 부분은 소설 속에서 그가 가지고 있는 의문들이다. 해리는 각각의 소설에서, 자신의 재치, 용기, 도전, 호기심, 추론 능력, 신체적 민첩함을 이용하여 반드시 미스터리를 푼다. 기숙사 학교 이야기는 이러한 해리에게 힘을 실어주는 훌륭한 기회가 된다. 기숙사 학교 소설에서의 줄거리는 일상적 모험을 중심으로 전개된다. 강의, 숙제, 운동, 학교의 첫날과 마지막 날 행사, 기숙사 간의 경쟁, 장난, 밤중 파티, 금지된

외출, 적에 대한 스파이활동, 새로운 학생과 교사의 도착, 괴롭히기, 복수 등이 그것이다. 선과 악의 투쟁을 그린 계속되는 점진적인 줄거리 외에도, 〈해리포터〉 시리즈의 대부분은 비록 마법이 가미되기는 했지만 일상적 에피소드들을 담고 있다. 해리의 모험들이 사소하여 그의 영웅적 환경을 다소 희석하긴 하지만, 그는 이러한 환경에서도 언제나 빛난다. 그의 평범함은 덤블도어, 맥고나걸 또는 드레이코 말포이 등과 대조적으로 꾸밈 없고 가식 없는 해리라는 이름에 의해 최대한 강조된다. 이러한 관념적 이름들이 그들의 개성을 드러내는 데 사용된 반면, 해리의 이름은 그의 보통 사람다운 성격을 강조한다. 현대의 주인공들은 젊은 독자들이 감탄할 만한 표본 아닌 동등한 대상이길 원한다. 물론 해리가 우리들보다 운이 더 좋고 잘났다고 볼 수 있지만, 그가 지닌 비범함은 그의 나쁜 시력같이 더 현실적인 그의 특성들에 의해 균형잡힌다. 구식의 망가진 안경을 낀 해리는 그의 퀴디치 팀에서 인정할 정도로 다른 어떤 호그와트 학생들보다 더 잘 본다. 퀴디치를 통해 이 소설은 처음에는 부적당하지만 결국에는 경쟁에 승리하며, 아동에게 힘을 부여하는 또 다른 장르인 스포츠 소설에 근접한다.

개구쟁이 소년의 이야기도 분명히 드러난다. 처벌받지 않고 못된 장난을 가능하게 하는 주인공의 강점은 그에게 내재된 선이다. 해리는 반복해서 학교의 규칙을 어기지만 선한 의도를 가지고 그렇게 하였기 때문에 그는 늘 용서받는다. 해리와 그의 친구들이 정해진 시간 외에 기숙사를 나갔기 때문에 교사들은 그리핀도르의 점수를 빼앗지만, 해리가 극한 위험에서 호그와트를 구하면서 교사들이 그 기숙사에 10배의 보상을 주는 재미난 반전도 일어난다. 이와 유사하게 모험 이야기는 아동을 일상에서보다 자신의 용기를 더 잘 보여줄 수 있는 이국적이고 위험한 상황 같은 특수한 위치에 설정한다. 악당이 등장하고, 미스터리를 풀며, 보물을 찾는다. 모험의 전제는 기회이다. 주인공은 우연히 음모를 엿듣게 되거나, 중요한 정보, 카니발, 힘을 얻는 장치를 손에 넣게 된다. 해리는 투명하게 해주는 망토 덕분에 계속해서 결정적인 정보를 얻을 수 있게 된다. 모험 장르는 주인공이 그의 사명을 완수하는 것을 기술하는 것이 관례이다. 해리와 론이 학교로 오는 기차를 놓쳤을 때 마법으로 나는 자동차를 타는 부분에서는 Biggle 소설의 느낌도 난다.

이런 모든 장르들과 여러 가지 요소가 더 함께 섞여 〈해리포터〉를 이루고 있다.

따라서 이 소설의 매력은 분명한 하나의 특정 장르에 속하지 않았다는 점에 있다. Frye의 설명에 따르면 이런 모든 다양한 장르의 모습들, 그리고 신화적 측면에서 풍자적 측면에 이르는 이야기의 수준은 주인공이 다른 이보다 더 우월하게 보여질 기회를 다면적으로 보여줌으로써 주인공을 부각시키는 역할을 한다. 배후에서 성인들이 상황을 통제하는 한 그렇다.

카니발의 종료 : 성인의 승리

마법사로서 해리에게는 영구적으로 힘이 주어진 것처럼 보인다. 그러나 낭만주의 소설의 전제조건은 힘이 주어지지 않은 주인공, 성인 주권의 재정립 등 초기의 질서로 돌아오는 것이다. 고전 신화의 주인공은 자신의 아버지를 죽이고, 아버지의 자리를 찬탈한다. 이는 아동 소설에서는 심히 부적절하게 여겨진다. 아동문학의 전통에 따라, 줄거리의 쉬운 진행을 위해 해리의 아버지는 해리가 아직 아기였을 동안 죽임을 당하고, 마지막에 해리는 볼드모트도 죽일 필요가 없다. 로맨틱 유형에서, 아동 주인공은 마법 여행으로부터 일상으로 돌아오며, 때로는 『나니아 연대기 : 사자, 마녀, 그리고 옷장』의 마지막에 나니아의 왕들과 여왕들이 아동들로 전환하는 것에서 볼 수 있는 것처럼 이전에 지녔던 힘을 모두 빼앗기게 되기도 한다. 『The Story of the Amulet』에서 처럼 마법적 물건을 아예 잃게 되거나 그 마법의 힘이 없어지거나, 마법 조력자가 사라지고, 주인공 옆에 조력자들 또한 모두 없어져 더 이상 영웅이 아니게 된다.

해리는 매년 말이면 호그와트를 떠나 더즐리 가족으로 돌아간다. 적절한 이야기 요소라는 면을 제외하고도, 학년이 바뀐다는 것에 대한 자연스런 배경이 되는 귀향은 해리가 일시적으로 일상에서 벗어났다는 사실과, 그의 힘이 마법이라는 배경에서 일시적으로 갖게 되는 힘이라는 것을 다시 한번 일깨워 준다. 줄거리의 전개를 위해 더즐리 가족과 함께 머무는 것은 꼭 필요하다. 가족이 더 이상 이야기 전개를 위한 도구로서 필요가 없을 때 이들은 곧바로 제거되어, 독자들은 그들에 대해 더는 듣지 못한다.

더 중요한 것은 해리가 마법 세계에서도 전능하지 않다는 것이다. 마법의 힘이 볼드모트와 동등한 유일한 사람인 해리이지만 그는 여전히 성인 마법사들의 명령에 복종해야 한다.

●●● 『해리포터와 불사조 기사단』 ; 83

너는 학교에 있고, 어른들이 너를 책임짐을 잊지 말아라!

라는 위즐리 부인의 발언에서 나타난 것처럼 학교라는 상황은 이런 권력의 구조를 강조한다.

●●● 『해리포터와 불사조 기사단』 ; 495

어른들이 해결할 때까지 빠져있어. 해리!

그는 씁쓸히 스스로에게 이렇게 외침으로써 불만을 표한다. 여전히 그의 조용한 반란은 효과가 없다. 마치 데우스 엑스 마키나(deus ex machina)[2)]처럼 덤블도어가 튀어나오고, 어깨를 두드려 줌으로 해리의 승리는 끝나게 된다. 이는 특히 『해리포터와 불사조 기사단』에서 두드러진다. 마법국의 비밀의 방에서 해리와 그의 친구들은 볼드모트의 지지자들과 싸운다. 모든 희망이 사라질 즈음 무대 뒤에서 기다리던 덤블도어가 나타나고, 저자는 독자로 하여금 가장 설교스러운 방법으로 해리의 생각과 공감하게 한다.

●●● 『해리포터와 불사조 기사단』 ; 805

그들은 구해졌다.

여기에 연장자의 규범(aetonormativity)의 모든 것이 간단하게 표현되어 있다. 아동 주인공은 얼마든지 용감하고, 지혜롭고, 강할 수 있으나 마지막은 항상 성인이 마무리한다. 여기에 아마도 우리가 대작이라 부르는 아동 소설들의 숨은 비밀이 있을 것이다. 다소 믿을 수 없는 방법으로 성인들은 딜레마를 풀려고 한다. 그들은 아동에게 힘을 부여하고자 하며, 또 한편으로는 성인들만 알고 있는 위험으로부터 아동들을 지키려고 한다. 이는 아동을 순진무구함 속에 가두어 놓으려는 성인들의

2) 문학작품에서 결말을 짓거나 갈등을 풀기 위해 뜬금없는 사건을 일으키는 플롯 장치이다. 글자 그대로 풀이하면 '기계장치로 내려온 신' 이라는 뜻을 담고 있다.

상식에서 벗어난 노력이다. 이 모든 것이 성인들의 힘의 전략인 것이다. 〈해리포터〉 시리즈는 이러한 성인들의 노력들을 한 가지로 결합하려는 시도조차 하지 않았다.

반복되는 카니발 : 후편의 목적

신화와 민화의 원형을 따르는 카니발 구조는 첫 6편에서 계속 반복된다. 집-떠남-집. 해리는 지긋지긋한 자신의 수양가족에서부터 시작하여, 새로운 모험이 기다리는 영웅으로 인정해 주는 학교로 가게 되고, 거기서 다시 굴욕적인 더즐리 가족의 집으로 유배된다. 독자들이 해리와 시리우스의 정상적인 가족의 탄생을 기뻐하게 되자 마자, 시리우스는 당연스레 없어진다. 〈해리포터〉 시리즈에는 창의적인 변형들이 보이고, 해리의 사명은 점차 더 위험하고 복잡해지지만 일반적인 줄거리의 구조는 동일하다. 어떤 비평가들(예 : Nodelman, 2006)은 이러한 반복 또는 동일성을 아동문학의 필수 요소라고 하기도 한다. 이러한 반복은 모든 연작 소설에 존재한다. 각 권이 완전하고 독립적인 이야기 요소를 지니기 때문에 읽는 순서가 무관해지는 것이다. 주인공은 바뀌지 않고 더 이상 성장하지도 않는다. 연작 소설의 단조로움은 주인공 불패, 줄거리의 안정성 그리고 독자들의 독해 능력 등의 모든 면에서 독자들에게 안정감을 준다. 이와는 대조적으로 〈해리포터〉 시리즈에는 시간의 순서가 있다. 비록 각 권의 앞부분에 전편의 사건들이 요약되어 있지만, 세부적 내용과 등장인물들이 후편에서 다시 나오고, 저자는 독자들이 그것들을 알고 있을 것이라고 추정한다. 물론 순서에 상관없이 이 연작을 읽는 것이 가능하기는 하다. 왜냐하면 이 연작은 모든 책의 줄거리가 각 권 끝에는 마무리되어지기 때문이다. 하지만, 만약 특정 인물들의 본색이 이미 설명되었거나, 핵심 사건들의 배후가 이미 공개된다면, 긴장감은 사라질 것이다. 각 권마다 줄거리를 깔끔하게 마무리하여서 순서 없이 책들을 읽는 것도 가능하다. 줄거리 면에서 〈해리포터〉 시리즈는 연작 소설이 아니다(예 : Watson, 2000).

연속물의 다른 필수요소는 고정인물이다. 부인할 수 없이 해리는 각 권에서 한 살씩 성장한다. 해리는 언제나 16세인 낸시 드류나 11세에 냉동된 윌리엄이 아니다. 그러나 등장인물의 발달에는 시간적과 윤리적 측면이 존재한다. 주인공으로 등장하는 해리의 감정 증가에 관해 어떤 비평가가 무슨 이야기를 하든 상관없이, 우리는 그의 생각과 감정을 알고 있지 않다. 물론 사고와 감정의 능력이 주어졌을 때에 한하는 이야기지만 말이다. 해리는 복잡한 내면 생활에 의해 좌우되는 인물이 아니다. 책에서는 해리가 겁을 먹었거나 혹은 외로움을 느끼고 있다고 표현된다. 그러나 이러한 것들은 화자의 말이지 더 정교한 설명이 있을 때 알 수 있는 정신상태의 표현은 아니다. 이 중재적 화술은 등장인물의 마음을 꿰뚫지 못하게 한다. 사실, 후반 소설들에서 우리는 그 둘 사이의 초자연적 결합으로 인해 해리가 갖게 된 일면을 통해 볼드모트의 마음 상태에 대해 더 많이 알게 되고, 펜시브에서 그의 기억을 통해 스네이프의 마음 상태에 대해 더 알게 된다. 해리는 하나의 소설 속 인물로서 발전하지는 않는다. 그러나 로맨틱 영웅에게 세심히 부여된 성격같은 심리적 신뢰성을 우리가 요구할 수는 없다. 영웅이란 이름 자체로서 그들은 정적이고 단조롭다. 비록 해리가 볼드모트와의 연결을 통해 모호함의 일면을 지니고 감정폭발같이 약간의 결함이 있더라도, 그의 발달은 시간적이지 윤리적이지는 않다. 마지막 권에서, 17세의 해리는 11세 때의 그 자신과 근본적으로 다르지 않다. 그는 세계를 구하기 위해 너무 바쁘기 때문에 사춘기와 관련된 문제들은 겪지 않는다. 여기 저기서 나오는 그의 뱀과 말하는 능력(parseltongue)은 그의 완벽한 영웅적 면에서 결점이 아니다. 단지 볼드모트에 의해 상처받은 부분일 뿐이다. 동화속 주인공들처럼, 해리는 거의 윤리적 갈등이나 도덕적 선택을 경험하지 않는다. 해리는 사람들을 오판하거나 잘못된 단서를 쫓기는 하지만, 이는 미스테리 소설에서는 필수적인 것이다. 심리 상태를 표현하는 현대적 유형은 독자들에게 부담을 떠안긴다. 정신적 상태를 모호하게 표현하여 독자들 스스로 말의 의미를 판단하도록 만든다. 〈해리포터〉 시리즈는 이런 면에서 명료하고 직설적이다. 해리는 자신의 정체성과 볼드모트와의 신비한 연결에 대해 깊이 생각하나, 대부분 그의 생각들은 무엇을 해야 하고, 어떻게 해야 하는지에 대한 것이다. 다시 말해, 그런 생각들은 이야기를 추진하기는 하나, 해리의 성격을 만들어가지는 않는다. 〈해리포터〉 소설들은 분명히 성격-지향적이 아닌 행동-지향적이다. 어떤 비평가들은 이것이 아동 소설의 전형적인 특성이라고 설명한다(예 : Nodelman, 1992; 192).

신화학자인 Mircea Eliade에 의하면, 통과의례에는 성스러움, 죽음, 성행위라는 세 가지 필수적 측면이 있다(Eliade, 1961). 해리는 그가 살고 있는 마법세계에서 성스러움은 과하게 접하는 반면, 다른 두 요소를 접함에 있어서는 약간의 문제가 있다. 물론, 해리의 부모가 참담하게 죽는다는 것에서 죽음을 접했다고 할 수 있지만, 앞서 언급한 바와 같이 아동 소설에서 부모의 가장 주된 임무는 사라지는 것, 가급적이면 죽는 것이다. 죽음이 등장인물의 실존적 경험은 아니지만, 소설 속의 필요한 장치 중 하나로 작용할 때가 많다. 불의 잔에서 해리의 눈 앞에서 케드릭이 죽을 때, 이는 정말 비극적인 일이긴 하지만, 케드릭은 해리에게 경쟁자 이상으로 가치 있는 인물은 아니지 않는가? 낭만주의 소설에서, 경쟁자들은 처리된다. 『해리포터와 불사조 기사단』에서, 시리우스의 죽음은 해리가 한 단계 성숙하는 계기로 보여 질 수도 있다. 그러나 해리는 그의 새 수양아버지에 대한 어떤 심각한 감정도 발전시키지 않았다. 시리우스는 해리에게 없는, 그래서 해리가 정말 마음 아파하는 가족의 상징이다. 이 가족을 갖지 못한다는 사실이 해리를 또 가슴 아프게 하는 것이다. 더군다나 시리우스는 육체적으로보다는 상징적으로, 자비로운 방법으로 주 무대 밖에서 죽는다. 이는 아동문학의 또 다른 전통이다. 〈해리포터〉 시리즈는 실제적 뿐만 아니라 판타지 유형에서 죽음에 직면하는 아동을 그린 많은 최근의 작품들과 비교할 때 죽음을 묘사하는 데 더 신중하다. 판타지 장르는 특히 등장인물들을 쉽게 없앤다. 죽음의 성물에서 마지막 전투 시 친구들과 적들이 죽을 때, 우리는 이 죽음을 당연하다고 생각한다. 해리에게 영향을 주는 유일한 죽음은 역설적이게도 스네이프의 죽음이다.

성적으로, 해리는 영원히 사춘기 이전이다. 헤르미온느는 조력자이고 지주, 마음의 신뢰자이면서 전우이다. 해리가 조를 흠모하는 것은 로맨틱 주인공의 다른 특성이다. 이는 예쁘고 이국적인 여성에 대한 기사적 숭배와 같다. 조가 약간의 관심을 보이자 해리는 급하게 헤르미온느 뒤에 숨어 안전함을 누린다. 지니는 해리가 희생할 준비가 되어 있는 또 다른 로맨틱 이상이다. 정신적인 면에서 해리는 자신의 연령에 비해 엄청나게 유아스럽고 미성숙하며, 정서적으로나 심리적으로도 불완전한 존재이다. 그러나 해리는 문학적 인물로서 그려진 존재이기에 책에서는 해리의 성적 각성을 묘사하는 데 극도로 신중하다. 최근의 청소년 소설에서 다소 성적으로 앞선 10대 등장인물들과 비교할 때 해리는 정말 무지한 청소년으로 묘사된다. 이 또한 아동문학의 전통이다. 〈해리포터〉 시리즈에서 성격발달을 중심으로 보는 비평가들은 소망적 사고의 구렁텅이에 빠져버렸다. 우리는 아동이 성인으로 성장하면서 우리처럼 되기를, 힘 있는 사람이 되기를 바란다. 그와 동시에 우리는 아동이 순수하고, 무지한 상태에 있기를 원한다. 아동이 성장하지 않는 모습으로 남아 있는 것은 어른들의 권력행사와도 깊은 연관을 갖고 있다.

마지막 권에서, 모든 헐렁했던 매듭들이 조여진다. 앞의 책들로부터 미묘했던 부분이 드러나고 그 중요성이 증명된다. 이러한 결말의 느낌은 오직 줄거리 면에서만 느껴진다. 등장인물로서의 해리는 카니발이 끝날 때 당연스레 가지게 되는 지혜와 무관하게 그의 카니발로부터 벗어나는 것으로 결론짓는다.

카니발에 대한 의문 : 연령주의의 영구성

무용담이 결론 내려짐에 따라 〈해리포터〉 세계에서 힘의 위계구조는 어떤 변화가 있을까? 그리고 무엇이 질문되어지고 무엇이 확인되었을까?

마법사는 여전히 머글들에 비해 분명히 우월하고, 협력은 결코 일어날 수 없다. 비록 머글들도 마법사들만큼 어둠의 세력의 위협에 노출되어 왔음에도, 머글들은 전투에 참여하라는 권유를 받지 않는다. 『반지의 제왕』이나 Lloyd Alexander의 『프리데인 연대기_The Chronicles of Prydain』와 달리, 마법사들은 일반 세계를 떠날 생각이 없으며, 오히려 그들의 통치력은 그 어느 때보다 강력하다. 마법사 아동들은 머글들은 갈 수 없는 엘리트 학교에 다닌다. 볼드모트의 통치하에서처럼 심한 괴롭힘을 당하지는 않지만, 머글의 태생을 향한 차별은 존재한다. 해리는 여전히 부유하고, 그러므로 존경받는다. 그리핀도르는 여전히 슬리데린보다 더 낫다고 여겨지며, 반장들은 여전히 호그와트로 오는 열차에서 구별된 칸에 타고, 학교에서 구별된 욕실을 사용하면서 자신들의 특권을 즐긴다. 빌 위즐리는 하급 나라 출신의 여자와 결혼했고, 그녀는 올바른 영어를 여전히 습득하지 못하면서 그들이 열등하다는 것을 드러내준다. 유일하게 해방된 요정인 도비는 죽고, 다른 요정들은 주인을 섬기는 것을 여느 때보다도 행복하게 느끼며 호그와트 부엌으로 돌아간다. 해리가 시리우스로부터 집과 함께 보너스로 받은 크리처는 포터 집안에서 요리하고, 청소하고 빨래한다. 해그리드의 반쪽 형제인 거인 그롭은 해리에게 충성을 다하지만 다른 거인들은 나쁘고, 그렇기 때문에 이름을-말할 수-없는-누군가의 추종자들과 함께 학살되거나 추방된다. 고블린들은 그 믿을 수 없는 성격을 다시 드러낸다. 다시 말해, 동등한 권리의 징후는 어디에도 없다.

헤르미온느, 지니와 다른 여성 등장인물들은 전투에서 용맹을 보여주지만 네빌이 볼드모트의 뱀을 죽이는 영광을 얻는다. 이는 영웅주의에서 해리와 동등한 위치에 놓일 만하다(과거에 해리가 아닌 네빌이 '선정된 자' 인지 숙고되었던 적이 있다.). 소녀들은 결혼하여 행복을 찾고, 그녀들이 만약 아내와 어머니의 모델인 위즐리 부인을 조금이라도 닮았다면 남편이 일터에서 집으로 올 때 저녁을 준비해 기다리고, 자녀들이 호그와트로 떠나기 전에 적절하게 트렁크를 쌌는지 돌보게 될 것이다. 론과 헤르미온느가 아들 하나와 딸 하나를 둔 반면, 해리와 지니는 여동생에게 우월권을 행사하는 아들 둘을 얻는다. 머글들에게 무슨 일이 일어나든, 마법세계에서는 다양함을 위한 여유는 없다. 싱글 또는 동성 부모는 등장하지 않으며, 전통적 가정의 가치관이 지배한다.

일반적으로, 〈해리포터〉 시리즈의 가치는 보수적이다. 여러 부분에서 기독교적 개념들이 들여다보이고, 이는 마지막 권에서 특히 확대된다. 단순히 마법사들이 크리스마스와 부활절을 기념한다거나, 어느 순간 집안 귀신이 "모든 충실한 신자들이여 오라."라고 소리친다는 사실 때문은 아니다. 기독교 명절들은 이교도적 특성을 띄는 마법세계와는 그다지 어울리지 않는다. 아마도 머글 행사국에 몇몇 직원들이 이런 명절들의 카니발성을 단순히 라디오와 스팀 엔진처럼 도입할 가치를 느꼈는지도 모른다. 어찌 되었든, 이러한 카니발들은 선물과 음식에 초점을 두어 아동의 관점에서 한정적으로 묘사되었다. 더군다나 뱀은 기독교에서 악마와 관련되는데, 이런 개념은 소설들에서 분명하게 드러난다. 그러나 기독교적 암시들은 표면 너머 깊숙이 있으며, 『나니아 연대기』보다 더 강한 기독교적 비유로서 제시된다. 해리가 동정녀에게 태어나진 않았지만, 그의 생의 초기인 영아기에는 기적적인 상황들이 있다. 그에 관한 예언이 있고, 그 백성의 고통과 슬픔을 어깨 위에 지기 위해 그는 선택되었다. 그는 반복해서 악에게 유혹 당하고, 또 유혹에 저항한다. 그는 제자들을 얻고, 이교도에 의해 괴롭힘을 당한다. 마지막 장들 중 하나에서 볼드모트가 해리에게 준 유예기 동안, 해리는 겟세마네에서 그리스도처럼 잔이 자기를 지나가기 원하는 욕구와 사명감 사이에서 눈물 흘린다. 해리는 자진해서 희생적 죽음을 택하고, 볼드모트는 애도자들의 무리에게 승리의 표식으로 '포터' 라고 쓰인 축 늘어진 몸을 선물한다. 해리는 부활하고, 악으로부터 세상을 구원한다(물론 마법의 세계만 구원한다. 이것은 또 다른 문제로 거론될 수 있다.). 그는 그가 남을 죽였다는 사실이 양심의 가책으로 작용하는 것에서 면죄된다. 악을 이긴 힘은 사랑이다. 이것이 기독교적 메시지가 아니고 무엇인가? 더군다나, 기독교는 우리에게 잘못한 사람들을 용서하라고 권한다. 당연히 해리의 대적, 드레이코 말포이는 용서된다. 위즐리의 방탕한 아들 퍼시도 가족에게로 돌아온다. 덤블도어는 믿음을 가진 자들이 다시 만날 마법 천국에서 해리의 영원한 생명을 약속한다. 〈황금 나침반_His Dark Materials〉에서, Pullman은 교회를 제도로서 뿐만 아니라 어떤 거룩한 권위로서도 의심한다. 〈해리포터〉 시리즈는 명백한 교리와 의심할 바 없는 권위들에 확고한 신념을 둔 전통적 서구적 가치를 바탕으로 사회적 질서를 확인한다.

그러나 권력 구조에서 무엇보다 가장 중요한 것은 성인 대 아동의 축이다. 『해리포터와 혼혈왕자』의 끝 부분에서 덤블도어가 죽을 때 해리는 마침내 혼자 남겨져서, 그의 여러 대리 아버지들의 유산만으로 그의 모험을 끝내야 하는 것 같아 보인다. 마지막에 드러나는 사실에 따르면, 마지막 편에서 뿐만 아니라 전 편에서의 해리의 성공은 해리 어머니를 향한 스네이프의 영원한 사랑의 표시로 스네이프가 그를 보호해준 것 때문이라는 게 밝혀진다. 이러한 영원한 사랑의 표식으로 보호해주는 사실은, 아동의 눈높이나 결정을 다소 벗어난 것으로 보인다. 사실, 펜시브에서 해리에게 드러난 스네이프의 기억 때문에, 전체 이야기의 초점이 스네이프에게로 쉽게 넘어갈 수도 있다. 죽은 연인의 아들에 대한 스네이프의 헌신은 너무 훌륭하다. 그 헌신을 완전하게 하기 위해 스네이프는 그의 몸에 마법 방어술의 표시를 새길 준비도 되어 있었고, 이중 스파이로 거짓과 위선의 생을 살며, 동료교사 뿐만 아니라 그의 관심의 대상인 해리를 포함한 학생들로부터 경멸과 증오를 당하는 것도 감수했다. 해리의 삶은 모험과 위험으로 가득하고, 승리의 보상도 주어지지만, 스네이프의 삶은 완전한 고통이며 보상도 없다. 따라서 스네이프에게 초점을 맞췄을 때 이 일곱 편의 대작은 신화, 동화와 아동문학의 표준적이고 예상되는 이야기라기보다는, 자신의 유일한 사랑이 남긴 가져본 적 없는 아들을 동경하는 애처로운 한 남자의 삶과 죽음의 복잡한 실존적 이야기가 되는 것이다. 최근에 가장 칭송받는 아동 도서는 자세히 들여다보았을 때 비평가들이 『이상한 나라의 앨리스』, 『피터 팬』 또는 『곰돌이 푸우는 아무도 못 말려』 같은 책들을 비평하듯이, '실제로는 아동들을 위한 책이 아닌 것' 으로 드러났다. 우리는 수년간의 논쟁 끝에 '아동 소설의 불가능함' 으로 결론을 내리게 된 것이다.

마지막 권에서 덤블도어가 '더 큰 선을 위해' 해리를 무책임하게 이용하는 부분들은 아동이 성인들의 소망과 목적을 위해 2차적인 도구의 존재임을 확실히 보여준다. 해리가 이해하지 못했던 모든 것을, 성인들이 '해리의 안전' 을 위해 그에게 숨겨온 모든 것, 아직 해리가 덜 성숙한 것 같아서 납득하지 못할 것 같았던 모든 것, 거짓말해 온 모든 것, 그들의 이익을 위해 해리로 하여금 행하게 했던 행동들에 대한 모든 것을 그에게 주지시킨다. 해리가 그의 첫 지도자와 나누는 이 마지막 대화의 교훈은 전 모험담의 이념적 변화를 반향하고 확대한다.

에필로그는 해리가 후에 행복하게 결혼하여 세 자녀를 두고 사는 것을 그린다. 이제 해리는 그 자녀들에게 설교할 수 있고, 그들의 운명을 모두 결정할 수 있게 된 것이다. 권력의 바퀴가 한 바퀴를 돈 것이다. 성인의 규범은 이제 뒤집을 수 없게 굳어진 것이다.

어린이 문학에 나타난
힘과 목소리, 주체성

CHAPTER

02

의미의 타자화
: 언어와 (비)언어소통

- 헌드레드 에이커 숲에 나타난 권력과 억압

CHAPTER

02 의미의 타자화 : 언어와 (비)언어소통

Lewis Carroll의 『거울 나라의 앨리스_Through the Looking-Glass』에서 자주 인용되는 다음 글을 보자.

●●● 『거울 나라의 앨리스』 ; 196

"내가 어떤 단어를 사용하면, 그 단어는 내가 선택한 의미만 뜻하는 거야. 아주 정확하게" 험프티 덤프티가 다소 깔보는 투로 말했다.
"문제는 당신이 단어의 의미를 아주 다양하게 쓴다는 데 있어요." 앨리스가 말했다.
"문제는 무엇이 주가 되느냐는 거지. 그것뿐이야." 험프티 덤프티가 말했다.

이 대화는 주로 소설에서의 언어 기호의 자의성을 증명해 보이려는 비평에서 많이 인용된다. 작가는 험프티 덤프티처럼 단어에 의미를 부여하고, 독자는 그것을 파악하기 위해 그 규칙을 공유한다. 하지만 앨리스는 험티 덤티에게서 중요한 교훈을 얻는다. 즉, 언어는 권력의 도구이며, 이 권력을 소유한 자는 누구든지 타인을 억누르고 지배할 수 있다.

험프티 덤프티 그 자신이 텅 빈 기표(signifier)라는 사실을 기억하자. 그는 동요에 등장하는 인물이다.

험프티 덤프티 담장 위에 앉아 있었지.
험프티 덤프티 떨어져 부서졌지….

원래 "험프티 덤프티"라는 단어에는 의미가 없다. 다시 말해 이것은 기의(signified) 없는 기표이다. 하지만 그럼에도 불구하고 앨리스는 "그가 험프티 덤프티임을 한 눈에 알아보았다." (191) 작가는 이처럼 원래 텅 빈 언어 기호에 기의를 부여한다.

이와 유사하게 〈앨리스〉 1권의 등장인물들은 그리폰(서술자는 독자에게 그리폰이 무엇인지 모른다면 그림을 보라고 말한다.)과 가짜 거북이, 3월의 토끼, 모자장수와 같은 무의미한 이름을 갖고 있다. 심지어 모자장수는 그가 단지 '정신이 이상한 (mad as a hatter)' 이라는 비유를 상징하는 탓에 모자장수이다. 여왕이 앨리스에게 가짜 거북이의 이야기를 들어본 적이 있느냐고 물어보자 앨리스는 가짜 거북이가 무엇인지도 모른다고 대답한다. 그러자 여왕은 가짜 거북이에 대해 설명해준다.

●●● 『이상한 나라의 앨리스』 ; 90

"그것은 가짜 거북이 수프를 만드는 것이지."

앨리스도 독자도 그 이상의 의미는 알지 못한다.

하지만 〈앨리스〉 시리즈에서 실체가 없는 무의미한 생물들인 험프티 덤프티와 그리폰, 가짜 거북이 등 여러 기이한 등장인물들은 앨리스가 어쩌다가 오게 된 이상한 나라에서 더 많은 권력을 가진 탓에 앨리스에게 마구 명령을 해댈 수 있다. 앨리스는 이 이상한 나라에 들어온 순간, 원래의 자기 세상, 즉 이상한 나라에서 되돌아오거나 혹은 꿈에서 깨어났을 때 앨리스의 언니가 이것저것 시키기 시작하는 세상에서 아동이자 가장 어린 동생으로서 누릴 수 있는 권력까지 모두 잃게 된다. 앨리스는 게임의 법칙을 모를 뿐더러, 자기 몸을 통제하는 힘도 잃어버린다. 하지만 이보다 더 중요한 사실은 기본적인 언어와 대화가 통하지 않는다는 데 있다.

권력을 대표하는 인물은 변덕이 죽 끓듯 하고 쓸데없는 명령이나 해대는 하트의 여왕이 아니라, 체셔 고양이이다. 많은 이들이 체셔 고양이에 대해 비평을 해왔지만, 이 고양이와 이상한 나라 바깥에 있는 앨리스의 세상과의 연관성을 다룬 연구는 드물다. 한편, 이런 연구는 아동용 소설 속 세상에 나타난 권력의 서열을 조금이나마 알려준다. 앨리스는 애완용 고양이인 다이나를 기르고 있다. 이 고양이는 쥐잡기 선수이다. 이 때문에 앨리스는 이상한 나라의 쥐와 갈등을 빚기도 한다. 하얀 토끼가 앨리스에게 심부름을 시키자, 앨리스는 나중에는 다이나가 심부름 시킬지도 모르겠다고 생각하고, 성인들은 이것에 대해 어떻게 생각할까 궁금해 한다. 또한 앨리스는 다이나와 손을 잡고 걸어가는 모습을 상상하며, "고양이가 박쥐를 먹나?"와 같은 엉뚱한 질문을 던지고 이에 대답하려 애쓴다. 다이나는 앨리스의 놀이친구이다. 앨리스는 이 고양이에게 지능과 똑바로 서서 걸을 수 있는 능력을 부여한다. 앨리스는 인간으로서 다이나를 맘대로 다루지만, 그녀의 상상 속의 다이나는 문지방 경계선에 서 있는 등장인물, 즉 고양이인 동시에 인간으로서 낯선 이상한 나라와 안전한 집을 실질적으로 이어주는 연결고리이다. 우연히도 다이나의 새끼 고양이 한 마리는 나중에 거울 나라에서 체스 판의 여왕 말로 변신한다.

몇몇 사람이 말한 대로 이상한 나라가 앨리스 마음의 풍경이라면, 혹은 보다 통속적인 해석에 따라 앨리스의 꿈이라면, 길들여진 진짜 고양이를 다른 세계에 투영하기 위해서는 그 고양이의 성별까지도 포함시키는 것이 자연스러울 것이다. 이로 보면, 앨리스의 꿈의 세계에 등장한 가공의 고양이는 앨리스가 통과의례를 거치도록 인도해주는 지혜로운 할머니 혹은 조상 할머니이다. 성년식의 상징은 이야기 곳곳에 암시되어 있다. 예를 들어, 물리적인 추락으로 제시된 명예훼손, 어두운 통로, 음산한 숲, 강제로 열어야 하는 꽉 닫힌 문, 낯선 음식을 통한 시험, 조절 불가능한 신체 변형, 여러 괴물들과의 만남, 상징적인 절단("이 아이의 목을 쳐라."), 지하 세계로부터의 탈출, 총체적인 자아로의 부활 등이 있다. 그러나 우리는 고양이 형상을 한 지혜로운 할머니 대신에 가부장제 남성사회에 걸맞는 사기꾼을 만나게 된다.

여러 면에 있어서 『이상한 나라의 앨리스_Alice's Adventures in Wonderland』는 전통적인 소설과 다르다. 실제로 작가는 작품 속에서 기존의 소설 구조를 깨트리고 있다. 앨리스는 작가의 아니마(anima)라고 볼 수 있으며, 따라서 전체 이야기는 일종의 자기 치료적 고백이다. 체셔 고양이는 그의 자화상이자, 낯설고 별난 세상에서 앨리스를 보호하는 친절한 동반자라고 볼 수 있다. 체셔 고양이는 『거울 나라의 앨리스』의 험프티 덤프티와 유사한 인물로서 신비로운 안내자 역할을 한다. 그는 앨리스가 어쩌다가 오게 된 나라에 대해 몇 가지 필수적인 사항을 알려준다.

●●● 『이상한 나라의 앨리스』 ; 65

"…여기 있는 우리 모두는 미쳤어. 나도 미쳤어. 너도 미쳤고."
"내가 미쳤는지 어떻게 알아?" 앨리스가 물었다.
"넌 분명히 미쳤어. 안 미쳤으면 여기 왔을 리가 없어." 고양이가 말했다.

고양이는 게임의 법칙 내지 그것의 부재를 설명한다. 하지만 그는 앨리스가 유일하게 미친 사람이라고 생각할 필요가 없다며 그녀를 위로한다. 앨리스는 크로케 경기장에서 말을 걸 수 있는 누군가를 만난 것에 굉장히 기뻐한다. 마치 자기와 고양이만이 유일하게 미치지 않은 존재인 것처럼 생각하는 듯하다.

체셔 고양이는 험프티 덤프티처럼 앨리스와 언어 곡예를 펼쳐서, 앨리스와 독자로 하여금 언어 관습과 논리의 비논리성에 대해 곰곰이 생각해보게 한다.

●●● 『이상한 나라의 앨리스』 ; 64

"저기요, 길 좀 알려주시겠어요? 여기서 어느 길로 가야 할까요?
"그거야 네가 어디로 가고 싶으냐에 달려있지." 고양이가 말했다.
"어디든지 상관없어요—" 앨리스가 말했다.
"그러면 어느 길로 가도 되겠네." 고양이가 말했다.
"—어딘가에만 도착할 수 있다면요." 앨리스가 덧붙여서 말했다.
"오, 그렇게 될 거야. 꾸준히 걸어가기만 하면 돼." 고양이가 말했다.

체셔 고양이의 길 안내는 이리저리 보아도 별 도움을 주지 못하기 때문에, 정신적 지도자 구루(guru)의 지시는 깨달음을 준다기보다는 혼란스러워 보인다. 고양이도 여러 다른 생물들과 마찬가지로 앨리스를 조롱하고 수치심을 주는 것처럼 보인다. 하지만 여기서 고양이는 이상한 나라에서의 모험으로 인해 몹시 헷갈려하는 앨리스의 논리력을 시험하고 있다. 그는 무시받지 않으려고 영적인 지도를 해준다. 고양이의 끝없는 말장난(pun)과 언어유희에는 커다란 지혜가 숨겨져 있으며, 그는 이상한 나라에서 앨리스에게 친절한 유일한 인물이다. 작품 결말에 이르게 되면 앨리스는 수없이 연습한 결과 말하는 도중에 여왕에게 무례하게 대들었다가도 칭송해마지 않는 등 자유자재로 태도를 바꿔가며 말할 수 있게 된다. 앨리스는 언어 기술과 관련된 교훈을 습득한 후 고양이도 왕을 쳐다볼 수 있다는 관용구를 문자 그대로 풀이하며 아주 적절하게 대꾸한다.

더욱이, 체셔 고양이는 그 자체가 험프티 덤프티와 마찬가지로 비유적인 표현 "공연히 히죽히죽 웃다(to grin like a Cheshire Cat)."이다. 관용어구에서 나온 고양이는 기의 없는 기표이다. 따라서 체셔 고양이는 몸이 없다. 실제로 앨리스가 그를 공작부인의 집에서 처음 만났을 때, 그가 잇몸을 드러내며 히죽히죽 웃은 것을 빼면 그저 평범한 고양이처럼 보인다. 체셔 고양이는 덩치가 커다란 고양이로 묘사되지만, 그렇다고 비정상적일 정도로 크지는 않으며 여느 고양이처럼 난롯가에 앉아 있다. 하지만 집 바깥에 있을 때에는 갑자기 스크린에 아주 커다랗게 확대된 이미지로 나타난다. 이런 모습으로 체셔 고양이는 크로케 경기장의 하늘에 그 모습을 드러낸다. 이는 마치 멋대로 사라졌다 나타났다 하는 신기루 같다. 고양이가 Carroll의 자화상이라면, 이런 장면들에 나타나는 그의 모습은 꿈처럼 아련하고 신비스러운 이미지이다. 몸뚱이가 있어야 머리를 자를 수 있다는 사형집행인의 말은 이 작품의 어느 누구의 말보다도 의미 있는 말이며, 고양이가 이상한 나라의 부조리한 삶에 얼마나 잘 어울리는 인물인지 여실히 보여준다. 그 유명한 '고양이 없이 웃는 입(Grin Without a Cat)'은 수많은 역설 중 하나이며, 이것은 수학자인 Dodgson[1)]의 순수 수학 개념에 대한 경의가 반영된 것이라 할 수 있다.

흥미롭게도 체셔 고양이는 『거울 나라의 앨리스』의 검은 새끼고양이와는 사뭇 다르게 플롯에서 사라져버리고 마지막에 앨리스가 집으로 돌아오는 장면에서 아무 역할도 하지 않는다. 언니가 앨리스의 이상한 꿈에 대해 깊이 생각하면서 꿈에서 일어났던 일과 그녀를 둘러싼 세상의 움직임과 소리들을 연결시킬 때에도 체셔 고양이는 나오지 않는다. 마치 깨달음을 준 후에 참된 영혼의 안내자가 사라지는 것처럼 흔적도 없이 사라진다.

하지만 이 작품에는 소설 속 인물들 간의 대화와 내포 저자(implied author)와 내포 독자(implied reader)의 중요한 대화를 넘어 그 이상의 또 다른 무언가가 있다. 내포 독자는 이상한 나라의 왜곡된 기준에 맞서야 하는 앨리스처럼 무기력할 뿐이다. 예측불허의 사건들이 일어나고 원인과 결과가 뒤바뀜에 따라, 적지 않은 어린 독자들이 앨리스의 무기력함에 똑같이 공감하게 된다. 따라서 〈앨리스〉이

1) Lewis Carroll의 본명이 Charles Dodgson이다.

야기의 작가는 작품 속 등장인물들이 주인공 앨리스에게 행한 것과 같은 많은 권력을 행사하게 된다. 더욱이, 험프티 덤프티의 주장은 이들의 관계, 즉 등장인물 대 등장인물과 저자 대 독자의 관계에 노골적으로 반영되어 있는 반면, 〈앨리스〉 이야기에 나타난 대부분의 (비)언어소통 행위들은 함축적이어서 경험 없는 독자는 쉽게 극심한 혼란에 빠질 수 있다.

토끼 굴에 떨어질 때 앨리스는 다음과 같이 생각한다.

●●● 『이상한 나라의 앨리스』 ; 17

"…난 어느 위도와 경도에 있는 걸까?"(앨리스는 위도와 경도가 무엇인지 전혀 몰랐다. 하지만 그런 단어를 사용하는 게 아주 멋지고 근사하다고 생각했다.)

앨리스의 해박한 지식에 감탄해하는 사람이 주변에 아무도 없지만, 앨리스는 멋지고 근사한 말이 그 사람의 위상을 높여준다는 사실을 알고 있다. 앨리스는 확실히 그 단어들을 어른에게서 배웠을 것이고, 어른들은 기꺼이 그 단어들을 앨리스에게 가르침으로써 그들의 우월성을 증명해보였을 것이다. 또 이 단락을 독자의 호기심을 불러일으키거나, 혹은 어휘력을 증진시키기 위해 단어의 뜻을 찾아보라고 권하는 문단 정도로 볼 수도 있다. 그러나 여기에는 작가의 잘난 척하는 태도가 엿보인다. 그는 뜻도 모르는 단어를 사용하는 것이 아주 기발한 생각인양 말한다.

작가의 잘난 척하는 태도는 앨리스가 혼잣말로 중얼거리는 데서 점점 더 확연하게 드러난다.

●●● 『이상한 나라의 앨리스』 ; 17

"지구를 뚫고 지나가면 어쩌지! 머리를 아래로 향하게 하고 거꾸로 걷는 사람들 틈으로 튀어 나온다면 얼마나 우스울까! 반감, 이 단어가 맞는 것 같은데—"(이번에는 듣는 사람이 아무도 없어서 기뻤다. 틀린 단어를 쓴 것 같았기 때문이다.)

작가는 독자에게 정확한 단어를 제공하지 않는다. 그는 독자가 앨리스와는 달리 그 단어를 알거라고 가정한다. 하지만 내포 독자가 과연 그 두 단어와 그들 사이의 차이를 알고 있을지 의심스럽다. 작가의 말놀이는 성인어른을 겨냥한 것임이 분명하다. 이처럼 언어는 독자의 권력을 빼앗고 조롱하는 데 사용된다(몇몇 〈앨리스〉의 번역본에는 그 단어들을 설명하기 위해 각주와 괄호 속 설명문이 덧붙여 있다. 이렇게 함으로써 성인어른 번역자는 주인공 앨리스와 무지몽매한 독자보다 자기가 우월함을 과시한다.).

하지만 때때로 작가는 애매모호한 언어 사용에 대한 등장인물의 지적을 통해 그의 언어적 오만을 깨닫기도 한다.

●●● 『이상한 나라의 앨리스』; 33

"그러면 보다 더 효과적인 방법을 즉각적으로 채택할 수 있도록 휴회를 제안합니다."
도도가 자리에서 일어서서 엄숙하게 말했다.
"좀 쉽게 말해요!"
이글렛이 말했다.
"그 긴 단어들의 절반은 도대체 무슨 말인지 전혀 못 알아듣겠어요. 그리고 당신의 말도 믿을 수 없어요!"

앨리스가 이상한 나라와 거울 나라에서 만난 모든 생물들은 앨리스와 독자에게 언어 퍼즐과 역설, 모순된 논리를 제시하면서 그들의 힘을 언어를 통해 행사한다. 생쥐가 앨리스의 말을 못 들은 척하자, 앨리스는 어설픈 프랑스어로 말을 걸게 된다. 생쥐는 역사 강의('내가 아는 최고로 건조한 것')와 불가해한 단어와 구문들로 앨리스를 비롯해 모든 생물들을 괴롭힌다. 로리는 "내가 너보다 나이가 많아. 그러니 내가 너보다 아는 게 많지."(31)라고 말하며 꼬치꼬치 캐물어대는 아이에게 성인이 하는 전형적인 말로써 논쟁을 끝내려고 한다. 도도는 코커스 경기가 어떤 경기인지 설명할 줄도 모르면서 이를 제안한다. 모자장수는 앨리스에게 "왜 까마귀는 책상과 닮았을까?"(68)라는 말도 안 되는 수수께끼를 낸다. 쐐기벌레 역시 확고한 논리로 앨리스를 깔보듯이 말한다.

●●● 『이상한 나라의 앨리스』 ; 52

"내 자신이 누구인지 설명해드릴 수 없어서 죄송해요. 아시다시피, 나는 지금 제정신이 아니에요." 앨리스가 말했다.
"난 모르겠는 걸" 쐐기벌레가 말했다.
"…하루에도 수십 번씩 다른 크기로 바뀌는 건 무척 혼란스러운 일이거든요."
"그렇지 않아." 쐐기벌레가 대꾸했다.
"하지만 너무 자주 변하는 건 좋아하지 않는걸요. 잘 아시잖아요."
"난 모르겠다." 쐐기벌레가 말했다.

말도 안 되는 억지 논리 이외에도 말장난과 언어유희와 같은 비유적 언어가 압박하는 수단으로 이용된다. 때때로 언어유희는 관용어를 잘못 해석하여 발생되기도 한다. 예를 들어 『거울 나라의 앨리스』에서 앨리스가 "뭐라구요?(I beg your pardon.)"라고 묻자, 왕은 "구걸하는 것은 부끄러운 일이다(It isn't respectable to beg.)."라고 말한다(205). 이상한 나라에서 앨리스는 거의 모든 말장난의 대상이다.

●●● 『이상한 나라의 앨리스』 ; 34

"내 얘기는 아주 길고도 슬픈 이야기(tale)야!" 생쥐가 한숨을 쉬며 말했다.
"그래, 그건 확실히 긴 꼬리(tail)야. 그런데 왜 슬픈 꼬리라고 부르는 거지?" 앨리스는 의아하다는 듯이 생쥐의 꼬리를 내려다보았다.

하지만 어떤 경우에는 앨리스가 그 말장난을 이해했는지도 불분명하고, 또한 어린 독자들이 과연 이해할 수 있을 지도 의문이다. 예를 들어, "하얀 토끼가 꼬마 빌을 보내다(The Rabbit Sends in a Little Bill.)"라는 4장 제목은 '빌(bill; 청구서, 진술서, 영수증)' 이라는 단어와 등장인물의 이름인 빌(Bill)의 동음이의어를 이용해 붙인 소제목이다. 이와 비슷하게 앨리스와 독자는 공작부인의 "의미에 신경 써라. 그러면 소리는 저절로 따라 온다."라는 이해하기 어려운 가르침 때문에 당혹스러워할지도 모른다. 이 말을 이해하기 위해서는 "푼돈에 신경 써라. 그러면 큰돈은 저절로 모인다."라는 속담을 알고 있어야만 한다. 공작부인이 발화문에 담긴 경구는 마치 의미는 사라지고 오로지 소리만 남아 있는 세상에서 나온 말처럼 보인다.

가장 심한 언어폭력은 앨리스와 가짜 거북이의 만남을 묘사한 에피소드에 나타난다. 이미 앞에서 언급한 바와 같이 등장인물 그 자체가 언어적 역설을 보여준다. 앨리스는 가짜 거북이가 학교에서 배웠었던 여러 교과목 이야기를 듣고선 매우 혼란스러워 한다.

●●● 『이상한 나라의 앨리스』; 94

비틀기(reeling)와 몸부림치기(writhing)··· 그 다음에는 산수를 배웠지. 음, 이를 테면 야망(ambition), 정신 빼놓기(distraction), 흉하게 하기(uglification), 조롱하기(derision) ··· 신비(mystery), 고대와 현대, 바다 지리학(seaography). 그 다음에는 느리게 말하기(drawling)를 배웠어. 느리게 말하기 선생님은 나이가 지긋한 붕장어였는데, 일주일에 한 번 오셨어. 그는 느리게 말하기, 쭉 뻗기(stretching), 둘둘 휘감고 기절하기(fainting in coils)를 가르쳐주셨지. ··· 웃기와 슬퍼하기(laughing and grief) ···[2)]

이처럼 기존의 단어를 변형시켜 놓음으로써 희극 효과가 나타나며, 더욱이 붕장어가 느리게 말하기와 쭉 뻗기 과목을 가르치는 것처럼 등장인물과 교과목을 연결시킴으로써 그 효과는 한층 더 배가된다. 가짜 거북이와 그리폰은 매번 앨리스의 무식함을 지적한다.

●●● 『이상한 나라의 앨리스』; 93

"··· 선생님은 늙은 거북이(old turtle)야. 우리는 그를 육지거북이(tortoise)라고 불렀지."

"바다거북이 아닌데 왜 육지거북이라고 불렀어?" 앨리스가 물었다.

"우리를 가르쳤으니깐(taught us) 그렇게 불렀지. 너 참 멍청하다." 가짜 거북이가 화난 목소리로 말했다.

앨리스가 흉하게 하기에 대해 들어본 적이 없다고 말하자 그리폰은 "너 바보로구나."라고 말한다. 그리고, 마치 속편인 『거울 나라의 앨리스』의 험프티 덤프티의 등장을 예고라도 하듯이, 앨리스가 자신없어하며 '고래(Porpoise)'가 아니라 '목적(Purpose)'을 말하는 것이 아니냐고 물어보자 가짜 거북이는 "내가 말한 그대로야."라고 대꾸한다. 이보다 앞선 장에서도 앨리스는 모자장수와 3월의 토끼와 논쟁을 벌인다.

---

2) 여기서 비틀기(reeling)는 읽기(reading); 몸부림치기(writhing)는 쓰기(writing); 야망(ambition)은 덧셈(addition); 정신 빼놓기(distraction)는 뺄셈(subtraction); 흉하게 하기(uglification)는 곱셈(multiplication); 조롱하기(derision)는 나눗셈(division); 신비(mystery)는 역사(history); 느리게 말하기(drawling)는 그리기(drawing); 쭉 뻗기(stretching)는 스케치(sketching); 둘둘 휘감고 기절하기(fainting in coils)는 유화(painting in oils) 등 모두 동음이의어를 활용한 말장난(pun)이다.

●●● 『이상한 나라의 앨리스』 ; 69

"넌 그것의 정답을 알고 있다는 말이니?" 3월의 토끼가 물었다.
"그럼요." 앨리스가 말했다.
"그러면 네가 생각한 걸 말해야지." 3월의 토끼가 말했다.
"난 내가 생각한 걸 말하고 있어요. 그러니깐 적어도, 적어도 난 내가 말한 대로 생각하고 있어요. 그러니깐 결국 똑같은 거예요." 앨리스가 성급하게 대답했다.
"조금도 똑같지 않아!" 모자장수가 말했다.

단어와 의미의 불일치가 또 다시 강조되며, 이상한 나라의 생물들은 앨리스의 말을 되받아치며 창피를 준다.

『이상한 나라의 앨리스』는 Mikhail Bakhtin의 카니발 개념을 엿볼 수 있는 아주 훌륭한 예로서, 아주 기이한 것들이 뒤죽박죽 마구 섞여 있다. 카니발은 전복적이어서 카타르시스를 느끼게 해주고 또한 일시적이나마 억눌린 자들에게 힘을 부여해주지만, 결국 기존의 질서는 회복된다. 사실, 앨리스의 모험은 주로 권력상실과 언어학대의 경험으로 점철되어 있다.

『이상한 나라의 앨리스』는 서구 아동문학에서는 아주 보기 드물게 또 다른 세상 속으로 들어간 소설 속 아동인 앨리스에게 권력을 부여하지 않는다. 오히려 앨리스가 가진 힘을 무력화시킬 뿐만 아니라 심지어 심한 수치심까지 안겨준다. 따라서 앨리스를 본받아야 할 역할 모델이라고 말하기 힘들다. 앨리스의 모험은 유쾌한 꿈이 아니라 악몽이다. 앨리스의 계속되는 신체 변형은 거추장스러움과 불편함을 초래하는 것에 그치지 않고, 소녀의 자기 신체에 대한 불만족과 몸의 변화에 대한 두려움 및 수치심을 유발한다. 텍스트에 제시된 주체가 애매모호한 까닭에 이를 대하는 내포 독자의 반응도 아주 다양하다. 내포 독자는 자기 자신과 앨리스와 이상한 나라 사이에 거리를 둘 수도 있고, 또한 이 작품을 엄밀한 의미에서의 플롯이 결여된 텍스트, 이상한 인물들로 가득 찬 텍스트, 언어가 뛰어난 텍스트, 기대에 못 미치는 결말을 지닌 텍스트로 인식할 수도 있다. 텍스트 외적인 주체의 위치에서 본다면, 앨리스의 경험은 복잡다단하고 부조리한 성인 세계에서 혼란에 빠진 외로운 아동에 대한 신랄한 묘사로도 볼 수 있다. 이렇게 볼때 이 작품은 확실히 전복적이다. 하지만 주인공인 앨리스의 편에서 굴욕감을 느끼는 다소 지적 수준이 떨어지는 독자에게는 그저 불쾌감과 짜증과 반감을 일으키는 작품으로 남을지도 모르겠다.

헌드레드 에이커 숲에 나타난 권력과 억압

『곰돌이 푸우는 아무도 못 말려_Winnie-the-Pooh』도 과도한 말장난과 언어유희 때문에 〈앨리스〉와 함께 종종 난센스 책으로 분류되는 유명한 아동용 이야기책이다. 〈푸_Pooh〉 이야기에 사용된 난센스의 언어도 텍스트 안팎의 아동을 조롱하는 데 이용되었다. 더 나아가 이 이야기는 권력이 권력을 재생산하고, 억눌린 자들이 쉽게 압제자가 되는 경향을 잘 보여준다. 이야기책 속 가상의 세계에 사는 크리스토퍼 로빈은 자신이 어리석고 아는 것이 별로 없다고 생각한다. 이는 그림에 묘사된 아이의 모습만 보아도 알 수 있다. 그는 고개를 푹 숙이고 시선을 회피한 채 층계를 내려오고 있다. 그는 여러 규칙과 규율에 의해 제재를 받는 겁에 질린 아이이다. 그는 서재에 계신 전지전능한 아버지를 잠깐 뵌 후 곧바로 자기 방으로 쫓겨난다.

하지만, 이런 이미지와는 달리 소년은 자신의 영역인 헌드레드 에이커 숲(Hundred-Acre Wood)에서는 왕이나 신처럼 행복해하며 미소를 띠고 있으며 자신감과 활력이 넘쳐 보인다. 크리스토퍼 로빈은 이제 더 이상 유아용 옷을 입고 있지 않다. 그는 영리하고 권력을 가지고 있다. 소년은 그보다 몸집이 작고 어리석은 친구들이 풀리지 않는 문제에 봉착했을 때마다 불쑥 나타난다. 그는 모든 것을 이해하고, 모든 것을 알고, 글을 읽고 쓸 줄 알며 불우한 친구를 항상 도와준다. 하지만 작품을 세세히 들여다보면, 헌드레드 에이커 숲에서의 크리스토퍼 로빈의 모습은 자비로운 것과는 거리가 멀다. 오히려 소년은 아버지가 그를 압제했던 것처럼 장난감 친구들에게 창피를 주거나 압제한다. 이는 마치 Maurice Sendak의 『괴물들이 사는 나라_Where the Wild Things Are』에서 맥스가 엄마의 압제적인 행동을 모방하여 자기가 당한 대로 괴물들에게 저녁도 안 주고 잠자리에 들게 한 것과도 상당히 비슷하다.

"푸와 피글렛이 사냥을 가서 우즐[3]을 잡을 뻔하다"라는 소제목이 붙은 장에서 푸와 피글렛은 눈길에 난 발자국을 추적하는데, 그들 중 한 명은 아주 작은 뇌를 가진 곰이다. 처음에는 한 마리의 우즐을 쫓고 있다고 생각하다가, 곧 "두 마리의 우즐, 그 다음에는 두 마리의 우즐에다가 또 다른 한 마리의 위즐[4] 또는 두 마리

3) 허구의 해로운 동물로 우즐을 그린 그림은 없지만 족제비를 닮은 동물일 것이라고 추측하고 있다.
4) 푸에 따르면 위즐은 우즐과 종종 같이 다니는 동물을 지칭한다.

의 위즐, 아니면 여러 마리의 위즐과 한 마리의 우즐"(35)을 사냥하는 중이라고 생각한다.

이때에도 늘 그렇듯이 전지전능한 크리스토퍼 로빈이 나타나 문제를 해결한다.

●●● 『곰돌이 푸우는 아무도 못 말려』; 37-38

"너 참 바보로구나… 그때 뭐하고 있었지? 처음에는 혼자서 작은 숲을 두 바퀴 돌고, 그러다가 피글렛이 쫓아와서 둘이서 같이 한 바퀴 돌고, 그리고 또 한 번 더 돌아 네 바퀴째 돌고 있었잖아—"

"잠깐만," 위니-더-푸가 말했다.

여기서 이 텍스트의 주체가 누구인가에 대한 모호성은 극에 달한다. 내포 저자는 장난감보다 아이에게 보다 우월한 지위를 부여하고 있지만, 독자가 생각하는 주체는 다소 불명확하다. 순진한 독자는 〈푸〉 이야기를 위니-더-푸라고 불리는 곰 인형에 대한 이야기로 알고 있을 것이다. 비평가의 시선으로 바라본다면 상당히 수준 높은 해석들이 나올 수 있겠지만, 아동 독자와 평범한 성인 독자가 보기에는 그저 푸밖에는 다른 선택의 여지가 없어 보인다. 온 세상이 푸의 눈, 즉 순진하고 호기심으로 가득 찬 푸의 시선을 통해 제시되는데, 이는 성인어른이 그들의 생각을 강요하기 이전에 아이들의 눈으로 바라본 세상이다. 어린이 독자는 푸와 공감하면서 그의 기쁨과 슬픔, 헤팔럼[5]에 대한 두려움, 크리스토퍼 로빈에 대한 존경심을 함께 느끼게 된다. 하지만 우즐 사냥을 다룬 장에서 독자의 주체 의식에는 확실히 문제점이 있다. 만약 독자가 푸의 입장에 서서 푸와 똑같이 생각한다면 푸와 피글렛이 생각한 것처럼 이들 둘이 사납고 위험한 동물을 뒤쫓고 있다고 믿을 것이다. 그리고 크리스토퍼 로빈의 설명을 들은 후에는 푸처럼 "어리석어서 속았다."(38)고 느낄 것이다. 물론 독자의 이해를 돕기 위한 그림도 제시되어 있지만, 독자는 최소한 이 장면을 이해할 정도로, 아니 여러 다른 에피소드에서도 자기들이 푸보다 조금이라도 더 월등하기를 바란다. 예를 들어, 푸가 작은 구름인 것처럼 가장할 때에도 크리스토퍼 로빈은 또 다시 현명한 아이로 제시되고, 마치 어른이 어리석은 아이를 돌보듯이 푸를 돌본다.

5) 코끼리처럼 생긴 허구의 동물이다.

북극을 찾아가는 에피소드에서 크리스토퍼 로빈이 푸에게 북극 탐험 계획을 말하자, 푸는 질문을 한다.

●●● 『곰돌이 푸우는 아무도 못 말려』; 101

"북극(North Pole)이 뭐야?…."

"그건 네가 발견할 그 어떤 거지," 크리스토퍼 로빈은 태연하게 말했지만, 자신이 있었던 건 아니었단다.

교훈조의 권위를 지닌 목소리는 자기도 모르는 거창한 단어를 사용하는 아이를 조롱한다. 하지만 아이는 바로 그의 무지를 열등한 다른 등장인물에게 전가한다. 나중에 크리스토퍼 로빈은 어쩔 수 없이 래빗(Rabbit)에게 물어보게 된다.

●●● 『곰돌이 푸우는 아무도 못 말려』; 110

"북극이 어떻게 *생겼는지* 아니? … 땅에 박혀있는 장대(pole) 아닐까?"

"확실히 장대는 장대일거야. 그렇게 부르니깐…." 래빗이 말했다.

래빗은 학식이 있어 보이기 때문에 성인어른으로 볼 수 있으나, 실은 그도 크리스토퍼 로빈처럼 잘 알지 못한다. 하지만 그는 자신의 권위를 세우기 위해 아는 척한다. 대체로, 아동은 동음이의어(homonym)의 구체적인 의미를 보다 더 자주 사용하는 경향이 있다. 이 에피소드에서 크리스토퍼 로빈은 자기가 모르는 단어를 사용했음을 시인하지 않을 수 없다. 순수한 문체적 장치처럼 보였던 것이 등장인물, 더 나아가 독자에 대한 작가의 압력 행사였음이 확연하게 드러나는 부분이다. 독자가 북극이 무엇인지 잘 알아서 등장인물들보다 우월함을 느끼기를 작가가 원했기 때문에 이런 현상이 〈푸〉 이야기에서 되풀이된다고 말할 수도 있겠지만, 전혀 그렇지 않다. 오히려 독자는 혼란스러워하고 수치스럽다고 생각할 것이다. 더욱이, 독자가 북극이 무엇인지 진짜 모르고 있다면, 뭐가 잘못된 것인지 전혀 모르는 탓에 푸가 발견한 것에 대해 상당히 흡족해 할 것이다.

〈푸〉 이야기의 가장 비판적인 해석에 따르면, 등장인물들은 주인공인 크리스토퍼 로빈의 다양한 내면을 투영하고 있다. 다시 말해, 푸는 억제하기 힘든 식탐을,

피글렛은 두려움을, 티거는 쾌활함을 상징한다. 특히, 래빗과 아울은 권력이라는 관점에서 볼 때 흥미로운 인물들이다. 이들 인물들에는 소년이 성인어른과 아버지, 이야기 서술자의 지배를 받는 것처럼 타인을 지배하려는 어린 소년의 욕구가 반영되어 있다. 예를 들어 이는 아울과 래빗이 크리스토퍼 로빈이 틀린 철자로 잘못 쓴 메시지인 "외출 중. 곧도라옴(Gon out. Backson.)"을 해석할 때에도 드러난다. 웃어른 행세를 하는 이가 실수를 한다는 것은 생각조차 할 수 없는 일인 탓에, 아울과 래빗은 차마 모르는 말이라고 고백하지 못하고 단어에다 기의를 부여한다.

●●● 『푸의 동네에 있는 집』 ; 78

"…최근에 숲 근처에서 곧도라옴이란 걸 본 적 있니?
"몰라. 나도 그걸 알아보려고 왔는데. 어떻게 생겼지?" 래빗이 물었다.
"글쎄," 아울이 말했다. "얼룩덜룩하고 풀(Spotted and Herbaceous Backsons)처럼 생긴 곧도라옴은 마치…."

아울은 자신의 무지를 인정하지 않고, 또 다른 어려운 단어를 이용해 이를 교묘히 감춘다. 하지만 결국에는 크리스토퍼 로빈의 메시지를 읽을 수 없었던 아울이 허세를 부려가며 래빗을 꾀어내어 그 메시지를 읽어보게 한 것이었음이 들통난다.

아울은 이들 두 권의 이야기책에서 내내 길고 어려운 말을 구사하는 인물로 그려진다. 즉, "아울은 캥거에게 '백과사전(Encyclopaedia)'이니 '만병초류(Rhododendron)'이니 하는 어려운 말들로 가득 찬 흥미진진한 '일화(Anecdote)'를 들려준다."(110) 성인 독자는 이들 두 단어가 다소 어울리지 않는다고 생각할 수 있겠지만, 아마 아동들은 이들 두 단어의 뜻조차 전혀 모를 것이다. 캥거는 아울의 말을 아예 듣지 않고 무시해버림으로써 아울의 언어폭력에 맞선다. 푸는 다른 전략을 구사한다. 푸는 아울이 사용하는 '통상적인 절차(Customary Procedure)'와 같은 어려운 단어의 뜻을 모르자 이것에 가장 가까운 기의를 생각해내어 '딱딱한 씨앗이 든 케이크(Crustimony Proseedcake)'로 바꿔버리는데, 이는 푸의 음식에 대한 고착(fixation)을 그대로 보여준다. 또한 푸는 매복(ambush)을 가시금작화 덤불(gorse-bush)과 같은 덤불(bush)의 한 종류로 이해하기도 한다. 아주 어린 아동을 대표하는 푸가 추상적인 개념을 모르는 탓에, 기표가 존재하지 않더라도 구체적이고 실질적인 것처럼 보이는 것을 기의로 선택한 일은 결코 우연이 아니다.

푸는 위대한 시인이다. 하지만 Lacan의 입장에서 보면 푸의 시는 상징 언어보다는 이미지에 기초해 있다. 다시 말해, 소리와 각운, 리듬이 단어의 의미보다 훨씬 더 중요한데, 이는 『이상한 나라의 앨리스』에 나오는 공작부인의 주장과는 상반된다. 상징적이고 정확하고 질서정연한 언어는 푸와는 아주 거리가 멀다. 하지만 크리스토퍼 로빈은 이미 상징 언어에 노출되어있을 뿐만 아니라, 이를 권력 도구로 잘 활용하고 있다.

●●● 『곰돌이 푸우는 아무도 못 말려』 ; 51

…크리스토퍼 로빈은 … 태연하게 말했단다. "피글렛, 나 오늘 헤팔럼 봤다." …
피글렛이 말했어. "나도 한번 본 적 있어. 적어도, 그랬다고 생각해. 어쩌면 아닐지도 모르지만."
푸는 헤팔럼이 어떻게 생겼는지 궁금해 하면서 말했지. "나도."

헤팔럼도 험프티 덤프티처럼 기의 없는 기표이다. 북극과는 다르게 헤팔럼은 크리스토퍼 로빈이 성인어른에게서 배운 말이 아니라, 자기의 우월성을 증명해보이기 위해 만들어낸 단어이다. 푸와 피글렛은 그와 함께 어울리면서 마지못해 자기들의 무지를 인정하게 된다. 푸와 피글렛은 헤팔럼이라는 텅 빈 기표를 그들의 두려움에 상응하는 것들로 채운다. 그래서 푸는 헤팔럼을 자기의 음식을 빼앗아가는 괴물, 피글렛은 "돼지에게 사나운"(61) 괴물이라고 생각한다. 이를 봐도 알 수 있듯이 크리스토퍼 로빈은 그의 동물 친구들이 가지고 있는 두려움을 더 크게 증폭시킨다.

푸는 이러한 힘의 전략을 그들이 추적하고 있던 동물이 우즐과 위즐일 거라고 피글렛에게 말할 때 이용한다. 그 결과, 피글렛의 머릿속에 떠오른 기표는 바로 "적대감을 지닌 … 적대적인 동물"(32 ; 35)로 바뀌어버린다. 그리고 이번에는 피글렛이 자기 집 대문 앞에 있는 팻말에 적혀 있는 불완전한 문구인 "트레패서즈 더블유(TRESPASSERS W.)"를 설명하면서 가상의 할아버지를 만들어낸다. 피글렛은 이것이 "트레패서즈 윌리엄(Trespassers William)"(30)을 줄여서 만든 자기 할아버지의 이름 "트레패서즈 윌(Trespassers Will)의 약칭"이라고 주장한다. 여기서 '할아버지'라는 단어가 언급된 것은 결코 우연이 아니다. 우즐 사냥을 나서는 이야기를 다룬 장에서 푸는 자기와 피글렛이 두 마리의 할아버지라는 걸 뒤쫓고 있는 것은 아닌지, 또 그 할아버지라는 것이 도대체 어떻게 생긴 것인지 몹시 궁금해 한다. 이것은 완벽한 통념의 전도를 보여 준다. 즉, 독자에게는 지극히 평범한 단어가 등장인물에게는 아주 무의미한 단어가 되어버린다. 이는 마치 '우즐'이라는 단어가 독자에게 무의미한 단어인 것과도 같다. 이렇게 해서 작가는 독자로 하여금 언어가 지닌 자의성에 주목하게 만든다. 푸에게 있어서 '할아버지'는 단지 텅 빈 기표일 뿐이다. 왜냐하면 푸의 세계에는 그에 해당하는 지시대상(referent)이 없기 때문이다. 반면, 독자는 최소한 할아버지가 무엇인지는 알기 때문에 등장인물보다 우월한 위치를 점하게 된다. 하지만 '우즐'이라는 단어와 맞닥뜨리게 되면 독자도 무기력해짐을 느낄 것이다. 이런 식으로 등장인물들 사이에 존재하는 억누르는 자 대 억눌린 자의 위계는 끊임없이 뒤바뀌게 된다. 게다가 텍스트 자체에 존재하는 힘의 위계도 매우 복잡한데, 이는 내포 저자 대 내포 독자, 서술자 대 이야기 속 청자, 등장인물 대 등장인물 등처럼 텍스트의 중심축이 여러 개이기 때문이다. 이런 텍스트의 복잡성 때문에 대부분의 독자는 무기력감을 느끼게 된다.

크리스토퍼 로빈은 자기의 권위를 확고히 하기 위해 줄곧 푸를 '바보 곰딴지'라고 부르는데, 이는 푸의 행동과 푸가 말을 잘 알아듣지 못하고 오해하는 것과 관련이 있다. 하지만 대개는 소년이 자기의 무지를 감추기 위해 곰 인형에게 떠넘긴 것이다. 이야기 첫 장에서 이야기의 바깥 서술자인 소년의 아버지가 "위니-더-푸는 숲에서 샌더스라는 문패를 달고 혼자 살았습니다."라고 얘기를 시작하자, 아이는 "'문패를 달고'가 무슨 뜻이예요?" 라고 질문을 던지며 이야기의 진행을 방해한다. 그러자 서술자는 "그것은 말이지. 문 위에 황금색 글자로 이름을 새겨놓고 그 아래서 살았다는 뜻이란다."(2)라고 설명해 준다. 등장인물의 오해를 보여주는 또 다른 예는 『푸의 동네에 있는 집_The House at Pooh Corner』의 마지막 장에도 나온다. 크리스토퍼 로빈은 푸에게 수업시간에 배운 온갖 종류의 사물들에 대해 가르쳐주면서 "기사가 작위를 수여받았을 때(when Knights were Knighted)"라는 말을 한다. 그러자 푸는 혼란스러워하며 "오후(Afternoon)가 되는 것이 그렇게 굉장한 일이야?"(173)라고 묻는다. 글을 모르는 푸는 단어의 철자가 아닌 발음소리에 따라 '기사(Knight)'가 아닌 '밤(Night)'이라는 그에게 가장 친숙한 단어를 선택하고, 또한 걸음 더 나아가 이를 '오후'라는 단어로 바꿔버린다. 사실, 오해는 소년 때문에 생긴 것이지만, 또다시 이번에도 푸가 구박을 받는다.

북극 탐험을 다룬 장에서 크리스토퍼 로빈은 그의 장난감을 아주 거칠게 다룬다. 먼저 그는 탐험(expedition)을 떠나자고 말한다. 하지만 이 단어는 아주 작은 뇌를 가진 곰에게는 어려운 말인 탓에 푸는 '타멈(Expotition)' 이라고 틀리게 말한다.

●●● 『곰돌이 푸우는 아무도 못 말려』; 101

"탐험(expedition)이라고, 이 미련한 곰딴지야. 그 단어엔 ㅌ(x)자가 있잖아."
"아! 알고 있었어."라고 푸는 말했지. 하지만 푸는 몰랐단다.

확실히, 타멈(expotition)이라는 단어에도 'ㅌ(x)' 자가 있다. 하지만 푸는 이것을 파악해낼 통찰력이 없거나, 아니면 단순히 주인의 권위에 주눅이 든 것인지도 모른다.

더욱이, 크리스토퍼 로빈은 모두가 반드시 '식량(Provisions)' 을 가져와야 한다고 선언한다.

●●● 『곰돌이 푸우는 아무도 못 말려』; 102

"뭘 가져오라고?"
"먹을 것."
"아! 난 네가 식량이라고 말하는 줄 알았어…."

이후에 푸는 비난의 화살을 피글렛에게 돌린다.

●●● 『곰돌이 푸우는 아무도 못 말려』 ; 103

"뭘 발견한다고?" 피글렛이 걱정스러운 듯 물었어. … "사나운 건 아니지?"
"크리스토퍼 로빈은 사납다는 말은 한 마디도 안 했어. 그냥 'ㅌ(x)' 자가 들어 있다고만 했어."
"내가 걱정하는 건 그 동물들의 목덜미가 아니라, 이빨이야…." 피글렛은 진지하게 말했단다.

이 대목은 〈푸〉 이야기의 여기저기서 발견되는 풍성한 말놀이의 또 다른 예로서, 등장인물이 압제적인 언어를 얼마나 재빠르게 습득하는지 잘 보여 준다. 이요의 잃어버린 꼬리를 찾았을 때 푸는 이요가 그걸 아주 좋아했었다고 말하지만, 실은 "그에게 달라붙어있었던"(47) 것이다. '달라붙은(Attached)' 이란 단어에는 문자 그대로의 의미와 전이된 의미가 함께 결합되어 있지만, 과연 어린 독자가 이것을 이해할지는 미지수이다.[6)]

그러나 작가는 아울을 통해 크리스토퍼 로빈에게 복수해주기도 하고, 종종은 아울의 난해한 말들을 보다 쉬운 일상용어로 풀어 설명해줌으로써 독자의 이해를 돕는다.

●●● 『곰돌이 푸우는 아무도 못 말려』 ; 127

"최근 대기 상태가 썩 좋지 않았어," 아울이 말했단다.
"대 뭐라고?"
"계속해서 비가 온다고," 아울이 설명해 주었단다.
"응, 그러네." 크리스토퍼 로빈이 말했어.
"홍수 수위가 유례없이 최고치에 달했군."
"홍 누구?"
"비가 아주 많이 오고 있다고," 아울이 설명해줬지.

아울은 크리스토퍼 로빈이 푸에게 '먹을 것' 이라는 친숙한 표현을 놔두고 '식량' 이라는 단어를 사용했던 것과 아주 똑같은 어법으로 크리스토퍼 로빈에게 말한다.

---

6) 단어 attached에는 '붙어 있는', '~에 애착을 갖고 있는' 등의 의미가 모두 담겨 있다.

하지만 〈푸〉 이야기는 또한 언어 억압에 대한 어린 아동의 저항을 보여주기도 한다. 이는 주로 규칙을 파괴함으로써 규칙을 점검하거나, 혹은 언어의 한계와 가능성을 탐색하는 행위로 나타난다. 푸는 언어 규칙에 얽매이지 않는 구전문화(oral culture)를 대표하는 인물이다. 그렇기 때문에 문법이 부정확해도 괜찮고, 철자에 구애받지 않으며, 신조어를 얼마든지 만들어낼 수 있다. 실제로 푸는 그의 꿀단지에다 '꿀(HUNNY)' 이라고 써놓았지만 그것의 의미가 '꿀(HONEY)' 이란 걸 아주 잘 알고 있다. 반면, 크리스토퍼 로빈이 바깥세상에서 받는 교육은 격식을 따지는 엄격히 통제된 문자 교육이다. 다시 말해 '얼룩덜룩하고 풀처럼 생긴 곧도라움' 이라는 말을 허용하지 않는다. 『푸의 동네에 있는 집』의 첫머리에서 크리스토퍼 로빈과 아버지가 한 대화를 보자.

●●● 『푸의 동네에 있는 집』 ; 9

(크리스토퍼 로빈이) "저번에 해 주려던 푸 얘기 있잖아요." 하면서 얘기를 꺼내자, 나(아버지)는 재빨리 "107곱하기 9는 얼마지?" 하고 물었어. 둘이서 그 문제를 풀고 났더니 이번에는 또 300마리의 소가 1분에 2마리씩 울타리를 지나간다면 1시간 30분 뒤에는 몇 마리가 남아 있을까?라는 문제가 나와 있었지.

이 부분은 성인 권위자가 어떻게 아동의 상상력을 억압하는지를 아주 잘 보여주는 좋은 예이다.

구두 언어에 대한 문자 언어의 우위성은 〈푸〉 이야기에 바로 나타나 있다. 처음에는 크리스토퍼 로빈과 그의 장난감들이 언어를 사용하기 이전인 전-언어(pre-verbal) 단계에 머물러 있다. 하지만 이야기가 진행됨에 따라 크리스토퍼 로빈이 상징 언어를 습득하는 장면을 자주 목격하게 된다. 이야기의 몇몇 장들은 읽고 쓸 줄 모르는 장난감들을 중심으로 이야기가 꾸며져 있다. 정신분석학적인 설명에 따르면 헌드레드 에이커 숲에 사는 그의 친구들은 소년의 내면세계를 그대로 투영해 보여준다. 이를테면, '생일 축하해(Happy Birthday)' 를 써달라고 요청받았을 때 아울이 겪었던 어려움, 그리고 크리스토퍼 로빈의 메시지를 읽을 수 없었을 때 아울이 느낀 무능력감은 단지 소년 자신의 문제가 전이된 것에 불과하다. 크리스토퍼 로빈은 친구들한테 자기가 읽고 쓸 수 있다고 거짓말을 하지만,

사실 그의 거짓말은 "크리스토퍼 로빈이 푯말의 내용이 무엇인지 말해주었거든요, 그래서 읽을 수 있어요."(74)라고 말한 푸의 순진한 고백과도 닮았다. 크리스토퍼 로빈이 쓴 푯말을 보면 그가 상당히 철자법에 약한 것을 알 수 있다. 따라서 이 문제로 이야기 바깥세계의 아버지한테 잔소리를 꽤나 많이 듣고 있을 거라고 추측할 수 있다. 크리스토퍼 로빈은 푯말을 쓰면서 철자와 발음을 동일시해 '부탁합니다(Please)'를 '부탁함니다(PLES)'로, '대답(Answer)'을 '대담(RNSER)'이라고 쓴다. 하지만 그럼에도 불구하고 그는 "숲에서 글을 읽고 쓸 줄 아는 유일한 인물"(43)로 인정받고 있다.

이와 비슷하게 아울도 글을 읽고 쓸 줄 안다고 알려져 있지만 역시 한계를 지니고 있다. 그는 자기 이름 철자를 월(WOL)이라고 쓸 수 있지만, 홍역(MEASLES)이나 버터 바른 토스트(BUTTEREDTOAST) 같이 까다로운 단어들은 엉망으로 만들어 놓는다(43). 작가는 아울의 이름의 철자가 틀렸음을 눈치 채기를 바라지만, 독자들은 이를 못보고 그냥 지나쳐버릴 수 있다. 작가는 소년의 어리석음을 교묘하게 동물 친구들에게 전가시켜버리는데, 이런 현상은 이요의 생일을 다룬 장에서 더욱 두드러지게 나타난다. 확실히, 아울은 읽고 쓸 줄 모르지만 이를 인정하려 들지 않는다. 아울이 푸에게 그의 문 앞에 있는 푯말을 읽을 수 있는지 물어보자, 푸는 그것이 무슨 말인지 알려주면 읽을 수 있다고 말한다. 그제야 마음이 놓인 아울은 푸에게 그가 쓴 것을 얘기해줄 것이고, 그러면 푸가 그것을 읽을 수 있을 것이라고 말한다. 그러면서 아울은 "새이이르르 추우우우 카아아아 하니니이다(HIPY PAPY BTHUTHDTH THUTHDA BTHYTHDY)"(74)라고 쓴다. 상징계의 질서 안에서 바라보면 이는 횡설수설이다. 하지만 상상계 안에서 이 말은 '생일 축하해'를 뜻한다. 만약 이런 의미로 사용한 것이라면 말이다. 발신자(sender)가 말한 '새이이르르….'라는 기표가 '생일 축하해'라는 기의와 연관이 있다면, 단지 수신자(addressee)는 이를 알맞게 해석할 코드만 갖고 있으면 된다. 하지만, 험프티 덤프티 이야기로 되돌아가 보면, 단어는 단지 발신자가 선택한 의미만을 뜻할 뿐이다. 읽고 쓰기 능력을 가진 발신자는 수신자에게 무한한 권력을 행세할 수 있다.

그러나 상상계와 상징계 사이의 불일치를 가장 극명하게 보여주는 예는 『푸의 동네에 있는 집』의 제5장 "크리스토퍼 로빈이 아침에 한 일"에서 찾아볼 수 있다. 피글렛은 자기 앞에 놓여 있는 세 개의 막대기를 바라보며 골똘히 생각에 빠져 있는 이요를 방문한다. "두 개의 막대기가 한 쪽 끝만 서로 붙어있는 채로 놓여있고, 또 다른 막대기 하나가 이 둘 사이를 가로질러 놓여 있었다."(84) 글을 전혀 모르는 피글렛은 "이것이 무슨 함정이 아닐까 생각한다."(84) 다시 말해, 피글렛은 그 기호가 지닌 상징적 의미보다는 상상계의 아이콘이 지닌 가치만을 생각한다. 이요는 현명한 성인인 체하며 피글렛을 깨우쳐준다.

●●● 『푸의 동네에 있는 집』 ; 85

"피글렛, 너는 A자가 뭔지 아니? … 이것은 공부, 교육이라는 뜻이야. 너와 푸가 한 번도 받은 적이 없는 것이지."

여기서 이요는 글을 아는 능력에 따라 아동을 폄하할 수 있는 권위를 지닌 성인처럼 말하지만, 사실 주요 지식과 그에 따른 권력은 크리스토퍼 로빈이 가지고 있다.

●●● 『푸의 동네에 있는 집』 ; 85

"크리스토퍼 로빈이 이게 A자라고 했어. 그러니까 이건 A자야…."

아이러니하게도 이요의 읽기 능력은 알파벳의 첫 글자를 읽는 수준을 넘지 못하며, 이요는 여러 다른 인물들처럼 모르는 낱말을 사용한다.

●●● 『푸의 동네에 있는 집』 ; 87

"크리스토퍼 로빈은 … 탐고하고 있어— 크리스토퍼 로빈이 *그렇게 말했던 것 같은데* … 학문을 탐고하고 있어." [7)]

이 장에서 크리스토퍼 로빈은 처음으로 메시지를 정확하게 씀으로써 어린 시절의 순진무구한 세계, 즉 상상계에서 벗어나 상징계로 확실히 넘어가게 된다. 작가

7) 원문에는 instigorates라고 나와 있다. 이요가 investigates란 단어를 잘 몰라서 틀리게 말한 것이다.

의 메시지는 상상계가 아무리 즐겁고 유쾌하더라도 이를 뒤로 한 채 떠나야함을 말하는 듯하다. '실제' 세계 성인의 권력은 마침내 현실도피자인 아동의 발목을 잡는다. 이는 작품 속에서 철자법과 구구단, 기숙사학교로 급히 떠남 등의 이미지로 제시되어 있다. 예를 들어 삐삐와는 다르게 크리스토퍼 로빈은 성인세계의 공격에 맞서 자기를 방어하지 못한다. 결국, 성인 규범의 승리이다.

어린이 문학에 나타난
힘과 목소리, 주체성

CHAPTER 03 장르의 타자화 : 판타지와 리얼리즘

- 카니발로서의 판타지
- 시간의 힘
- 어린이 편에 서기
- 일상의 카니발

CHAPTER

03 장르의 타자화 : 판타지와 리얼리즘

아동문학의 전형이라 할 수 있는 〈해리포터_Harry Potter〉 시리즈에 관한 논의를 통해, 본 저자는 판타지 양식은 그 자체로 완벽한 타자성(alterity) 장치임을 지적하였다. 비모사(non-mimetic) 양식에서는 일반적인 관습 때문에 힘의 위계질서는 덜 분명해진다. 그러나 다수의 연구자들과는 다르게, 나는 판타지(fantasy)를 리얼리즘(realism)과 대립하는 것으로 보지 않는다. 리얼리즘이란 Erich Auerbach의 『미메시스_Mimesis』에 명확하게 제시한 바와 같이 매우 복잡한 개념이다. 아동문학에서 리얼리즘을 종종 초자연적 요소가 결여된 내러티브로 간주하지만, 아동문학 안에는 다양하고 광범위한 모방 양식들이 있다. 비모방 양식 역시 여러 종류로 이루어져 있으며, 판타지 요소의 수준과 특징도 광범위하다. '마술적 리얼리즘(magical realism)[1]' 이라는 용어는 이러한 개념의 복잡성을 잘 보여주는 예가 된다.

판타지와 리얼리즘의 구별이 '아동소설에서 가장 중요하고 일반적인 구분(Stephens, 1992; 7)' 이라고 밝힌 John Stephens는 판타지를 은유법(隱喩法, metaphor)으로 설명하고, 리얼리즘을 환유법(換喩法, metonymy)으로 설명한다. 나는 그의 진술이 타당하다고 여기면서도, 많은 경우에 이것은 해석의 문제일 수도 있음을 주장하고 싶다. 모든 장르는 은유 혹은 환유로 이해될 수 있으며, 독자의 지적 소양 수준에 따라 달라지는 것이다. 그래서 나는 판타지를 전복(subversivity)을 위

1) 마술적 리얼리즘(혹은 마술적 사실주의)은 현실적·사실적 이미지들을 조합해 환상적·허구적 이미지를 만들어내는 기법으로 환상과 현실, 심리적 실재와 현실성 등의 경계가 해체되고 상호 교환되는 특성을 보인다. 따라서 현실에는 일어나기 힘든 일들이 아무렇지도 않게 일어나지만 소설 속의 주인공들은 이를 이상하거나 의아하게 받아들이지 않고 자연스런 일상으로 받아들인다.

한 강력한 잠재력을 가진 것으로 간주하기보다 다양한 장르를 타자성을 위한 전략들로 간주하고 싶다.

카니발로서의 판타지

평범한 아이가 마법의 공간으로 이동하거나, 적어도 현존하는 세계(우리는 이를 '실세계'라 부름)에는 일어날 것 같지 않은 마법의 대상(물체 혹은 도움제공자)을 소유하거나, 영웅의 특성이나 마법의 힘을 부여받아 힘을 얻는 것처럼, 아동문학에서 판타지는 가장 평범한 카니발레스크(carnivalesque)[2]이다. 현존하는 질서를 전복하는 카니발(carnival)은 허구적 인물인 어린이를 성인보다 더 높고 우월한 위치로 상승시킨다. 어린이를 전지전능한 존재로 바라보는 이러한 관점은 아동기를 순수한 시기(사회가 아이에게 영향을 미치기 바로 이전의 시기)로 보는 이데올로기에 기초한 것이다. 청소년을 위한 판타지 소설은 대부분 악의 통치자가 만들어 놓은 질서를 타도하는 어린이에 대한 예언들이 존재한다. 그렇지만, 카니발레스크 어린이문학의 결말 부분에 불가피하게 질서를 재정립시키는 것은 등장인물을 그들의 환경보다는 조금 강력하거나 동등하게, 혹은 열등한 수준으로 떨어뜨린다.

특히, 아동문학에서 어린이를 위한 판타지는 보통 허구로 바라보는 일반문학에서의 판타지보다 언제나 높은 수준을 보여 준다. 확실히, 판타지는 전래동화나 요정이야기와 같은 말로 취급되고, 또한 사회화를 위한 도구로서 어린이에게 적합한 것으로 인식되어 왔다. 등장인물은 성숙을 위해 무언가를 배워야만 하며, 어떤 경우에는 성인이 되기도 한다. 그러나 역설적으로 아동용 판타지의 최고봉으로 꼽히는 책, 예를 들어 『이상한 나라의 앨리스_Alice in Wonderland』와 『곰돌이 푸우는 아무도 못 말려_Winnie the Pooh』와 같은 책이 과연 어린이를 위한 책이 맞는지에 관해 언제나 질문이 제기되어 왔다. 이러한 경향은 크로스오버 현상을 보이는 현대에 이르러 정점을 보이며, Phillip Pullman과 J. K. Rowling이 가장 대표적인 작가로 뽑힌다.

2) 러시아 문학비평가 Mikhail Bakhtin이 사용한 비평용어로서, 전통적인 문학 정전의 권위적이거나 고답적인 가정들을 우스꽝스러운 유머나 무질서를 통해 의도적으로 전복시키거나 해방시키는 문학 양식이다. 즉, 고급문화나 불경스러운 것을 뒤섞여 전통적 위계질서와 가치를 전도시키거나 풍자하는 카니발의 일련의 활동을 의미한다.

아동용 판타지와 성인용 판타지 간의 몇 가지 중요한 차이를 고려해볼 때, 아동용 판타지가 어린이를 주인공으로 삼는다고 주장하기에는 부족함이 있다. 전성기의 아동용 판타지는 실제와 상상 간의 명확한 차이를 알지 못하는 독자뿐만 아니라, 상상의 세계와 사건을 믿는 독자를 포함하여 모든 어린이들을 위한 도덕적이고 정신적인 지도를 담당해 왔다. 판타지가 대체로 단순한 흥밋거리로 여겨지기 때문에, 아동용 판타지의 최고봉이라 할 수 있는 책은 판타지 형식을 내러티브 기제, 리얼리티를 위한 은유로 사용한다. 판타지 양식은 아동문학 작가로 하여금 다소 거리를 두게 하면서, 중요한 심리적·윤리적·존재론적 질문들을 다루도록 부추기며, 또한 어린이들에게 있어 판타지는 직접적인 리얼리즘보다 더욱 효과적인 것으로 밝혀지고 있다. 예를 들면, 선과 악의 대결은 독자의 주변환경보다는 상상의 세계에서 묘사될 때 보다 설득력이 있으며 독자를 덜 혼란스럽게 만든다. 주인공의 정신적 성장은 내적 긴장감보다는 외부의 마법의 힘과 전력을 다해 싸우는 것으로 묘사될 때 보다 확실하게 드러난다. 특히, 판타지는 어린이 주인공에게 소위 실세계에서는 가능하지 않는 다양한 방법으로 권력이나 힘을 부여해 줄 수 있다. 이런 점에서, 판타지는 현실세계의 질서를 해체하지 않으면서 성인과 어린이 간의 힘의 관계까지도 포함하여 실존하는 권력관계에 대해 질문을 던질 수 있기 때문에, 실로 거대한 파괴적 힘을 갖고 있다.

역사적으로 보았을 때, 아동용 판타지물은 아동기가 인간의 생애발달에 있어 중요하고 특별한 시기임을 인정받을 때까지 등장할 수 없었다. 그렇지만 계몽주의는 결과적으로 아동 독자를 위한 교훈적 작품을 만들어 내는 데 영향을 주었고, 어린이를 문명에 때묻지 않은 원초적 존재로 보면서 한편으로 전래문학에 관심이 많았던 낭만주의는 특히 아동용 판타지물(넓게는 아동문학)이 출판될 수 있도록 풍부한 기반을 마련해 주었다. 비록 George MacDonald의 작품처럼 예외적 작품들이 꾸준히 나올지라도 말이다.

E. T. A. Hoffmann의 『호두까기 인형_The Nutcracker and the Mouse King』(1816)은 어린이들을 겨냥하여 만든 첫 번째 판타지물로서, 전 세계적으로 인정받은 작품이다. 이 책의 주인공은 작은 여자 아이이며, 이야기는 다양한 장난감들로 가득한 여자 아이의 방에서 출발한다. 그러나 여자 아이는 이야기의 한 수단일 뿐이며, 실제로

움직이는 장난감인 호두까기 인형과 요정나라에서 공주를 찾는 이야기에 더 초점이 맞춰져 있다. 호두까기 인형과 매력적인 왕자, 실세계에 존재하는 정체 모를 중년 남성 간의 관계는 암시적이다. 비록 이 책이 아동의 이해를 뛰어 넘는 철학적이고 윤리적인 의미를 갖고 있을지라도, 유년기와 관련된 놀이와 재미, 장난기를 담은 이 작품은 Hoffmann의 다른 판타지 소설과 차별성을 띄게 한다. 이와 유사하게, 인형을 주인공으로 다룬 Carlo Collodi의 『피노키오_The Adventures of Pinocchio』(1881) 역시 복잡한 내러티브와 도덕적 개념을 담고 있음에도 불구하고, 언제나 어린이문학으로 간주되어 왔다. 게다가 이 책의 기본 취지는 아동을 교육시키고 사회화시키기 위한, 아동문학의 기본적인 목적에 완벽하게 부합된다.

Edith Nesbit은 종종 아동을 위한 현대 판타지물의 창시자로 인정받고 있다. Nesbit은 어린이 캐릭터를 마법의 영역으로 인도하기보다는, 매일의 일상생활에서 마법을 등장시킨다. 확실히 Nesbit은 이러한 장르에 즐거움과 재미를 선사했다. 그러나 Nesbit의 주요 목적은 권력의 관계와 교육성에 있다. 『모래 요정과 다섯 아이들_Five Children and It』(1901), 『피닉스와 양탄자_The Phoenix and the Carpet』(1904), 『부족 이야기_The Story of the Amulet』(1906), 『마법의 성_The Enchanted Castle』(1907), 그리고 『아덴의 집_The House of Arden』(1908)에는 마법을 부리는 대상이 등장하여, 어린이들은 마술을 부릴 수 없다는 것을 보여주면서 어린이를 조롱하고 어린이로 하여금 열등감을 갖게 만든다. 모험을 통해 쓰디 쓴 교훈을 배우는 어린이들은, 자신들에게도 능력을 부여하기를 포기하게 된다. 이것이 이야기 구성의 결말에 필요한 부분이라 할지라도, 확실히 이 책의 주요 메시지는 아동의 무능력이다. Pamela Travers의 『메리 포핀스_Marry Poppins』(1934)와 후속 작품들 역시 마법을 부리는 자(겉으로는 인간으로 보일지라도 Nesbit의 사미어드(복사판))는 거만하며 자부심이 강하다. 그리고 반복적으로 어린이들에게 단순히 마법의 능력 때문만이 아니라, 우선 성인으로서 자신의 우월성을 상기시킨다. 성인 작가, 어린이 주인공, 독자들 간의 이러한 힘의 위계질서는 20세기 초 아동 판타지물에 있어 빠질 수 없는 최고의 상징이었다. 일시적으로 능력을 부여 받은 어린이 주인공들조차 불가피한 상황에서는 성인에게 의존할 수밖에 없다.

전형적인 2차 판타지 세계를 보여주는, L. Frank Baum의 『오즈의 마법사_The Wizard of Oz』(1900)에는 힘의 협력에 관한 상이한 전략들이 지속된다. 도로시는 매일의 일상을 보낸 캔사스에서는 불가능했던 행위들이 다른 나라에서는 가능하다는 것을 알게 된다. 또한 도로시는 자신을 연약하고 무능하며, 누군가의 도움에 의지하는 인물로 여긴다. 심리분석학적으로 볼 때, 도로시 자신의 내면의 자아로 해석되는 세 명의 동행자는 세 가지의 상이한 특성인 두뇌·심장·용기를 갈망하며, 이것은 도로시와 동행자들의 여행장면에서 여러 번 제시된다. 도로시는 똑똑하고 용감하지만, 오직 한 명의 성인만이 자신을 집으로 돌려보낼 수 있다고 믿는다. 대부분의 어린 아이들이 그러하듯이, 도로시 역시 자신을 길러주고 따뜻하게 보살펴주신 부모가 사는 집으로 돌아가기를 바란다. 도로시뿐만 아니라 독자 어느 누구도 알지 못하는 사실은, 그녀가 오즈나라에 온 첫 날부터 누구의 도움 없이 집으로 돌아 갈 수 있는 힘(은색 신발)을 이미 갖고 있었다는 점이다. 서쪽의 사악한 마녀가 도로시로부터 신발을 뺏으려 했기 때문에 신발이 힘의 원천이며 놀라운 능력을 갖고 있음을 암시해 주었지만, 정작 도로시는 힘의 비밀을 모른다. 게다가 도로시는 날개 달린 원숭이가 소원을 들어주는 놀라운 황금 모자를 은색 신발의 비밀을 알려주는 대가로 서쪽 마녀에게 준다. 결과적으로 도로시는 자신의 집 캔자스로 돌아가게 되고, 그녀를 감싸고 있던 힘도 모두 없어진다(그녀는 다투다가 자신의 은색 신발을 잃어버린다.). 그리고 우리는 도로시가 오즈나라 여행을 통해 새롭게 얻었던 능력을 사용할 수 있을지에 관하여 결코 알지 못한다. 오즈나라에서는 존경을 받고 성인(오즈나라의 무시무시한 마법사까지도)에게 두려움의 대상이기까지 했던 도로시는 캔자스로 돌아오자, 이중으로 억압받는 평범한 작은 여자 아이일 뿐이다.

C. S. Lewis의 『나니아 연대기-사자, 마녀 그리고 옷장_The Lion, the Witch and the Wardrobe』(1950)에서는 문자 그대로 평범한 어린이들을 영웅으로 변모시키면서, 강력한 힘을 보이는 어린이들을 보여 준다. 도로시가 두 명의 사악한 마녀와 싸워서 이긴 것이 우연히 일어난 것이라면(그녀의 양심이 살인이라는 무거운 짐에서 해방될 수 있는 상황이라면), 피터는 고의적인 살인이 이루어지는 실제 전투에 참여하게 된다. 게다가 피터와 그의 형제들은 나니아의 중세 시대에 가장 높은 위치를 차지하면서 결국에 왕위에 오르지만, 왕의 자리는 일시적일 뿐이다. 주인공들은 나니아에서 오랜 기간 행복하게 지낸 후, 자신들이 있었던 원래의 세계로 되돌아오며 이때 다시 어린이의 모습이 된다. 또한, 나니아에서 얻었던 힘뿐만 아니라 그들이 얻은

지혜도 모두 사라진다. 후속 편에서도, 나니아는 성인 통치자(예외 없이 남성임)를 둔 보편적 질서로 돌아오는 것으로 보인다. 사실, 나니아에서 아슬란에 의해 왕위에 오른 첫 번째 왕은 성인이었는데, 그들은 『마법사의 조카_The Magician's Nephew』(1955)에 등장하는 프랭크라는 마부였다.

성인의 규범이 아주 자세하게 쓰여 있는 판타지 이야기 중에서 가장 최근의 작품 중의 하나는, 당연히 단기간 전 세계적으로 해리포터 증후군을 위협했던 『해리포터』 이후의 소설, 바로 G. P. Taylor의 『섀도맨서 : 천사들의 전쟁_Shadowmancer』이다. 이 책의 두 명의 어린이 주인공들은 소위 기독교적 판타지 안에서 자신에게 무엇을 해야 할지를 명령하는 성인들에게 맹목적으로 복종한다. 작가의 의지에 의해, 어린이 주인공들은 먼저 선의 힘과 접촉하는데, 만약 그렇지 않으면 아마도 그들은 어두운 세상의 질서에 맹목적으로 따라야만 할 것이다. 그리고 성인들은 절망적인 상황이 닥칠 때마다 어린이들을 구조하러 오고, 남자 주인공이 신의 목소리를 들을 때, 주인공은 언제나 복종하고 따를 것을 맹세한다. 높은 권력-성인과 남성은 어린이에게 자유 의지와 독립심, 선과 악을 분별하는 능력을 박탈시킬 뿐만 아니라 복종과 신의를 요구한다. 교회는 언제나 문학이 갖는 힘을 알고 있었으며, 이 소설의 옹호자들은 '〈해리포터〉에 대한 기독교의 응답' 이라는 징표를 붙였다.

시간의 힘

시간 이동(time-shift)이 나타나는 판타지는 규범을 전복하는 데 강력한 잠재력을 갖고 있는 것처럼 보인다. 역사 지식을 갖춘 시간 여행자들은 성인을 능가하는 지배권을 얻지만 가끔은 지식을 활용할 만한 힘이 부족하기도 하다. 게다가 화자는 반복적으로 주인공들의 부족한 교육을 비웃으며, 어린이 캐릭터들에게 성인의 권력을 행사한다. 또한 Nesbit의 작품뿐만 아니라 후속 작품에서도 성인들은 무지한 아동들에게 익숙하다는 듯이 시간의 특징에 대해 설명해 준다.

오랜 시간을 넘나드는 소설에서, 주인공들은 시간 이동을 통해 자신들의 정체성을 탐색한다. 한편, 시간이탈은 주인공에게서 힘을 빼앗을 수 있으며 잊을 수 없을 만큼의 커다란 정신적 충격을 줄 수도 있다. 왜냐하면 주인공들은 과거에서 길을 잃어, 다시 예전의 정상 시간으로 돌아갈 수 있을지도 불확실하기 때문이다. 주인공들은 그들 자신의 시간에서는 존재할 수 없는 어떤 즐거움이 있기에, 종종 과거에 그대로 머무르는 것이 더 나을지를 고민하기도 한다. 과거에 깊숙이 연루되고 먼 옛날 특정 시대의 사람들과 정서적으로 유대감을 맺은 것도 중요한 원인으로 작용한다. 예를 들어, Philippa Pearce의 『한밤중 톰의 정원에서_Tom's Midnight Garden』(1958)에서 주인공이 밤마다 과거로 여행을 떠나는 것은 할머니의 과거에 대한 향수에서 비롯된 것이다. 한 아이의 경험에서 시작하여 늙고 죽는다는 것에 대한 성인의 두려움으로 전이된다는 것이 이 책의 초점이다.

대중을 다루는 데 있어 개인의 경험보다 역사가 권력의 방법이 될 때, 시간 이동은 직접적으로 힘과 연결될 수도 있다. 영국작가 Diana Wynne Jones의 『A Tale of Time City』에서는 선택된 소수만이 노예를 포함하여 물질적 특권을 누리고 석기시대부터 인구감소시대(인류가 지구를 떠나 다른 별로 감)까지 인류역사에 관한 경험과 지식을 소유한 독재정권이 등장한다. 시간도시 시민들은 자신의 지적 재산과 바꿔가면서 그들이 원하는 모든 것들을 역사로부터 가져온다. 시민들은 시간여행으로부터 이득을 취하면서, 인간문명에서 아주 희귀한 것들을 수집한다. 그들은 역사 속에서 살아가는 사람들을 업신여긴다. 그리고 그들의 사회에서 가장 최악의 벌은 역사 안으로 추방당하는 것이다. 동시에, 시간도시에서 최고의 능력을 가진 사람들은 다양한 역사 기간 동안 구성(종종 과거에서 생겨나기도 함)된 것이며, '과학이 올바른 길로 가도록'(132) 시간 앞으로 앞질러 가 새로운 개념을 제시한다. 시간 도시의 언어는 공통어이다. 지배자는 샘피턴과 같이 타이틀과 역할 뒤에 숨어 있다.

길거리와 빌딩들은 연대기(chronologue), 낡은 성(annuate palace), 연속체(continuum), 영원(perpetuum), 이온 광장(aeon square), 정원 추(pendulum garden)와 같이 위협적인 이름을 갖고 있다. 최고의 권력기구는 시간 의회이다. 시간 순찰대원들이 시간 속에서의 모든 움직임을 감시하며, 시간 도시로 모든 상황을 보고하기 위해 목격자들을 역사 속에 심어 놓았다.

시간도시의 지배자들은 가령 Isaac Asimov의 공상과학소설 『The End of Eternity』(1955)에서 보여준 '현실 바꿔치기' 를 하지 않으며, 정반대로 역사를 가능한 한 유지시키려고 한다. 지배자들은 고정 시대라 부르는 몇 세기와 천년을 유지시켰으나 여전히 비문명화된 24세기와 암흑 시기라 불리는 문명 하락시기, 즉 비고정 시대를 갖고 있다. 시간 도시는 비고정 시대를 통제할 수 없으나 통제력을 갖고 싶어한다.

●●● 『A Tale of Time City』 ; 172

우리가 고정 시대를 꾸준히 유지시킨 것처럼, 비고정 시대도 그러길 바랍니다.

좀더 구체적으로 살펴보면, 시간도시의 정책은 엘리트 집권당의 안녕을 목적으로 한다. 주인공인 비비안은 다음과 같이 생각한다.

●●● 『A Tale of Time City』 ; 79

시간도시에 사는 지식인들은 나머지 역사를 응시하면서, 시간도시가 원하는 방식으로 이루어지기를 바라고 그렇게 하려고 노력한다.

그러나 지배자들의 집권성 외의 예술이 지닌 가치의 중요성 역시 언급하고 있다.

●●● 『A Tale of Time City』 ; 84

우리는 70년대의 예술뿐만 아니라 100년간 이루어진 별의 탐사를 희생하지 않을 것이다.

여기서 70년대는 1970년대를 의미하는 것이 아니라 시간도시에 사는 사람들이 순간으로 느끼는 7000년과 8000년간의 시간일 뿐이다.

다중우주의 불안정성을 지적하기 위해, 텍스트는 첫 페이지부터 독자에게 암시를 준다. 이 책에서는 2차 세계대전이 1938년 크리스마스에 시작되기 때문에, 비비안의 역사는 독자들이 알고 있는 것과는 매우 다르다. 이런 왜곡되고 낯선 현실은 소설 후반부에 가서야 명확해진다. 예를 들어, 제1차 세계대전은 보어 전쟁과 병합된다. 그러나 예상했던 대로 시간도시의 지배자들은 23세기보다 1940년대에 만들어진 '몇 가지 중요한 발명품(아마도 핵분열)' 에 더 관심을 갖고 있다. 서기 79년 폼페이시 근처에서 발생한 예기치 않은 화산 폭발은 퇴보의 결과로 언급된다.

시간도시는 영속적이지 않으나, 창조와 소멸이라는 거대한 원형으로 움직이는 그 자체의 시간적 영속성을 갖고 있다. 우주에 대한 이런 관점은 특히 한정된 우주 대 무한한 우주에 대한 지속적인 논쟁을 포함하여 시간에 대한 현대적 개념을 반영한다. 비비안이 시간도시에 우연히 도착한 순간, 시간도시는 막 파괴하기 직전이었지만, 지배자들은 어떠한 대가를 치르더라도 질서를 지키려고 노력한다. 결국은 시간도시의 추락이 예상된 것으로 피할 수 없지만, 장엄한 원형 또는 플라토닉 해가 새롭게 시작되도록 부활하려 한다. 그리하여 주인공은 양가적 감정이 병존할 수밖에 없다. 즉, 자신의 실제 역사로 되돌아가기 위해 시간 도시를 구하려는 시도를 할 수 밖에 없는 것이다. 독재정부에 대한 비비안의 비자발적인 지원은 자연스럽게 시간과 관련되어 있다.

소설은 몇 가지 기본적인 윤리적 이슈들을 탐색해 간다. 주인공은 특별한 미션을 부여받는다. 비비안은 특별히 선택받은 존재이며, 탄압의 시간을 겪은 유일한 존재이다. 왜, 어떻게 그러한지를 완벽히 설명하기란 불가능하지만, 비비안은 실제로 역사를 불안전하게 만든 요인이다. 비비안은 자신의 가족에게 매우 헌신적이다. 그는 시간도시를 구하기 위해 바쁘게 움직이지만, 비비안의 머릿속은 자신의 부모에게 돌아가고자 하는 마음으로 가득 차 있다.

●●● 『A Tale of Time City』; 143

폭탄이 투하되는 루이샴(Lewisham, 템즈 강 남쪽에 있는 런던 자치구)에 앉아 있는 우리 엄마, 역사는 왜 점점 더 잘못된 길로 가는 것인지….

비비안은 현실 붕괴가 철저히 시간의 과정을 변화시킬 수 있다는 것을 배웠기 때문에, 비비안의 걱정은 시간도시의 지배자와의 걱정과는 전혀 다르다. 비비안은 35세기와 그 이후 어딘가에 닥칠 결과를 걱정한다.

●●● 『A Tale of Time City』; 251

만약 시간도시가 완벽히 고장 나면 나머지 역사에게도 해를 입힐 수 있어. 그런 경우, 우리 엄마와 아빠는 어떻게 되는 거지?

비비안은 부모와 자신에 대해 생각한다. 비비안은 자신이 느끼는 공포를 결코 입

밖으로 내지 않았으나, 독자들은 이 책을 읽은 후 논의의 선상에서 "만약 부모를 만날 수 없도록 역사가 변화한다면, 나에게 무슨 일이 발생할까? 아마도 나는 결코 태어날 수 없었겠지."라고 생각할 수 있다. 역사의 흐름과 상호연결, 존재에 대한 우연성이 우리의 생각을 어지럽게 만든다. 그래서 주인공은 독재정권에 저항하는 데 관심이 있고, 그녀의 이슈는 계속 성장하는 인류의 현 상황과 관련되어 있다. 사이클의 자연스러운 한 부분인 죽음은 이 책에서 간결하게 설명되지 않았을지라도, 이러한 선상에서 맴돌고 있다.

개인적 수준을 벗어나, 사회적이고 도덕적인 수준이라는 것이 있다. 역사에 대한 비비안의 경험은 역동적이고 매력적이며, 아주 가까이 있다. 비비안은 공간에서 추방당한 사람처럼 시간 속 난민이다. 전쟁은 관례적인 질서를 산산조각 내버리기 때문에, 어린 아이에게는 정신적 충격을 주는 경험이다. 삶은 불안정하고, 일상은 계속적으로 변하며, 매일의 삶이 새로운 규칙을 가져온다. 미래는 불안전하고 위협적이며, 인간 삶과 같은 보통의 가치가 의문시되고, 어제의 친구가 오늘의 적이 되는 것처럼 빠르게 선과 악도 바뀌어간다. 판타지는 정신적 외상을 그대로 묘사해내며, 판타지에서 그려내는 또 다른 세계는 결국 전쟁을 겪는 주인공의 공포와 두려움의 투사(projection)-심리학자 융의 관점에서 보면 외부화(externalization)-라 할 수 있다. 시간의 흐름 속에서 진행되는 왜곡된 실체는 어린 아이의 마음 속 혼란을 그대로 반영하는 것이다. 비비안의 내면적 이미지는 또 다른 세계의 사람과 환경으로 구체화된다. 시간이 비연속적이고 변화무쌍하다는 개념-완벽히 포스트모던 시각-은 불확실성을 덧붙인다.

비비안이 물리적으로 이탈되었다는 것은 출생 후 부모로부터 한 번도 본적 없는 시골 친척에게 맡겨졌다는 것만을 의미하는 것이 아니라, 런던 소녀가 초현대적인 시간도시에서 느낄 수 있는 낯설음을 포함하는 것이다. 결코 '역사'를 한 번도 경험하지 못한, 비비안의 초등학교 동급생은 비비안이 들려주는 전쟁에 호기심을 갖는다. 그들에게 전쟁은 이국적이고 흥미로운 것이기에, 전쟁과 침략을 마음속에 그린다. 그렇지만 비비안에게 전쟁은 배급이고, 암흑이며, 공포와 불확실성이다. 지배자들은 시간도시의 시민들에게 중요한 역사적 지식을 알리지 않으며, 시민들이 타인의 걱정에 관심을 갖지 않도록 만든다.

비비안은 시간도시에 대해 열정적인 비난을 퍼부으면서 다음과 같이 이야기한다.

●●● 『A Tale of Time City』; 308

그들은 그냥 역사가 아니에요! 그들은 진짜 사람들이라고요! 시간도시에 살면서 이런 것을 연구하며 앉아 있는 당신같은 사람들이 절 아프게 한다고요. 당신은 결코 다른 사람의 도움에 손을 내밀지 않지요. 이것은 모두 시간도시 탓이예요. 역사를 어설프게 고치는 것은 당신이예요….

이렇게 드러내놓고 언급하는 이면에는 아동문학에서 나타나는 내포작가의 교훈성 전달이 숨겨져 있는 것이다. 그리고 이러한 공표는 신중한 성인보다 한 아이의 입에서 표현된다.

이 소설에서 구원자는 전통적으로 그러하듯, 순진무구한 아이이다. 그리고 아버지라는 인물 파버 존은 보다 자신감 있는 태도로 "… 나는 몇 몇 어린이들이 부활을 위해 어떻게든 시간 속에 도착한다고 생각한다."(352)라고 말한다. 예상한 바와 같이 역사의 피상적인 악당들은 시간도시의 규칙을 빼앗으려는 두 명의 성인이다. 그들의 목적은 제도가 뒷받침되면서 물질적 부를 축적하는 것으로, 말하자면 재분배의 문제를 의미한다. 좀 더 살펴보면, 구원자이자 시간도시의 창조자인 파버 존과 타임 레이디는 실제 냉혈하고 잔인한 악당으로 밝혀진다. 시간도시 창조자와 비비안 간의 연결은 그들의 이름에 의해 미묘하게 강조(파버와 스미스는 어린 독자들의 입장에서 매우 평이한 단어임)된다. 타임 레이디와 비비안과의 연결은 비비안이 시간도시를 구할 수 있는 타임 레이디일 것이라 믿는 소설의 시작 부분부터 혼란스러움을 제공한다. 그러나 파버 존의 유일한 관심은 붕괴 직전의 시간도시를 재건하여 다시 우주적 질서를 세우는 것이다. 시간도시의 재건은 존재하는 질서에 대한 재건을 의미한다. 파버는 구원자가 아니라 돌아온 폭군이다. 결코 표면적으로 언급되지는 않을지라도, 파버 존과 타임 레이디는 자신의 목적을 위해 시간도시를 장악하려는 악의 커플과 다르지 않다.

마지막 장에 나오는 축하 장면은 승리의 독재정부를 묘사하는 데 있어 반발감을 갖게 한다. 그리고 여기서 작가는 독자들이 아이러니한 결말을 평가할 것이라 믿는다. 그러나 비비안의 운명은 독자의 날카로운 평가에 부딪친다. 비비안은 역사를 혼란시키지 않고, 그녀의 역사 속으로 들어갈 수 없다. 왜냐하면 그녀는 첫 번째 공간에서 혼란의 근원이었기 때문이다. 파버 존의 현명한 결정은 차후 인류 역사의 흐름에 영향을 미치지 않도록, 비비안을 가급적 멀리 한 시대로부터 추방(석기시대는 추방의 적절한 장소로 보임)시키는 것이다. 20세기 생물학적 부모뿐만 아니라 시간도시에서 비비안의 부모 대리인도 그녀와 동행해야 한다.

다이애나 윈 존스의 대부분의 작품들은 높은 권위에 대해 항복하는 개인들을 강조하며, 아마도 이것은 『The Homeward Bounders』(1981)에 잘 나타난다. 이런 맥락에서 『A Tale of Time City』의 마지막은 좌절감을 느끼게 한다. 비비안은 독재정권의 희생자이다. 그리고 그녀는 억압에 대항하기 위한 강력한 인센티브를 갖고 있다. 비비안이 시간과 맺고 있는 정서적 유대감은 중요하다. 시간과 역사 속에서 우리는 존재하기 때문에, 독자로서 우리는 그녀의 고충을 이해할 수 있다.

만약 독재정부가 파괴될 수 있다면, 추측하건데 다시 재건될 수도 있는 것이다. 실제로 시간도시는 그러하다. 독재정권의 붕괴라는 외견상으로 만족스러운 이 소설의 결말은 많은 문학작품들이 그러하듯이 경고의 메시지를 전달한다. 비비안은 권위에 도전하는 것으로 그려졌으나, 그녀의 반란 목적은 독재정부의 재건을 보호하기 위한 것으로 보인다.

어린이 편에 서기

『삐삐 롱스타킹_Pippi Long Stocking』(1945)은 아동문학에 있어서 어린이의 권리를 신장시킨 가장 설득력이 있는 작품 중의 하나다. 그러나 삐삐는 권력을 바라지도 않으며, 힘을 얻기 위해 싸우지도 않는다. 처음부터 삐삐는 평범한 아이들이 통상 소유하지 못한 것들, 가령 힘과 부, 자신감, 독립심을 갖고 있다. 그리고 삐삐는 이를 이용하여 사회 제도에 도전하고 자신을 받아들이지 못하는 사람들에게 대항한다.

삐삐 시리즈물에서, 성인들은 언제나 위선적이며 터무니 없고 우스꽝스러운 인물로 그려진다. 예를 들어, 토미와 아니카의 부모, 로라 이모 같은 친척, 조악한 커피 파티에 오는 아가씨, 학교 선생님, 경찰관, 소방관, 서커스단과 극장 사람들, 삐삐의 집을 사려는 친절한 신사와 그 중에서도 악명 높은 로젠블롬 아가씨가 여기에 해당된다. 작가는 그들이 존경스러운 시민이든 범죄자든, 남자든 여자든 가리지 않고 가차 없이 비판한다. 이는 성인이 아동보다 지적인 면에서, 그 외의 다른 부분에서 더욱 열등하다는 메시지를 전달하는 것이며, 그리하여 성인기는 결코 어린이들이 기대할 만한 그런 시기가 아님을 보여준다. 많은 비평가들은 삐삐 이야기에서 불쾌하고 다소 거슬리는 부분들을 찾느라, 이러한 복잡한 이슈를 발견하지 못했다.

『삐삐 롱스타킹』에서 Astrid Lindgren이 어린이의 편에 서고 있다는 것은 여러 번 지적해 온 바이다. 사실, 어린이의 편에 서서 침묵하는 어린이를 대신해 목소리를 낸다는 것은 어린이를 위해 글을 쓰는 작가 자신의 독특한 위치를 강조하는 것이다. 그러나 백인 작가가 흑인의 편을 들거나 남성 작가가 여성의 편에 설수 없는 것처럼, 성인 작가 역시 전적으로 '아이의 편에 설' 수는 없다.

삐삐는 자신의 방식으로 성인의 힘과 성인의 규준을 심문한다. 그러나 삐삐는 성인의 힘을 전복하기 위해 투쟁하지 않으며, 단지 놀려대며 비웃을 뿐이다. 책의 마지막 부분에는 작은 도시의 사람들이 삐삐가 나타나자 경찰관이나 소방관이 더 이상 필요하지 않다고 말하면서 삐삐에게 힘을 실어준다. 삐삐는 행복하게 이러한 환영에 반응하지만, 삐삐는 놀기를 좋아하는 피터 팬처럼 영원히 어린이다.

삐삐 시리즈에는 서커스, 극장, 식인종 섬에서의 타임아웃, 그리고 실제 라블레식의 폭음 등을 포함하여 표면적으로 카니발레스크 요소들이 가득하다. 그러나 카니발 대상으로서 삐삐는 언뜻 보아서는 예외로 느껴진다. 삐삐는 초반부터 힘을 얻지도 않았으며, 마지막에 힘을 빼앗기지도 않는다. 삐삐는 평범한 보통의 어린이는 상상할 수도 없는 존재이다. 삐삐는 순종해야만 하는 부모도 없고, 삐삐를 통제하려는 다른 어른들에게 순종하지도 않는다. 그렇다면 삐삐는 카니발이 영구적이라는 것을 의미하는 것인가?

『삐삐 롱스타킹』의 카니발레스크적인 속성은 삐삐 자신이 카니발에 의해 영향을 받지 않는다는 것이 아니라 두 명의 평범한 어린이인 토미와 아니카의 삶과 태도를 통해 독자에게 영향을 미치는 그 자체가 카니발이라는 점이다. 독자뿐만 아니라 토미와 아니카는 삐삐가 단 하나 뿐인 독특한 사람이며, 결코 삐삐처럼 될 수 없다는 것을 안다. 그리고 그들은 세상에서 가장 힘 센 사람이 아니고 부자도 아니며 힘도 갖고 있지 않다. 토미와 아니카는 삐삐에 의해서 약 2년간(추측하건데 중요한 인격 형성기) 일시적으로 카니발 요소에 노출된 것이다. 그렇다면, 삐삐는 영원한 카니발이 아니라는 것인가? 필자는 이를 소설의 마지막을 영원한 아동기로 돌아가고픈 향수보다는 성숙의 필요성을 확신하는 것으로 해석하고 싶다.

삐삐와는 달리, 토미와 아니카는 성장해야만 한다. 그래서 어린 독자들은-그리고 그들이 그런 것처럼, 또 전 세계의 몇 세대의 독자들이 그런 것처럼-삐삐를 열광한다. 그러나 Astrid Lindgren의 모든 책에서 그런 것처럼, 성장한다는 것은 아동문학의 중심 테마이다. 그녀의 책들은 모두 아동기에서 성인기로의 이행에서의 정신적 충격을 상이한 수준으로 보여 준다. 주인공은 모든 것을 가졌지만 아직 성숙하지 못했으며, 그들이 할 수 있는 것은 그저 놀기, 흉내내기, 용기나 친절을 실험해 보는 것이다. 주인공들은 여전히 성장 발달 중이다. 아마도 이것은 Astrid Lindgren만이 아는 비밀이다. 또한 이것은 성인독자가 된 이후에도 그녀의 책을 다시 읽게끔 만드는 그녀만의 매력이다. 어린 아이들이 그러했듯이 우리 역시 책 속에서 실현되지 않는 것들에 대한 많은 가능성을 찾기 때문이다.

삐삐와 함께, Lindgren의 『지붕 위의 카알손_Karlsson on the Roof』(1955) 역시 성인을 조롱하는 책이라 할 수 있다. 표면적으로는, 미지(스웨덴판에는 릴레브로르임)는 행복하고 소박한 유년기를 보내고 있다. 미지는 배고픔도 두려움도 알지 못한다. 미지는 부모와 함께 살고 있으며, 위로 두 명의 형제가 있다. 두 명의 형제는 미지를 괴롭히지만, 필요할 때는 도움을 주기도 한다. 미지의 엄마는 이상 세계에나 있을 법한 매우 완벽한 엄마로, 미지가 말썽을 피우거나 싸움을 벌인 후에는 따뜻한 코코아차와 신선한 계피빵으로 위로해 준다. 또한 엄마는 언제나 케이크를 오븐에 굽는다. 미지는 이를 아주 자연스러운 것으로 받아들인다. 즉, 미지는 엄마가 할 일은 케이크와 계피 빵이 부족하지 않도록 준비하는 것이라고 생각한다. 사람들은 이를 진부한 성 고정관념으로 인식할 수도 있지만, 그보다는 엄마의 역할을 바라보는 어린이의 시각으로 볼 수 있다.

그러나 미지의 안락한 삶에 몇 가지 빠진 것이 있다. 미지는 개 한 마리를 갖는 것이 소원이다. 물론 이것은 Astrid Lindgren의 작품에서 자주 등장하는 모티브다. 예를 들어, 개는 '가장 사랑받는 동생' 에서, 성인의 관심 부족에 대한 보상이

된다. 개를 기다리는, 외롭고 자기 중심적인 아이 미지는 자신을 또 다른 동반자로 여기며 스스로를 달랜다. 미지는 바르고, 행동이 단정하며, 순종적인 아이이다. 어떤 경우에도 버릇없이 굴지 않는다. 미지는 완벽히 사회화된 인간으로, 말하자면 성인이 어린이에게 맞춰놓은 규준에 잘 적응된 아이이다. 이러한 규준에는 무엇을 먹어야 하며 언제, 얼마나 먹어야 하는지와 관련된 식습관 행동도 포함된다. 억눌려 있는 욕구에 보상하기 위해, 미지는 마법의 대상을 만들어 내고, 단것에 대한 만족할 줄 모르는 욕망을 '그런대로 통통한 한창 나이의 남자' 로 바꾸어 버린다. 카알손의 초상은 확실히 Bakhtin의 기괴한 신체에 대한 개념과 일치한다.

그래서 카알손은 식욕을 조절할 수 없는 아주 어린 아이를 상징한다. 외형적으로 카알손이 성인 남자로 보이지만(카알손은 성인의 우월한 위치를 바라보는 어린이의 이미지에 의해서 형성된 것임), 성인 남자와 달리 성적 관심도 없다. 대신 카알손은 어린 아이들처럼 유일하게 입을 통해 만족을 얻는다. 음식은 카알손에게 있어서 중요한 힘의 근원이다. 가령 카알손은 단 음식이나 빵, 고기 완자를 먹기 위해 반복적으로 미지를 속인다. 또한 식탁 예절이 전혀 없는 카알손은 오히려 다른 사람들을 폭식가로 비난한다. 이 책의 한 에피소드에서, 카알손은 아픈척하고 미지에게 케이크와 쿠키, 초콜릿과 사탕으로 자신을 위로해달라고 한다. 그리고 미지는 카알손을 위해 자신의 돼지저금통을 턴다. 미지가 카알손의 모든 부당한 요구를 따른다는 사실은 성인 규율에 문제를 제기하는 소년을 투영시켜 보여준다고 해석해 볼 수 있다. 미지는 마치 미지의 엄마가 자신의 응석을 받아주기를 바라는 방식으로 카알손의 응석을 받아준다.

카알손은 또 다른 의미에서 미지의 반영이고 거울이다. 작가가 미지 앞에 놓아둔 거울은 Bakhtin의 카니발레스크 거울이다. 미지는 곧 카알손을 통해 자신의 결점을 보는 것을 배우며, 그의 욕망에 아이러니를 느낀다. 이것은 미지가 결국은 그 자신의 문제를 극복한다는 것을 의미하며 또한 자신의 어머니의 케이크와 빵에 의존하는 것을 극복한다는 것을 의미한다. 첫 번째 책의 마지막에서, 부모가 카알손이 사실이라는 것을 받아들여야만 할 때, 미지는 그의 첫 번째 전쟁인 성인의 헤게모니(지배권)에 맞서 승리한다. 성인들은 어린이에게도 존재하는 평등한 권리를 인정해야만 한다.

명백하게 카알손은 삐삐와 반대된다. 다시 말해, 삐삐는 주는 것을 좋아하고, 카알손은 갖는 것을 좋아한다. 그러나 이 책에서는 어린이와 그들의 초자연적인 친구와의 관계에 또 다른 중요한 차이가 존재한다. 즉, 삐삐는 상상의 친구가 아니며, 어린이의 대리욕구에 의해 탄생된 것이 아니라는 것이다. 카알손은 성인 남자인 척 하는 열등한 아이이며, 삐삐는 아이인 척 하는 우월한 성인이다. 장난스럽게 미스 보크를 위협하는 카알손을 보면서, 미지는 자신도 똑같이 성인에게 무례하게 행동하는 섬뜩한 생각을 시험해 본다. 이 책에서 미스 보크는 사악한 새엄마[3]다. 새엄마는 단순히 아이를 무시하는 것이 아니라 아이를 학대한다. 미지에게 계피 빵을 주기보다는 자신이 먹으려 하고, 미지를 미지의 방에 가두어 버린다. 미스 보크는 공공연하게 자신이 어린이를 싫어한다는 것을 인정한다. 그러나 카알손은 미스 보크에게 겁을 내지 않는다. 이 호전적인 여성에 대한 카알손의 승리는 또한 성인의 규율에 대한 미지의 성공이라 할 수 있다.

일상의 카니발

John Stephens는 판타지 소설에서만 독점적으로 카니발에 대한 개념 혹은 타임아웃(time-out)을 설명한다(Stephens, 1992; 120-157). 판타지 소설 속에서 어린이가 다양한 방식으로 힘을 부여받을지라도, 카니발은 분명히 판타지 소설만큼이나 리얼리스틱 이야기에도 관련이 있다. 아동문학에 등장하는 영웅들처럼, Mark Twain의 『톰 소여의 모험_The Adventures of Tom Sawyer』(1876)의 주인공 톰 소여가 고아라는 사실은 행운이라 볼 수 있으며(미메시스 시점에서 말하자면 거의 신성 모독이지만, 카니발에서는 필요한 조건임), 그러한 이유로 무제한의 자유를 갖게 된다. 이 책의 등장인물인 톰과 허크는 금화를 찾아내어 부자가 되고 높은 사회적 지위를 얻게 된다. 그러나 허크가 자발적으로 이것을 거부한 사실은 또 다른 의문으로 남는다.

Louis Sachar의 『구덩이_Holes』(1998)는 보물찾기를 주제로 한 현대적인 작품으로, 사회의 단상을 거침없이 그려냈을 뿐만 아니라 양면적인 힘의 구조를 잘 반영한

3) 아픈 엄마를 대신해 미지와 집안일을 봐주는 가정부로, 한국어 번역판에는 염소 아줌마로 제시되어 있다.

작품이다. 이 책에서 12살의 스탠리 옐내츠는 자신이 저지르지도 않은 범죄 때문에 소년원(labor camp)[4]에 가게 된다. 그 곳에서 스탠리는 자유와 기본적인 인권마저 박탈당한다. 스탠리는 혜택받지 못한 환경에서 태어났다. 스탠리의 아버지는 운이 따르지 않는 실패한 발명가이며, 어머니는 허약하고 정신없는 주부이다. 비만아인 스탠리는 친구도 없고 학교에서도 왕따를 당하는, 다시 말해 스탠리는 시작부터 굉장한 약자라 할 수 있다. 화자는 소년원에서 이루어지는 강제노동에 대해 매우 아이러니한 자세를 보인다. 예를 들어, 화자는 다음과 같이 이야기한다.

●●● 『구덩이』 ; 5

"못된 아이들을 데려다가 매일 뙤약볕 아래서 구덩이를 파게 하면 착한 아이들이 될 것이다. 이게 바로 몇몇 사람들의 생각이었다."

그러나 실제로 스탠리는 강제 노동에 의해 혜택을 받게 된다. 즉, 스탠리의 몸은 예전보다 더욱 좋아지고, 예전에는 꿈도 꿀 수 없었던 친구들도 생기게 된다. 진부한 표현으로 말하자면, 스탠리는 노동을 통해 자신의 정체성을 찾는다. 냉혹하게 이야기하자면, 스탠리의 감금생활은 상황을 보다 좋게 만든 것이다.

소년원은 그 자체가 사회 권력 구조를 아주 설득력 있게 보여주는 작은 미니어처라 할 수 있다. 이곳에서 와든 소장은 절대적인 힘을 가지고 있으며, 소장은 소년들에게 무의미한 노동을 강요한다. 물론 이 노동은 소장 자신의 영리적 목적을 위한 것임이 밝혀진다. 소장 바로 밑에 있는 상담 선생님 역시 소년들에게 무제한으로 권력을 행세한다. 그들은 자기 마음대로 소년들에게 상이나 벌을 줄 수 있으며, 소년들이 좋아할 만한 음식과 마실 것, 그 외의 일상용품을 주지 않을 수도 있다. 소년들 사이에서도 권력 관계가 성립되며 변화해 간다. 즉, 착취하는 사람들이 착취를 당할 수도 있다. 그 한 가지 예로, 스탠리는 또 다른 소년 제로에게 읽기를 가르친다. 글자를 읽고 쓴다는 것은 스탠리가 보유한 또 다른 힘의 요소이다. 그 대신, 스탠리는 제로로 하여금 자기 대신 구멍을 파게 만든다. 한편, 소년들 중의 우두머리인 엑스레이는 권위라는 단순한 힘으로 다른 소년들을 자신을

4) 이 소설에서 주인공 스탠리는 유명한 야구선수의 신발을 훔쳤다는 누명을 쓰고, 그 벌로 사막 한가운데 있는 소년원으로 가게 된다. '초록 호수 캠프' 라는 이름의 소년원은 매일 소년들에게 구덩이를 파도록 강제 노동을 시킨다.

위해 일하게끔 만든다. 소장은 자신의 목적을 위해, 권력과 소유의 재생산을 부추기며 입소한 소년들 간에 경쟁심과 원한 관계를 만들어낸다.

독자들은 병행(parallel) 구조의 플롯을 따라가면서, 자신의 꿈을 위해 미국으로 건너온 가난한 유대 인 소년, 즉 스탠리의 증조할아버지의 운명을 알게 된다. 그리고 스탠리는 한때 증조할아버지가 여자 강도에게 돈을 빼앗긴 바로 그 장소에 있게 된다. 그리하여 스탠리는 결국 자신의 증조할아버지가 소유했던 보물과 몇 가지 중요한 서류들을 찾게 된다. 그리고 스탠리 가족은 좋은 변호사를 고용하여 캘리포니아에 부유한 집도 사게 되고 행복하게 살게 된다. 만약 독자들이 이 소설을 현실을 그대로 보여 주는 것으로 읽는다면, 주인공의 이러한 신분 상승은 받아들이기 어려울 것이다. 그러나 독자가 이 소설을 상징적 의미로, 카니발레스크의 수준으로 읽는다면, 이 소설은 사회적 명성과 부귀와 같은 성인이 중시하는 가치의 우월성을 보여주는 것이다. 이 소설은 아동이 응당히 누려야 하는 권리라는 의미에서 아동에게 힘을 실어주기보다, 아동을 현존하는 성인 세계의 규준과 질서에 통합시킨다.

비판타지(non-fantastic)문학에 있어서, 가출은 또 다른 카니발레스크 전략이다. 가출은 『톰 소여의 모험』에서는 시험적이고 순수하기까지 한 장난이지만, 『허클베리 핀의 모험_The Adventures of Huckleberry Finn』(1884)에서는 생사의 문제로 보다 확장된다. 톰은 향수병과 섬에서 지내는 것이 무서웠기 때문에, 톰의 카니발은 결국 실패한다. 톰은 어린아이이기 때문에 가족, 학교와 사회에 도전하기에 아직 준비가 되지 않았다. 반대로 갑작스럽게 부자가 된 허크는 스스로 부를 거부하면서, 사회와 부모의 권위에 도전하기도 한다. 소설은 중심 갈등 부분에서 힘에 관해 중요한 질문을 던진다. 짐은 도망친 흑인 노예이기 때문에 허크보다 열등하다. 그리고 허크는 이 사실을 잘 알고, 짐을 구해주려고 한다. 동시에, 짐은 연령이나 경험, 또한 순종과 화해적 측면에서 볼 때 허크보다 우월하다. 허크는 이를 인정하고 그의 도덕적 선택을 따른다. 톰과는 다르게, 허크는 안전한 집으로 돌아가지 않으며, 그의 카니발은 실로 중대한 전기로 변화한다. 허크의 새로운 승리는 결코 노예제도를 표준 제도로 보게 하지 않으며, 그를 적어도 윤리적으로 성인보다는 우월하게 만든다.

아동용 미스터리 소설에서, 어린 영웅들은 성인보다 영특하여 성인보다 먼저 정확한 시간에, 바로 그 장소에 나타난다. 아동용 미스터리 소설은 주인공으로 하여금 실제 탐정들이 실패한 일을 성공적으로 해결하도록 함으로써 힘을 부여한다. 초자연적 대상이나 특성이 나타나지 않아도, 미스터리 소설은 요정 이야기와 마찬가지로 현실적이지 않으며, 어린 영웅들 역시 평범하지 않다. 실로, 어린 영웅들은 모든 방면에서 뛰어나다. 자동차를 운전하고 비행기를 조종하며, 명석한 두뇌와 놀라운 직감력, 관찰력을 갖고 있다. 또한 화학분석 능력을 갖추고 있으며, 모호한 기계장치를 다룰 수 있고, 지도나 나침반 없이 방향과 위치를 찾아내며, 매우 위험한 상황에서도 안전하게 빠져나온다.

다소 천대받는 장르라 할 수 있는, 조랑말 이야기들(pony stories)은 놀랍게도 파괴적인 잠재력을 갖고 있다. 전통적으로 상냥함과 감성을 여성성이라 보았던 시대와는 다르게, 마구간은 여성에 대한 성적 고정관념을 반박하는, 예컨대 강하고 진취적이며 독립적인 소녀들에게 모든 것이 허용되는 완벽한 카니발레스크 상황을 만들어낸다. 조랑말 책들의 카니발 본성은 젊은 여성 독자들 사이에서 그 인기를 설명해준다. 그렇지만, 미스터리 소설과 조랑말에 관한 책을 읽는 독자들이 주인공처럼 힘을 부여받았는지는 의문이다. 낸시 드류는 슈퍼걸이며, 현실적인 시각에서 보자면 대부분의 독자들은 아마도 낸시 드류가 믿음직한 캐릭터가 아니라는 것을 깨달을 것이다. 조랑말 작품에 등장하는 여자 주인공은 현존 세계와 가깝지만, 왜 그녀는 항상 경쟁에서 이기고 사나운 동물을 잘 길들이며, 부유한 친척으로부터 기대하지 않았던 선물을 받음으로써 명성을 유지할 수 있는 것인가? 뜻밖의 행운이라는 내러티브는 타당해 보이지 않는다. 그러나 보다 중요한 것은, 뜻밖의 행운이라는 것은 그 나름대로 강력한 역할을 한다.

또한, 현대 심리소설에서 어린이와 청소년들은 성인보다 더 현명하고, 감정이입이 뛰어나며 더 영특하게 그려진다. 그러나 성인이 정한 규칙은 어린이가 성인보다 우월할 때조차 유효하며, 성인은 아동에게 무자비한 복수를 감행한다. 책 여기저기에서 독자들은 성인 규범(adult normativity)에 보내는 작가의 찬사를 보게 된다. 그러나 예외(엄밀히 말해 현실적이지는 않음)도 있다. 예를 들어, 이탈리아 작가 Silvana Gandolfi가 쓴 『Aldabra, or the Tortoise Who Loved Shakespeare』(2001)는 매일의 일상과 판타지 혹은 상상세계 간의 미묘한 경계에서 라틴 아메리카의 마술적 사실주의의 전형을 보여 준다. 이 소설의 제목에는 문학적 암시가 있다. 사실 제목은 등장인물의 성격묘사의 수단으로 사용되었다. 제목은 독자에게 양면적인 기대감을 갖게 한다. 왜냐하면 독자는 통상 거북이를 교양서와 연결시키지 않기 때문이다. 적어도, 제목은 코믹하다. 그러나 보다 중요한 것은 플롯이 형태변화의 원형적 패턴과 어떻게 연관되어 있는지, 나아가 Kafka의 『변신_Metamorphosis』의 텍스트 간의 문학적 상호연관성과 어떻게 플롯이 연결되어 있는가이다. 『Aldabra, or the Tortoise Who Loved Shakespeare』의 주인공이자 화자인 엘리사는 현대 아동문학에 등장하는, 정서적으로 버림받은 또 한명의 아이이다. 엘리사는 어느 날 할머니가 조금씩 변화하고 있음을 알게 된다. 실제로 할머니는 일상 습관이 달라지고, 몸이 변형되어 간다. 즉, 할머니는 엉금엉금 기어다니고, 양배추를 날로 먹으며 등에는 껍질이 자라나고 결국에는 말하는 능력도 사라진다. 그러던 어느 날, 엘리사는 할머니가 코끼리 거북으로 변화하고 있음을 깨닫는다. 변형은 매우 사실적인 방식으로 다루어진다. 그러나 엘리사에게 있어서, 그것은 자신의 불안함을 극복한다는 의미뿐만 아니라 성인의 세상보다 우월함을 느낀다는 것을 말한다. 당연히, 엘리사의 어머니는 할머니의 변화에 대한 엘리사의 이야기를 믿지 않는다. 그러나 할머니와 비밀을 공유하고 할머니를 돌봐드리는 것은 엘리사의 삶에 의미를 던져준다. 이 책에서 할머니는 신화에 나올법한 현명한 노파로 그려지는데, 보통 그런 여성은 변신술을 갖고 있을 뿐만 아니라 인간의 한계를 넘나드는 기술을 가진 것으로 알려져 있다. 이 책에서 할머니라는 대상은 중요한 비중을 차지하고, 독자로 하여금 피상적인 읽기에서 벗어나 새로운 해석을 가능하게 한다. 다양한 종에 대한 정보를 수집하면서 엘리사는 거북이가 아주 오랜 기간을 살아간다는 것을 알게 된다. 은유적으로, 할머니의 변신은 할머니의 절박한 죽음과 소녀간의 화해로 해석해 볼 수 있다.

Guss Kuijer의 『The Book of Everything』(2005)에 등장하는 주인공의 아버지는 부인과 자녀에게 엄격한 규칙을 부과할 뿐만 아니라 그들에게 폭력을 행사하는 소름끼칠 만큼 무서운 폭군이다. 아홉 살의 토마스는 끔찍하게 아버지를 무서워하면서도, 점차적으로 그의 권위에 의심을 품는다. 그리고 성인과 다른 아이들의 도움을 받아서 결국 아버지를 철저하게 무릎꿇게 만든다. 의미 심장하게도, 이 소설에는

『Aldabra, or the Tortoise Who Loved Shakespeare』에서 현명한 여인의 역할을 보여준 할머니와 유사한 여인이 등장한다. 그녀는 사실 마녀로 보이지만, 그녀가 토마스의 아버지에게 보낸 일곱 개의 저주가 실제 마법인지, 우연의 일치인지에 대해서는 등장인물과 독자들 모두 스스로 추론해야만 한다. 토마스는 삐삐와는 달리 세상에서 가장 힘 센 소년도 아니다. 그러나 토마스는 보이지 않는 것을 보는 특별한 재능을 갖고 있다. 말하자면 놀라운 상상력을 갖고 있다. 또한 토마스는 책을 읽으면서 힘을 얻고 영감을 찾는다. 『The Book of Everything』에서는 세 권의 아동 도서와 비아동 도서가 언급된다. 비아동 도서는 바로 성경으로, 아버지는 이 책이 유일하게 진실된 책이며, 학교에서 배우게 되는 책들은 모두 거짓이라 하였다. 이웃집 마녀가 토마스에게 읽어보라고 준 아동용 책은 Erich Kästner의 『에밀과 탐정들_Emil and the Detectives』과 Hector Malot의 『집 없는 아이_Sans Famille』이다. 작가와 성인 캐릭터 어느 누구도 선택에 대해 평할 수 없지만, 주인공인 토마스는 왜 자신이 이러한 책을 받게 되었는지를 곰곰이 생각하게 된다. 그리고 토마스는 두 권의 책이 모두 외로운 아이에 관한 책이며, 이 아이들이 자신의 힘으로 역경을 헤쳐 나가는 내용을 담은 책이라는 것을 깨닫게 된다. 그리고 이 책은 토마스로 하여금 두려움에서 벗어나도록 용기를 준다. 세 번째 책은 네덜란드 아동문학의 대모인 Annie M. G. Schmidt가 지은 『난센스 운문 모음집』이다. 이 책은 아버지가 암송한 지루한 성경과 비교해 볼 때, 내러티브가 갖는 그 자체의 역할에서 벗어나 오로지 재미를 위한 읽기를 선사한다. Kuijer는 유능한 어린이를 등장시켜, 어린 아이의 도덕적이고 지적인 힘이 성인의 물리적 우월함을 극복하고 이겨낸다는 것을 그려낸다. 나중에 어떤 사람이 되기를 원하는지에 대한 물음에, 토마스는 단지 자신이 행복하기를 원한다고 말한다. 어떤 점에 있어서, 이것은 『삐삐 롱스타킹』의 행복한 결말에 대한 적절한 응답이다.

CHAPTER

04

어린이의 타자화 : 조지 맥도널드의 동화

- 주인공 어린이
- 화자와 등장인물
- 성

CHAPTER

04 어린이의 타자화 : 조지 맥도널드의 동화

나는 서문과 앞장에서, 작가가 환상문학 양식을 사용함으로써 어떻게 창작물 속의 어린이들에게 힘을 부여하거나 빼앗을 수 있는지에 관하여 논하였다. 이미 말했듯이, 『이상한 나라의 앨리스_Alice in Wonderland』는 어린이가 협박이나 창피를 당하는 텍스트 중 하나이다. George MacDonald는 Lewis Carroll과 동시대인이자 친구였고, 표면상 어린 독자들을 대상으로 하는 그들의 작품은 여러 공통점을 갖고 있는데, 특히 권력의 자리를 다루는 면에서 그러하다. 이 장에서는 MacDonald의 텍스트에서 '타자성(alterity)'의 여러 전략들을 살펴보고, 그것의 시너지 효과가 우리의 인식에 어떠한 영향을 미치는지 논하고자 한다.

환상문학 양식의 사용에 대한 MacDonald의 주장에서 가장 중요한 논지는 동화와 환상문학은 음악처럼 형식이 의미보다 더 중요하다는 것이다(MacDonald, 1984). 따라서 양식(mode)과 장르에 대한 MacDonald의 선택은 의도적이고 신중히 이루어진 것이며, 창작된 등장인물의 경험을 청중과 내포 독자들(어린이나 성인)의 경험으로부터 아주 동떨어지게 만드는 것을 목표로 하는 하나의 전략인 것이다.

MacDonald의 성인 환상문학 소설 『판타스테스_Phantastes』(1858)와 『릴리스_Lilith』(1895)에는 두 개의 세계가 등장하는데, 주인공과 화자의 '진짜' 허구 세계와 그들이 다양한 방식으로 들어가는 꿈의 세계 혹은 요정의 세계가 바로 그것이다. 비모방적 글쓰기(nonmimetic writing)에 대한 Tzvetan Todorov(1973)의 분류에서 MacDonald의 성인 환상문학은 묘사된 사건이 실제로 일어났는지 아니면 등장인물의 상상이나 꿈이나 환각 혹은 악몽인지를 어떤 등장인물이나 독자도 확실시할 수 없기 때문에 순수 환상 범주 안에 들어갈 것이다. 종종 '꿈 로맨스(Dream romance)' 라고 불려온 환상문학과 그것의 사건, 이미지는 우화적으로(Prickett, 1979), 혹은 정신분석학적으로(Jackson, 1981) 다루어져 왔다.

표면상 아동을 수신자로 하여 쓰여진 대부분의 동화들은, Todorov의 식으로 말하자면 놀라울 정도로, 덜 모호하다. 중심 인물이 공주가 되자마자, 분리된 동화 크로노토프(chronotope)가 환기된다. 『가벼운 공주_The Light Princess』는 전형적인 동화 토포스(topos)인 "옛날 옛날에"와 청자가 공유할 것이라 여겨지는 전통적인 방식인 "상상의 왕국"으로 시작된다. 이 이야기의 원 문맥인 성인 소설 『Adela Cathcart』(1862)는 화자와 청자가 서로 소통하게 하며, 청자가 이야기의 신뢰성에 대해 언급하기도 한다. 따라서 배경은 확실히 청자의 경험에서 지워진다. 이와 유사하게 『The Giant's Heart』는 이렇게 시작한다.

●●● 『The Giant's Heart』 ; 81
옛날에 거인 나라의 국경지대에 한 거인이 살았습니다…….

시간과 공간 그리고 초자연적인 등장인물은 Mikhail Bakhtin(1981c, 149ff)이 민담의 크로노토프로 기술했던 것과 유사한 거리감을 자아낸다. 『Cross Purposes』에는 실제 세계와 마법의 세계 사이에 횡단할 수 있는 경계선이 존재한다. 하지만 배경은 다시금 청자로부터 분리된다.

●●● 『Cross Purposes』 ; 103
옛날 옛날에 요정나라 여왕이 백성들을 찾고 있었어요. 너무나 말을 잘 들어 자기에게 즐거움을 줄 백성들을 말이죠. 그러다 문득 여왕은 자기 궁정에 한두 명의 사람들을 데려다 놓고 싶었어요.

두 이야기 모두 마법의 나라에서 이야기가 시작되는데, 평범한 아이들이 마법의 나라로 오게 된다. 『The Giant's Heart』에서 트릭시-위는 잘 알려진 민담 모티프 중 하나인 '잃어버린 오빠를 찾으러' 거인나라에 그냥 걸어서 들어간다. 경계선의 교차

점은 사람이 만든 사물들의 크기 변화에 의해서만 표시될 뿐이다. 거인의 골무는 트릭시에게는 양동이만큼 큰데, 이것은 『걸리버 여행기_Gulliver's Travels』를 상기시키고 또, 『이상한 나라의 앨리스』를 떠올리게 한다.

『Cross Purposes』에서 화자는 "요정나라가 시작되고 끝나는 곳에는 인간도 요정도 없다고 할 수 있다. 하지만 요정나라 경계선 어딘가에는 멋진 시골 마을이 있었다."(104)라고 말한다. 사람들을 요정나라로 데려오기 위해서는 메신저나 마법의 대리인이 필요한데, 두 주인공을 위한 통로는 물을 지나는 것이다. 이것은 아마도 Charles Kingsley의 『물의 아이들_Water Babies』(1863)에 대한 암시일 것이며, 더욱 그럴듯한 원형 이미지이다. 요정나라의 시간의 원리는 요정나라에서의 모험이 본래 시간을 조금도 쓰지 않는다는 것으로서, Edith Nesbit에서 시작하여 많은 20세기 환상문학 작가들에게 도입되었다.

●●● 『이상한 나라의 앨리스』 ; 119
…… 앨리스는 거꾸로 달려서 누군가 눈치 채기 전에 자기 방으로 돌아왔습니다.

이것은 그녀와 리차드가 요정나라에서 성장했다고 말한 조금 전의 언급과 전혀 일관되지 못한 것이다. 하지만 이것은 영적이고 정신적인 성장으로 은유적으로 해석될 수 있다. 한편, 시간의 양식은 민담에서와 반대이다. 남자 주인공은 3일, 혹은 7일을 요정들과 보냈을 뿐인데, 자기가 살던 세계에서는 수천 년이 지났음을 발견하게 된다. 『북풍의 등에서_At the Back of the North Wind』(1871)에서 다이아몬드는 북풍의 뒤편에서 "백 년쯤 있었다고"(104)[1] 느꼈지만 실제 세계에서는 딱 7일이 지났다. 요정나라가 공간적인 차원뿐만 아니라 고유의 시간을 가지고 있음을 제안함으로써 텍스트는 거리감을 더해주게 된다.

『황금 열쇠_The Golden Key』는 다른 단편 동화들과 약간 다르다. 왜냐하면 내러티브에 대해 명백하게 거리두기를 하지 않고, 반대로 아주 흔한 것으로 만들기 때문이다.

1) 정회성 역(2007) 『북풍의 등에서』를 참조하였다. 쪽 번호는 원문의 것이다.

●●● 『황금 열쇠』[2] ; 120

한 소년이 살았답니다. 어느 날 해 질 무렵 소년은 고모할머니 곁에 앉아 이야기를 듣고 있었어요.

하지만 '해 질 무렵'은 한여름이나 한겨울, 하지, 동지처럼 다른 유사한 토포스들과 같이 경계에 놓여 있는 상태를 말한다. 경계에 놓여 있는 상태(liminality)라는 것은 MacDonald의 다른 동화에서도 찾아볼 수 있듯이 배경에 대한 정확한 언급으로 바로 확인된다.

●●● 『황금 열쇠』 ; 120

소년과 고모는 요정 나라 국경 지대에 살았으니까요.

두 세계 사이에는 어떤 표시도 없는 것처럼 보이지만 요정나라와 소년이 사는 실제 세계는 구분된다. 왜냐하면 요정나라에서는 사물들이 다른 방식으로 작동하기 때문인데, 예를 들어, 요정나라의 무지개는 확실히 좀더 고체에 가깝다. 『Cross Purposes』와는 달리, 이 동화는 전통적인 시간 양식을 충실히 따르고 있다. 헝클이는 집에서 나온 지 얼마 되지 않았다고 느꼈지만 원래 시간으로는 3년이 지났으며, 요정나라를 헤매고 다니는 동안 헝클이와 이끼는 바다의 노인이 알려준 욕조에서만 다시 젊어졌을 뿐, 둘 다 성장하고 나이가 든다. 성장하고 나이가 드는 것은 되돌릴 수 있는 과정으로 나타난다. 혹은 마법의 욕조가 죽음과 거듭남의 의식으로 보여질 수도 있다. 또한 이 이야기는 유일하게 선형적인 플롯의 동화이다. 자기가 살던 세계로 되돌아오는 대신에 등장인물들은 그림자들이 오는 나라로 계속해서 나아가며, 화자는 이렇게 덧붙인다.

●●● 『황금 열쇠』 ; 144

아마 지금쯤 두 사람은 그곳에 도착했을 거예요.

『북풍의 등에서』는 확실히 MacDonald의 동화들 중에서 가장 실재에 근거하고 있

2) 이수영 역(2006) 『황금 열쇠』를 참조하였다. 쪽 번호는 원문의 것이다.

다. 이것은 북풍과 관련된 에피소드를 제외하고는 빈곤이나 사회의 부당성에 대한 이야기로 가득 찬 Dickens 식의 사실주의 동화에 가깝다. 초자연적인 요소들로 인하여 어린 주인공이 자신이 경험한 자연에 대해서 진심으로 망설임을 느끼기 때문에 이것은 Todorov의 식으로 하자면 진정으로 환상문학에 가까운 것으로 여겨질 수 있다.

●●● 『북풍의 등에서』 ; 47

다이아몬드도 한낮에 그 모든 일을 돌이켜 보니 쉽게 믿어지지 않았다. 하지만 황혼녘이 되어 어둠이 몰려올 즈음이면 그런 의심이 말끔히 사라졌다. 적어도 북풍을 따라서 여행하고 돌아온 뒤 처음 며칠 동안은 그랬다.

여기에서 다시 한번 '황혼녘'은 환상적인 것이 믿을만한 것으로 되는 경계의 토포스가 된다. 화자는 다이아몬드의 경험이 진짜라는 것에 대하여 명시적으로든 암묵적으로든 어떤 의심도 표출하지 않는다. 하지만 다이아몬드를 제외하고는 그 누구도 북풍을 보거나 그녀의 목소리를 들을 수 없기 때문에 그 경험은-물론 창작(fictive) 토포스의 틀 안에서-객관적인 사실을 지니는 것 같지는 않다. 따라서 내러티브는 오히려 괴기(uncanny)의 범주에 속한다. 다이아몬드가 북풍과 함께 런던과 바다 위를 누렸던 첫 비행은 객관적이고 외부적인 관점에서 보았을 때 다이아몬드의 꿈이거나 어쩌면 단순 몽상에 지나지 않는다. 이것은 다음과 같이 북풍의 말을 통해 부연 설명된다.

●●● 『북풍의 등에서』 ; 53

"너는 일단 잠자리에 들렴. 그러기 전까지는 절대로 너를 데려갈 수 없어. 그게 아이들에 대한 규칙이야."

북풍의 뒤편으로 가는 다이아몬드의 여정은 고열로 인한 환각으로 해석될 수도 있다. 화자는 이렇게 말한다.

●●● 『북풍의 등에서』; 151

그런데 소녀에 이어 북풍의 뒤편에서 런던 거리로 내려온 날 밤에 일어난 일이 생생하게 떠올랐다. 그러나 그 모든 일이 어렸을 때 꾸었던 꿈 같았다. 단지 북풍의 뒤편에 다녀왔다는 것만은 확실했다. 매일 아침 잠에서 깨어날 때마다 그곳에 갔다 왔다는 사실을 깨닫곤 했기 때문이다.

망설임은 이야기의 결말에 이를 때까지 계속해서 이어진다. 다이아몬드가 북풍을 만난 지 오랜 시간이 흐르고 나서 다이아몬드는 다시 한번 의심하기 시작한다.

●●● 『북풍의 등에서』; 316

그런 느낌이 강해지자 그동안 자주 꾸었던, 특히 마음대로 공중을 떠다니던 소중한 꿈들 가운데 어느 한 꿈속에 자신이 있지 않나 하는 생각이 들기 시작했다.

중간에 삽입된 한편의 동화는 명백하게 등장인물의 실제 꿈(다이아몬드의 꿈과 내니의 꿈)이거나 하위 이야기(hypo-narrative)인 것으로 보인다.

『공주와 고블린_The Princess and the Goblin』(1872)에서 아이린 공주 또한 고조할머니와 마주치게 되면서 자연에 대하여 되풀이되는 의심을 갖는다.

●●● 『공주와 고블린』[3]; 32

꿈을 꾼 것이라는 유모의 말에 공주가 이따금씩 동의하기는 했지만.

●●● 『공주와 고블린』; 76

"그럼 모두 꿈이었나 보군요. 저는 지금까지 거기에 고조할머니가 계신다고 생각했어요. 확실하지는 않지만요. 아무래도 꿈이었나 봐요."

●●● 『공주와 고블린』; 81

"저는 지난번 고조할머니를 뵌 게 꿈인 줄 알았어요."

●●● 『공주와 고블린』; 95

그러면서도 자기가 꿈을 꾸었던 것은 아닌가 하고 의아해했다.

3) 정회성 역(2002) 『공주와 고블린』을 참조하였다. 쪽 번호는 원문의 것이다.

●●● 『공주와 고블린』; 100

공주는 자기가 찾는 할머니가 이 세상 어디에도 없는 허깨비일 것이라는 생각으로 잠시나마 두려움에 떨었다.

누구도 북풍을 볼 수 없었던 것과 같이, 아이린을 빼고는 아무도 할머니를 볼 수 없었기 때문에 아름다운 실잣는 노인을 아이린의 상상력의 산물로 해석하는 것은 자연스러우며, 따라서 이 이야기를 괴기(uncanny)로 분류할 수 있다(우리는 또한 그녀를 하나의 우화로 인식할 수도 있는데, Todorov의 관점에서 그 텍스트는 환상으로서 완전히 실격이다.). 하지만 속편인 『공주와 커디_The Princess and Curdie』(1883)에서 어린 광부에게도 역시 주관적인 경험 즉, 할머니(grand progenitrix)를 만나는 특권이 주어지며, 이것은 이야기가 '괴기' 보다 '경이로움' 에 좀더 가까워지게 만드는 객관성을 부여하는 방식이다.

어떤 경우든 양식을 선택하는 것은 '거리 두기(Estrangement)' 의 가장 중요한 방식이다. 왜냐하면 등장인물들에게는 항상 다른 세계의 경계를 초월할 수 있는 영예가 주어지기 때문이다.

주인공 어린이

내가 살펴보고 싶은 두 번째 전략은 어린이를 주인공으로 선택하는 경우이다. 동화는 일반적으로 어린이를 위한 것으로 분류되어 왔다. 동화 장르가(지금도 여전히 그러한 것처럼) 어린이 문학으로 그릇되게 연결되어 온 이래로 거의 그렇다. 그리고 『이상한 나라의 앨리스』와 비슷하게 그것들을 둘러싸고 일어나는 논쟁은 없다. 성인 환상문학에서는 성인 주인공이 사용되는 반면, 동화에서는 어린이가 주인공 역할을 한다. 이러한 점에서, MacDonald는 다른 많은 낭만주의 환상문학 작가들과 다르지 않다. 예를 들어, MacDonald가 모델로 삼은 독일인 E. T. A. Hoffmann은 『호두까기 인형_Nutcracker』의 작가인데, 그의 다른 모든 작품은 성인을 위한 것인 반면에, 이 작품은 명백하게 어린이를 대상으로 한 작품으로 간주된다. 수많은 러시아 로맨틱 작가들은 성인과 아동 둘 다를 위해 글을 썼다. 이 경우 플롯은 어느 정도 유사하다고 할 수 있는데, 대체로 하나의 모험이 특징적으로 나타나며 종종 신비롭고 기묘한 경험과 결합된다. 차이점이 있다면, 그다지 복잡한 차이가 나는 것은 아니고, 다만 성인 문학에서 특히 에로틱하다는 것이다. 이것은 『호두까기 인형』의 순수한 장난감 세계와 『모래 사나이_The Sandman』의 괴기스러운 자동인형 세계를 비교하는 것으로 충분할 것이다.

MacDonald 작품들 중에서, 특히 『릴리스』는 독특한 에로틱 서브톤을 갖는다. 이것은, 언제나 그랬듯 특정 이야기가 어린이를 위한 이야기로 인식되거나 판매되어 왔는지 아닌지 결정하는 데 있어서 문제가 될 수 있다. 왜냐하면 이러한 이야기들은 주인공이 어리거나 혹은 작가가 의도적이었든 아니었든 간에 어린 청중을 대상으로 하여 "나의 어린이 독자"와 같이 적합 연령의 주인공을 선택하기 때문이다. 어린이 주인공을 순수함의 상징으로 사용하는 것은 아동기와 상상력을 밀접하게 연관시키는 낭만주의 전통의 정수이다. 하지만 과연 MacDonald 역시, 『판타스테스』를 저술한 경험 이후, 꿈 이야기(내러티브)에서 불가피한 성적인 장면을 방지하거나 회피하기 위해서 어린이 주인공을 선택한 것이라고 할 수 있을까? 사실, 『가벼운 공주』에서 주인공은 열일곱 살로 결혼할 수 있는 나이이며, 아주 분명한 에로틱 장면이 이야기 속에 정말로 있다. 반면에 『판타스테스』에 나오는 아노도스는 스물 한 살이며, 『릴리스』의 배인 씨 역시 "옥스포드에서 막 공부를 마친" 것으로 나온다. 그러니까 차이가 그렇게 크지 않은 것이다.

『Cross Purposes』에서 어린이들의 나이는 언급되지 않았지만 그들은 서로 사랑에 빠지고, 성적인 장면이 직접적으로 더해진다. 그러고 나서 그들은 "요정나라에서 완전히 남자와 여자로 성장한 것처럼 보인다."(119)고 분명하게 언급된다. 이것은 Hans Christian Andersen의 『눈의 여왕_The Snow Queen』의 결말을 연상시킨다. 또한 『황금 열쇠』의 헝클이와 이끼는 이야기의 첫머리에서는 어린이들이었다. 헝클이는 집에서 출발할 때는 열 살이었지만, 요정나라의 오두막에 도착하는 사이에 열세 살이 된다. 이러한 변화는 헝클이가 이제 어린 소녀가 아니라 젊은 여인이 되었다는 점에서 특별히 의미가 있다. 이야기의 끝머리에서 주인공들은 점차 나이가 들었다가 다시 젊어지면서, 확실히 어른이 된다. 『공주와 고블린』에서 화자는 "이 이야기는 아이린 공주가 여덟 살 무렵부터 시작된다."(11)라고 말하는데, 곧바로 이어서 "하지만 공주는 매우 빠르게 성장했다."(12)고 덧붙인다. 커디는 노동 계층의 열두 살 소년인

데 거의 어른으로 간주된다. 다이아몬드가 몇 살인지에 대해서 분명히 나와 있지는 않지만, 화자는 교차로를 청소하며 생계를 유지하는 내니에 대하여 "소녀의 나이는 다이아몬드와 비슷했다. 다만 소녀는 먹고 살기 위해 일을 해야만 했고, 그러다 보니 또래 아이들보다 정신적으로 일찍 성숙했던 것이다."(45)라고 언급하고 있다. 마부 가족에게 있어, 소년은 일곱 살쯤이면 생계를 벌기 위해 보내질 수 있는 대상이었다. 다이아몬드가 결국 그랬듯이 비록 스스로 마차를 몰 수는 없겠지만 말이다. 모두들 다이아몬드가 일하기엔 너무 어리다고 생각하는 것 같다.

화자가 다양한 방식으로 여러 등장인물들을 반복적으로 제시하고, 다이아몬드는 모자란 아이로 나오며 또한 소년의 순해빠진 추론 방식이 나타나면서 등장인물은 주변 환경보다 표면적으로 열등한 것처럼 만들어졌다. 이것은 Northrop Frye가 '아이러니' (ironic, 1957)라고 지칭하는 것이다. 동시에, 다이아몬드의 극단적인 선량함, 친절함, 고유의 지혜와 흠 잡을 데 없는 도덕성은 그에게 거의 신화적인 차원을 부여하고, 북풍의 등에서의 특권이나 우리가 이러한 주장에 부여하는 모든 의미가 그를 정말 예외적인 인물로 만든다. 그는 거듭 "하나님의 아이"라 불리며, 심지어 직접적인 기독교적인 의미를 빼더라도 정신 이상과 신성함의 동시성에 대한 일반적인 믿음을 나타낸다. Dostoyevsky의 미쉬낀 왕자가 좋은 예가 되겠지만 다이아몬드의 경우 그의 어린이다움은 그러한 이미지에 전체적으로 순수한 의미가 더해진다. 독자가 그 주인공을 어떻게 인식하고 해석하든지 간에 텍스트에 의해 주어지는 주관성은 명백하게 다이아몬드에게서 옮겨졌다.

여기에서 작가는 Jung의 방식으로 하자면, 하나의 상징이나 하나의 원형으로서 즉, 인간성보다도 이념이나 윤리에 대한 전달자로서 어린이를 사용한 것이다. 그러니까 작가는 당연히 다이아몬드에게 결국 조금 더 세속적인(세상에 묶여 있는) 성인인 레이먼드씨를 보내는데, 그는 심지어 북풍의 등에 가보지 못한 시인이다. 여기에서 다이아몬드의 신성불가침한 '정신 이상'은 성인의 창조력과 동등하다. 레이먼드씨는 이를 알아차리고 이렇게 속으로 중얼거린다.

●●● 『북풍의 등에서』; 186

'아무래도 이 아이는 천재인 것 같군. 천재라서 사람들이 이상하게 보는지도 몰라.'

'다이아몬드의 꿈' 에서 다이아몬드는 일련의 "생소한 아이들" 틈에 끼어 있어 하늘나라에서 온 아이임을 암시하고 있는데, 이것은 다시금 E. T. A. Hoffmann의 두 번째 어린이 책인 『Das fremde Kind_수수께끼 아이』(1818)를 떠오르게 한다.

다시 말해, 다이아몬드는 플롯 안에서 마법의 대리인인데, 모순적이게도 그 플롯에 영웅은 결핍되어 있다. 우리가 만일 다이아몬드가 도와주는 꼬마 거리청소부 낸시를 영웅으로서 인정하지 않는다면 말이다. 그 대신 레이먼드씨나 정말로 '익명' 인 화자가 그 소설의 진짜 주인공으로 해석될 수 있는 반면에 다이아몬드는 그들 "내부의 어린이" 라고 볼 수 있다.

MacDonald가 어린이를 수신자로 하는 특별한 힘을 갖기 위해 "어린이다움을 위한" 것이라고 말한 악명 높은 주장은 계속해서 지적되고 있다(McGillis, 1992). 하지만 우리는 정말로 그들 안에 단 한 명의 어린이 수신자가 있는지 없는지 결정하기 위해 텍스트를 더 면밀히 살펴볼 필요가 아직 있다. 오히려 그러한 텍스트들은 현대 문학작품과 같이 이중 수신을 제공함으로써, 함께 읽는 성인이 우화적으로든 심리학적으로든 스스로 만족할만한 수준의 의미를 찾을 수 있도록 하는 것일 수도 있다. 그러나 텍스트는 이중 수신 혹은 "20C의 목소리" 를 사용하지 않았으며, 이는 MacDonald의 완벽한 후계자인 Edith Nesbit(Wall, 1991)의 특징이기도 하다. 텍스트들은 결코 어린이의 인식 수준으로 내려오지 않으며, 어린이 쪽에서 있지도 않다. 동화 속 어린이는 잃어버린 순수성, 돌이킬 수 없는 순수성에 대한 완벽한 이미지의 "타자" 로 존재하고, "타자" 로 남겨진다. 우리는 물론 몇몇 이야기를 더 들 수 있는데, 특히 『가벼운 공주』와 같이 성장하는 것과 중력을 얻는 것의 딜레마와 관련된 이야기인 『피터 팬_Peter Pan』을 예로 들 수 있다. 하지만 그러한 '성인 경험'은 일반적인 동화 방식인 "언제까지나 행복하게"와 비슷한 방식으로 다루어지고 있는데, 『가벼운 공주』에서는 좀더 정교하다.

●●● 『가벼운 공주』[4] ; 53

"그리하여 왕자와 공주는 행복하게 잘 살았습니다. 황금 왕관을 쓰고, 모직 옷을 입고, 가죽 구두를 신고, 아들, 딸들을 낳으면서요."

4) 이경혜 역(2008) 『가벼운 공주』를 참조하였다. 쪽 번호는 원문의 것이다.

어린이를 등장인물로 선택한 이유가 무엇이든 간에, 어린이와 상대방이 단순히 "성인-어린이"이든 아니면 훨씬 더 복잡하고 심리학적으로 복합적인 "경험-순수함"이든 간에, 이것은 불공평한 힘의 균형으로부터 시작된다. 기본적인 시점, 예를 들어 『공주와 고블린』에서 화자는 아이린을 끈질기게 "어린 공주"라고 지칭하고 '작은 머리' 혹은 '작은 발'로 언급하는데, 이것은 "어린이 같은" 시점과 성인 사이의 불일치를 즉각적으로 만들어내는 어린이에게 얕보는 투로 말하는 전형적인 예이다 (다이아몬드와 내니뿐만 아니라 헝클이에 대하여 '어린이'라는 단어를 사용했던 것과 비슷하게). 여기에 MacDonald는 어린이를 위해 글을 쓴 다른 어떤 작가들과도 다를 바가 없다. 차이라고 할 수 있는 것은 정도의 차이 뿐이다. 즉, 성인 작가들은 어떻게 해서든지 자신의 힘의 위치를 전복시키려 하고 허구의 어린이에게 힘을 실어주려고 한다. 이 점에서 MacDonald는 무엇이든지 전복되는 것에 대해 어떠한 의도도 없었던 것 같다. 그의 텍스트에서 주관성은 확고하게 성인 화자에게 있으며, 어린이 등장인물들은 그저 그의 목적을 달성하기 위한 도구에 지나지 않는다.

화자와 등장인물

이러한 논의는 다음 국면인 화자의 관점에 대한 것으로 이어진다. 성인 환상문학에서 MacDonald는 인칭 서술(personal narration) 방식을 선택하여 독자가 가능한 등장인물의 경험을 할 수 있도록 한다. 이와는 반대로 동화에서 이야기 서술은, 대부분의 19세기 어린이 책이 그러한 것처럼, '비인칭', 혹은 '3인칭'이라 불리는 것을 사용하는 것이 보통이었다. 내가 "보통의 경우"라고 말한 이유는 화자란 빈번하게 자기 자신을 하나의 목소리로서 텍스트 안에서 명백하게 현존하는 것으로 만들기 때문이다. 심지어 『북풍의 등에서』에서는 어린이 주인공의 지인으로 자기 자신을 나타내고 있을 정도이다. 하지만, 이처럼 명백한 메타픽션적인 특징은 화자와 청자 사이의 거리를 오히려 증대시킨다. 이야기의 35장에서 익명의 "나"는 피와 살이 있는 사람으로 등장함에도 불구하고 전통적인 옛이야기에서 볼 수 있는 전지적인 화자의 모든 특징을 다 갖추고 있다. 잘 알려져 있는 이 책의 시작 부분을 살펴보자.

●●● 『북풍의 등에서』 ; 7

나는 주위 사람들로부터 북풍의 뒤편에 대해 이야기해 달라는 부탁을 많이 받았다. 고대 그리스의 역사가는 북풍의 뒤편에서 살았던 사람들이 … 내가 할 이야기와는 완전히 다른 내용이다. 나는 북풍의 뒤편에 대한 헤로도토스의 설명이 틀렸다고 생각한다. 아무튼 지금부터 그곳에 다녀온 소년에 대한 이야기를 들려주겠다.

먼저, 화자는 명료하고 자신감이 넘치는 목소리를 가지고 있으며, 평범함을 넘어서는 지식과 권위를 주장한다. 그가 가진 정보의 원천은 다이아몬드인데, 그 아이는 당연히 신뢰할 수 없는 아이로 인식되고 있다. 다이아몬드가 결국 북풍의 등에 있는 나라에 도달했을 때, 화자는 그가 그것을 다룰 능력이 없다는 것을 시인한다.

●●● 『북풍의 등에서』 ; 96

나는 이제 이 이야기에서 가장 어려운 대목에 이르렀다. 왜 어렵냐고? 나도 자세히 알지 못하는 걸 설명해야 하기 때문이다. 그렇다면 나는 왜 이 대목에 대해서 다른 대목만큼 충분히 알지 못할까? 다이아몬드가 들려준 이야기를 통해서가 아니면 그 어떤 것도 더 이상 알 수 없기 때문이다. 그런데 다이아몬드는 북풍의 뒤편에 도착하기까지의 모험적인 과정에 대해서는 자세히 이야기한 반면, 정작 그곳에 대해서는 그다지 많은 이야기를 해주지 않았다. 북풍의 뒤편에서 돌아왔을 때, 이미 많은 것을 잊어버린 데다가 그나마 기억나는 부분도 설명하기가 몹시 어려웠기 때문이다.

10장의 이 지점에서 화자는 어떻게 그가 다이아몬드의 이야기에 접근하게 되었는지는 밝히지 않고 다만 이렇게 말하고 있다.

●●● 『북풍의 등에서』 ; 99

다이아몬드는 그 같은 이야기를 오직 한 사람에게만 털어놓았다. 나는 바로 그 사람에게서 이야기를 들었다. 그 사람이 누구냐고? 그건 말해 줄 수 없다. 다만 나는 그 사람이 누구이든, 어린 독자들을 위해서 그 이야기를 쓰는 게 좋겠다고 생각했다.

나중에 드러나지만, 이 신비로운 사람은 바로 화자 자신이다. 하지만 이야기의 거의 끝 무렵에 이를 때까지 이 사실은 드러나지 않는다. 다이아몬드의 죽은 몸을 바라보며, 화자는 이렇게 끝맺는다.

●●● 『북풍의 등에서』 ; 332

사람들은 다이아몬드가 죽었다고 생각했다. 하지만 다이아몬드는 죽은 게 아니라 북풍의 뒤편으로 간 것이 틀림없었다.

이때의 화자는 본인을 화자이자 하나의 등장인물로서 인정하고 있는데, 즉 자신의 허구 세계에서 하나의 물리적인 부분으로서 우리는 이러한 진술을 오직 그의 신념으로만 인식할 수 있을 뿐이지, 절대적인 진리로서 받아들이지 않는다. 하지만, 별로 인식되지 않는 『황금 열쇠』의 화자 역시, 자신의 캐릭터의 운명에 대하여 단지 추정하는 것으로서 이야기를 맺고 있다. 이처럼 화자의 서로 엇갈리는 위치는 이야기들을 더욱 복잡하게 만들어 준다.

대부분의 동화에서 화자는 단도직입적으로 전지적이고, 등장인물들 사이를 자유롭게 오가는데 여기에는 악한 인물도 포함된다. 예를 들어, 『가벼운 공주』에서 화자는 호수를 말라붙게 하려는 나쁜 마녀의 사악한 계획을 드러낸다. 화자는 자기의 배타적인 편재에 대해 이렇게 말한다.

●●● 『가벼운 공주』 ; 41

누군가 이 마녀 공주의 뒤를 따랐다면 마녀가 정확하게 백 개의 문을 열고, 그때마다 다시 또 계단을 내려가는 소리를 들었을 것입니다.

화자는 사람들의 마음 속에도 들어갈 수 있다.

●●● 『북풍의 등에서』 ; 116

그때 다이아몬드는 어머니의 생각을 알았는지 몰랐는지 모르겠지만, 나는 대충 알고 있었다.

●●● 『북풍의 등에서』 ; 291

레이먼드 씨가 조건을 붙여서 루비를 맡긴 건 요셉을 시험하기 위해서였지만.

화자는 전지적이기 때문에 예변법(prolepses)의 형식으로 미래도 내다볼 수 있는데, 예를 들어 어두워진 후에 밖으로 나가는 것이 아이린 공주에게 왜 허락되지 않았는지에 대해 화자는 다음과 같이 설명한다.

●●● 『공주와 고블린』; 14

그도 그럴 것이 여러분도 차츰 알게 되겠지만, 고블린들에게는 공주를 데려가야만 하는 이유가 있었던 것이다.

●●● 『공주와 고블린』; 50

그러나 잠시 후 커디가 밤에 광산에서 겪은 일을 알게 되면, 그들에 대한 여러분의 궁금증은 웬만큼 풀릴 것이라고 생각한다.

전지적이라는 것에는 편재 즉 '어디에나 존재하는 것'과 행위가 일어나는 다양한 장소들 사이를 '힘들이지 않고 이동하는 것' 또한 포함된다.

●●● 『황금 열쇠』; 123

이쯤에서 숲 바깥으로 가 보도록 해요.

●●● 『황금 열쇠』; 141

헝클이가 이끼와 헤어져 홀로 길을 가는 동안 이끼는 그림자 호수를 빠져나와….

●●● 『북풍의 등에서』; 109

다이아몬드는 침대에 가만히 누워서 닭고기 수프 같은 영양분이 풍부한 음식을 먹으며 조금씩 건강을 되찾기 시작했다. 여기에서 잠깐! 다이아몬드가 건강을 되찾는 동안 잠시 화제를 바꾸어야겠다. 독자 여러분에게 꼭 들려주어야 할 이야기가 있기 때문이다. 다이아몬드가 북풍의 뒤편에 가 있는 동안 집에서는 큰 변화가 일어났는데, 지금부터 그 내용을 말해 주겠다.

●●● 『북풍의 등에서』; 178

다이아몬드는 경찰관이 일러 준 길을 걸어갔다. 다이아몬드 또래의 자식이 있는 마음씨 고운 경찰관은 다이아몬드 몰래 뒤를 따라갔다.

화자는 자신에게 사람들이 도달할 수 없는 지식에 접근할 수 있는 권위가 있음을 계속해서 강조한다.

●●● 『북풍의 등에서』 ; 227

요정들 말고는 그 누구도 그 요정이 요정이라는 사실을 몰랐단다.

물론 이것은 흔히 픽션이 갖는 관습적인 특징이기는 하지만, 화자는 그 사건들에 대한 자신의 특별한 지식을 강조한다.

●●● 『가벼운 공주』 ; 15

옛날 옛날에, 너무도 오래 전이라 나도 날짜가 까마득하지만.

마녀에 대해서도 다음과 같이 묘사한다.

●●● 『가벼운 공주』 ; 16

누군가를 사랑할 때 그 눈빛이 어떻게 변하는지는 나도 모른답니다. 그 공주가 자기가 아닌 다른 사람을 사랑한다는 얘기는 들어 본 적이 없으니까요.

반면에, 등장인물에 대해 언급하는 다음 문장을 보자.

●●● 『가벼운 공주』 ; 24

공주의 달리는 모습이 대단히 재미있다는 사실도 좀 짚고 넘어가야겠네요.

이것은 "옛날 옛날에"라고 이야기의 배경을 말했던 것과는 모순적으로, 묘사되는 사건에 실제로 현존하고 있는 듯한 느낌을 갖게 한다. 이와 유사하게, 『북풍의 등에서』에서 화자는 다음과 같이 말한다.

●●● 『복풍의 등에서』 ; 271

다이아몬드는 내니에게 아기 안는 법과 목욕시키고 옷 입히는 법을 가르쳐 주었다. 내니는 서툴게 따라 했는데 실수를 할 때마다 두 아이는 함께 웃음을 터뜨리곤 했다. 그 모습은 누가 보아도 정답고 즐거워 보였다.

우리는 누구의 관점에 초대된 것인지 궁금해질 것이다. 바로 이렇게 작은 세부 사항들이 등장인물에 연결된 주체성(character-tied subjectivity)을 산산조각 내는 것이다.

특히, 화자는 자신이 동화의 세계에 대해 친숙하다는 것을 다음과 같이 거의 뽐내고 있다.

●●● 『북풍의 등에서』 ; 20

나는 가끔씩, 그저 어쩌다 한 번씩 이 세상이 내가 본 요정 세계만큼이나 이상하다고 생각할 때가 있다. 그런데 솔직히 말하면 아직 가장 멋진 요정 세계를 보지 못했다.

우리는 화자가 아노도스나 배인씨의 경우와 비슷하게, 요정의 나라를 직접 체험한 것을 추측할 수 있다.

가끔 화자는 이러한 권위에 대해 설명하기도 한다. 심장을 몸 밖에 보존하는 거인이나 괴물에 대한 모티프는 전 세계의 민담에 흔히 있는 것이어서 이미 이것을 알고 있는 독자에게 이러한 진술은 아이러니하게 들릴 것이다.

드물게 나타나긴 하지만 우리를 거슬리게 만드는 화자의 전형적인 특징이 나타나기도 한다. 그는 이러한 식으로 등장인물에 대한 판단을 자유롭게 통과시킨다.

●●● 『가벼운 공주』 ; 15

왕비는 정말 좋은 사람이었어요….

●●● 『가벼운 공주』 ; 16

동생인 왕이 누나에게 초대장 쓰는 걸 잊은 것도 이상한 일은 아니었지요.

●●● 『가벼운 공주』 ; 23

공주는 어떤 일이고 심각하게 여기는 법이 없었습니다.

●●● 『북풍의 등에서』 ; 10

하지만 다이아몬드는 무섭지 않았다. 아직 무서움이 무엇인지 모르는 어린아이였기 때문이다.

●●● 『북풍의 등에서』; 44

소년은 소녀에게 아무런 도움이 되지 못했다고 생각했다. 그러나 그 생각은 잘못되었다.

●●● 『북풍의 등에서』; 182

레이먼드 씨는 런던에서 가장 친절한 사람이었다.

●●● 『공주와 고블린』; 17

공주는 그 나이에 기대되는 것 이상으로 용감했다.

더 나아가 화자는 『가벼운 공주』의 세례식 장면에서 "그만 몇몇 사람들을 깜빡 잊고 빠뜨리고 말았습니다."(16)라고 말함으로써 장르에 대해 메타픽션적으로 의식하고 있음을 보여준다. 흥미롭게도, '낮 공주' 에서 화자는 "그러나 사악한 요정이 방해하더라도 결국에는 모든 것이 좋게 끝났던 것 같아."(228)라고 언급할 만큼, 장르에 대해 잘 파악하고 있다. 그렇다면, 별도로 취하여진 그 이야기는 다른 동화와 정확히 들어맞는 '거슬리는' 화자를 갖고 있는 셈이다. '낮 공주' 는 원래 문맥인 『북풍의 등에서』 28장에서 레이먼드씨가 병원에서 아이들에게 들려준 이야기이므로, 장르에 대해 언급한 것은 매우 구체적인 청중을 대상으로 한 것이다.

계속해서 화자는 『가벼운 공주』에서 다음과 같이 직접적인 말 걸기의 방식(혹은 아마도 수사학적인 질문)을 차용한다.

●●● 『가벼운 공주』; 16

자주 만나지 않고 살다 보면 아예 까맣게 잊는 경우도 많으니까요. 왜 안 그러겠어요? 왕은 누나가 사는 다락방에조차 가 본 적이 없었거든요.

●●● 『공주와 고블린』; 19

여러분은 공주가 본 것이 무엇이었을 것 같은가? 그것은 바로 물레를 돌려서 실을 잣고 있는 나이 지긋한 노파였다.

이와 같은 수많은 발언들은 19세기 아동문학에서 매우 흔하게 사용되었는데, 친민하고 대화적인 분위기를 생성해내는 기능을 갖는다. 게다가 독자들은 이러한 구절에 환기된다.

●●● 『공주와 고블린』 ; 97

이것은 내 독자들 누구에게든지 충분히 명백하다.

●●● 『북풍의 등에서』 ; 177

나의 독자들이 꺼림칙해 질까봐 … 그를 상기시킬 엄두가 나지 않는다.

●●● 『북풍의 등에서』 ; 312

그 뒤로 내가 다이아몬드와 친구가 되려고 무척 애를 썼다고 말한다면 독자 여러분은 어떻게 생각할지 모르겠다. 하지만 적어도 이상하게 생각하지는 않을 것이다.

『북풍의 등에서』에 나오는 한 마디는 나의 목적에 대해 특별한 의미를 갖는다.

●●● 『북풍의 등에서』 ; 186

만약 우리 어린 독자들이 천재가 무엇인지 알고 싶다면 … 내가 한번 말해 볼까, 아니면 하지 말까?

이 문장은, 만일 어린 청중들을 무시하는 것이 아니라면, 화자의 불신감을 보여주는 것이다. 이것은 다음 장에 더 자세히 서술되어 있다.

●●● 『북풍의 등에서』 ; 187

이 말이 무슨 뜻인지 이해할 수 없다면 좀 더 나이를 먹고 좀 더 배운 다음에 다시 생각해 보는 게 좋을 것이다.

하지만 아이러니는 화자의 주체 위치를 등장인물의 것으로 대체시키고, 또한 독자의 것으로 대체시키는 또다른 방법이다.

●●● 『가벼운 공주』; 31

왕자가 너무나 완벽해서 그에 어울리는 완벽한 공주를 찾는 거라고는 말할 수 없군요. 내가 아는 건 단지 왕자가 멋지고, 잘 생기고, 용감하고, 너그럽고, 잘 교육받고, 행실이 바른 젊은이라는 것이었죠. 모든 왕자들이 그렇듯이 말입니다.

또한 이야기 서술에 대해 다음과 같이 언급한 것은 분명히 아이러니를 의미하는 것이다.

●●● 『북풍의 등에서』; 147

그러나 나로서는 큰 다이아몬드가 정말로 이런 생각을 했다고 단정할 수 없다. 늙은 말이 무슨 생각을 하는지 알아내는 건 결코 쉬운 일이 아니다.

여기에서 전지적인 화자는 갑자기 그의 한계를 인정한다. 비록 장르 관습 안에 서이긴 하지만, 화자에게 있어 요정의 마음 속에 들어가는 것보다 말의 마음 속에 들어가는 것은 더 놀랄 만한 일이 아닐 것이다. 사실, 나중에 다이아몬드는 두 마리의 말이 서로 대화하는 것을 우연히 듣게 된다.

때때로 화자는 자신이 묘사하는 사건에 대하여 설명해야 하는 고통을 감수한다.

●●● 『가벼운 공주』; 17

못된 고모가 아기에게서 중력을, 그러니까 무게를 빼앗아 갔습니다. 어떻게 그런 일이 일어날 수 있느냐고 묻는다면 이렇게 대답해 드리지요. 그거야 세상에서 가장 쉬운 일입니다. 마녀는 단지 중력만 없애면 되니까요.

이 설명이 어쩌면 어린이 독자를 혼란스럽게 만들지도 모르지만, 이것은 이야기의 목소리에 준 권위(quasi-authority)를 부여한다. 반면에, 화자는 공주에게 중력이 어떻게 작용하는지 설명할 수 없다고 말할 수도 있다.

●●● 『가벼운 공주』; 25

이러한 관계성에 대해 나의 입장을 밝히자면, 나는 도통 모르겠다는 것입니다.

●●● 『가벼운 공주』; 29

물이 공주의 병을 실어 가는 걸까요? 그건 나도 모르겠습니다.

일반적으로 19세기 아동문학에서 동화는 교훈주의로부터 자유롭지 못했다(MacDonald의 성인 환상문학에서는 완전히 사라졌지만). 이것은 아마도 다음과 같이 한 문장의 질문이 될 것이다. "할머니의 옷을 입는 사람은 그 혹은 그녀가 어떻게 생겼는지 결코 알 수 없지만 다른 사람들이 얼마나 잘생겼는지는 언제나 알 수 있었다."(130) 혹은 "다만 사람이 무언가를 깨닫는 순간이 세상에서 가장 경이롭다고 생각한다."(『북풍의 등에서』; 21) 뿐만 아니라, 12장의 콜먼 씨의 불행한 사건에 대한 결말은 미덕에 대한 교훈적인 설교로서, 16장에서의 자화자찬과 18장의 술취한 마부 이야기를 반영하고 있다.

화자의 기능을 이해하는 데 있어 중요한 것은 이야기 서술 과정에 대해 그가 메타픽션적인 언급을 한다는 점이다.

●●● 『가벼운 공주』; 24

단지 공주의 웃음 속에는 무언가 빠진 게 있었습니다. 그것이 무엇인지 나는 딱 짚어 말할 수는 없습니다만….

●●● 『북풍의 등에서』; 63

"나로서는 소년의 눈앞에 펼쳐진 광경을 자세히 묘사할 수 없다."

●●● 『북풍의 등에서』; 65

말로 묘사할 수 없는 것을 계속해서 묘사하려고 해서는 안 된다.

●●● 『북풍의 등에서』; 296

그때 레이먼드 씨는 무슨 생각을 했을까? 나는 이 점에 대해서는 독자 여러분에게 밝히지 않겠다.

●●● 『북풍의 등에서』; 296

나는 그들이 그곳에 오기까지, 그리고 도착한 다음에 느낀 복잡한 감정에 대해 일일이 설명하고 싶지 않다.

특히, 하위 이야기인(hypodiegetic) 『낮 공주』의 화자는 주요 화자와 같은 공식을 반복해서 사용한다.

●●● 『북풍의 등에서』 ; 230

나는 이 사람들이 한동안 겪어야 했던 괴로운 일에 대해서는 말하고 싶지 않아.

●●● 『북풍의 등에서』 ; 239

굳이 자세히 설명하지 않아도 너희들도 그 심정을 잘 알 거야.

그러한 진술은 독자의 상상력을 고무시키는지는 모르겠지만, 이는 또한 화자의 존재를 우리에게 끊임없이 상기시키는 것이다. 더 심오한 수준에서 그러한 진술은 작가의 좌절감을 나르는데, 그것은 환상문학 작품에서 좀더 분명하게 나타난다.

화자가 자신의 내러티브 지위에 대해 의식한다는 것을 가장 분명하게 보여주는 예는 화자가 어린 등장인물의 경험에 대하여 정확한 이야기를 마음껏 들려주면서 변명을 계속 늘어놓는 것이다. 북풍의 뒤편에 있는 나라에 대한 다이아몬드의 기억에 대하여 화자는 곰곰이 생각하며 이렇게 말한다.

●●● 『북풍의 등에서』 ; 130

물론 다이아몬드가 실제로 이처럼 어려운 말을 쓰지는 않았다. 이런 말을 쓰기에는 나이가 너무 어리다. 하지만 소년의 가슴속과 머릿속에 이와 비슷한 생각이 들어 있었던 것만은 틀림없는 사실이다.

내니의 하위 이야기(hyponarrative)를 다룰 때에는 훨씬 더 명백하게 나타난다.

●●● 『북풍의 등에서』 ; 253

독자 여러분은 가엾은 내니가 말한 내용을 내가 여기에 그대로 적었다고는 생각하지 않을 것이다. 내니는 내가 적은 것처럼 조리 있게 말할 줄 모른다. 학교에 다닌 적도 없거니와 병원에 올 때까지는 상스러운 말 외에 고상한 말을 들어 본 적도 없기 때문이다. 그러나 학교에 다녔던 나로서는 내니만큼 기분 좋은 꿈을 꾸지는 못했지만 꿈 내용에 대해서는 내니보다 더 잘 말할 수 있다.

이것은 표면상 허구적인 담론의 관습에 대한 설명이 필요한 독자들에게 뿐만 아니라, 오히려 등장인물에 대한 화자의 우월한 위치를 드러내준다. 좀 더 정교한 수준에서, 화자는 어린이 혹은 아직 완전하게 언어를 익히지 못한 "어린이 같은" 이에게 호소한다. 그리고 자신의 목소리가 부족한 이들에게 자기 목소리를 빌려준다. Stephen Prickett은 MacDonald가 언어를 가지고 씨름하는 것을 "하나의 신학적인 움직임"(Prickett 1979 : 176)이라고 부르며, MacDonald에게 있어서 형이상학적인 경험을 전달하는 언어의 부적응은 환상문학의 본질이라고 결론을 내린다. Jacques Lacan은 이러한 딜레마를 가리켜 상상과 상징 사이의 긴장관계라고 언급했을 것이다. 따라서 MacDonald의 시도는 상상을 상징으로 옮기는 것이다.

하지만 나의 논의에서 더없이 명백한 것은 권위적인 성인의 목소리가 어린이 등장인물의 관점보다도 더 강력한 효과를 지닌다는 점이다. 나는 어린이 독자에게 동등한 권리로 대화에 참여하도록 초대하는 것을 한번도 보지 못했다(cf. Thacker and Webb 2002 : 44). 그 대신 텍스트는 공공연하게 혹은 은밀하게 성인 화자에서 어린이 청중으로 일인극과 같이 전해진다.

게다가, 어린이 등장인물들은 항상 결코 초점화자(focalizer)로 사용되지 않는다. 만일 그들이 초점화자라면, 그것은 주로 외부적인 초점화가 채택된 경우이다. 이제 성과 타자성에 대한 나의 생각을 시험해 보고 싶어진다. 한 가지 예상되는 것은 남성 작가는 남성 주인공의 경험을 보다 심오하게 반영하기 쉬울 것이라는 점이다.

성

동화의 아주 흥미로운 특징은 생각만큼 흔하지 않은 남성과 여성 주인공을 대안으로 사용한다는 것이다. 사실, 통계적으로 남성 작가들은 남자 주인공을 택하는 경향이 있고, 여성 작가는 여자 주인공을 택하는 경향이 있다. MacDonald의 동시대인들을 떠올려 보아도, Lewis Carroll은 두 권의 『앨리스_Alice』 책에서 여자 주인공을 택하긴 했지만, Charles Kingsley는 『물의 아이들』에서 남자 주인공을 택했고, Molesworth 여사는 『뻐꾸기 시계_The Cuckoo Clock』(1877)에서 여자 주인공을 택하였다.

MacDonald의 직속 후계자인 Edith Nesbit은 성 이슈를 성공적으로 피해가게 해주는 장치로서 소년 소녀 집단의 여러 주인공을 소개하였다. MacDonald에 접근하는 데 있어, 나는 반대 성 초점화자를 사용하는 이질적인 초점화가 동질적인 초점화자와는 다른 내러티브 장치들에 연관되어 있을 것이라고 예상하였다. 즉, 여자 어린이들은 남자 어린이와는 다른 방식으로 이야기가 전개될 것이다. 그리하여 내가 설정한 가설은, 이야기를 하는 대리인이 무언가를 경험하는 것으로부터(다시 말해, 설정된 관점과는 대조되는) 훨씬 더 먼 거리를 유지하도록 하기 위해 MacDonald가 여자 등장인물을 선택한다는 것이다.

이질적인 초점화(Veglahn, 1987)에 대한 정신분석학적인 해석에서는 픽션의 악한 인물들이, 반대 성을 가진 존재로서의 '악' 에 대한 저자의 잠재 의식에 기초하고 있다고 하는데, 이것은 성과 관련된 타자화를 보여주는 분명한 사례이다. MacDonald는 Veglahn의 사례 중 하나로서 『이상한 나라의 앨리스』 시리즈와 『오즈의 마법사_The Wizard of Oz』, 『나니아 연대기_Narnia』와 어깨를 나란히 한다. 그녀는 더 나아가서 여자 괴물(monster)을 균형 잡아주기 위해(상쇄하기 위해) 남성 작가가 강력한 여자 등장인물을 만드는 것이라고 논증한다. 이것은 전형적으로 작가의 아니마로서 Jung의 기능에 따른 것이다. 정신분석학적인 문학 이론을 지지하는 것은 아니지만, 나는 Veglahn의 양식에 매력을 느낀다. 하지만 그녀는 MacDonald가 자신의 동화에서 두 가지 성을 모두 사용하고 있다는 사실을 분명히 간과했다(환상문학에서는 Veglahn의 모델에서 벗어난 반면, 내가 알기로는 적어도 주인공은 관련되어 있다.). 남성 작가-여자 괴물-여자 주인공에 대한 Veglahn의 패러다임은 딱 들어맞고, 게다가 그녀가 예로 든 것처럼, 『가벼운 공주』나 『낮 공주』 또한 공주들에 대한 이야기다.

북풍은 신비에 싸여 있고 양면적인 감정이 병존하는 '타자(Other)' 로서 Jung의 관점에서 보면 괴물이다. 하지만 동시에 그녀는 Jung의 아니마(anima)와 원형과 지혜로운 노파가 결합된 긍정적인 여성의 원리다. 주인공에 관하여, 다이아몬드는 최소한 피상적으로 남자다. 이렇게 말하는 것은 그가 분명하게 '소년' 으로 언급되었고 또한 남성 인칭 대명사가 쓰였기 때문에 이상한 진술인 것처럼 보일 것이다. 하지만 창작된 어린이가 문학적인 의미라면, 성은 사회적인 개념이다. 픽션에서 성은 인물구성의 일부이고 생물학적인 성의 제약에 조금도 제한받지 않고 구성될 수 있다. 인물이 지니는 성별의 특성과 행위, 수행 등이 남성이나 여성으로서의 형식적인 묘사보다 더 중요하다.

정신적인 훈련의 방식이나 설화론적인 가환성 시험을 통해 『북풍의 등에서』 주인공의 성이 변화하는 것은 다른 어떤 주요한 변화도 요구되지 않는다는 점을 명확하게 보여줄 것이다. 혹은 어떤 미묘한 성적인(erotic) 힌트를 놓치고 있는 것인지도 모른다. 하지만 죽음의 이미지로서의 북풍이 갖는 중요성은 어쩌면 가능할 지도 모르는 성적인 매력(릴리스의 모습과는 달리)을 능가한다. 그 이야기는 여자 주인공으로 성공할 수 있을 것이다. 사실, 다이아몬드는 여러모로 여성적인 특색들을 갖고 있는 중성적인 인물이다. 텍스트는 여러 가지 직접적인 언급을 통해 다이아몬드가 여성적이라는 일반적인 인식을 뒷받침한다.

●●● 『북풍의 등에서』 ; 50

정원에서 마음껏 뛰어놀았지만 꽃나무나 꽃봉오리는 절대로 건드리지 않았다. 예쁜 꽃을 보면 꼭 꺾고야 마는, 그래서 그 아름다움을 다른 사람은 즐기지 못하게 하는 아이들이 있다. 다이아몬드는 그런 아이들과 달랐다.

또한 다이아몬드의 주위사람들은 그를 여자 같이 여긴다. 한 마부는 이렇게 말한다.

●●● 『북풍의 등에서』 ; 195

생긴 건 계집애 같은데 대범하구나!

아이린이 괴물(동시에 멘토이기도 하다.)을 만나는 『공주와 고블린』은 『북풍의 등에서』의 여성 버전으로 보여질 수 있다. 이처럼, 다른 상당한 변경을 필요로 하는 이야기가 없어도, 한 소년이 아이린을 대신할 수 있다. 여성스러움에 연결되어 있는 실잣기의 상징성이 사라지게 될 것이라는 주장도 가능해진다. 하지만 이것은 커디에게 잘 작용되었기 때문에 아직까지 유효하다고 볼 수 있다. MacDonald의 동화에서 어린이들은 거의 성-중립적이며, 소년 혹은 소녀라기보다는 포괄적인 '어린이들' 이다.

『가벼운 공주』에서 공주가 초점화자로서 행동하는 장에서 공주의 경험은 외부감각기관에 기초하고 있다. 시각, 청각, 그리고 우선적으로 촉각이 그러하다. 공주는 화자에 의해 무게가 없음을 즐기거나 물을 만지는 것을 좋아하는 것으로 묘사된다. 하지만 공주 내면의 감정은 결코 나타나지 않는다. 누군가는 19세기 아동문학에서 외부적인 초점화가 일반적이라고 주장할 지도 모르겠지만, 『판타스테스』의 작가가 등장인물의 마음 속으로 들어가는 것에 어려움을 가질 리는 없지 않은가? 외부적인 초점화를 선택한 것은 예술적인 목적을 수행하기 위한 것임에 틀림없다. 나는 그 목적을 '타자화' 에 기여하기 위한 것으로 본다. 더욱이, 공주는 특정인물을 바라보는 것이 아니라, 적어도 화자가 아닌 왕자에 의해서 빅토리아 시대 아동을 에로틱하게 바라보았던 관점으로뿐만 아니라 악명 높은 사내의 시선으로 비춰지고 있다. 대상화는 '타자화(Alterity)' 의 가장 중요한 조짐 가운데 하나이다. 왕자가 공주를 처음 만났을 때의 다음 장면은 명백하게 관음증적이다.

●●● 『가벼운 공주』 ; 32

왕자가 호수로 눈길을 돌리자 물 위에 허연 것이 떠 있는 게 보였습니다. … 그것이 젊은 여자라는 건 알았지만 이미 날이 저물어서 그 여자가 공주란 건 알아보지 못했습니다.

이야기가 진행되면서, 전통적인 민담과 무척 닮아 있는 남자 구조자는 여자 주인공을 대신하여 자기 목숨을 바치고 영웅이 된다. 이것은 희생에 대한 기독교적인 의미를 분명히 나타내는 것이며, 또한 계속해서 관찰되어 온 것이다. 패러디의 몇몇 요소들이 증거일 뿐 아니라, 마법에 걸린 여성이 그녀의 목숨을 구해줄 알맞은 남성을 기다린다는 이야기는 성년이 된 여자의 전통적인(관습적인) 내러티브인 것으로 드러난다. 사실, 단순하게 인용된 독백을 통해서 나타나듯이, 왕자의 감정은 최소한 그의 정신 생활과 관점, 도덕성에 대해 흘깃 보는 것을 허용한다. 왕자는 공주가 비록 중력을 얻게 되었어도 평면적인 인물로 완벽하게 남는다. 『낮 공주』에서 그랬던 것과 매우 똑같다.

하지만, 우리는 다이아몬드에 대한 서술에서도 이와 유사한 전략을 감지하게 된다. 북풍과의 여정에서 다이아몬드는 한 명의 관찰자가 된다. 그는 바라보고,

목격하며, 알아차리게 되지만 그가 본 것에 대하여 좀처럼 나타내지 않는다. 다이아몬드가 북쪽을 여행할 때, 풍경은 수식적인 담화(figural discourse)로 묘사되며 특히 다음과 같은 문장으로 강조된다.

●●● 『북풍의 등에서』 ; 89
그 음악이 얼마나 오래 계속되었는지 다이아몬드는 알 수 없었다.

하지만 일찍이 제안되었듯이, 다이아몬드는 대체로 실제 인물이라기 보다는 하나의 원형이다.

『공주와 고블린』은 제목을 통해 아이린 공주가 주인공이며 고블린은 적대자임을 암시한다. 여기에서 나는 고블린 여왕이 주요 악당이고 MacDonald가 반대 성에 대해 갖고 있던 성도착적인 인식의 이미지인지 아닌지에 대하여 Nancy Veglahn과 의견이 대립될 수 있다. 아이린은 책의 절반 이상에서 외부적으로 초점화되어 있다. 나머지에서는 몇 개의 예외는 있지만, 커디의 관점에서 다루어진다. 커디는 플롯에서 조력자의 기능을 담당하고 있지만 초점화를 통해 아이린 만큼 중요한 인물로 부각된다. 지하 통로를 통해 아이린과 커디가 탈출하는 장면의 묘사는 이 이야기에서 가장 극적인 에피소드인데, 이 장면들은 아이린 공주와 커디 사이를 왔다갔다하며 전환된다. 그 후에 결국, 커디는 아이린 공주를 넘어서서 주인공이 된다. 『공주와 고블린』에는 실제로 다수의 주인공이 등장한다. 이러한 다수의 주인공은 『The Giant's Heart』, 『Cross Purposes』, 『황금 열쇠』에도 나타난다. 하지만, Nesbit이 거의 매번 어린이 그룹을 중심에 만들었던 반면에(『모래 요정과 다섯 아이들』이나 『철길의 아이들』과 같은 책들에 특별히 잘 나타나 있듯이), MacDonald는 한 명의 소년과 한 명의 소녀로 구성된 성이 교차되는 행위항(actant)을 보여준다.

『The Giant's Heart』에는 Tricksey-Wee Buffy-Bob이라는 의미심장한 이름을 가진 남매가 등장하는데, 이야기에서 주로 단일 행위항(actant)으로서 수행한다. 트릭시는 좀더 비중 있고 활동적인 역할을 하지만, 『The Giant's Heart』이 모델로 하는 수많은 버전의 민담에서 사기꾼 역할은 여자 행위자뿐만 아니라 남자 행위자에 의해서도 수행될 수 있다. 『Cross Purposes』에서 앨리스가 대지주의 딸로, 그리고 리차드가 가난한 과부의 아들로 나오면서 성 대립에 계급 대립이 더해지고, 달리보기(heterological) 갈등은 『공주와 고블린』에서 완전히 발전된다. 이러한 양식은 그 시대에 유행했던 로맨스뿐만 아니라 민담에서도 흔한 것이다. 계급의 차이는 어린이들에게 그들을 동화의 나라로 데려다 줄 적절한 메신저-소녀에게는 예쁜 요정, 소년에게는 못생긴 고블린-들을 보냄으로써 두드러진다. 처음에는 비록 그들이 각각의 장에서 서로 분리되어 동화의 나라로 가는 길목이 묘사되고 또한 앨리스가 먼저 소개되기는 하지만, Propp식으로 말하자면, "공주"의 전통적인 역할을 부여받은 앨리스는 이 동화에서 리차드가 해결책을 찾고 있는 동안 울음을 터트릴 뿐만 아니라, "그는 강한 팔로 앨리스를 붙잡았습니다."(115)와 같은 문장을 통해 앨리스는 대리인이 전혀 없는 모험의 객체로 계속해서 강조된다. 리차드 역시 자신이 사랑에 빠진 것을 발견하면서 앨리스를 "사내다운 시선"으로 바라본다. 그에 앞서, 앨리스는 화자의 관점을 통해 제멋대로이고 무례한 것으로 등장하였다. 하지만, 우리는 "내가 가난한 과부의 아들을 사랑하게 될 수도 있을까?"(115)라는 문장을 통해 앨리스의 생각을 어렴풋이 알 수 있으며, 두 등장인물은 더도 말고 덜도 말고 집으로 돌아온다는 공동의 목표를 가진 하나의 단일 행위항으로 연합된다.

두 어린이는 똑같이 대상화되어 요정 여왕의 뜻대로 장난감으로 나타난다. 그들은 성공적인 통과의례에도 불구하고, 동화 나라의 경계와는 달리 불가해 보이는 계급의 경계로 인하여 연합되지 못하고 헤어져야만 한다. 그 대신에, "그들은 용기에 대한 보상으로 요정 여왕은 그들에게 동화 나라에 오고 싶을 때면 언제든지 방문할 수 있도록 허락해 주었다."(119) 이는 동화 나라가 죽음의 영역일 뿐만 아니라, 꿈의 나라를 상징한다는 점에서 젊은 연인이 오직 그들의 상상에서나 혹은 죽음 안에서만 함께 할 수 있다는 것을 언약한, 모호한 결말이다. 완두콩꽃 요정과 독버섯 고블린의 운명에 대한 짧은 두 단락을 삽입함으로써 텍스트는 확실히 젊은 주인공들에게서 주체의 위치를 분리해낸다. 다른 말로 하면, 내포된 작가의 감정이 그들에 대해 아주 무관심하고 독자의 공감 역시 초대하지 않는다.

『Cross Purposes』와 반대로 『황금 열쇠』에서는 남자 주인공이 먼저 소개된다. 그가 황금 열쇠를 찾는 동안, 독자는 그를 이야기의 남자 주인공으로 인식하도록 고무되고 그의 주체성을 공유한다. 매우 흥미롭게도, 이러한 전략은 그가 처음에 이름도 없고 그래서 매우 어렴풋한 정체성을 가지면서 부분적으로 약화된다. 『황금 열쇠』에서 소년은 간접 자유 화법(free indirect speech)과 같은 수식적인 담화로 표현한다.

●●● 『황금 열쇠』 ; 122

"열쇠에 맞는 자물쇠는 어디 있는 걸까요? 분명 어딘가에 있을 거예요. 그렇지 않으면 자물쇠도 없는 열쇠를 누가 만들었겠어요? 그건 정말 한심한 일이죠."

수식적인 담화(figural discourse)는 등장인물에 대한 친밀한 느낌과 근접한 느낌을 만들어 낸다.

역시나 처음에는 이름이 없었던 여자 주인공은 비록 화자가 그녀의 잘못이 아니라고 강조하지만 소개가 부족하고, 방치되었으며, 거의 불쾌하기까지 한 모습으로 소개된다. 그래서 그녀는 즉각적으로 대상화된 위치에 넣어지고, 그녀가 비록 외면적으로 초점화된다 할지라도 화자의 전지전능함은 끊임없이 나타난다.

●●● 『황금 열쇠』 ; 124

"… 소녀의 행동은 몹시 지혜로웠다고 할 수 있어요. 소녀가 그걸 알고 한 건 아니지만요."

등장인물들이 모험에서 서로 헤어지게 될 때, 헝클이에게 좀 더 여유가 주어지는 대신, 헝클이는 이끼보다 더 많은 시험을 지나가야만 한다. 이것은 남성과 여성의 도입이 서로 다른 형태를 취한다는 것을 보여줄 뿐만 아니라, 남성은 "선택되는" 것으로, 그리고 여성은 수동적인 역할로 나타나는 것을 볼 수 있다.

●●● 『황금 열쇠』 ; 143

"여인은 칠 년을 거기에 앉아 기다린 거였어요."

이 이야기는 여러 세부적인 면에서 Andersen의 『눈의 여왕』과 놀랍도록 비슷하게 보이지만, MacDonald의 등장인물들이 보여주는 성의 수행은 Andersen의 이야기와 정 반대이다.

MacDonald의 동화에서 어린이 등장인물은 성에 관한 한 바뀔 수 있다는 것이 내 주장이며, 주인공이 다수일 때 성의 치환은 효과적이다. 주인공 성을 선택하는 것은 적어도 설화론적인 관점에서는 임의적인 것으로 보이며, 동질 초점화와 이질 초점화 사이의 의미있는 차이점은 발견되지 않았다. 다른 여러 세부사항들 중에서 감탄과 겸손의 양면적인 감정 병존의 함의를 지닌 '아동' 이라는 단어는 소년이나 소녀에 대해 무비판적으로 사용된다. 어떤 텍스트가 주어지더라도 힘의 균형에 대한 전반적인 지각은 타자화에 대한 다양한 양상의 시너지 효과에 달려 있다. 크리스테바주의(Kristevian)나 라캉주의(Lacanian)의 MacDonald 읽기에서(Gray, 1996; Jenkins, 2004) "주체 위치의 불안정성" 에 대한 생각은 발전되었다. 성인과 아동 사이의 힘의 긴장의 축이 성(gender)의 축보다 상당히 강력한 것처럼 보여서, 사실상 성의 축은 무시해도 될 정도이다. 성인 규범(normativity)은 주요하고, 비록 의식하지 못하고 있다 할지라도 시작점에 있다. MacDonald는 "낯설고", "기이하며", "특이한" 것(McGillis, 2003)의 원래 의미를 '확장' 과 '다르게 하기' 를 통해 개념에 넣음으로써 자신의 작품에서 성을 "기묘하게" 만든다고 여겨지고 있다. 나는 MacDonald가 성에 관계없이 주인공을 기이하게 만들어, 어린이를 그 자체로 낯설고, 이상하며, 다른 존재로 만든다는 논쟁을 계속해 나갈 것이다.

CHAPTER

05 미래의 타자화 : 디스토피아의 세계

- 어디에도 없는 곳과 모든 곳
- 완전한 행복? 전체주의적 행복?
- 권력의 구조
- 권력, 기억, 그리고 언어
- 목소리와 주관성
- 네가 원하는 것은 어디에?

CHAPTER

05 미래의 타자화 : 디스토피아의 세계

1990년대와 21세기에 이른 후에도 한참 동안, 전 세계적으로 아동과 청소년문학에서 디스토피아 유행 경향을 볼 수 있었다. 많은 비평들이 거듭 지적하듯, 아동문학은 본래 유토피아를 그린다. 아동 소설에는 성인 작가의 향수 어린 기억과 돌아갈 수 없는 어린 시절 전원풍경에 대한 그리움이 묻어나는 행복하고 순진무구한 아동들이 등장하게 된다. 최근 아동 소설에서 두드러지게 보이는 새로운 경향인 디스토피아의 특성은 원래 아동문학이 추구하는 방향과는 상반된다. 아동문학 비평가들처럼, 우리도 강한 신념을 가지고 미래에 대해 낙관적 관점에서 보려한다. 그러나 최근의 아동 소설들이 설정하는 가깝거나 먼 미래에서는 이런 모습을 거의 찾을 수 없다. 오히려 인류의 멸망이나 지구 종말, 도덕적 부패와 증가하는 사회적 의견 차이, 일탈에 대한 무자비한 묘사를 보게 된다.

아동을 위한 디스토피아 소설에서, 디스토피아 줄거리의 배경이 되는 사회는 매우 정돈되고, 위계적이지만 지루하다. 그런데, 이러한 사회를 창조해 온 사람들이 성인들이기에 성인의 세계가 세밀하게 조사된다. 사실 그런 의문은 어린 독자들을 위한 디스토피아 소설의 수많은 전형 중 하나에 불과하다. 더군다나 아동문학 전통에 부합하는 상황인, 아동이나 젊은이가 그 사회에 의문을 가지고, 그 사회의 정의에 관해 관심을 갖게 되는 상황이 일어나지만, 성인 사회는 그 반항을 제압한다. 이 장에서는 Lois Lowry의 『기억 전달자_The Giver』(1993), Jenny Robson의 『The Denials of Kow-Ten』(1998), Malorie Blackman의 『Noughts and Crosses』(2001), Ylva Karlsson의 『Wither You Long』(2001), M.T. Anderson의 『피드_Feed』(2002) 등의 최근 소설로 계속해서 나타나는 디스토피아 형상을 설명하려 한다. 이 책들은 세계 여러 나라에서 출판되었기에, 그들이 가지는 공통점들은 어떠한 하나의 증상이라고 생각된다.

많은 비평가들은 유토피아와 디스토피아를 긴밀하게 연결된 두 개의 문학 영역으로 다룬다. Fredric Jameson(2005)은 유토피아와 디스토피아의 구분을 두지 않는다. 더군다나 그는 정치적 관점에서는 유토피아가 디스토피아라고 정의한다. 유토피아를 문학의 장르라기보다는 정치적 개념으로 본다. 가장 근접한 장르는 풍자문학으로 대부분 그의 소재는 정치적 해석을 담은 과학 소설이다. 최근의 아동문학비평서(Hintz and Ostry, 2003)도 유토피아를 매우 폭 넓게 다룬다. 그러나 나는 유토피아와 디스토피아를 구분할 필요가 있다고 생각한다. 만약 유토피아문학이 이상적이나 다가갈 수 없는 사회를 묘사한다면, 디스토피아는 두려운 장면, 우리가 피하고 싶은 사회의 모습에 대해 경고하기 때문이다. 두 장르 모두 힘과 억압의 문제를 살펴보는 방법이지만, 이 두 방법은 전혀 다르다.

아동 독자를 위한 최근의 디스토피아는 힘의 관점에서 분석해 보면 재미있는 몇 가지 고정관념들을 가지고 있다. 독자는 소설에서 표현된 사회의 규칙들이 낯설고, 등장인물들은 우리의 '정상' 세계를 알지 못하는 이중 소외 효과가 디스토피아를 건설하는 중요한 역할을 한다. 이로 인해 디스토피아 소설은 정상성을 파괴하는 훌륭한 전략이 되는 것이다. 그러나 모든 아동 소설 작가들이 일관된 방법으로 이 장르를 사용하고 있는 것은 결코 아니다.

어디에도 없는 곳과 모든 곳

'유토피아'라는 단어가 '어디에도 없는 곳' 을 의미하기 때문에 그 반대인 디스토피아 또는 반유토피아도 그 반대를 의미해야 한다. 그러나 '어디에도 없는 곳' 의 반대는 무엇인가? 최소한 디스토피아가 문맥상, 문자적 맥락에서 '모든 곳' 으로 이해될 수는 없다. 그러나 디스토피아 안에서는 어느 곳에서나 전체주의적 사회의 위협과 전체주의적 사고가 존재한다. 사실, 전체주의는 디스토피아의 없어서는 안 될 현상으로 보이며, 또 디스토피아 소설에서 민주주의를 선택한 경우는 결코 읽어본 적이 없다. 특히 청소년 소설에서 디스토피아는 보통 조심스러운 소재로 사용되기 때문에, 그 시작점은 현 사회의 부정적 발달에서 비롯된다.

디스토피아의 시공간(chronotope)[1]은 미래에서 일어나기 때문에 독자는 거리감을 느낀다. 이 시간적·공간적 분리만으로도 이미 강력한 소외를 만들게 된다. 그러나 독자에게 더 강한 영향을 주는 소설들은 『Whither You Long』에서 표현된 것 같이 거의 현재처럼, 어떤 순간에도, 어느 곳에서든지, 누구에게든지 일어날 수 있는, 이미 일어났을 수도 있는 무엇으로 인식되도록 미래를 아주 가깝게 그린다.

●●● 『Whither You Long』 ; 5

아직은 아니지만 곧, 짧은 시간 안에, 잠시 후에. 바로 저 모퉁이 뒤에서 기다리고 있는….

이는 특히 출판 당시 가까운 미래인 새 천년을 기념하며 시작한 『The Denials of Kow-Ten』에서 분명하게 보인다. 비록 이야기 시작 후에 기술이 빠르게 개발된 것을 설명하기 위해 이야기가 65년 후로 진행되어도, 주인공들은 여전히 살아 있고 주요 줄거리에 견고하게 등장한다. 『피드』는 기술의 수준이 발달한 먼 미래를 그린다. 화자 타이터스는 얼마나 오래 전에 피드가 도입되었는지 알지 못한다.

●●● 『피드』 ; 47

50년 혹은 100년 전. 그 이전 인류는 자신의 손과 눈을 사용해 왔다. 컴퓨터는 모두 신체의 외부에 있었다.

『Noughts and Crosses』는 정확하게 디스토피아를 그리고 있지는 않다. 하지만 이 공상소설은, 인류의 역사가 상반되게 발달해 왔다는 것을 전제로 이루어진다. 『Noughts and Crosses』에서는 수세기 동안 흑인이 지배적 지위를 누리고, 백인은 억압받고, 최근까지 노예같은 상태이다. 공상 소설에서 이런 모습은 독자와 동떨어지게 느껴져 실제 시간 암시는 의미가 없게 된다. 『Whither You Long』은 미래를 배경으로 하나 소설 안에서 직접적인 시간 암시를 주진 않는다. 20년 후이거나 더 이후일 수도 있다. 왜냐하면 소설 속 나이든 세대들은 소설 속 옛날, 즉 현실 속 지금 어떻게 생활했었

1) 러시아 논리철학자이며 문리철학자 M. M. Bakhtin이 소설에서 내러티브와 다른 언어 행위가 일어나는 시·공간 메트릭스를 지칭하기 위해 처음 쓴 용어로 예를 들어, '여기 저기 인간이 등장했을 때' 와 같은 표현으로 살펴볼 수 있다.

는지를 기억하고 있기 때문이다.

지리적으로도 디스토피아 사회는 세상으로부터 분리되어야 한다. 이는 『The Denials』에서 반복하여 사용되는 개념인 고립지로 표현된다. 시민들은 자신의 공동체 외부의 방식과 습관에 대해 알지 못하도록 통제된다. 남아프리카에 위치한 노우-텐 고립지는 바깥 세계에 대한 거짓 이미지가 끊임없이 투사되는 벽으로 둘러싸여 있다.

●●● 『The Denials of Kow-Ten』 ; 25

깊숙한 곳 무성하고 신비스런 정글 속에는 조용한 무거운 공기가 맴돌았다… 밝은 오후 햇빛 아래에서도 마구 엉킨 초록 그림자 속으로 정글의 작은 길들이 마구 나 있었다.

이런 묘사는 주인공이 성장해 온 전원적이고 순수한 느낌을 만들어낸다. 실제로, 담장 너머에는 황량한 황야뿐이다. 지구에는 룬드 씩스티, 아타이 나인, 벌 나인티 투, 지니브 에이티, 카이로 세븐티와 모스크 포티 나인 등 이와 유사한 몇 군데의 고립지가 더 있다. 이들은 스위스 알프스의 청량한 광경 또는 토케 투언티 투와 사이드 나인티 트리는 주위의 드넓은 바다 같은, 오래 전 사진들이 투영된 하나의 담으로 둘러싸여 있고, 그 담장 밖에는 회복할 수 없을 정도로 파괴된 광경이다.

『기억 전달자』는 그 시공이 모호하고, 격리된 공동체가 어떻게 생기게 되었는지에 대한 설명이 없다. 『Feed』에서 디스토피아는 북아메리카에 위치하고 국제 동맹국으로 알려진 다른 세계들과 분리되어 있다. 그러나 고립지는 그들의 정책과 이념에 반하는 나라들, 그리고 남아메리카 국가들과 식민지 전쟁을 치른다. 『Noughts and Crosses』는 명확한 지역에 대한 언급이 없으나 간접적으로 판게안(pangaean)[2] 경제 공동체와 확실히 분리되어 인종 분리가 나타나지 않는 영국을 지목한다. 이 두 소설 모두에서 디스토피아 고립지는 나머지 세계와 맞서게 된다. 『The Denials』에서는 담장 너머 세계를 '외부'라 하고, 이는 『기억 전달자』에서의 '다른 곳'과 같은 의미이다. 등장인물들은 외부세계를 인식하지 못하기에 행복한 상태이든지 또는 마찬가지로 행복하게 그것을 악으로 확신한다. 더 자세히 보면 디스토피아는 소수가 최고

2) 2만 5000년 전 대륙이 여럿으로 갈라지기 전 하나의 대륙으로 있을 때의 지형이다.

의 사치를 누리지만 나머지 대중은 극히 괴로운 삶을 산다. 이런 현상은 『피드』에서 현저하여 주인공이면서 화자인 타이터스는 인공 바람과 태양을 켜고 끌 수 있는 개별기후통제장치가 있는 호화로운 집에 산다. 그는 은행에 엄청난 자산이 있고, 멋진 비행기를 타며 주말에는 달, 화성과 목성에 간다. 우연히 그가 만난 여자 바이올렛은 수 층 지하의 가난한 동네에 산다. 바이올렛의 아버지는 딸의 달 여행을 위해 1년 동안 저축하고, 딸에게 적절한 의학치료를 해 줄 여유도 없다. 『Noughts and Crosses』에서 부유한 정치가의 딸인 세피는 지배계층의 모든 특권을 누리지만, 가난한 백인인 노트들은 천한 일을 하고 저택에서 크로스들을 섬긴다. 세피는 자신의 상황을 생각한다.

●●● 『Noughts and Crosses』 ; 30

내 부모의 별장. 네 사람이 사용하는 7개의 방과 5개의 접견실이 있는

이는 몇 페이지 뒤 나오는 캘럼의 관찰에서 다시 표현된다.

●●● 『Noughts and Crosses』 ; 33

세피의 집에서 돌아올 때 마다 나는 내가 내 집이라고 부르는 곳의 충격적 광경에 움찔한다.

세피의 집과 칼럼의 집에서의 식사가 몇 번 반복하여 대조되며 그 내용이 상세하게 비교된다. 오렌지주스 대신 저지방 우유와 물, 잘 차려진 식사 대신 파스타와 저민 고기. 부유한 크로스들은 특수학교에 가지만, 노트들은 교육받지도 못하고 좋은 직업도 가질 수 없다. 노트들은 대중교통을 이용할 때에도 모욕을 당하고, 상점에서는 도둑으로 취급되며, 뉴스에서는 부정적으로 조명되고, 영화에서는 술취한 사람, 범죄자로 묘사된다. 서로가 서로를 증오하는 것이 당연하게 여겨지는 현실이다. 아마도 얼핏 보면 『기억 전달자』에서 평등과 어떤 계층 차별도 없는 사회를 그린다고 믿지만, 더 자세히 보면 다른 소설에서 보이는 강력한 계층구조가 사회 정의를 유지하고 있음을 알 수 있다.

『The Denials』에서, 샤일은 고립지를 건설했던 노동자들이 그 프로젝트를 설계한 상위계층에게 배신당하고 소수만 살아남아, 저 담 밖 세계에 비참하게 버려졌다는

것을 알게 된다. 고립지 외부 사람들은 내부의 사람들과는 전혀 다른 미개한 사람들로, 고립지의 안전을 위협하는 사람들로 표현된다. 그들은 코우 텐 밖 정글에서, 또 지니브에서는 알프스의 산 동굴에서 숨어산다. 고립지 프로젝트의 전제 중 하나는 계속적인 개혁이다.

경관은 보기 좋게 가지런히 정돈되고 체계적으로 맞춰지며, 날씨는 관찰하여 기록된다. 노우-텐 고립지에서는 적도의 뜨거운 태양이 인공 안개 속에 가려지고, 곁에서 빛나고 정확히 저녁 7시 30분에는 비가 오기 시작한다. 비를 만드는 데 필요한 구름은 날씨 탑이 바깥쪽에서 끌어온다. 따라서 고립지 외부 세계에서는 고립지 내 사람들은 플라-다이포즈 또는 비 도둑이라고 부른다. 『피드』에서는 유전기술로 안심이 자라는 소고기 농장과 인공 공기 공장을 세우기 위해 자연은 파괴되고 바다는 오염되고 숲은 베어진다. 도시는 플라스틱 돔으로 보호되고, 밖으로 나가려면 사람들은 보호복과 헬멧을 착용해야 한다. 사람들은 모두 농창으로 피부가 벗겨져 고통 받는다. 권력자들은 이러한 비극을 광고의 기회로 이용하여, 상처를 마치 패션인양 소개한다. 대조적으로 『Noughts and Crosses』에서의 세계는 깨끗한 개인 해변과 공원이 있으며, 생태환경 문제는 전혀 언급되지 않는다. 그 대신 사회 문제가 조명된다. 『Wither You Long』은 도시의 부패와 대조적으로 자연의 전원적인 섬을 보여준다.

여러 책에서 보여주는 산업화의 정도는 『기억 전달자』에서 보이는 초보적인 것부터 『The Denials』와 『피드』에서의 여러 나라들을 연결하는 터널을 이용해 초고속 우주선이 움직이며 연결통로를 위 아래로 다니는 고도로 발달된 것까지 다양하다. 그러나 공통된 모습은 고도로 발달한 기술과 윤리 사이의 과장된 부조화이다.

완전한 행복? 전체주의적 행복?

디스토피아 사회의 또 다른 모습은 디스토피아 주민들이 당연히 없을 것으로 여기는 기아, 실직, 질병이 실제로도 없다는 것이다. 행복한 소수를 위해 식량은 자동으로 공급된다. 『피드』에서 음식은 가정용 합성기에서 생산되고, 일회용 접시, 수저, 심지어 식탁까지 등장한다. 『기억 전달자』에서 음식은 공동식당에서 배달된다. 음식은 배급되고, 특별히 맛있거나 영양이 풍부하진 않다. 그러나 주인공들은 다른 음식에 대해 알지 못하기 때문에, 비교할 대상이 없다. 이렇듯 비교기준의 부재는 권력자가 시민을 통제하기 위한 토대이다.

『기억 전달자』에서는 제복이나, 교통수단으로서 자전거같이 아주 기본적인 수준이지만 모든 생필품이 제공되기 때문에 돈에 대한 개념이 없다. 『The Denials』에서도 고립지 외부의 주민들은 척박한 땅이 주는 것에 의존하여 생활하고, 고립지 내부의 주민들은 원하는 무엇이든지 갖기 때문에 돈은 걱정거리가 아니다. 중심인물에게 시민들은 별 의미가 없으므로 시민들의 일상적 필요에는 관심이 없다. 샤인은 버려진 낡은 상가를 둘러본 후 처음으로 생각을 한다.

●●● 『The Denials』 ; 64

판매 상품들은 다 어디 있지? 지문 판독기는 어디 있는 거지?

이는 그들의 필요는 언제나 충족되었기 때문에 이런 질문을 할 필요가 없었다는 것을 보여 준다. 역으로 『피드』에는 소비주의에 대한 묘사가 두드러져, 값비싼 새 옷을 사려는 타이터스의 누를 수 없는 욕망이 강조된다. 『Noughts and Crosses』에서, 캘럼의 아버지는 세피의 드레스가 자신의 연봉보다 비싸다는 것에 주목한다. 세피는 은행 계좌의 돈과 용돈을 아버지에게 받는다. 캘럼 부모는 자녀 둘을 학교에 보낼 여유가 없다. 돈이 분명한 문제로 조명된다.

다양하게 개발된 약에 의해 질병이 없어지고, 작은 상처도 즉시 진통제를 이용하여 치료한다. 고통과 질병이 없어짐에 따라 등장인물들은 이런 것을 더 견디지 못한다. 즉, 『기억 전달자』에서 조너스는 한 수용자의 기억에서 약간의 통증을 처음 경험하게 되었을 때 진통제를 구걸한다. 샤인의 어머니는 이지스라는 미래 행운 알약을 먹는다.

『기억 전달자』와 『The Denials』에서는 어려서부터 평생할 일을 주어져 완전고용이 이루어지는데 이로 인해 가족들과 떨어지게 된다. 한 번 세워진 사회의 위계질서는 영구히 계속된다.

『The Denials』는 주인공 샤인의 오빠가 수습 개조자로서 첫 취직을 하여 사회를 지배하는 고위층이 되는 과정을 묘사한다. 그의 아버지는 엔지니어이다. 샤인은 영재들만 다니는 특수한 학교에 다닌다. 『피드』에서는, 아주 큰 소비자를 위한 회사가 "이 세상 모든 사람들을 취직시켜준다."(49) 타이터스의 아버지는 "은행과 관련된 어떤 일"을 하시고 어머니는 "디자인을 하신다."(65) 세피의 아버지는 정치인이시고, 내무성 장관이 되신다. 바이올렛의 아버지는 매우 가난한 대학 교수이시고, 이것은 사회가 교육직에 대해 어떻게 생각하는지를 보여준다. 캘럼의 부모님이 사소한 작은 일을 하시는 노동자들이시면, 캘럼과 그의 형제는 그다지 밝은 미래가 예상되지는 않는다.

『기억 전달자』에서 모든 아동들은 아주 어려서부터 실제로는 강요된 노동인 소위 자원봉사에 참여한다. 분명 누군가는 쓰레기를 수거하고, 음식을 준비하며, 빨래를 하는 것이 확실한데, 이 책은 육체노동에 대한 묘사는 조심스럽게 피해 간다. 대신 우리는 한 노인의 집에서, 젊은 주인공이 자신이 사는 사회의 계층에 대해 깊이 생각하는 장면에서 노동 조건을 알 수 있다. 조너스의 부모는 전형적인, 변호사와 간호사이다(성역할이 반대로 된). 많은 디스토피아들에서처럼 그 사회에는 육체노동을 무시한다.

●●● 『기억 전달자』 ; 17

그는 육체 노동자들을 전혀 부러워하지 않았다.

●●● 『기억 전달자』 ; 53

양식장 인부. 조너스는 그가 원하지 않았던 그 직업이 다른 사람에게로 넘어간 것에 기뻐했다.

주인공은 비천한 직업보다는 지적인 작업에 배정된다. 비록 『기억 전달자』에게서 고통스런, 외상적인 기억을 받았더라도 그 중에는 노동에 대한 것은 없다. 조너스의 사회에서는 일하는 것이 당연하기 때문이다. 그러나 주인공을 물고기 부화장 인부 같은 직업으로 설정하기보다는 현명하고 지적인 인물로 설정하는 것이 더 낫다. 비록 『Noughts and Crosses』에서, 캘럼은 가난한 노동계급 출신이지만 그뿐만 아니라 그의 가족 중 누구도 노동을 하는 모습이 책에서 묘사되지는 않는다. 대신 캘럼이 특수학교에 갔다는 사실이 설명된다.

디스토피아에서 가족은 외관상 완벽하나, 현대적 시각에서 보면 역기능적이다. 『기억 전달자』는 인위적으로 구성되는 가족과 아동 공장에서 길러지는 아동들을 묘사한다. 『피드』에서 타이터스의 친구는 어마어마한 돈을 들여 링컨의 유전자에서 복제된다. 타이터스도 부모가 유전 기술자에게 원하는 유형의 자녀를 정확하게 주문하는 '수정실(conceptionarium)'에서 생산되었다. 『The Denials of Kow-Ten』에서는 이런 부분은 언급되지 않지만, 『The Denials of Kow-Ten』과 『기억 전달자』 모두에서 자녀들은 전문 훈련을 받기 전까지만 부모들과 함께 산다. 『The Denials』에서 아버지들은 가족과 떨어져 산다. 『기억 전달자』에서 노인들은 따로 노인의 집에 살다가, 편리하게 제거된다.

가족묘사에서 반복되는 전형 중 하나는 부유한 특권 계층 부모는 냉철하고 독립적이며 권위적이고 때론 비도덕적이라는 것이다. 특권을 누리지 못하는 부모는 비록 자녀가 부자 친구들과의 사귀는 것을 찬성하진 않지만, 따뜻하고 배려하며 이해심이 많다. 부모와 성인들의 거짓말을 아동이 간파할 때 야기되는, 부모와 자녀 간의 갈등이 아동 소설에서 늘 부각되는 주제이다. 그러나 이것이 디스토피아라는 무대와 결합되면 사회적으로 의식 있고, 윤리적으로 무장된 문학이라는 새로운 유형이 된다. 여러 책들에서는 지금부터 50~200년 후의 미래 세대들도 오늘날과 같은 가치관을 지닐 것이라 한다. 거의 모든 소설들에서 사회의 특권 계층 사람들은 나쁘고 이기적이며 파괴적이다. 부자들과 권력자들은 환경 생태 문제들을 무시하고, 비윤리적 의학실험을 자행한다. 인류의 삶은 가치가 없다. 성인을 향한 분노가 표출되고, 성인들이 그 책임을 지는 동안 작가들은 어린 주인공의 편을 드는 척한다. 여전히 의문이 남는다. 언제부터 개개인이 책임감이라는 감정을 느끼는가? 『기억 전달자』에서 왜 성인들이 극복하지 못하는 아픈 기억들을 12세 소년이 극복하고 책임져야 하는가?

성인들을 대신해 세상의 악에 대항하는 순수하고 순진무구한 아동에 대한 맹목적인 낭만의 신념은 여전한가? 아니면 성인작가가 자신의 무력감에 대한 죄책감으로 아동에게 짐을 떠넘기는 것인가? 작가의 자아방어라도 되는 양, 모든 소설에서 최소한 한 명 정도의 호의적 성인이 나타나 방황하는 청소년에게 진리를 설명하는 멘토의 기능을 한다. 『기억 전달자』에서의 기억 보유자, 『The Denials』에서의 착한 쌍둥이 이기투르, 또는 『Feed』에서 바이올렛의 아버지가 그러했던 것과도 유사한 면모를 보인다.

권력의 구조

대부분의 디스토피아 소설의 줄거리들은 인종, 계층, 성 등의 이질 논리적 관심을 다룬다. 『The Denials』에서 샤인은 자신과 친구들이 피부색이 다르다는 사실을 깊이 생각한다. 그는 흑인이고 그의 친구 블린다는 백인임이 확실해진다. 아직 피부색은 문제로 여겨지지 않는다. 다국적 다민족 모의에 의해 독재 정치인 '소수민족 청사진 이행'이 마련되었다. 여전히 여성은 권력을 지닐 수 없다. 샤인은 오빠의 행사에 참석하였다가 여성 지도자가 존재하지 않는다는 것과 훈련생 중에도 소녀가 없음을 깨닫는다. 이러한 정치적인 면에서는 『기억 전달자』가 더 정확하다. 왜냐하면 『기억 전달자』에서는 대표 원로가 여성이기 때문이다.

『피드』와 『Noughts and Cross』에서, 갈등은 계층의 차이에서 비롯된다. 처음부터 크로스로 언급되는 부유한 사람들과 경멸적으로 노트라 불리는 가난한 사람들 사이에서 상당한 분열이 시작된다. 이들의 계층 차이는 '크로스(Crosses)'를 쓸 때는 대문자를 노트(noughts)의 경우엔 소문자를 사용함으로 더 강조된다. 그러나 이어지는 내용에서 크로스의 피부색은 검고, 노트는 희다고 분명하게 표현된다. 역사의 상반된 발달을 설명하기 위해, 늘 통치계층에 의해 쓰여지는 진짜 역사처럼, 크로스에 의해 쓰여진 역사를 독자들에게 설명하기 위해 소설 속 학교수업을 이용한다. 소설 속에서 인종에 따라 반을 나눈다는 사실은 미국의 노예나 남아프리카의 인종차별과 유사하다고 볼 수 있는데, 이러한 분반은 소설 속 비밀 테러조직을 제외하고는 아무도 문제 삼으려 하지 않는다. 세피와의 대화에서 캘럼은 말한다.

●●● 『Noughts and Cross』 ; 27

"우리는 노트이고 너는 크로스야."

깊이 상처받은 세피는 대답한다.

●●● 『Noughts and Cross』 ; 27

우리 사이에 거대한 큰 장벽이. 너는 이쪽에 나는 저쪽으로 나눈 것처럼

비록 『The Denials』에서 담장처럼 물리적 장벽은 아니지만 정신적인 장벽이 분명하게 존재한다. 나중에 드러나는 사실로는 크로스는 세계 종교의 사자들이며, 따라서 신과 더 가깝다고 표현된다. 크로스 호칭은 인기 있는 게임을 생각나게 하여 계속되는 계층 투쟁을 암시할 뿐 아니라 신은 오직 크로스들만의 신이고 크로스마스(Crossmas)에 숭배된다는 변형된 기독교 신앙도 암시하고 있다. 노트들에게는 신이 없다.

경제적 권력으로 계층이 구분된 『피드』에서 상위 계층은 생명을 유지하는 이식칩을 가질 수 있다. 이는 하위 계층은 도저히 감당할 수 없는 것이다. 타이터스가 피드의 장점을 들어 권력자들을 옹호하려 할 때, 바이올렛은 미국인 중 단지 73%만이 피드를 가지고 있음을 그에게 상기시켜 타이터스를 경악시킨다. 대부분의 디스토피아에서, 고위 권력자들은 등장인물로 하여금 비교 대상이 없기 때문에 자신들이 호화로운 생활을 하고 있다고 믿게 만든다. 그러나 바이올렛은 자신의 피지배적 위치를 심각하게 인식하여 아버지와 이념적 철학을 나누지 않고, 타이터스에게 이렇게 이야기한다.

●●● 『피드』 ; 227

너는 삶을 내가 늘 원해 왔던 것처럼 산다.

마지막 논쟁 중에 타이터스는 자신과 친구들을 망신시켰다고 바이올렛을 비난한다.

●●● 『피드』 ; 271

늘 네 작은 소망은 우리처럼 될 수 있다면 하는 거지.

이와 비슷하게, 캘럼은 교육받기를 꿈꾼다.

●●● 『Noughts and Cross』 ; 151

큰 집에 살고, 은행에 돈이 있고, 일하지 않아도 되고, 가는 곳마다 존경받는

캘럼은 자신의 미래를 설계할 때 크로스기준에 따라 설정한다. 하위 계층 젊은 이들의 열망은 가능한 한 빨리 자신의 계층을 벗어나는 것임을 암시한다. 캘럼의 여동생 리넷은 한 동안 크로스 남자친구를 사귀었고, 그는 분개한 노트들에 의해 살해당했다. 리넷은 정신적 충격에서 벗어나면서 미쳐서, 자신은 크로스이며, 실수로 노트 가족에서 키워졌다고 상상한다. 그의 형 주드는 여동생의 감정을 기록한다.

●●● 『Noughts and Cross』 ; 53

나는 네가 이렇게 사는 것을 증오하고, 우리를 증오하고, 그들 중 하나로 태어나지 않은 너 자신을 증오하는 것을 보아왔다.

모든 책에서 또래의 10대가 등장하는데, 주인공과 성별이 다르거나, 인종 또는 계층이 다르고, 때론 이 모두가 달라서 소외된다. 바이올렛은 권력자들이 그녀를 완전히 통제하기 위해 이식하려는 칩인 피드의 압력에 저항하려 한다. 타이터스 무시와 자만을 없애기 위한 창조주의 대변인처럼 바이올렛은 말한다.

●●● 『피드』[3] ; 97

그들은 네가 어떤 사람인지를 꿰뚫어보고 또 손 쉬운 마케팅을 위해 어느 한 유형에 널 순응시키려 노력하지. 그건 마치 반복되는 쳇바퀴 같은 거야. 그들은 모든 걸 더욱 기본형으로 만들고 그래서 그게 누구한테나 맞도록 해. 그리고 점차, 뭐든 기본적인 것에 익숙해져서 우린 모두 특색 없는 사람이 되어 가고 자꾸 단순해져.

바이올렛은 정치적으로도 환경적으로도 관심이 많은데, 그녀는 타이터스에게 세계가 얼마나 미국인들을 "그들이 한 일"(111) 때문에 증오하는지 설명하려 한다. 『The Denials』에서 블린다는 결국 샤인의 기억이 지워진 것을 깨달으면서 그들이 세뇌당하고 있다는 사실을 알게 된다.

---

3) 조현업 역(2009) 「피드」를 참조하였다. 쪽 번호는 원문의 것이다.

『기억 전달자』에서는 나타나지 않고, 『The Daniels』에서는 모호하게 없지만, 『피드』에서와 『Noughts and Crosses』에서의 계층 간 사랑은 성은 물론 인종에 대한 차이를 표현한다. 『Wither You Long』은 한걸음 더 나아가 이성 대 동성애자의 문제를 둘러싼 갈등을 보인다. 스톡홀름 교외의 부유한 북쪽 출신의 젊은 상류층 소녀가 남쪽의 슬럼(비록 지금은 젊은 지식인들 사이에 가장 멋진 동네지만 원래 도시 노동 계층의 지역) 출신의 '보통 소녀'를 만나는 레즈비언의 사랑 이야기가 묘사된다. 이야기는 전형적인 문학 줄거리로 돌아가, 몇몇 논의된 디스토피아에서처럼 현저하게 다른 사회 집단 사이의 사랑을 다룬다. 필연적으로 이 주제는 갈등을 야기하고, 상류층 파트너는 그들 사이의 계층 차이와 사회 부조리를 알게 된다. 『Wither You Long』에서, 헤드비그의 사회적 의분과 약속은, 마리아와의 열애에 의해 잠시 미루어진다. 사회적 갈등과 사랑 사이의 딜레마는 소설에서 공통적인 주제이기도 하다. 마리아라는 이름 자체가 그녀가 가난할 뿐만 아니라 이민자이거나 이민자의 자녀임을 알려준다. 그러므로 이는 또 다른 복선을 의미한다. 예상대로, 헤드비그의 파트너는 글을 거의 읽지도 못하지만, 그녀는 지적이고, 시를 좋아한다.

헤드비그는 부유한 약혼자에게 양심의 가책을 느끼지 않지만, 자신의 노트북으로 부모와 다른 부유한 사람들의 계좌에 접근하여 돈을 빼낼 때는 마음이 편치 않다. 부모에 대한 반항은 어떠한 젊은이든 갖기 마련이지만, 자신의 사회적 지위에 대한 충실함은 쉽게 무시할 수 없는 것이다. 『Noughts and Crosses』에서도 마찬가지이다. 남쪽에서 가난한 지역에 잠시 살 동안 헤드비그는 굶주린 자들과 추위에 떠는 자들, 실직자들에게 연민을 느낀다. 심지어 그녀는 자기 할머니에게 노숙아들을 맡겨 스톡홀름 군도에 있는 빌라에서 돌보아 달라고도 한다. 그러면서도 헤드비그는 이전 생활과의 고리를 끊지 않음으로써, 좋고 건강한 음식과 따뜻한 목욕을 그리워하며, 언제든지 일등석 기차를 타고 집으로 돌아가 푹신한 침대에서 몇 시간의 휴식과 향기 나는 목욕, 치약과 칫솔, 클래식 음악과 깨끗한 옷으로 갈아입는 것 등을 즐길 수 있다. 비록 자신이 편안함을 추구하면서 수치심을 느끼지만, 그녀 안에 가난을 향한 반감이 서서히 자라고 있다. 가지지 못한 자들의 세계가 주인공의 시각을 통해 '지루한', '불결한', '혐오스런', '깨진', '역겨운', '전염성 있는' 등의 형용사들로 반복해서 표현된다. 거리에서 더러운 아이들이 노는 모습, 썩은 이를 드러낸 노인들과 황폐한 판자집 등을 지켜보면서 헤드비그는 이런 곳이 있다는 것을 알지 못했다고 거듭 적는다. 그녀의 세계는 『The Denials』에서의 고립지처럼 담장으로 둘러싸여지고 지켜져 왔다. 헤드비그의 이질적 경험은 담장 밖을 방황하는 샤인의 경험과 비슷하다. 황폐함, 불결, 악취, 폭력, 견딜 수 없는 열기, 강열한 태양, 나쁜 음식, 독이 든 물, 사악한 마음 등 이런 것들이 그가 그토록 궁금해 하던 알려지지 않은 세상과 그의 첫 만남이다. 더군다나, 그는 외부에도 그 나름의 갈등과 힘의 구조가 있음을 배운다. 고립지에서 보이는 조화로움은 이곳에선 찾아보기 힘들다. 그러나 노우-텐 내부와 다르게 과거에 대한 추억이 살아있고, 소중히 여겨지며 결코 잊혀지지 않는다. 외부 사람들은 세뇌되지 않았다.

권력, 기억, 그리고 언어

세뇌는 어느 디스토피아 사회에서나 나타나는 현상이다. 『피드』는 가장 심한 경우로 권력자들이 컴퓨터 칩을 삽입하여 시민들을 완벽하게 통제한다. 그들의 습관, 특히 쇼핑습관은 관찰되고 더 많은 구매를 하도록 만든다. 타이터스의 기록처럼 학교들은 기업에 의해 운영되기 때문에 쇼핑과 소비의 미학을 중점적으로 교육한다.

●●● 『피드』 ; 48

피드를 정말로 위대하게 만든 것은 우리가 원하고 희망하는 걸 피드가 속속들이 안다는 것이다. 대로는 자신이 미처 깨닫기도 전에 알아낸다.

타이터스는 겨우 읽을 수 있지만 그의 마음은 강력한 광고들에 의해 계속 공격당한다. 바이올렛은 홈스쿨을 하여 읽고 쓸 수 있다. 그러나 그런 지식과 기술은 그녀가 사는 세계에서는 쓸모가 없다. 타이터스와 그 친구들의 피드가 해킹당하여 잠시 동안 꺼졌을 때, 타이터스는 삶에서 완전히 잘려나간 느낌을 받는다. 반 피드(anti-feed) 활동가에 의해 이루어진 이 공격으로 인해 바이올렛의 피드는 완전히 손상된다. 피드는 정보를 지속적으로 흘려보내는 근원일 뿐만 아니라 신체의 움직임과 정서까지도 관장하는 두뇌활동 그 자체와 같다. 피드가 망가지자 바이올렛의 존재는 하나의 육체 덩어리에 불과하며, 결국 죽게 된다. 그녀의 기억과 언어, 지능이 점진적으로 소멸되어 감은 전체 사회의 몰락을 강하게 상징하고 있다.

『기억 전달자』에서 사회는 기억의 부재가 그 특징이다. 과거, 전쟁, 굶주림, 비참함 같은 충격적 기억뿐만 아니라 기쁨, 사랑, 우정, 모든 정서와 관련된 기억까지도 존재하지 않는다. 의미심장하게도, 사랑스런 가족과 함께 한 크리스마스이브의 잊혀진 기억이 상세하게 묘사된다. 디스토피아가 띄는 또 하나의 흥미로운 특징은 종교의 부재이기에, 크리스마스는 종교의식으로서의 가치보다 가족 결속으로서의 가치가 더 크게 부각된다. 『Noughts and Crosses』에서 특권계층은 '하나님의 선택'을 의미하나 신앙은 이념에 별 영향을 주지 않고 종교적 의례는 묘사되지 않는다. 『The Denials』에서 고립지의 사람들은 '핸랜(Hanran)'에 맹세하지만 이 설정된 신과 관련된 기억은 없다. 비슷하게 『피드』에서 거듭되는 '오미고드(Omigod)'라는 절규도 그 원래 지닌 뜻이 없어진다. 『피드』에서는 소비주의가 종교이며, 『기억 전달자』에서는 신앙에 대한 어떤 표현도 없다. 디스토피아의 주인공들은 단순히 종교가 무엇인지 알지 못하기 때문에 종교에 전혀 관심을 두지 않는다. 도덕심, 양심, 모든 개인의 신념과 함께 종교도 사회로부터 말살되었다.

등장인물과 독자의 지식, 이해, 육체적 경험과 정신적 경험 사이의 불일치가 디스토피아 소설의 중심이다. 그러나 어린 독자에게는 주인공의 윤리적 선택이 중요함을 이해시키기 위한 추가적인 노력이 필요하다. 우리는 세상에 색깔이 없다는 것은 상상조차 할 수 없다. 따라서 조너스가 자신이 지금까지 색깔이 존재하지 않는 세상에서 흑백으로 세계를 보고 있었다고 자각할 때까지 우리는 조너스 역시 색깔을 보고 있다고 당연스레 추측해왔다.

이와 유사하게 『The Denials』에서 주인공이자 관점자인 샤인이 의심하기 시작할 때까지 독자인 우리들은 정글과 사자의 실체에 대해서 의심조차 갖지 않는다. 아마도 예리한 독자는 사자가 매일 똑같은 구멍에 빠지는 것을 보며 무언가 잘못되었다는 것을 의심할 것이다. 샤인은 사자가 투사된 이미지임을 인식하지 못한다. 하지만 독자는 이러한 순진한 등장인물보다는 뛰어난 존재여야 한다. 더군다나 해설자로부터 이미 정보를 얻은 독자들은 고립지의 상황에 대해 더 잘 알고 있다. 그러나 정작 시민들은 "고립지의 모든 비밀지식을 관리하는"(32) 권력자들을 철저히 신뢰한다. 권력자들의 자리인 돔(Dome)의 좌우명은 '지식이 열쇠이다' 라고 한다. 하지만 지식은 오로지 최고 고위층에게만 허락된다. '외부', '다른 사람들', '이전' 에 관한 모든 정보들을 일반 시민들은 얻을 수 없다. 샤인은 인터넷 정보검색에서 답을 얻는다. "더 이상의 정보는 불필요하다." 성인들은 늘 현재의 사건 상황들에 대해 책임진다. 이러한 책임은 암시되어 표현될 수밖에 없다. 왜냐하면 디스토피아의 전제는 주인공에게 조명을 강하게 비춰주는 것이고, 그 주인공을 통해 소외된 사회가 표현되어야 하며, 나레이터의 장황한 중재가 없어야 하기 때문이다. 그럼에도 불구하고 어린 등장인물들은 성인들의 도덕적 부패를 일찍이 통찰해낸다. 『The Denials』에서 디스토피아를 만든 성인들은 아직 살아있지만, 그들의 기억은 세심하게 지워졌다.

전체주의 사회에서는 공공연한 비난이 미덕이고, 샤인은 자신의 가장 친한 친구 데이빗을 외부세상의 삶에 대해 자신에게 이야기해준 죄로 신고한다. 사회는 충성심을 조장하고, 최상의 선을 위하여(for greater good) FGG 공식에 의해 그 당위성이 설명된다. 이 약자의 의미는 처음 사용된 뒤 몇 페이지 뒤에 나오지만, 저자는 독자가 그 전에 그 뜻을 이해했을 것으로 기대한다. 그 슬로건은 "결과는 과정을 정당화해 준다."는 표면상의 예수회 좌우명을 생각나게 하고, 또한 공산주의 이념에 의해 도용되고, 『Noughts and Crosses』에서 테러리스트들에 의해 사용된다. 그러나 마음깊이 샤인은 부적절하게 행동함을 깨닫고 '양심' 이란 단어를 배웠을 때, 자기 친구에게 느꼈던 자신의 마음이 양심이라는 것을 깨닫는다. 모든 디스토피아 소설에서처럼, 이 에피소드는 언어의 힘을 보여주며 독자의 관심을 모은다. 『기억 전달자』는 권력자의 눈에 바람직하지 않다고 여겨지는 현상에 대한 모든 단어들이 제거된 언어를 사용하고, '언어 정확성' 이 억압의 도구로 사용되는 사회를 묘사한다. 예를 들면, 거기에는 인간의 감정과 관계를 기술하는 단어가 없다. 조너스가 그의 부모에게 자신을 사랑하는지 물을 때, 부모는 다음과 같이 답한다.

●●● 『기억 전달자』 ; 127

그 단어는 너무 무의미해서 거의 쓰이지 않게 되었지.

그보다는 아들의 성취에 자랑스러워하는지를 물으라고 한다. 조너스는 '사랑' 이란 단어 의미를 전달자(giver)로부터 배운다. 그러나 그 단어는 일반 단어에서 오랫동안 사용되지 않았다. 감정을 묘사하는 단어가 없으면, 그 감정은 인간의 정신세계에서 자연히 사라진다. 소설의 끝부분으로 가면서 조너스는 자기 주변의 사람들이 실제로 어떤 감정을 느끼기는 하는지 아니면 그냥 뜻 없는 단어만을 사용하는 것인지 궁금해 한다.

『The Denials』에서도 이와 유사한 통제방법이 보인다. 어떤 단어들을 제거하는 것은 그 단어들이 의미하던 개념을 삭제한다는 뜻이다. 샤인은 이기투르가 고립지 안에서 그의 양심을 가지고 살 수 없다고 설명할 때 '양심' 이란 단어를 이해하지 못한다. 독자는 그 단어의 의미와 적용을 안다. 그러나 혹시라도 어떻게 된 일인지 모르는 독자를 위해, 이기투르는 다음과 같이 결론을 내린다.

●●● 『The Denials』 ; 78

그래, 물론 모르겠지. 그 단어는 이제 더 이상 고립지에서 사용하는 단어가 아니야. 우리 형은 어떤 단어가 없어지면, 그 단어가 의미하는 것도 사라진다고 믿어.

게다가 많은 단어들은 완곡하게 돌려서 사용된다. 『기억 전달자』의 사회에서, 완곡어법은 아름답지 못한 부분을 감추기 위해 사용된다. 가족이라는 단위는 권력자들의 뜻에 따라 사람들이 뭉쳤다는 것을 의미한다. 과제라고 불리는 직업은 모든 시민들에게 주어진다. 정해진 대로 봉사 시간은 강요된 노동을 의미하며 성적 욕망은 '자극적인 것' 으로 간주되어 심각한 질병처럼 다루어진다. 그러나 가장 충격적인 예는 처형의 완곡한 표현인 '해방' 이다. 사회의 짐이 되는 나이 많은 시민들에게, 너무 약하게 태어난 아기들에게, 정치적으로 의견을 달리하는 사람들에게 해방이 실시된다. 독자들도, 조너스도, 해방이 처형이란 것을 깨닫기까지는 시간이 필요하다. 첫째로, 조너스는 세뇌되어 죄를 범한 시민의 '해방' 은 단지 범죄자가 어떤 곳으로 보내지는 것을 의미한다고 믿는다. 나중에 그 어떤 곳도 또 하나의 완곡한 표현임이 분명해진다. 노인들의 해방은 "삶을 잘 살고 충분히 오래 산 것을 기념하는 시간" (7)이라 표현된다. 그리고 조너스는 그의 친구 피오나가 노인의 집으로 취직(배정)되어 얼마 안 있으면 '해방의 미학' 을 행하게 될 것이라는 걸 이해하는 데에도 시간이 걸린다. 이 '해방의 미학'은 노인들에게 독약을 투여하는 것을 의미한다.

『Noughts and Crosses』는 조작적 언어가 없어 보이나, 더 자세히 보면 제목에서부터 완곡한 표현이 나타난다. 크로스(Cross)는 부유한 통치 흑인이고, 노트(Nought)는 가난하고 억압받는 백인이다. 더군다나, 각각의 계층은 서로에 대해 모욕적인 별명을 부른다. 크로스는 단도로 불리고, 노트는 멍청이로 불린다. 이는 예상한 대로 갈등을 야기하고, 세피는 갑자기 깨닫게 된다.

●●● 『Noughts and Crosses』 ; 44

멍청이들. 얼마나 무서운 단어인가! 불쾌한 단어. 내 친구 캘럼은 멍청이가 아니었다. 그는 아니었어.

얼떨결에 그녀 자신도 그 단어를 사용하면서 깊이 생각하게 된다.

●●● 『Noughts and Crosses』 ; 60

그 단어는 나의 가장 친한 친구를 아프게 하는 말이었어…, 나는 단어가 얼마나 강력한지를 전혀 깨닫지 못했었어.

심지어 일상적인 단어도 다르게 사용될 수 있다. 『기억 전달자』에서 조너스는 부모를 어머니와 아버지라 부르나, 그들 사이에는 생물학적 관련이 전혀 없다. 공동체에서 누구도 동물이 무엇인지 알지 못하지만 그 단어는 "교육받지 못하고, 세련되지 못한 사람이나 적절치 못한 사람을 묘사할 때"(5) 사용된다. 비유적 언어는 불명확하여 사라지게 된다. 조너스가 "굶어 죽겠다."라고 말할 때, 교사는 즉시 바로 잡는다. "굶어 죽겠다."라는 표현은 과장되었다고. 조너스는 그가 매우 배고프다는 비유적 의미에서 이 표현을 썼다. 그러자 권력자들은 이를 확실히 하려 한다.

●●● 『기억 전달자』 ; 70

조너스는 굶어 죽어가는 게 아니며, 예전에 그런 적도 없었고 앞으로도 그럴 것이라는 지적을 받았다. 그러나 "굶어 죽겠다."라는 말은 거짓말이었다.

정확한 언어는 그것이 굶주림의 불쾌한 기억들이 공동체를 방해하지 않을 것임을 확인하게 하기 때문에 중요하다.

『The Denials』에서도, 친숙한 단어들이 다른 의미를 지닌다. 안정(Calmer)은 보안경찰이고, 가이드(Guides)는 학교 선생님이며, 개조자들은 고립지를 통치하는 독재자들이다. 어떻게 언어가 발달하는지 보여주기 위해, 어떤 단어들은 소리나는 대로 표기된다. 예를 들어 축구는 'Sokka', 킬로미터는 'Kays', 센티미터는 'Cems'이다. 신 핸랜(Hanran)은 앤 랜드(Ayn Rand)와 관련된다. 이런 모든 것들은 독자들로 하여금 이 사회에 대한 이질감과 괴리감을 느끼게 한다. 또 한편으로, 새로운 단어들이 생겨나게 되고, 그 의미는 처음에는 모호하다. 후버크라포트 자전거를 타는 자석길(magroads), 시계겸용 휴대폰(lume-dials), 또는 3차원 이미지(nitrograms) 같은 단어들은 미래적인 배경을 표현하는 한편 이것은 또한 어떻게 언어가 작용하는지를 보여 준다. 『피드』에서는 10대들의 은어와 미래적인 단어들을 부분적으로 섞어 사용한다. 교통수단으로 이용되는 업카(upcar), 소년 집단(unit)과 소녀 집단(unette), '선' 의 의미 apr(meg), 뇌기능장애, 알코올과 약물중독 약자 맬(mal) 등이다.

시민들을 통제하기 위해 동의어 같이 자연스러운 언어의 풍요로움은 사라진다. 모든 사람들이 같은 옷을 입는다면, 다양한 옷을 표현하는 여러 단어들을 쓸 필요가 없다. 모든 음식이 같다면, 다양한 음식에 대한 단어도 필요 없다. 단독주택과 아파트 사이 구분이 없다면, '주거지' 라는 단어가 가장 사용하기 쉽다. 또 조너스의 표현처럼, "만약 모든 것이 똑같다면, 어떤 선택도 없을 것이다." (97) 언어의 일관성이 곧 사회의 획일성인 것이다.

목소리와 주관성

『피드』는 일인칭 화법으로 가볍게 쓰여지고, 교육받지 못한 10대들의 구어를 사용할 뿐만 아니라, 어휘 자체도 상당히 제한적이다. 타이터스는 자신이 모르는 단어를 들을 때, 즉시 피드넷(feednet) 사전에서 그것을 찾아본다. 이런 면에서 이 책은 가볍게 더 다양한 형식을 담고 있다. 그러나 여러 상황들이 타이터스의 어휘 부족을 심각하게 보여 준다. 이 책에서 타이터스는 자신의 피드로부터 쉬지 않고 받는 광고 표어에 의해 오염된다. 타이터스와 그 친구들의 언어 수준은 그들이 즐겨보는 쇼의 제목에 가장 잘 표현된다. "오? 우와! 짱!" 바이올렛의 집에 갔을 때 타이터스는 글이 존재하는 것에 충격을 받는다.

●●● 『피드』 ; 135

어느 것에나 글씨가 붙어 있었다. 종이며, 책이며, 심지어는 벽에 붙은 포스터에도 글씨가 있었다.

바이올렛의 아버지는 사라진 언어 전문가이다. 라틴어나 산스크리트어가 아니라, 베이직(basic), 포트란(fortran)같은 초기 컴퓨터 프로그램 언어의 전문가이다. 그럼에도 불구하고 그는 자연적 언어 사용이 계속해서 줄어듦을 심각하게 생각하며, 타이터스가 전혀 이해하지 못하는 풍부한 구문들을 사용한다.

●●● 『피드』 ; 136

"반듯한 용모에다 또 내 딸한테 보여준 관대함에 아주 놀랐네. 둘이 친하다니 아주 기뻐. 마치 한 쌍의 날개가 파닥이는 것 같군."

『Noughts and Crosses』에서는 다자화법이 사용된다. 장이 바뀌면서 캘럼과 세피의 관점에서 이야기가 번갈아 소개된다. 이런 방법은 사물에 대한 다양한 관점을 보여 줄 뿐만 아니라 고유의 어투발달 면에서 강한 대조를 보여준다. 특히 캘럼의 경우, 그가 크로스의 세상에서 멀어짐에 따라 그 대조는 더욱 부각된다. 이 언어의 사용은 극도로 미묘하여, 『피드』에서의 사투리보다 더 효과적이다.

이질성을 경험함과, 언어를 접하는 경험들은 주인공들의 자기성찰 또는 자기고백으로 이어진다. 『기억 전달자』에서 조너스는 그가 기억의 수용자로 임명됨에 따라 어떤 선택도 주어지지 않는다. 그는 권력자들에 의해 강인한 마음을 지닌 사람으로, 반대자들에 대한 면역자로 평가되어 많은 젊은 시민들 가운데 선발된다. 선발이 이루어지기 전에 자신이 살고 있는 사회에 대해 질문하지 않았다. 단지 그에게 그럴 이유가 없었다. 그는 사회의 규범에 매우 고분고분하다. 이러한 성향이 선발전 그의 모습과 후 그의 모습의 대조를 더 크게 드러내준다. 샤인은 천성적으로 호기심이 많다.

●●● 『The Denials of Know-Ten』; 26

질문들이 그 머리 속에서 소용돌이치듯 돌고 돌기 시작한다…. 언제나 궁금한 놀라운 그 무엇들이 있기에 그의 머리는 늘 뱅뱅 도는 질문들로 가득했다.

주인공은 처음부터 언제나 반대자일 수 있다. 그래야 마지막 그들의 패배가 더욱 효과 있게 그려지기 때문이다. 줄거리의 초반부에, 샤인은 대개조자 가우데무스에게 벌을 받는다.

●●● 『The Denials of Know-Ten』; 50

네가 어린아이일 때는 네 마음속에 솟아오르는 아무 질문이나 해도 되나, 이제 열 네 살이야 샤인. 너의 유치한 호기심은 반드시 지워야만 한다. 이제 네가 질문을 하면, 거기에는 반드시 이유와 목적이 있어야 한다.

수습 개조자로서 보장된 미래가 있는 샤인은 질문을 그만두기로 결심한다. 심지어 자기 자신에 대한 질문이나, 목적 없는 질문, 엔클레이브의 관점에서의 질문들을. 단지 물을만한 가치가 있는 질문들은 "노우-텐의 복지를 향상시킬 수 있는 것"에 대한 것들 뿐이다. 이것이 체제에 순응하는 그의 첫걸음이다. 그러나 그의 정신은 완전히 손상되지 않았다. 그는 진정한 반역으로서 깨닫는다.

●●● 『The Denials of Know-Ten』; 59

이러한 질문들을 그만할 필요는 없었다. 아니다. 그는 단지 그것을 말하지 않으면 되는 것이었다…. 그가 생각하는 것들은 단순히 생각이고, 머릿속에 감추어진 사적인 것이었다.

분명히 엔클레이브의 기술은 아직 사람들의 생각에 어떻게 접근하는지까지는 발달하지 못했다. 『피드』에서는 그런 기술이 묘사되었고, 『기억 전달자』에서는 덜 분명하지만 그런 기술이 역시 묘사되었다.

디스토피아 주인공들의 갑작스런 깨달음들은 그들로 하여금 몇몇 행동들을 유발한다. 하지만 그 행동들을 보는 독자들은 윤리적 가치관을 가지고 볼 필요가 있다. 그들은 자신의 사회를 변화시키려 하거나, 그로부터 탈출하려 하거나, 그에 순응하려한다 『Noughts and Crosses』에서 캘럼은 사회 부조리에 맞서 반항하지만 그 과정에 자신의 여자 친구를 배신한다. 타협은 필연적이고, 그는 두 충성심 사이에서 선택을 해야만 하며, 자기 계층에 대한 충성심이 더 강한 것으로 드러난다. 그의 테러 조직으로부터의 명령에 따라 그는 세피를 납치한다. 결국 나중에는 그녀의 탈출을 돕게 되지만. 세피는 이 사건을 통해 교훈적인 메시지를 전했다.

●●● 『Noughts and Crosses』 ; 363

만약 네가 폭력을 이용해 세상을 바꾸려 한다면, 너는 단지 하나의 불의를 또 다른 불의로 바꾸는 것이다.

『피드』에서 바이올렛은 세상을 변화시키려 마음 먹지만, 아버지의 도움을 받을 수 없었기에 죽게 된다. 그러나 타이터스는 이와 연관되기를 원치 않아 바이올렛의 절박한 죽음 앞에서도 그녀를 배신했다. 바이올렛이 그에게 하룻밤 사랑을 강요할 때도, 그는 보여주지 못한다. 왜냐하면 그의 머릿속에 그녀는 이미 반쯤 육체적으로 죽어 있었기 때문이다. 바이올렛의 침대 곁에 앉아, 타이터스 새 여자 친구와의 데이트를 놓치지 않으려 시계를 본다. 타이터스는 양심의 가책을 느끼지 않으며 피드는 타이터스가 슬픔을 느끼지 못하도록 하며 새로운 현혹적인 광고들로 그의 머리를 채운다. 이와 비슷하게 『Wither You Long』에서 헤드비그는 마리아를 폐기된 장난감처럼 버린다.

조너스는 단순히 이 세계의 위선을 알아차릴 수 있는 지식 때문에 힘 있는 주인공이 된 것은 아니다. 그는 무시무시한 사회에 가장 영향력 있는 사람이 될 것으로 선택된 자이다. 그러나 권력은 그 댓가를 지닌다. 사실, 성인들은 자신들의 짐을 대신 지우려, 또 과거의 공포스런 기억들을 모으고 보존하기 위해 조너스를 선택했다. 조너스는 자기의 남동생이 위험에 처했다고 깨달았을 때 권위자들로부터 도망친다. 그러나 이 헌신적인 행동은 둘의 죽음을 초래한다. 조너스는 성인들에 의해 정신적 쓰레기통으로 이용되고 학대된다. 그리고 자신이 지닌 통찰력 때문에 도피할 수 없고, 죽어야만 한다. 이는 아동을 조종하고 학대하는 성인의 권리를 정당화시키는 불순한 개념이다. 물론 이 글의 의도가 독자를 분개시키려는 것이긴 하지만, 어찌됐든 불순종하는 아동은 그에 상응하는 처벌을 받는다. 강요된 체제순응은 때로는 극도로 폭력적인 유형일 수 있다. 그러나 단순한 비겁의 문제가 될 수도 있다. 그런 경우에 도덕적 판단은 전적으로 독자에게 달려있는데, 이런 상황에서 독자는 공정하게 판단하기 위해 주인공과의 거리를 두어야 한다.

새로운 지식과 양심을 가지고 고립지로 돌아온 샤일는 불의에 맞서 싸우기로 결심한다. 그동안 그는 고립지 내부 시민들은 경험하지 못하는 고통과 심한 피로를 경험한다. 언덕 너머로 이주하여, 평탄한 세계를 떠나, 그는 자신이 지닌 통찰력을 고립지 최고 권력자인 이구투르의 쌍둥이 가우데무스와 나누기로 확실히 결심한다. 그리곤 그는 깨끗이 잊었던 고통 완화장치, 부드러운 침대보, 자신의 세계의 안락함, 그리고 지도자가 되려던 자신의 옛 소망도 기억한다. 무엇보다도 그는 이구투르가 들려준 이야기부터 의문을 갖기 시작한다. 집으로 안정하게 돌아와 사랑하는 가족에게 둘러싸여 그는 외부에서의 경험이 서서히 사라짐을 느낀다. 그는 가우데무스에게 이야기를 전하긴 하지만, 그의 반응은 예상 밖이다. 관점이 샤일로부터 전지적 관점의 해설자로 바뀜에 따라, 독자는 젊은 주인공이 기억을 지우는 약물을 먹고 이전의 순수한 상태로 돌아가게 될 것을 안다. 소설은 홀로그램 사자의 반복되는 행동을 이상하게 생각하는 샤일에게로 돌아온다.

『Wither You Long』에서 헤드비그가 자신의 익숙한 상류계층 환경으로 돌아갈 때, 독자가 추리해야 하는 것은 무엇인가를 자연스레 질문하게 된다. 주인공은 비특권계층이 어떻게 사는지 배웠고 부유하게 사는 것이 더 안락하다는 것을 알았다. 계층 경계를 넘는 사랑은 끝난다. 계층 간 차이가 아니더라도, 헤드비그의 차갑게 식은 감정은 더러움, 역겨운 냄새, 굶주림과 비참함의 느낌과 상당히 관련된다. 그녀는 작은 자선활동을 하면서 자신의 양심을 달랜다. 이는 캘럼과 타이터스가 저지른 것만큼의 배반이다. 그러나 이런 도덕문제는 무시된다. 독자들은 헤드비그에 대해 무엇이라 생각할까? 우리는 그녀를 비난할 수 있는가? 다른 한편으로, 우리는 책이 헤드비그를 설명하는 주관적 시점으로부터 벗어나기 힘들다. 왜냐하면 우리는 지금까지 헤드비그의 강하면서도 모순적인 감정을 따라다녔기 때문이다.

그렇다면 우리는 헤드비그의 없어지는 결속력을 그녀가 미래의 계층 차이가 매우 심한 환경에서 자랐기 때문이라고 해야 하는가? 제목에서도 보여지는 갈망은 처음에 그녀의 틀에 박힌 생활로부터, 무엇인가 다른 그리고 더 흥미로운 것에 대한 갈망이다. 그러나 금지된 열매를 경험함으로써 그녀는 그녀가 갈망하는 것은 존재하지 않는다는 것을 인정한다. 마지막은 상류계층의 주인공이 운명의 장난으로 가난하게 되었다가, 결국 높은 지위와 부를 다시 얻는 전형적인 연애소설 같다. 또는 아버지의 용서를 받기 위해 집으로 돌아오는 방탕한 딸을 상기시킨다. 다시 말해 헤드비그는 자신의 선택에 전혀 의문 없이 자신의 계층, 인종, 이성기준으로 돌아온다. 이는 마치 가난한 사람들과의 시간이 단순히 이국적 배경에서 컴퓨터 게임을 했던 것과도 다를 바 없다.

네가 원하는 것은 어디에?

디스토피아는 주인공들의 순수함 또는 그들의 도덕성 타락 사이에서 갈등하게 하여, 독자들을 이간하는 강력한 도구이다. 『기억 전달자』의 결말은 주인공이 다시 세뇌당하는 수치를 겪지 않게 해준다. 조너스의 죽음은 마치 19세기에 행해졌던 관례처럼 소설 속 아이들을 죄지을 기회조차 주지 않고 죽이는 것의 반복으로 여겨진다.

『Nought and Crosses』에서 캘럼은 재회복 불능의 신호로 잔인한 죽음을 맞지만, 세피는 아직 세계를 바꿀 수 있는 가능성을 가진 그들의 자녀를 임신한다(이 책에는 후속편들이 있지만, 내가 지금 다루지는 않고 있다.). 『피드』는 주인공을 예전과 전혀 변함 없는 상태로, 바이올렛을 만나기 전의 반 로봇 상태로 남긴다. 『The Denials of Kow-Ten』의 마지막은 젊은 주인공의 총체적 좌절을 보여 준다. 소설의 대변인 이기투르는 말한다.

●●● 『The Denials of Kow-Ten』 ; 82

이야기와는 다르게, 현실에는 마지막 장이 없다. 비참함은 계속되고 계속된다.

위와 같이 소설적이지 않은 말을 언급을 할지라도, 이 소설은 마지막 장 또는 후기에서 다른 우주에서는 지구에서 일어난 이런 치명적 발달이 일어나지 않았다는 내용을 서론과 연결하여 적고 있다. 이는 독자에게 약간의 희망을 주려는 저자의 안전선을 의미하며, 이 책 속의 끔찍한 시나리오는 경고하는 이야기로 끝나게 된다.

이 소설들은 각자 고유의 방법으로, 주인공과 독자사이에 경계를 둠으로써, 독자들이 독립적인 대상 지위를 설정하도록 설득하려고 한다. 독자가 독립적인 대상 지위를 설정하지 않는 한 독자는 자신의 행동뿐만 아니라 주위 세계에 대해 완전히 눈 먼 순진한 등장인물들에게서 벗어나지 못한다. 또한, 주인공의 권력을 뺏는 결말에 대해 독자들이 분노하는 것은 일반적 현상이다. 즉, 『기억 전달자』의 많은 실제 독자들은 심지어 성인 독자들도, 주인공이 진정 더 좋은 자리에 이르고, 행복하게 영원히 살게 되는 낙관적 마무리로 해석하기로 원한다. 그 소설을 좀 더 섬세하게 읽으면 그런 해석은 저절로 배제된다. 소설을 통해, 조너스가 도달하려 시도하는 '어떤 다른 곳'은 죽음에 대한 완곡한 표현으로 사용된다. 추위와 굶주림, 환상과 싸우는 조너스에 대한 묘사는 죽음의 고뇌를 정확하게 그린 것이다. 그러므로 앞서 살핀 것처럼 저자의 눈에는 그녀의 저항적 영웅이 죽는 것밖에는 결말이 없는 것이다.

소설들을 자세히 읽으면 독자는 비관적인 결말에 도달한다. 여기서 자연스럽게 권력에 대한 질문, 유토피아 아동 소설과 디스토피아 아동 소설 사이의 구분으로 돌아가게 된다. 전형적인 아동 소설에서 아동에 대한 묘사는 때론 극도로 이상적으로 표현되기도 하고 때론 향수 어린 것으로 표현되기도 하는 성인 작가의 관점을 반영한다. 역설적이게도 아동 소설에서의 미래에 대한 비전 또한 미래를 살아갈 오늘날 젊은 사람들의 생각과는 매우 다르다. 비록 성인 작가가 자신의 경험으로부터 자유로워지려고 하고, 아동 주인공들이 '그들의 목소리를 내게' 하며, '그들의 입장에서 말하려' 해 보아도, 우리는 주로 젊은 주인공의 순수한 관점에 스며든 성인의 목소리와 성인의 가치를 듣는다. 최근 아동과 청년 소설에서 미래에 대한 분명한 두려움을 암시하는 것은, 결국 성인들 자신의 두려움과 죄책감의 반향을 보여 주는 것이다.

CHAPTER 06

배경의 타자화 : 오리엔탈리즘과 '로빈슨 크루소'류 소설

- 남자 '로빈슨 크루소'류 소설
- 여자 '로빈슨 크루소'류 소설

CHAPTER

06 배경의 타자화 : 오리엔탈리즘과 '로빈슨 크루소'류 소설

'오리엔탈리즘'이란 용어는 Edward Said와 연관되어 있다(1978). 이 현상은 아주 오래 전, 서구 세계가 동양과 처음 접촉한 이래로 그들과 완연히 다른 동양의 정신세계와 문화, 예술에 완전히 매료되었던 시기에 발생했다. 서구의 예술과 건축, 문학계 일부에서 유행하였던 '중국풍'과 '일본풍'은 감탄과 전유의 대상이었다. 하지만, 이 중에서 '일본풍'은 탈식민주의(postcolonialism) 이론에서 신랄한 비판을 받고 있다. 아동문학에 나타난 오리엔탈리즘은 탈식민주의 이론의 관점에서 연구되고 있다(예 : Nodelman 1992; McGillis 1997, 2000).

Hans Christian Andersen의 몇몇 동화는 오리엔탈리즘 성향을 뚜렷이 드러낸다. 『양치기 소녀와 굴뚝청소부_The Shepherdess and the Chimney Sweep』에서 연인들의 행복을 방해하는 훼방꾼은 양치기 소녀의 할아버지이며, 우연히도 그는 이 이야기가 지어졌던 당시에 인기를 끌었던 도자기 장식품으로서 중국인 형상을 하고 있다. 여기서 전통적인 서구의 이미지를 지닌 두 개의 목가적인 인물 조각상은 동양인 조각상과 충돌한다. 이야기 구성에서 주인공과 대립하는 자가 동양인이라는 사실은 그리 중요치 않지만, Andersen은 확실히 덴마크 거실에서 발견될 만한 목가적인 양치기 소녀의 조각상을 등장인물로 내세우고 있다. 중국인 할아버지는 악을 상징하며, 실제로 이야기 속에서 악당이다. 그 결과, 서양과 동양이 서로 대립하는 가운데 곧 동양이 타자화된다. Andersen의 오리엔탈리즘을 극명하게 보여주는 예는 『나이팅게일_The Nightingale』로서 중국풍을 찬양하고 있다. 『양치기 소녀와 굴뚝청소부』와는 달리, 『나이팅게일』은 중국을 그 배경으로 하고 있고, 동양의 생활양식과 관습을 강조한다. 하지만 동양이라는 배경은 이야기 구성에 있어서 그리 중요치 않으며, 이야기 저변에 깔린 가치관에는 Andersen의 참된 예술과 거짓 예술에 대한 그의 신조가 그대로 반영되어 있다.

상당수의 아동 환상소설이 반-동양(semi-oriental), 혹은 준-동양(quasi-oriental)을 이야기 속 대안 세계의 배경으로 삼고 있다. 예를 들면, Edith Nesbit의 『부적 이야기_The Story of the Amulet』(1906), C. S. Lewis의 『말과 소년_The Horse and His Boy』(1954), Lloyd Alexander의 『루카스-카사의 두 개의 인생_The First Two Lives of Lukas-Kasha』(1978), Diana Wynne Jones의 『크리스토퍼 챈트의 삶_The Lives of Christopher Chant』(1988)과 『하늘이 떠 있는 성_The Castle in the Air』(1990), Philip Pullman의 『폭죽 만드는 장인의 딸_The Firework Maker's Daughter』(1995) 등이 있다. 대체적으로 배경이 지닌 이질성은 동양의 미를 축소시킨다.

Alexander의 『젠 왕자의 모험_The Remarkable Journey of Prince Jen』(1991)은 가공의 동양의 나라를 배경으로 하고 있지만, 작품에 사용된 고유명사와 지명을 통해 그 나라가 중국임을 알 수 있다. 몇몇 부분은 중국의 신화에서 차용한 것처럼 보이며, 유랑하는 학자라는 발상은 확실히 동양적이다. 그러나 작품의 배경은 이야기 구성에서 그리 중요치 않다. 이 소설도 고대 그리스와 인도, 연대 미상의 유럽, 그리고 전설 속의 일리리아(Illyria)와 엘도라도(Eldorado), 드라켄버그(Drackenberg), 지드라(Jedera) 등과 같은 이국적인 배경을 다룬 Alexander의 수많은 작품들 중 하나에 불과하다. 하지만, 『젠 왕자의 모험』의 이야기 구성과 등장인물은 여타의 소설들과는 사뭇 다르다. 무엇보다도 이 책이 지닌 매력은 풍부한 세부 묘사와 유머, 아이러니, 언어에 있다. 인물 묘사가 흥미롭게 전개될 뿐만 아니라, 인본주의와 실존주의의 메시지도 함께 전달한다. 다시 말해, 모든 면에서 뛰어난 작품이다. 하지만 작품 배경은 이국적인 이질성을 드러내는 것 이외에는 아무런 기능도 하지 않는다.

또 다른 유사한 소설 경향은 동양이라는 배경을 역사적인 이야기 구성에 이용하는 것이다. Linda Sue Park의 『사금파리 한 조각_A Single Shard』(2001)은 12세기의 한국을 배경으로 하고 있다. 주로 도자기 공예, 보다 정확히 말해 고려 특유의 청자를 다루고 있다. 이야기 구성은 애매모호하다. 주인공인 목이(Tree-ear)라 불리는 고아 소년이 유명한 도공이 되기 위해 민(Min) 씨의 제자로 들어가지만, 친아들이 아닌 탓에 그의 유업을 이을 수 없다. 이야기 마지막 부분에서 목이는 자청해 민씨의 작품 견본을 궁궐로 운반하게 된다. 강도의 습격을 받지만, 궁정 관리에게 깨져버린 화병의 사금파리 한 조각을 보여줌으로써 마침내 스승이 제작할 도자기 주문을 받아낸다. 한편, 주인공의 스승에 대한 헌신과 고아인 그를 어릴 적부터 돌봐준 아버지와 같은 두루미 아저씨에 대한 헌신 사이에는 묘한 긴장감이 형성되어 있다. 작품의 배경은 소설에 묘사된 대로 상감청자가 오로지 고려 시대에만 생산되었다는 점에서 아주 중요하다. 따라서 이 작품은 상당히 교육적인 내용을 담고 있다. 주인공은 시·공간적으로 상당히 멀리 떨어져있지만, 이야기 서사는 모두 그의 시각을 통해 전개된다. 그의 신분은 고아에서 스승의 후계자로 수직상승하고, 또한 새로운 성함도 갖게 된다. 이를 통해 그가 그때부터 전해 내려오는 가장 유명한 화병을 제작한 도공임을 유추할 수 있다.

Geraldine McCaughrean의 『연을 타는 소년_The Kite Rider』(2001)은 쿠빌라이 칸(Kublai Khan)이 지배하던 중국을 배경으로 삼고 있다. 동양풍 색채가 강한 전형적인 탐색 이야기이다. 작품 속에서 어린 주인공은 연을 만들고 날리는 법을 배운다. 한편, Katherine Paterson도 동양을 배경으로 여러 작품을 썼다. 그의 작품은 배경에 의한 타자화를 아주 잘 보여 주며, 모두가 역사소설로서 시·공간적으로 멀리 떨어져 있는 세계를 다루고 있다.

『태평천국의 난_Rebels of the Heavenly Kingdom』(1983)은 1850년대 중국을 배경으로 지긋지긋한 만주족 제국(청나라)을 물리치려는 지역 민중들의 항쟁을 다루고 있다. 유일신의 외래종교는 천국의 평화라는 개념에 매혹된 무리들을 단결시키고, 외국의 낯선 교리를 적극적으로 수용하게 만든다. 하지만 10계 즉, 개종자들이 10조의 계율(ten heavenly precepts)이라고 부르는 강령과 반군의 흉포한 계략과 일상생활 사이에는 커다란 괴리가 있다. 반군의 영적인 지도자라고 자처하던 자는 하나님의 명령에 따른다며 무자비한 독재자로 변해버린다. 두 명의 지도자는 그리스도교 윤리와는 완전히 상반된 행동규칙을 강요한다. 하나님께는 음식을 불태워 번제를 드리지만, 일반 백성들은 굶어 죽는다. 하나님 숭배자들은 사찰을 훼손하고 파괴하며 우상, 즉 전통적인 중국의 수호신들을 때려 부순다. 사랑을 외치지만 그들의 행동은 인간에 대한 증오와 멸시, 편협함으로 가득 차 있다. 사실, 그들은 그들이 몹시 혐오하는 적인 청나라의 위정자들과 별반 다를 바 없다. 약탈과 살인, 강간을 다반사로 행하지만, 이런 행위는 그들이 세운 최종목표에 의해 정당화된다.

●●● 『태평천국의 난』; 199

과거 20년간의 공포와 고통은 태평천국의 광휘 속에서 말끔히 사라질 것이고, 중국 방방곳곳에 커다란 평화가 깃들 것이다.

평등을 공식적으로 선언했음에도 불구하고, 집회를 가질 때마다 남녀를 엄격히 분리할 뿐 아니라, 나중에는 남녀가 함께 어울리는 것조차 금한다. 가정은 와해되고, 남편과 아내가 함께 있다가 발각되면 사형된다. 또한 종파 구성원들에게 친구를 고발하라고 종용하기까지 한다. 계율을 조금이라도 어기면 아주 고통스런 죽임을 당한다. 폭군은 공포와 폭력으로 다스린다. Paterson의 의도가 20세기 공산주의 국가인 중국을 알레고리로 제시하려는 것인지 아닌지는 그리 중요치 않다. 왜냐하면 이런 현상은 아주 보편적인 것으로서 광신과 증오를 기초로 세워진 사회가 어떠한지를 그대로 보여주기 때문이다. 이 알레고리는 프랑스 혁명 혹은 소련의 볼셰비키 통치를 풍유한 것일 수도 있다.

이 소설의 대부분은 어린 농부인 왕 리의 시각을 통해 조명된다. 강제로 반란군에 가담한 탓에 처음에는 생경한 이질적인 신앙을 마지못해 받아들이지만, 사실 그는 잔인한 린 메이의 분신과도 같은 인물이다. 그들이 처음 만났을 때 린 메이가 남자로 변장을 하고 있었기 때문에 왕 리는 그녀가 여자답지 않다고 한다. 그녀의 발은 중국인 소녀라면 누구나 해야 하는 전족을 하지 않은 상태이다. 더군다나 린 메이는 여자에게 부적합한 일로 여겨지는 읽기와 쓰기를 할 줄 안다. 학문은 중국의 뿌리 깊은 전통 중 하나이며, 왕 리는 그 학문의 중요성을 아주 잘 알고 있다. 다시 말해, 가난한 농부의 아들인 그는 "가장 커다란 보물을 간직하는 꿈, 즉 글을 읽고 쓰는"(16) 꿈을 꾼다. 하지만, 읽고 쓰기는 이중적인 의미를 지닌다. 린 메이는 왕 리에게 한자를 가르치지만, 왕 리가 한자 공부를 통해 배운 것은 그리스도교 사상이다. 유교를 신봉하는 부모 밑에서 자란 탓에 왕 리는 태평천국의 하나님 때문에 위대한 공자가 비판받는 것을 이해할 수 없어 한다. 교주가 스스로를 천국의 왕이라 칭하고 하나님의 선택을 받아 그 자리에 올랐다고 주장하는 말을 믿지 않는다. 왕 리에게는 모든 이데올로기가 불가해하고 가증스러울 뿐이다.

왕 리는 린 메이에게 빠져들수록 새로운 사상에 대해 점점 더 관대해져 가는데, 이는 작품 속에 세밀하게 묘사되어 있다. 처음에 왕 리는 린 메이가 "아주 남자 같다며"(38) 못마땅해 한다. 그는 "일개 여자한테 질책당하는"(58) 것을 매우 싫어하고 "일개 여자의 소견"(62)에 신경쓰지 않는다. 그리고 '왕' 자가 '왕'(King)을 뜻하고 또 새로운 이데올로기에서 왕은 오직 한 분이라는 이유로 그의 이름에서 '왕' 자를 떼어버린 린 메이를 몹시 증오한다. 그는 린 메이가 자기의 정체성을 빼앗아버렸다고 생각하는데, 이는 상당히 일리가 있다. 그러나 다른 반란민들이 남자 여자 가릴 것 없이 린 메이를 존경하는 것을 보고서는 "그녀가 못생기고 여자답지 않다는 사실을 거의 잊어버린다."(65) 그녀가 새로운 종교의 교리를 가르치려 할 때에, 그는 "하나님 숭배자들의 헛소리를 외우라고. 어떻게 그가?"(66)라고 말하며 탐탁하지 않다는 반응을 보인다. 하지만 그는 설득당해 회개하고 마침내 세례까지 받는다. 그의 전향은 일종의 통과의례이다.

●●● 『태평천국의 난』 ; 97

이제, 갑자기, 그는 한 남자, 천군이 되었다.

그의 믿음이 확고해져감에 따라 그의 적나라한 폭력성은 점차 줄어들게 된다. 텍스트는 왕 리가 첫 살인을 저질렀음을 무덤덤하게 기술한다. 이후로도 수십 명을 더 죽인다. 왕 리는 그들을 새로운 신앙을 위협하는 사악한 마귀로 간주한다. 그는 어떤 인간적 감정도 느끼지 못한다.

●●● 『태평천국의 난』 ; 99

…그는 소년을 죽였다. 깔끔하게 단칼에. 그는 그것을 자랑스럽게 여겼다.

●●● 『태평천국의 난』 ; 104

이제 그는 더 이상 칼을 손에 쥐고서 떨지 않았다.

왕 리는 병사가 아니라 사형집행자이다. 동료의 죽음을 천국에 들어가는 과정 정도로 생각하는 탓에 그들의 죽음을 애도하기보다는 칭송한다. 한 친구가 아주 조심스럽게 이데올로기에 대해 의문을 제기하자, 왕 리는 이데올로기를 열정적으로 옹호하면서 친구를 반역자로 몰아 부친다. 집단의 가치가 개인보다 우선시된다.

●●● 『태평천국의 난』 ; 124

태평천국이 병사 한 개인의 감정과 의무보다 더 중요했다.

왕 리는 이데올로기라는 기계의 톱니이다. 하지만, 그는 점차 그들의 주장과 행동 사이에 커다란 괴리가 있음을 깨닫게 된다. 그래도 그에게는 아직 인간적인 면이 남아 있어, 메이를 향한 진실한 감정, 즉 마침내 그를 탈영병, 범법자로 만들어버린 금지된 욕망을 드러낸다.

한편, 린 메이는 성적 학대를 피해 도망친 노비로서 남녀평등이라는 선전 문구에 이끌려 새로운 이데올로기에 빠져 있다. 그녀는 "천국에는 남녀 간의 차별이 없다."(36)고 왕 리에게 말한다. 하지만 이때 인용한 성경의 골로새서 3장 11절("거기에는 헬라인이나 유대 인이나 분별이 있을 수 없나니") 구절은 아이러니하게 들린다. 왜냐하면, 종파 지도자들이 자기들의 목적을 달성하기 위해 여자를 이용하기 때문이다. 린 메이가 그리스도교에 끌린 이유는 타락한 여자를 정죄하지 않기 때문이다. 그러나 린 메이는 성적인 이유가 아닌 또 다른 이유로 이용당하고 있다는 사실을 알지 못한다. 이 작품에서의 평등은 대의명분을 위해 동등하게 죽을 권리를 의미한다. 린 메이는 여성 동지들을 전쟁터와 죽음으로 이끈 공로로 군대장에서 장군으로 승진한다. 그녀는 남성과 동등하게 반란에 참여함으로써 속박에서 벗어났다고 생각하지만, 곧 동양 최악의 가부장제인 일부다처제 혼인제도와 맞닥뜨리게 된다.

이렇듯 두 명의 주인공의 관점을 오가며 고찰해 보면, 그들의 제정정치에 대한 반대와 새로운 이데올로기를 들여온 코쟁이 서구인에 대한 저항에 쉽게 동조하게 된다. 기독교의 성찬식을 목격하고 이를 오해한 소설 속 중국인들은 기독교인을 식인종이라고 생각한다. 기독교인은 "잘게 조각낸 살을 먹고, 짜낸 피를 먹는다. 피는 따로 마신다."(13) 왕 리는 "코쟁이 야만인들"(101)보다 자기가 우월하다고 생각한다. 하지만 왜곡된 기독교 신앙은 서구 독자의 외면을 받는 결정적 요인이 될 수 있다. 또한, 내포 작가의 혐오스런 세계관, 개화된 기독교인 대 야만스런 중국인이라는 아주 극단적인 형태의 오리엔탈리즘, 세상을 구원하려는 기독교 사상 등도 엿볼 수 있다. 두 문화 간의 상호 타자화는 아주 분명하다. 하지만 소설이 전개됨에 따라 상황은 점점 더 복잡한 양상을 띠게 된다. 지도자들이 새로운 종교를 자기들의 물질적 부와 권력을 축적하는 수단으로 이용했음이 선명하게 드러난다. 그들은 부를 누리며 방종한 생활을 한다. 그들을 추종하는 자들에게는 엄격한 규율을 부과한 반면, 그들 자신은 어떠한 규율에도 구속받지 않는다. 그들이 선전한 평등사상과 재산공유, 순결, 명예에는 전혀 관심을 두지 않는다. 마침내, 모든 경쟁자들을 숙청해버리고 혼자 살아남은 지도자는 하나님의 뜻이라고 말하며 린 메이에게 자기와 결혼해줄 것을 강요한다.

하지만 왕 리와 린 메이는 소박한 시골 생활로 되돌아가, 광적인 신앙에 수반되는 테러를 거부해버림으로써 개인적 차원에서 문제를 해결한다. 그들은 교리가 변질된 것이 아니라, 자기네들이 그 교리를 받아들일 자격이 없다고 생각한다. 그래서 "우리는 다른 길을 선택하고 말았다."(227)라고 고백한다.

구체적인 장소와 시간이 제시된 이 작품의 배경은 이야기 구성 면에 있어서 아주 중요할 뿐만 아니라, 상당히 보편적이면서도 풍유적인 성격을 띠고 있다. 타자화는 내부자의 관점을 제시하여 독자를 배제하기보다는 참여시킨다는 점에서 오히려 효과적이다. 하지만 독자가 주인공의 유연성을 평가하려면 반드시 텍스트 내의 주체와 독자 자신을 따로 분리해 생각해야만 한다.

Paterson의 세 편의 소설은 시대별로 각기 다른 일본을 배경으로 완전히 다른 예술·교육적 차원에서 저술되었다. 이질적인 이데올로기 간의 갈등이 전혀 없고, 이야기 구성도 훨씬 보편적인 인간의 가치를 다루고 있으며, 아동문학의 형식을 취하고 있다. 먼저, 『국화_The Sign of the Chrysanthemum』(1973)는 모험이야기로서 잃어버린 아버지를 찾아 나선 고아가 주인공이다. 무나(Muna)는 어머니가 들려준 파편적인 얘기를 토대로 아버지상, 즉 그의 사춘기 반항이 투영된 유령 같은 인물을 창조해낸다. 결국, 그는 자신의 생물학적 아버지를 잃어버려 되찾을 수 없음을 인정하고, 그 대신 처음에는 싫어했지만 그의 아버지가 지녔을 거라고 상상했던 성품을 지닌 인물을 아버지로 받아들인다.

그리고 『인형극의 대가_The Master Puppeteer』(1975)는 추리소설이다. 이 작품의 로빈 훗(Robin Hood)식 이야기 구성은 일본 인형극장에서 도제로 일하는 어린 주인공의 일상생활 경험에 의해 어느 정도 가려진다. 오히려 인형극과 관련된 전문적인 내용이 작품 전면에 배치되어 있다. 이 두 작품 속에는 역사적 사실이 풍부하게 묘사되어 있어 이국적인 정취가 물씬 풍긴다. 이들 작품의 남자 주인공들은 전문 직업의 세계에 매료되어 있는데, 특히 『인형극의 대가』의 주인공인 지로(Jiro)가 더 그러하다. 이를 통해 독자는 흥미로운 특정 직업의 세계를 조금이나마 엿볼 수 있다. 까마득히 먼 옛날 일본의 생활방식과 전통이 다채로운 환경을 제공한다. 이들 작품 속에는 상상 속의 배경과 같은 또 다른 배경이 매끄럽게 삽입되어 있다.

『나이팅게일의 죽음_Of Nightingales That Weep』(1974)은 이별-고립-재회라는 전통적인 양식을 취한 여성 성장소설이다. 줄거리에는 부친의 죽음과 모녀간의 갈등, 대리 아버지, 가족과의 이별, 첫사랑, 화해와 같은 낯익은 요소들이 포함되어 있다. 주인공 소녀는 잠시 남장을 하기도 한다. 타키코도 무나처럼 돌아가신 아버지를 영웅이라고 생각하고, 아버지와의 추억을 애틋하게 간직하고 있다. 타키코는 흉하게 생긴 의붓아버지를 싫어하지만 곧 그를 존경하게 되고, 심지어 사랑하게 된다. 그러나 한 번 더 이별을 겪어야만 여성의 위계에 들어갈 수 있다. 하지만 여성 공동체는 무력분쟁에서 늘 패자이기 때문에, 이는 불가능한 일로 밝혀진다. 타키코가 앓고 있는 열병의 대상이 원수의 가문 출신인 탓에 충성의 문제가 제기된다. 전쟁에 뒤따르는 유배와 위험, 흥미진진한 모험도 포함되어 있지만, 이야기 서사는 지극히 여성적이다. 여러 다른 남성 주인공들과는 달리, 타키코는 가정의 영역에만 머무른다. 동양이라는 역사적 배경이 젊은 여성의 예속된 상황을 극대화하는 데 이용되고 있다. 타키코의 창조성은 전통적으로 남성의 일로 여겨지던 도자기 공예를 통해 표출되기도 하지만 가부장제에 의해 억압되며, 그녀 스스로도 이를 유치하다고 생각해 그만둔다. 한편, 타키코는 여성적인 예술성을 지닌 아주 뛰어난 음악가이다. 하지만, 음악은 비언어적 예술인 탓에 그 사회적 위상이 상대적으로 낮다. 사실, 타키코는 읽고 쓸 줄 알지만, 이는 아무 쓸모없는 능력일 뿐이다. 소설 내내 남성성과 여성성 사이의 절묘한 균형이 유지되며, 보다 깊은 심리학적 통찰을 제공한다. 타키코는 의무가 아닌 사랑을 선택한다. 그녀의 도덕관이 문제시되어, 결국 어머니와 어린 남동생과 아끼던 유모의 죽음이라는 상징적인 처벌을 받게 된다. 금지된 사랑에 대한 징계는 여성 성장소설에서 반복되는 주제이다. 왜냐하면, 젊은 여성은 올바른 선택을 해야 할 뿐만 아니라, 피상적인 아름다움과 용기를 꿰뚫어볼 줄 알아야 하기 때문이다. 무엇보다도 여주인공이 역사를 배경으로 하는 이야기 서사 속에서 활약할 기회를 얻는 일은 아주 드물다. 타키코는 감금 상태에서 벗어나는 수단으로 죽음을 거부한지 이미 오래이다. 상징으로 가득 찬 한 장면에서, 타키코는 화려한 비단 옷을 찢어버리고 소박한 농부의 옷으로 갈아입는다. 우연한 사고로 인해 얼굴에는 심한 흉터 자국이 생겼으며, 몇 달 동안 논에서 일한 결과 몸은 구부정하게 변형되었고 피부도 검게 그을렸다. 타키코는 이제 더 이상 뭇 남성들의 욕망의 대상이 아니다. 겐지의 젊은 무사는 그녀를 거부하고, 이로써 그가 하찮은 인물이었음이 드러난다.

타키코가 다르게 규범짓기(heteronormativity)에 따라 문제를 해결할 가능성은 없어 보인다. 하지만 '여자는 예쁘고 연약할 때에만 매력적이다.' 라는 가부장의 규범은 공고해지는 동시에 문제시된다. 타키코의 또 다른 선택은 수녀원에 들어가는 것이다. 그러나 대리 어머니인 나이가 지긋한 수녀는 타키코를 받아주지 않고, 창조적인 일, 즉 음악에서 그녀 인생의 의미를 찾으라고 권유한다. 하지만 음악을 감상하던 장소인 타키코 가문이 세운 황실은 사라지고 없다. 주인공에게 마지막 남은 선택은 이성애의 규범을 다시 따르는 것이다. 이것이 복종으로 보일 수 있지만, 그녀는 여전히 자기 뜻대로 행동한다. 타키코는 늙고 가난한 불구의 의붓아버지, 즉 자기보다 열등한 사람과 결혼한다. 그는 옹기장이로서 사무라이의 딸인 타키코에 비하면 사회적 신분도 터무니없이 낮다. 타키코는 아이를 돌보는 전통적인 여성의 역할을 수용하지만, 육체적으로나 정신적으로나 그보다 훨씬 더 강하다. 더욱이 그녀는 딸을 출산함으로써 더욱 힘을 받게 되며, 따라서 남성에 대한 복종보다는 여성성을 더욱 강조하게 된다. 흥미롭게도 그녀의 남편은 이를 인정한다. 타키코가 남편을 실망시킨 것에 속상해서 "딸인걸요." 이라고 말하자, 그는 감복해하며 "당신을 닮지 않았소? … 당신과 딸은 나한테 과분한 존재요." (170)라고 대답한다. 이렇듯 간접적이나마 기존의 규범에 대해 이의를 제기할 수 있었던 것은 동양이라는 배경 때문이다. 동양은 그 자체로서 소외 효과를 창출한다. 이 소설은 지나치게 시대착오적이지 않으면서도 참으로 전복적인 메시지를 전달한다.

남자 '로빈슨 크루소'류 소설

Michael Morpurgo의 『켄즈케의 왕국_Kensuke's Kingdom』(1999)은 오리엔탈리즘과 로빈슨 크루소류 모험소설 내지 생존소설이 결합된 이야기이며, 이는 작품에 여러모로 색다른 긴장감을 더해준다. 주인공은 토착문화 소유자가 아니라 백인 남성, 극단적으로 말하면 식민주의자이다. 자기 고백적인 이야기 시점은 서구의 가치관이 제일 먼저 제시된 탓에 시작부터 그 이질성을 드러낸다. 이 소설이 지닌 불가사의한 면을 미메시스의 차원에서 완전히 무시해버린다면, 이 작품은 고작해야 남성의 개안을 상징적으로 묘사하거나 환각에 의한 백일몽을 다룬 작품에 지나지 않을 것이다. 아무튼, 보호받는 정상적인 삶에서 소외된 애송이, 현명한 노인의 가르침, 사회로의 귀환 등으로 이루어진 작품의 구성은 높이 평가할 만하다. 『로빈슨 크루소_Robinson Crusoe』와 상호 텍스트성을 지닌 이 작품은 확실히 조금 더 수긍할 만한 이데올로기를 제시하지만, 그럼에도 몇몇 제국주의적인 특징들이 엿보인다. 마이클은 영국인인 반면, 그가 태평양 작은 섬에서 만난 사람은 일본인이다. 마이클은 2차 세계 대전에 대해 정확히는 잘 모르지만, 무엇인지는 알고 있다. 켄즈케는 일본이 전쟁에서 졌음을 계속해서 마이클에게 상기시킨다. 켄즈케의 불완전한 영어는 그를 주인공보다 열등한 사람으로 만들어버린다. 켄즈케는 정복자의 언어를 배우려고 애쓰는 반면, 마이클은 일본어를 배우는 데 전혀 관심이 없다. 그는 켄즈케가 사용하는 문자들이 낯설고 이상하다고만 말한다. 켄즈케는 자기가 겪은 모험담을 전달할 때에 구어(oral language)만을 사용하지만, 마이클은 읽고 쓸 줄 알기 때문에 모험담을 문어체로 기술하고 출판한다. 켄즈케는 오랑우탄 무리와 함께 살면서 생존에 필요한 기술을 습득한다. 그는 오랑우탄을 친구처럼 대하며, 그들의 몸짓 언어를 터득한 덕분에 그들과 대화할 수 있고, 그들에게 이름도 지어준다. 켄즈케는 오랑우탄을 밀렵꾼들로부터 보호한다. 그는 끝내 오랑우탄들이 그의 가족이라며 섬에 남는다. 이것은 은근히 켄즈케가 한낱 유인원에 지나지 않는다고 말해주는 듯하다. 사실, 이것은 이 소설에 대한 아주 지나친 비난이지만, 이렇게 말하는 것은 이질적인 개척자들이 얼마나 믿을 수 없고 위험천만한 존재들인지 보여주기 위해서이다.

한편, 마이클은 그의 생존을 켄즈케에게 완전히 의존하고 있다. 그 노인은 거대한 해파리에 쏘여 마비돼 익사할 뻔 했던 마이클을 구조해줄 뿐만 아니라, 그와 그의 개에게 음식과 물을 주고, 자기의 물건과 잠자리도 내어주고 공유한다. 그리고 그림 그리는 법도 가르쳐준다. 나중에 켄즈케는 의학박사로서 높은 사회적 신분을 지닌 사람으로 밝혀지는 반면, 마이클은 경제적 여건이 여의치 않은 노동자 가정 출신이다(사실, 정리해고 당한 두 명의 노동자가 세계 일주여행을 할 정도의 여력이 있다는 것은 불가능해 보인다.). 누가 뭐래도 켄즈케는 교육받은 성인이자 신비한 지도자로서 마이클보다 훨씬 우월한 존재이다. 마이클이 조난당하기 이전에 가졌던―사실, 부모는 배의 조정을 그에게 맡겼었다―작은 권력을 잃어버리고 무기력하고 순응적인 인물이 되어감에 따라, 로빈슨 크루소 류의 카니발은 반(反)-카니발로 변질된다. 켄즈케가 탈출을 목적으로 불을 지피거나 병 속에 편지를 넣어 보내려는 시도를 모두 가로막기 때문에, 소년은 이에 묵묵히 따를 수밖에 없다. 하지만 켄즈케는 마이클이 문명사회로 되돌아가야 함을 곧 인정하게 된다. 이는 그가 사는 섬보다 문명사회가 더 좋은 곳임을 암시한다. 하지만 마이클은 성장하는 과정 속에서 거의 깨달음을 얻지 못하고, 자립적이지도 않으며, 오히려 가족이라는 울타리와 부모의 보호막 속에 안주하고 만다. 마이클이 대리 아버지와 한동안 함께 지내다가 생물학적인 부모 특히, 강한 의지를 지닌 엄마(요트의 선장으로 상징적으로 제시됨)의 품으로 돌아간다는 사실은 그의 퇴행을 시사한다. 소년이 엄마의 품을 떠나 남성의 세계로 편입해 들어가는 과정은 필수적이다. 무엇보다도 과도기적인 아버지상과의 만남은 그 과정에서 거쳐야 하는 중요한 단계이다. 그러나 결국 주인공 마이클은 안전한 엄마의 품속으로 되돌아가고 만다.

여자 '로빈슨 크루소'류 소설

극한의 환경 속에서 살아남은 소녀와 젊은 여성의 이야기는 그리 낯선 장르가 아니다. 하지만 이런 이야기들이 원래 남성의 장르에 속했던 탓에 이를 다루는 아동 작가에게는 딜레마가 있다. 이들 이야기들은 하나 같이 주인공이 지닌 남성적인 특징을 강조한다. 이를테면, 힘과 활동성, 자주성, 합리성, 분석적 사고력 등을 강조한다. 여자 '로빈슨 크루소' 류 소설에서 여주인공은 그녀의 남성적인 특징과 가치를 고이 간직할 것인가 혹은 이를 더 계발할 것인가, 아니면 그녀의 여성성을 유지할 것인가 혹은 이를 더 강조할 것인가를 놓고 늘 갈등한다.

Jean George의 『줄리와 늑대_Julie of the Wolves』(1972)는 13살짜리 알래스카 원주민 소녀의 모험을 다루고 있다. 이 소녀는 중매결혼을 피해 도망하던 중 툰드라 벌판에서 길을 잃고 혼자서 수개월 동안 늑대들 무리 속에서 지내게 된다. 소녀는 전에 아버지로부터 늑대가 친근하고 무리를 지어서 살며, 그들의 행동양식을 배우고 따르면 공동체의 일원으로 받아주고 먹을 것도 나눠준다는 말을 들은 적이 있다. 미약스(Miyax)는 늑대들의 도움을 받을 뿐만 아니라, 그녀 종족의 여러 기술들 즉, 집짓는 법, 사냥하는 법, 무기와 도구를 사용하는 법 등을 활용한다. 그리고 임시 거처를 꽃으로 꾸미고서는 만족해하며 "집안이 아늑하다."(13)라고 말하는 등 여성스럽게 행동한다.

주인공의 정체성은 이중적이다. 아버지의 손에 의해 전통적인 방식으로 양육된 미약스는 이런 환경에서 벗어나 의무교육을 실시하는 백인의 문명 속에서 성장하게 된다. 미약스는 그녀의 이름이 바뀌면서 문화적 변모를 겪게 된다. 다시 말해, 문명사회에서 그녀의 이름은 줄리(Julie)이다. 그녀는 편안한 도시생활을 즐기지만, 미국인이 다 되어버린 학우를 바라보며 언짢아한다. 하지만, 한편으로는 서구식 교육을 부러워한다.

●●● 『줄리와 늑대』 ; 84f

줄리 또래의 여자 아이들은 영어로 말하고 쓸 줄 알 뿐 아니라 미국 대통령, 우주 비행사, 라디오와 영화 스타들의 이름을 줄줄 외고 있었다.

그러나, 줄리의 반 친구들은 가장 기본적인 문명의 상징도 모르는 무식한 줄리를 싫어한다. 줄리의 혼란은 캘리포니아에 사는 펜팔 친구와 편지를 주고받으면서 한층 더 가중된다. 펜팔 친구는 "텔레비전과 스포츠카, 청바지, 비키니 수영복, 커다란 샌드위치, 바닥에 쫙 깔린 양탄자"(88)로 유혹한다. 줄리가 에이미의 집에 가면 묵게 될 분홍색으로 꾸민 예쁜 침실의 이미지는 아득히 먼 대상이지만 현실적인 목표가 된다. 줄리는 도망침으로써 점차 공식적인 자아(formal self)의 모습으로 변모해 가는데, 이러한 변화는 그녀가 본명을 다시 사용하는 것으로 자연스럽게 표출된다. 문명사회에서의 줄리의 삶은 회상의 형태로 서술되며, 소설 이야기는 그녀가 길을 찾아 헤매던 첫째 날에서부터 시작한다. 무엇보다도 이틀 밤을 잠자기 전에(two sleeps ago), 수많은 작살을 던져야 할 만큼 꽤 멀리 떨어진(many harpoon-shots away)과 같은 토박이말 표현을 통해 이야기가 줄리의 관점에서 전개됨을 알 수 있다.

툰드라 벌판에서 살아남기 위해 미약스는 아버지에게 배운 남성의 기술에 많이 의존한다. 아버지의 탁월한 지식에 대한 전폭적인 신뢰는 일종의 주문(mantra)처럼 되풀이된다.

●●● 『줄리와 늑대』 ; 29, 42

"그녀의 아버지 카푸젠(Kapugen)이 알려주었다."

●●● 『줄리와 늑대』 ; 36

"아버지는 말씀하셨지."

●●● 『줄리와 늑대』 ; 37

"아버지가 전에 말해준 적이 있었지."

●●● 『줄리와 늑대』 ; 40

"아버지가 말했던 것처럼."

●●● 『줄리와 늑대』 ; 44

"그녀는 기억했다. 아버지가…."

한편, 줄리는 바느질과 같은 여성에게 필수적인 손재주도 가지고 있다. 줄리의 배낭 속에는 여자용 칼과 남자용 칼이 각 한 자루씩 들어 있다(줄리가 왜 남자용 칼을 소지하고 있는지에 대해선 아무런 설명이 없다.). 특히 여자용 칼은 여성성의 상징인 달의 모양을 띠고 있다고 묘사되어 있다. 하지만, 남성성의 상징인 태양은 미약스의 적이다. 미약스가 길을 찾는 데 별들은 유용하지만, 백야(Polar day) 기간에 환하게 떠 있는 태양은 아무 쓸모가 없기 때문이다. 미약스는 총을 미처 챙기지 못했음을 몹시 아쉬워한다.

이야기 텍스트는 미약스와 그녀의 민족을 에스키모라고 부른다.

●●● 『줄리와 늑대』; 6

"에스키모 사냥꾼인 아버지"

●●● 『줄리와 늑대』; 18

"놀고 있는 에스키모 아이들"

●●● 『줄리와 늑대』; 19

"에스키모 사냥꾼들"

심지어 미약스 자신도 그 별칭을 사용해 "우리 에스키모 인들은"(34)이라고 말하고, "케케묵은 옛날 방식을 사용하는 에스키모처럼 굴었던 자신을 비웃으며"(59) 자신의 정체성에 의구심을 갖는다. 오늘날 에스키모는 정치적으로 부정확한 용어로 여겨지지만, 이 작품이 출간되던 당시에는 용인되었었다. 그러나 주목할 점은 특정 문화 소유자가 스스로를 비하해 그런 별칭을 사용하는 것은 극히 드물며, 오히려 세계를 '우리'와 타민족과 타문화로 양분해 말한다는 사실이다. 소설은 백인들을 구삭(gussak)[1]이라고 부르며, 이들의 생활방식과 신념에 대해 계속해서 의문을 제기한다. 이는 주인공의 관점과도 일치한다. 하지만 객관적 서술자는 미약스에 초점을 맞추면서도 부연 설명을 해가며 교훈조의 전지적 시점을 취한다. 예를 들면 다음과 같다.

1) 에스키모 어로 '백인'이라는 뜻이다.

●●● 『줄리와 늑대』; 9(이탤릭체는 필자 강조)

나무 한 그루도 *자라지* 않는 이곳, … 이끼와 풀, 지의류, 추위에 강한 몇몇 들꽃만이 눈이 잠깐 *녹는* 여름 동안 얕은 토양에 뿌리를 *내린다*. 이 혹독한 땅에서 *버텨내는* 동물은 몇 안 된다. … 혹한에 적응해 *살아남은* 몇 안 되는 곤충 중 하나인 각다귀 떼가 이끼 위에 새까맣게 *내려앉았다*.

이 문단은 북극의 환경에 대해 잘 모르는 비원주민을 내포 독자로 하여 설명하고 있음이 분명하다. 하지만 이는 미약스에게는 아주 친숙한 풍경이다. 필자가 이탤릭체로 강조한 동사들은 서술자가 등장인물의 서사 시간을 무시한 채 논픽션에 어울릴법한 교훈조로 말할 때 현재 시제를 얼마나 빈번하게 사용하는지 잘 보여 준다.

무엇보다도 주인공의 외면 묘사를 상당히 길게 한 이유가 분명치 않다.

●●● 『줄리와 늑대』; 8(이탤릭체는 필자 강조)

미약스는 뼈대는 가늘어도 *아주* 단단한 근육을 가진 예쁜 에스키모 소녀이다. 얼굴은 진주처럼 동그랗고 코는 납작했으며, *부드럽게* 살짝 올라간 까만 눈은 촉촉하게 반짝였다. 우아하게 생긴 북극곰이나 북극여우처럼 팔다리가 약간 짤막했다.

이 부분은 소설의 서두에 제시되어 있다. 하지만, 주인공이 굶주려 음식을 구하는 데 혈안이 되어 있는 탓에 이런 식의 인물묘사 즉, 미약스의 용모에 대한 서술은 왠지 부적절해 보인다. 다시 말해, 미약스는 생존 투쟁에 정신 팔려 있는 상황이다. 이탤릭체로 강조한 단어들은 가치를 논할 때 쓰이지만, 자기 자신을 평가할 때는 좀처럼 사용하지 않는 말이다. 더군다나 여기에 사용된 직유법은 언어와 인지의 기술이 상당히 발달해 있음을 보여 준다. 짤막한 팔다리에 대한 묘사는 외부인의 시각에서 이루어진 것이다. 이런 묘사는 그곳에 사는 원주민에게는 전혀 필요치 않다. 오히려 외부 서술자는 타자인 주인공을 세심히 관찰하고, 내포 독자의 편에 서서 미약스가 지닌 색다른 특징들에 대해 언급한다. 서술자는 사실성 추구와 설명의 필요성 사이를 오가며 이야기를 이끌어나간다. 작가의 묘사가 지닌 문제점은 몇 페이지 뒤에 미약스가 연못에 비친 자신의 모습을 바라보는 장면에서 확연히 드러난다.

●●● 『줄리와 늑대』 ; 28

미약스는 달덩이처럼 동그란 에스키모의 얼굴이 아니라, 잡지나 영화에 나오는 백인 여자들처럼 갸름하고 날씬해 보여서 기분이 좋았다.

이러한 미약스의 자기평가는 문명의 영향을 명백히 보여 준다.

이야기가 진행됨에 따라 미약스는 줄리라는 자아를 버리고 원주민 문화를 충실하게 지키려고 한다. 미약스에겐 가방 속에 든 물건들과 바늘, 칼, 부츠가 "비행기나 바다를 오가는 원양 정기선이나, 크고 널따란 다리보다 더 귀하게"(122) 보인다. 툰드라 벌판의 풍경이 "훨씬 더 아름다워"(123) 보인다. 미약스는 "옛날 에스키모의 풍습이 그렇게 얼토당토않은 건 아니며"(126), 오히려 "문명이 괴물이 되어 하늘을 가르며 으르렁거렸다."(141)라고 생각한다. 미약스는 원주민 마을에서 살기로 결심한다.

●●● 『줄리와 늑대』 ; 156

"아이들에게 덫을 놓아 토끼를 잡는 법, 파카를 만드는 법, 조각하는 법을 가르칠 수 있겠지." 미약스는 에스키모 조상들이 그랬던 것처럼 동물과 기후의 리듬에 맞춰 살 것이다.

물떼새를 길들이고 이름까지 지어줌은 물론이요, 늑대와 자신을 완전히 동일시한 미약스는 무자비한 사냥에 충격을 받을 뿐만 아니라 그토록 존경해마지 않은 아버지가 백인들과 같은 방식으로 사냥했음을 알게 되자 경악하게 된다. 게다가 아버지는 백인 여자와 결혼까지 했다. 이는 미약스가 이해할 수도 용서할 수도 없는 배반 행위이다. 처음에는 "아버지가 조금이라도 잘못된 결정을 내리리라고는 꿈도 꾸지 않았었다."(83) 그러나 이제 의심하기 시작한다. 누구라도 그러하듯이 새엄마는 미약스에게 반드시 학교에 가서 영어를 배워야 한다고 말하며 문명을 강요한다. 늘 그렇듯이 읽고 쓰기가 권력의 가장 필수적인 도구로 등장한다. 계모는 나이와 민족성에 근거해 권력을 행사한다.

미약스의 첫 반응은 도망치는 것이었지만, 이 소설의 마지막 부분에서 "줄리는 아버지의 집 쪽으로 발걸음을 옮긴다."(170) 그 다음 후속편인 『줄리_Julie』(1974)에서 주인공은 문명세계로 되돌아와 줄리라는 이름으로 살면서 계모와도 화해하고 생태계 보존을 위해 힘쓰는 한편, 마침내 아버지도 용서하게 된다. 이런 화해는 개연성 있는 이야기의 틀을 유지하는 데 어느 정도 필수적이지만, 첫 작품이 지닌 상징성과 신비로움을 보존하는 데에는 그리 도움되지 않는다. 그리고 전체 3부작 중 세 번째 작품인 『줄리의 늑대들_Julie's Wolf Pack』(1997)에서는 이야기 시점이 늑대에게로 옮겨지면서 완전히 또 다른 타자화의 효과를 창출한다.

『줄리와 늑대』의 패턴은 작가 George의 『나의 산에서_My Side of the Mountain』(1960)와 『말하는 대지_The Talking Earth』(1983) 등과 같은 여러 작품들 속에서 반복된다. 『나의 산에서』에서는 결손 가정 출신의 도시 소년이 가출한 후에 산에서 매와 족제비가 갖다 준 음식을 먹고 산다. 이야기 결말은 재결합한 가족들이 주인공이 발견한 장소에서 새로운 삶을 시작하는 것으로 끝난다. 이들 두 후속편에서도 자연 속의 삶에 대한 갈구는 계속 이어지며, 특히 마지막 소설은 매의 시점에서 이야기가 전개된다. 『말하는 대지』에서 세미놀(Seminole) 족[2]의 사춘기 소녀는 본인이 자초한 벌로 인해 잠시 마을에서 쫓겨나 플로리다 주의 에버글레이드 습지에서 살게 된다. 수달에게서 음식을 얻고, 또한 흑표범과 거북이와 친구가 된다. 이들 소설에서 전하는 생태학적 메시지는 『줄리』 이야기를 연상시키며, 원주민들의 단순하고도 건강한 삶을 힘주어 강조하고 이상화하고 있다. 『말하는 대지』에서 빌리(Billie)는 전통적인 가치를 의심하는 불신자에서 확고한 수호자로 바뀌게 되는데, 무엇보다도 전통적인 가치는 생존하는 데 실질적인 도움을 준다. 여성이 주인공인 소설의 텍스트는 원주민 초점화자(focalizers)를 이용해 타자성을 부여한다. 남자 주인공은 내포 저자에 의해 타자화되지만, 민족성을 이유로 거리를 두지 않는다는 사실은 참으로 흥미롭다.

이러한 성별(gender)에 근거한 타자성은 자주 활용되는 전략으로서, 특히 남성 작가들이 쓴 여러 여자 '로빈슨 크루소' 류 소설들에서 찾아 볼 수 있다. Scott O'Dell의 『푸른 돌고래 섬_Island of the Blue Dolphins』(1960)은 『로빈슨 크루소』처럼 실화에 기초한 소설이지만, 흥미로운 부분은 허구로 지어낸 이야기 부분이다. 일인칭으로 서술되는 소설 속에서 원주민 소녀인 카라나(Karana)는 본의 아니게 부족과 떨어져 19세기 초 캘리포니아 연안의 외딴 섬에서 살게 된다. 소설에 나타난 타자성과 권력의 문제는 아주 복잡하다. 주인공 카라나는 우리와 동떨어진 시공간을 산다.

2) 미국 플로리다 지역에 거주하는 인디언 부족이다.

다시 말해, 카라나가 사는 시대와 성별, 인종은 내포 저자의 그것과 사뭇 다르다. 이런 요소들이 카라나를 이국적으로 만들고 타자화시키는 반면, 자기 고백적인 이야기 서사는 소설에 진실성을 부여하고 마치 작중인물로서 직접 경험하는 듯한 느낌을 준다.

이야기 속 상황은 모호하다. 소설은 "그날을 기억한다."(1)라는 문구로 시작한다. 이야기는 회상조로 진행되지만, 회상하는 시기가 카라나가 섬에 살고 있던 때인지 아니면 섬을 떠난 후 20여년의 세월이 지난 다음인지 명확치 않다. 이야기의 마지막 부분에 "산타 바바라 수도원에 도착해 곤잘레스 신부님을 만난 후에야 알게 되었다."(180)라고 서술되어 있을 뿐이다. 여기서 이야기 속 청자(narratee)가 누구인지가 중요하다. 카라나가 자신의 이야기를 곤잘레스 신부에게 들려주고 있는지도 모르지만, 텍스트 상에는 직접 언급되어 있지 않다. 작가 후기에는 진짜 "니콜라스 섬의 잊혀진 여인"은 몸짓 이외에 어떠한 의사소통도 할 수 없었다고 서술되어 있다. 이러한 텍스트 외적인 정보에 주의하지 않더라도, 오랜 세월 동안 고립의 삶을 사는 동안 언어능력을 상실한 탓에 카라나가 영어나 스페인어를 배워 백인에게 자신의 이야기를 들려줄 가능성은 거의 없다고 할 수 있다. 또한, 카라나의 이야기가 기록된 문서라고 믿게 할 만큼 카라나가 글을 읽고 쓸 줄 알았다는 암시도 어디에도 없다. 다만, 텍스트에는 단 한번 청자에게 말을 거는 부분이 나와 있을 뿐이다.

●●● 『푸른 돌고래 섬』; 9(이탤릭체는 필자 강조)

"*너에게* 우리가 살던 섬에 대해 들려 줄게, 그러면 우리의 섬이 어떻게 생겼는지 또 마을이 어디에 있었는지 알 수 있을 거야."

아마 이야기 속 청자는 태어나 그 섬에 한 번도 가본 적이 없는 탓에 섬에 대해 설명을 해줘야 하는 카라나의 친자식이나 손주일 수도 있다. 게다가, 그녀와 동일한 문화에서 자란 사람이라면 굳이 말할 필요가 없는 것들, 이를테면 "선인장에서 열리는 '투너'라는 진홍색 열매"(27) 등에 대해 설명을 한다. 이러한 설명은 『줄리와 늑대』에서 현재 시제로 바꿔 설명하던 문단들과 유사하다는 느낌을 준다. 또한, 카라나는 계속해서 자기 부족의 생활방식과 관습을 강조한다. 이처럼 서술자 카라나는 의도적으로 자신의 이야기를 들어주는 청자를 타자로 설정하고 있다. 아니면

(남성) 내포 저자가 여성 서술자를 통해 그의 가치관을 타자성의 개념으로 표현한 것일 수 있다.

이야기 속 청자가 백인 남성(혹은 백인 여성이거나 또 다른 외부인)이라면, 카라나가 이야기를 들려주는 도중에 자기의 신성한 비밀 이름을 가르쳐줄 리 만무하다. 왜냐하면 아버지가 비밀 이름을 말했다가 목숨을 잃어버린 사건을 두 눈으로 목격했기 때문이다. 카라나는 비밀 친구인 알류트(Aleut) 족[3] 여자에게 자기 이름을 알려줬지만, 그렇다고 해서 청자에게까지 비밀 이름을 밝힐 필요는 없는 것이다. 하지만 카라나는 청자에게 이름을 밝혔기 때문에, 이야기 속 청자는 카라나가 완전히 신뢰하는 인물임을 유추할 수 있다. 다시 말해, 수많은 배신을 당했음에도 불구하고 믿을 만한, 즉 그녀 주변의 말 없는 짐승이나 자기 자신 이외에 믿어 의심치 않는 다른 그 누구이다.

이 이야기의 서사 시점에 대한 가장 적절한 설명은 텍스트에 드러난 담론이 동시에 진행되는 것이 아니라 회상으로 제시되는 탓에 서사적 자아와 경험적 자아 사이에 또 다른 권력 서열이 생긴다는 것이다. 이야기 서사가 불협화음을 이룬다기보다는 화음을 이루고 있다고도 볼 수 있겠지만, 소설 내의 권력 갈등이 서로 다른 이질적인 것들이 맞부딪히는 교차로에서 생성되고 있다.

섬에 사는 대다수의 남자들이 알류트 수달 사냥꾼에 의해 죽임을 당하고, 나머지 마을 사람들은 (노예로 끌려갔을 가능성도 있으며, 아무튼 명확치 않은 이유로)백인 남성들에 의해 이주하는 등의 극적인 이야기가 펼쳐진 이후로 별 다른 사건 전개는 없다. 세월이 급속도로 지나감에 따라, 서술자는 생존의 문제를 심리적인 차원에서 다루지 않는다. 20년을 완전히 고립된 채 혼자 산 소녀의 사고는 감정에 더 많이 치우쳐 있으리라고 추측할 수는 있다. 이 작품은 방대한 시간의 주기 때문에 세부묘사가 풍부하지 않으며, 이야기 서사에 자아 성찰하는 부분이 없다는 점이 눈에 띈다. 카라나는 가끔 아버지와 어린 남동생의 죽음을 애통해하고, 친언니와 나중에 만난 알류트 여자가 보고 싶다고 말한다. 하지만 이런 감정들을 인위적으로 재현하기보다는, 다시 말해 보여주기보다는 입으로 들려 준다. 반면, 이야기 서사는 식량 구하기, 물 마시기, 잠잘 곳 마련하기, 카누 만들기, 무

3) 알래스카 서해안 및 알류샨 열도(列島)에 사는 종족을 의미한다.

엇보다도 무기 만들기 등 몸의 생존과 관련된 부분에 치중한다. 카라나는 무기를 만드는 행위에 대해 아주 이중적이다.

●●● 『푸른 돌고래 섬』; 51

가라스아트(Ghalas-at) 마을에는 여자들이 무기를 만드는 걸 금지하는 법이 있었다.

카라나의 이 말은 여러 번 반복된다.

●●● 『푸른 돌고래 섬』; 80

여자는 무기를 만들어서는 안 된다는 말이 다시 떠올랐다.

●●● 『푸른 돌고래 섬』; 82

바로 그 순간, 여자인 내가 화살을 쏘면 활이 부러질 거라는 아버지의 경고가 떠올랐다.

하지만 카라나는 부족의 법을 어겨야만 살 수 있다는 걸 안다.

●●● 『푸른 돌고래 섬』; 54

무슨 일이 있어도 무기를 만들고야 말겠다고 결심했다.

카라나를 그저 반-가부장적인(anti-patriarchal) 태도를 취한 인물로 평할 수도 있겠지만, 사실 그녀는 준-페미니스트적인 면모를 지닌 인물이라 할 수 있다. 왜냐하면 카라나는 명백히 목표 지향적이기 때문이다. 언어 구사에 있어서 한 순간도 망설이지 않고 '죽이다' 라는 동사를 반복해 사용한다.

카라나는 자연 속에서 원기를 회복하고 자신을 자연의 일부라고 생각하는 '녹색 세계' 의 소녀가 아니다. 반대로, 다른 남성들처럼 자연을 정복하고 목적에 맞게 이용하려고 한다. 즉, 목표를 세우고, 이를 성취하려고 든다. 즉, 카라나의 수행적 성별(performative gender)은 적어도 이야기의 앞부분에서는 남성이다.

이야기가 진행됨에 따라 카라나의 태도는 점차 변화한다. 카라나의 여성성은 들개의 우두머리 죽이기를 주저하는 부분에서 처음으로 드러난다. 그녀는 동생을 죽인 원수를 갚기 위해 들개 무리를 몰살시키려고 작정했었다. 사실, 들개의 우두머리인 알류트 개는 인류의 원수 즉, 카라나의 수많은 부족 사람들을 도살한 알류트 인을 상징한다. 하지만, 카라나는 우두머리 들개가 다른 들개와 싸우는 모습을 (즉, 바다코끼리 수놈 두 마리가 맞붙어 싸우는 모습을 연상시키는 장면을) 목격했을 때 우두머리에게 연민을 느끼고, 자신의 행동을 의아하게 여기면서도 상처입은 개를 데려와 보살핀다. 카라나의 이런 행동은 모호한 면을 지니고 있다. 카라나는 개를 길들이고 지배한다. 비밀 이름에 대해 깊이 생각하는 부분에서 강조되었듯이, 카라나는 개에게 이름을 붙여줌으로써 그녀의 지배를 더욱 공고히 한다. 미약스가 늑대와 자신을 동일시한 것처럼 카라나도 들개와 자신을 동일시 한다. 보다 더 상징적인 측면에서 고찰하면, 이들 수컷 동물은 여자 주인공의 아니무스(animus),[4] 혹은 최근 소설의 용어로 데몬(daemon)[5]이다.

더욱이, 카라나는 새와 수달, 여우를 길들이거나 제압해버린다. 카라나는 동물들이 "그녀가 그토록 갈망하는 것과는 거리가 멀지만"(153) 그래도 자식이자 가족이라고 말한다. 이것은 여성들이 전형적으로 사용하는 표현법이지만, 그 이면에는 남성 중심의 위계질서가 감춰져 있다. 카라나는 자연을 완전히 지배함에 따라 사회적으로 양성적인 인물이 되지만 점점 더 여성적으로 변모해간다. 무기로 무장한 이후, 외모에 관심을 갖고 새 옷과 장신구들을 만듦으로써 여자의 허영심을 고스란히 드러낸다. 카라나는 새끼 수달과 친구가 된 이상 절대로 다른 동물들을 죽일 수 없다고 생각한다. 자연을 보호하려는 성향이 자연을 정복하려는 충동을 제압해버린 것이다. 마침내, 카라나는 참된 생태학적 메시지를 설파한다.

●●● 『푸른 돌고래 섬』; 156

나의 친구가 된 동물들, 그리고 지금은 친구가 아니지만 앞으로 친구가 될 가능성이 있는 동물들을 죽일 수는 없다.

---

4) 융의 심리학이론에서 여성의 무의식에 있는 남성적 요소를 일컫는 용어이다.

5) 의사소통이 가능한 정신체를 지칭한다.

백인의 배를 발견하자마자 카라나는 자기를 구출하기 위해 온 사람들의 기대를 충족시키고 또 매력적으로 보이기 위해 서둘러 준비한다.

●●● 『푸른 돌고래 섬』; 177

나는 계곡으로 내려가 샘에서 목욕을 했다. 그러고는 수달 망토를 걸치고 가마우지 치마를 입었다. 검은 돌로 만든 귀고리와 목걸이도 했다. 그리고 파란색 진흙으로 코 주변에 우리 부족의 표시도 했다.

여기서 목욕이란 말에 주목할 필요가 있다. 이전에는 몸 씻기와 위생과 관련된 어떠한 언급도 없었다. 여성의 신체기능에 대한 부분은 12살짜리 소녀에서 성숙한 여인으로 성장한 것으로 에둘러 표현되어 있을 뿐이다. 아마 카라나는 자기 신체의 변화에 대해 인지하고 있었을 것이다. 그러나 백인 남자를 만나길 고대하며 목욕하는 장면은 카라나가 자신의 불완전함을 알고 있었음을 보여준다. 카라나는 최고로 좋은 옷을 걸치고 얼굴에는 부족의 관례에 따라 그녀의 신분을 나타내는 표시를 한다.

20년 동안 홀로 독립적인 생활을 영위하던 카라나는 그 권력을 빼앗기고 강등된 채 이전의 위치로 되돌아갈 준비가 되어 있다. 백인 남자를 기꺼이 맞이하려는 카라나의 태도는 그녀의 열등한 지위를 강조할 뿐 아니라, 알류트 사람들을 (그리고 그들의 러시아 지도자를) 아주 나쁜 무가치한 야만인으로 낙인 찍어버린다.

마침내, 19세기에 섬에서 일생을 보내던 카라나는 발견되어 구조된다. 그녀가 구조되는 장면은 확실히 거리감을 두고 재현된다.

●●● 『푸른 돌고래 섬』; 178

…회색 옷을 입은 남자는 목에 기다란 목걸이를 걸고 있었는데, 그 끝부분에는 반짝이는 나무 장식 하나가 달려 있었다. 그는 한 손을 들고서는 그의 목에 걸린 나무 장식물의 모양으로 손을 이리저리 움직였다.

목걸이는 부족 사람들이 관습에 따라 착용하는 물건인 탓에 카라나가 설명할 수 있다. 하지만, 십자가와 성호를 그으며 하는 축복기도는 타자의 상징이다. 더욱이 그녀를 구해 준 자의 성별은 이들 두 사람의 대립을 훨씬 더 강조한다. 그러나 카라나는 인간의 목소리에 매료되어 백인을 따라 본토로 기꺼이 따라가기로 결정한다. 이때까지만 해도 그녀는 부족 사람들을 만나고 싶어한다. 하지만 이미 카라나의 결심은 남성 위주의 '문명화된' 사회에 대한 완전한 복종을 보여 준다. 사회화의 서막은 그토록 자랑스럽게 여기던 이교도의 옷을 마지못해 억지로 벗어버리고 자기를 구해준 자들이 적절하다고 생각하는 의복 즉, "백인 남자들이 입고 있는 것과 똑같이 생긴 바지 두 벌로 만든 옷"(179)을 걸치며 몸단장하는 장면에서부터 시작된다. 이 짧은 인용문에는 성별과 문명과 인종이라는 세 가지 요소가 드러나 있다. 카라나는 새로운 의복을 좋아하지 않는다. (그녀는) "훨씬 더 아름다운 가마우지 치마와 수달 망토를 걸치고 싶어 한다."(179) 하지만, 이제 성별과 인종 정체성에 갓 눈뜬 카라나는 이를 거부하기를 꺼려한다.

처음에 그리스도교를 통해 제시된 백인 남성의 이데올로기는 카라나의 '초기의 원시적인' 가치관을 흔들어 놓는다. 권력의 극 즉, 성별, 인종, 문맹(심지어, 말도 할 줄 모름), 토속신앙, 서구식 에티켓, 기타 등등은 그녀의 편이 아니었다. 카라나의 결심은 '문명화되고' 교육받은 백인 남성의 패권을 보여 준다. 작품의 결말이 아이러니하게 보인다면, 그렇게 보이도록 위장한 것뿐이다. 사실, 사회화 과정이 텍스트에는 제시되어 있지 않지만, 이 소설은 야만인의 사회화를 보여주는 전형적인 예이다. 여주인공의 성별은 이 메시지를 보다 극대화한다.

이 작품은 확실히 포스트식민주의 이론에서 말하는 목소리의 전유(appropriation of voice)[6]를 보여 준다. 이야기 서술이 억눌린 자의 시점에서 이루어진 것처럼 보이지만, 어찌할 수 없는 타자성은 결국 피할 수 없는 충돌을 낳는다.

『푸른 돌고래 섬』에 나타난 타자성을 보다 강하게 부각하는 요소는 (내포)저자와 서술자 대 주인공 사이에 존재하는 성별의 불균형이다. 따라서 목소리의 문제는 뒤의 장으로 미루고, 먼저 성별에 대해 전반적으로 논의하고자 한다.

6) 또는 문화의 전유(cultural appropriation)를 나타내기도 한다.

CHAPTER 07

성의 타자화
: 새로운 남성상, 새로운 여성상

- 새로운 남성상
- 소녀들이 주도하다
- 진짜 목소리 찾기

CHAPTER

07 성의 타자화 : 새로운 남성상, 새로운 여성상

청소년 소설은 성의 교체가 자유로운 어린이문학과 비교해 볼 때, 타자화(他者化, othering)전략들 간의 차이뿐만 아니라 남성 중심의 플롯과 여성 중심의 플롯 간에도 분명한 차이가 존재하는 것으로 보인다. 남성 또는 여성이 되기까지의 통과의례는 그것이 고전적이든 현대적이든 간에 각기 다른 방식으로 진행된다. 그러므로 소설에 나타나는 남성성과 여성성에 대한 표상은 현실 상황을 반영하는 동시에 또 다른 힘의 위계질서에 영향을 받는다. 남성성은 전통적으로 힘의 관계에서 우월한 위치를 차지하기 때문에, 청소년 소설에서 남자 주인공들은 자신의 남성성을 강화시키는 반면 여자 주인공들은 자연스럽게 가부장제도에 순종하고 타협한다.

아동문학에 대한 페미니스트 접근이 다년간 이루어져 왔음에도 불구하고, 여전히 성(gender)과 관련된 이슈들을 논의하기 위해서 사용할 만한 정확한 메타언어가 부족하다. 또한 우리는 본질주의 혹은 구성주의적 접근을 시도하는 학자들에게 의존하면서 여성 대 남성, 여성성 대 남성성이라는 엄격한 개념적 정의에 얽매여 왔다. 페미니스트와 동성애 비판론자들에 의해 제기된 이슈들은 단순히 성의 개념을 뛰어 넘어, 힘(power)과 다름(alterity)에 관한 일반적인 문제들로 나아가고 있다. 뿐만 아니라 페미니스트와 동성애 이론이 만들어낸 용어는 여성 대 남성(또는 여성성 대 남성성) 또는 이성애 대 동성애라는 이항대립 원리에 초점을 맞추기 때문에 한정적으로만 사용된다. 게다가 탈식민주의 이론 역시 다수 대 소수(민족), 또는 제국주의 대 토착주의와 같은 또 다른 이항대립 언어를 사용하고 있으며, 이 또한 또 다른 힘의 위계질서를 보여준다. 그런 이유로, 필자는 성에 관한 논의에 있어, 페미니스트 혹은 동성애 분석보다는 달리 보기(heterological)의 입장을 취하려 한다. 생물학적 남성과 대립되는 남성성(masculine)이라는 용어는 문화적 의존도가 높기 때문에, 규범적이고 권위적인 의미로 이해해야만 하며 반면 여성성(feminine)은 무력함, 억압과 일탈, 침묵과 동일한 것으로 이해해야만 한다.

필자의 이러한 주장은 남성적 글쓰기와 여성적 글쓰기에 대한 다양한 선입견에 근거한다. 그러나 필자는 이러한 선입견을 논의의 출발점으로만 삼으려는 것이지, 사실이라고 주장하려는 것이 아니다. 그렇지만 이러한 선입견은 앞서 언급된 성과 관련된 선행 연구들과 아동용 텍스트로부터 나온 것이며, 이러한 연구들에는 이미 성 고정관념과 성과 관련된 텍스트 특성들이 일반화되어 있다(Gilbert and Gubar, 1977; Showalter, 1989; Spender, 1998; Stephens, 1996; Trites, 1997; Hourihan, 1997; Wilkie-Stibbs, 2002). 필자는 문학 텍스트가 '보통(Normally)' 무엇을 지칭하고 어떤 기능을 하는지를 설명하기 위해, 관습(convention)이라는 개념을 사용하려 한다. 관습은 대다수의 텍스트들이 독특한 문화나 시간 안에서 특정 패턴을 따른다는 것을 의미한다. 예를 들면, 남성 작가들은 남자를 주로 주인공으로 내세우며, 여성 작가들은 주로 여자를 주인공으로 내세운다. 또한 남자 주인공은 관례적으로 행동 중심의 이야기에 주로 등장하는 반면, 여자 주인공은 인물 중심의 이야기에 등장한다. 또 다른 선입견에는 남성적 글쓰기는 외적 초점화(external focalization), 열린 내러티브(open narrative) 공간, 목적지향의 플롯, 선형적 시간, 논리적이고 구조적인 언어를 사용하며, 반면 여성적 글쓰기는 내적 초점화(internal focalization), 닫힌 공간, 분산된 플롯, 원형적 시간과 단편적 언어를 사용한다는 주장도 있다.

10대 청소년 소설 속에 나타나는 성이 사회적 변화와 기대를 반영하고 있다고 말하는 것은 진부한 이야기이다. 소년들은 단지 방법만 다를 뿐, 소녀들만큼이나 사회적 압력에 부딪친다. 문학뿐만 아니라 실세계에서도 소녀들은 침묵과 순종을 강요받는 반면 소년들은 언제나 스스로에게 강하고 공격적이며 경쟁심이 있어야 한다는 압박을 받는다. 또한, 소녀들은 문학과 현실세계에서 강해질 권리와 독립을 비교적 잘 주장하는 반면, 고정화된 남성성을 가진 소년들은 이러한 권리를 좀 더 집요하게 지켜내려 한다. 청소년문학에서도 고정화된 남성성은 두드러지게 나타나는데, 이것은 신화와 고전문학이 대체로 서양 문화에 지배적 영향을 받았기 때문이다. 최근 청소년 소설에는 사회적 압력을 종종 짐으로 느끼고, 전통적 성역할에 불편함을 느끼는 새로운 남성상이 제시되기도 한다. 청소년문학에서 종종 사용된 일인칭 시점은 성인세계에서 살아가는 10대들의 외로움과 혼란스러움을 전달한다. 그러나 이데올로기를 전달하려는 출판계는 화자라기보다는 내포작가이기에, 언제나 힘 없는 어린 화자 뒤에 힘을 가진 성인으로 존재한다.

새로운 남성상

소년소녀 소설의 역사를 돌아볼 때, Aidan Chambers의 『내 무덤에서 춤을 추어라_Dance on My Grave』(1982)는 동성애를 솔직하게 그려낸 최초의 작품 중의 하나로 꼽을 수 있다. 이 책은 청소년 소설에 있어서 남성 캐릭터의 새로운 유형, 즉 특이한 방식으로 '남자가 되는 방법(Stephens, 2002)' 을 새롭게 유행시킨 선두 주자이기도 하다. 그런 점에서, 이 책은 남성성과 여성성의 변화 및 성 문제를 논의하는 데 있어서 적절한 텍스트라 할 수 있다.

『내 무덤에서 춤을 추어라』는 장르적 관점에서 보면 전형적인 남성적 내러티브를 갖고 있는 책이다. 이 소설의 이야기는 영웅(남자 주인공)이 '곤란한 상황에 빠진 소녀(이 소설에서, 소녀가 어린 소년이라는 점은 별개의 문제임)' 를 구해주는 드라마틱한 항해 모험에서 시작된다. 그리고 주인공은 여러 대의 휘황찬란한 오토바이 타기를 즐기다가, 결국 오토바이 사고로 무참한 죽음을 맞이한다. 이 책에는 남자 주인공이 위협적인 폭력배들과 맞서 다투는 장면이 있는데, 여기서 남자 주인공은 승리자로 부각된다. 사실 힘보다는 교활한 술책을 통해서 승리를 이루어낸 것이지만, 이것 역시 영웅담에서는 가능한 이야기이다. 나아가, 이 소설은 스릴러풍의 구조를 갖고 있다. 즉, 범죄가 일어난 후 용의자가 체포되고 재판에 부쳐지며, 경찰(이 책에는 사회복지사가 담당)이 사건을 구체적으로 수사하는 등 전형적인 범죄 스릴러 작품이다. 이 책의 독자들은 주인공 핼의 서면보고서를 사건 조사관인 미스 앳킨스보다 먼저 읽기 때문에, 그보다 한 단계 앞질러 갈 수 있다. 따라서 미스 앳킨스가 속수무책으로 사건의 조각들을 맞추려 노력하는 동안, 독자들은 책을 읽으면서 핼의 자아탐구과정을 따라갈 수 있다. 그리고 결국 독자들은 미스 앳킨스의 조사결과와 어느 정도 일치한다.

다른 한편으로, 이 소설은 일반적으로 여성담론(feminine discourse)과 관련된 특성이라 할 수 있는 주인공의 감정, 그리고 그들 간의 관계를 다루고 있다. 주인공 핼은 영웅적 행동이 아닌 자신의 감정에 대한 철저한 탐구를 통해 자신의 정체성을 찾아 나간다. 사실 배리와의 관계에서 본다면, 핼은 결코 영웅이 아니다. 오히려 배리가 강하고, 영리하며, '마초' 적인 영웅으로 그려지고, 핼은 불안정하고 감정적이며 연약하기만 한 인물이다. 이러한 시각에서 보면, 이 소설은 강건하고 지배적인 남성보다 열등한 주인공이 등장하여, 이러한 남성에게 혼란된 감정을 느끼는 이야기에 초점을 맞춘 전형적인 여성적 이야기면서, 로맨스 소설로 보일 수 있다. 이 책에는 또한 로맨스의 필수 요소라 할 수 있는 부유한 자와 가난한 자의 대립도 잘 나타나 있다.

주인공 핼은 집이 자신을 구속한다고 느끼기 때문에 가급적 밖에서 많은 시간을 보내려 한다. 이것 역시 남성성에 대한 고정관념과 일치하는 것이다. 핼은 해변과 같은 열린 공간을 찾아 나서며, 위험한 날씨에 항해를 하는 등 대담한 모험을 감행한다. 배리와 함께 속력을 높이며 오토바이를 타는 것 역시 광활한 공간에 대한 승리를 의미한다. 사실상, 오토바이는 신화 속 영웅이 타는 말을 현대적으로 변형한 것이다. 즉, 오토바이 혹은 말은 공간 이동을 빠르고 효과적으로 가능하게 해주는, 영웅에게 부여된 하나의 상징물이라 할 수 있다. 동시에, 핼과 배리의 신체적·정신적 유대감은 전통적인 여성 공간인 집에서 시작되고 발전된다.

핼의 글쓰기에서 합의를 이루려는 것은 달리 보기 연구(heterological study)를 통해 종종 해방 전략(liberation strategy)으로 지적된 특성이다. 많은 고전물과 현대 소녀 소설에서, 여자아이들은 작가로서 인식되고자 전력을 다 하면서 자신들의 목소리를 찾으려 노력하기도 하고 가부장제도에 침묵당하기도 한다. 핼의 글쓰기는 몇몇 힘의 논리에 영향을 받는다. 핼은 남성으로서 힘을 부여받았지만, 어리기 때문에 힘이 없다. 또한 이성애자가 아니라 동성애자이며, 사회적 특권층이 아닌 노동자 계층의 소년이며, 범죄자다. 그렇기 때문에 핼의 글쓰기는 직접적으로 자기 방어가 될 뿐만 아니라, 힘의 협상관계에서 중요한 무기가 된다. 여기에는 몇 가지 팽팽한 긴장감도 덧붙여진다. 예건대 핼은 학업성적도 좋지 못하고 성적 취향에 있어서도 동성애에 가깝다. 그러나 자신의 무죄를 주장하면서 서면 보고서를 작성하는 동안에는 사회적 규준을 잘 따르는 것으로 보인다. 이러한 특징들은 서로 협력하면서 핼의 성을 구성해 나간다.

16살 주인공 핼이 자신의 이야기를 글로 쓰는 목적은 재판을 위한 기초자료를 만들기 위해서이다. 핼은 오토바이 사고로 죽은 자신의 친구 배리의 무덤을 고의적으로 훼손시켰다는 죄로 기소당한다. 독자에게 있어 핼의 이야기는 자신이 왜 그러한 행동을 했는지를 설명하기 위한 자기 합리화로 보인다. 이때 핼의 목소리는 공적(public)이므로, 내러티브는 광범위한 독자(생소한 독자)에게까지 접근 가능하다. 공적 담론(public discourse), 특히 서면 담론(written discourse)은 사적(private) 담론보다 강력한 사회적 권위를 갖기 때문에, 핼에게 보다 많은 힘을 부여한다. 핼이 매우 개인적 사건들을 묘사할지라도, 핼의 자백을 듣는 독자들은 핼의 글쓰기 스타일과 논조에 영향을 받는다. 발화의 기능이나 목적에서 볼 때, 내러티브는 이야기 서술을 통해 무엇인가를 얻기 위한 화자의 시도에 영향을 받는다. 핼의 내러티브는 자기 치료(self-therapy)로도 볼 수 있는데, 이것은 내레이션을 사적으로 만든다. 그러나 공적인 목소리의 강력한 등장은 핼의 사적인 목소리를 부차적인 것으로 만든다.

소설에서 핼은 지적이고, 문학적이며, 언어능력이 뛰어난 소년으로 제시된다. 핼은 학력이 낮은 부모 밑에서 성장했음에도 불구하고, 영문학에 높은 관심을 보인다. 실제로 핼은 이 책의 직접 수화자(narratee)인 사회복지사 미스 앳킨스뿐 아니라, 또 다른 간접 수화자인 핼의 영어 교사 오즈본 때문에 자백서를 쓰게 된다. 핼의 이야기가 특정한 수화자가 있다는 것은 소설의 시작 부분에는 명확하게 드러나지 않는다. 하지만 수화자가 공공연하게 드러나기보다 은밀하게 숨어 있다는 사실이 수화자가 없다는 것을 의미하지는 않는다. 첫 번째 수화자가 누구인지는 이 소설 절반까지 나타나지 않는다.

●●● 『내 무덤에서 춤을 추어라』; 163

나는 그 7주에 대해서 더 자세히 쓰려고 했다. 우리가 어떤 방식으로 함께 지냈는지 당신에게 일러주고 싶었다.

반복적으로 사용되는 '당신'이라는 호칭은 결국 "…당신, 앳킨스씨"(173)라는 이름으로 밝혀진다. 그러나 또한 헬은 선생님이 자신의 이야기를 정독할 것임을 알고 있기 때문에, 오즈본 선생님은 간접 수화자이기도 하다. 헬은 고의로 여성 사회복지사를 놀려대며 동시에 남자 선생님과 정신적인 농담을 주고받기 때문에, 이중 수화자는 헬의 진술이 자기 모순임을 설명한다.

헬은 반복적으로 독자들에게 자신이 자신의 이야기를 글로 쓰기 위해 얼마나 많은 헌신을 하고 있는지에 대해 이야기한다. 이따금 헬은 자신의 생각을 좀 더 적절하게 표현하기 위해 글을 수정하기도 한다.

●●● 『내 무덤에서 춤을 추어라』; 42

시작은 그랬다.
수정: 시작은 그렇지 않았다.

헬은 사건을 느린 동작으로 '재생(Replays)'할 뿐만 아니라(영화와 텔레비전에서 차용된 용어로, 체임버스 이후로 청소년문학 작가들에 의해 폭 넓게 사용), 몇 가지 에피소드를 고쳐 쓴다. 그리고 지속적으로 내러티브가 신뢰할 만한 것인지에 대해 의문을 제기한다. 또한 화자는 헬이 자신의 이야기를 고쳐 쓰는 것을 허락한다. 이는 경험과 진술 간의 공백을 명확히 하기보다는, 오히려 헬이 자신의 경험을 전달하기 위해 적절한 단어를 찾아내는 헬의 능력에 대한 화자의 심문을 보여 주기 위함이다. 다른 말로, 이 텍스트는 인간의 복잡한 정신상태를 전달하기에는 언어가 불충하다고 주장한 자크 라캉의 견해를 보여 준다. 경험한 것과 이야기하기 간의 공백과 관련하여, 사건과 진술 간의 시간 공백이 비교적 짧다는 것을 잊지 않는 것이 중요하다. '어제' 익명의 소년이 무덤을 훼손했다는 죄로 기소되었다는 신문 기사는 소설의 시간적 배경을 보여 준다. 신문 기사는 독자에게 "재판은 사회복지사의 조사 보고서가 마련된 뒤에 속개된다(n.p.)."고 알려준다. 독자는 재판날짜를 이야기가 아니라 담론의 시작점으로 보게 되는데, 왜냐하면 헬이 사회복지사의 공식 보고서에 첨부할 자백서를 작성한 날짜와 같기 때문이다. 독자로 하여금 "바로 그날"(9), "마지막 6월"(11)로 돌아가게 만든 후술법(analepsis)은 재판에 앞서 7주 앞이다. 비록 우리가 이 책의 반을 읽어서야 이를 알게 되었음에도 불구하고 말이다.

●●● 『내 무덤에서 춤을 추어라』; 155

처음부터 마지막까지 7주가 걸렸다.
내가 해초들 틈에 빠진 날부터 그가 죽은 날까지 49일이 있었다.
그가 '그것이' 되었을 때까지.
1,179시간.
70,560분.
4,233,600초.

핼이 시간을 정확하게 계산하여 적은 것은 강렬했던 경험과 고통스러운 추억을 강조하기 위함이며, 또한 매 순간이 중요했다는 점을 보여주기 위함이다. 핼은 기억이 너무나 선명하기 때문에, 사건들을 가능한 한 정확하게 묘사하기 위해 노력한다. 핼은 자신의 행동에 대해 거짓말을 하거나 해명하여 이 곤란한 상황을 빠져나가려 하지 않고, 이와 반대로 가능한 솔직하게 이야기를 쓰려고 노력한다. 이 소설의 마지막 부분에서는 이야기 시간(story time)과 서술 시간(discourse time)이 동일해지는데, 말하자면 경험과 진술 간의 공백이 줄어들고 결국에는 사라진다.

단기간의 단편적이고 인상적인 스케치와 관찰을 담아내면서, 다소 여성적 글쓰기 구조를 보여주는 것 같다. 그러나 연쇄적인 사건의 함축적 제시, 다소 산만하고 종잡을 수 없는 구성력과 플롯이라는 점에서 차이를 보인다. 이 소설은 논리적 시작(핼과 배리의 만남)과 끝(배리의 죽음과 핼의 무덤 훼손)을 포함하는 매우 관습적인 플롯구성을 보인다. 플롯은 외부 사건들을 중심으로 이루어지는데, 말하자면 배리가 핼을 구하고, 밖에 나가 오토바이를 타며, 폭력배의 싸움에 휘말리는 등의 사건들이 그러하다. 핼의 회상은 담론 수준에서 드러나며, 텍스트는 단편적으로 구성된다.

주인공 핼은 정형화된 인물과는 거리가 멀고, 오히려 관례적인 여성적 모습을 보여준다. 다시 말해, 핼은 수동적이며, 반공격적이고, 의존적이며, 연약한데, 특별히 배리와 더욱 대조된다. 또한 핼은 거울을 통해 자신을 바라보면서, 반복적으로 자신의 용모를 주시한다. 이는 여성 주인공을 반사하여 보여주는 고전 소설의 한 장면과도 같다. 언젠가 한 번, 핼은 소녀로 변장을 했다.

●●● 『내 무덤에서 춤을 추어라』 ; 213

그는 그을린 얼굴의 도드라진 뺨에 살짝 연지를 칠하고 숱 많은 금발 곱슬머리를 후광처럼 두른 소녀를 응시했다. 소녀의 입은 크고 온화했으며 턱은 좀 뾰족했다. 소녀는 헐렁한 흰색 여름 원피스를 입었다.

핼은 거울에 비친 소녀를 바라보면서 잠깐 동안 여성적 정체성을 갖지만, 바깥 세계도 그렇게 생각할지 의문을 갖는다. 핼 조차도 "자신이 이 소녀에게 매력을 느끼는가(214)" 하는 생각을 한다. 핼은 동성애자이므로, 핼을 여성적인 성격으로 묘사하는 것은 적절하고 효과적이다. 이 소설의 마지막 부분에 이르러서, 핼은 좀 더 남성다워지고, 전형적인 남성성을 확인한다. 동성애 관점에서 이성애가 과연 표준인지를 질문하게 하는 데에도 불구하고, 핼은 객관에서 주관으로 발달하는 '평범한' 남성상을 띄게 된다.

『내 무덤에서 춤을 추어라』에서 성적 다름(alterity)은 계층과 성적 취향에 의해 상세히 설명되지만, 성적 다름은 다른 조합으로도 이루어질 수 있다. 스웨덴 작가 매츠 월(Mats Wahl)이 쓴 『Winter Bay』(1993)는 강력한 연령간 갈등이 불러온 규범과 일탈이 뒤얽힌 몇 가지 '다름'을 보여 준다.

주인공 대 화자는 매우 공격적이고 강력한 동성애 집단의 일원이다. 주인공의 도덕성은 의심스럽고, 텍스트는 이러한 성향의 주인공을 사회적으로 소외시킨다. 그러나 동시에, 존존은 예민하고 연약하다. 그는 또한 독창적이어서, 학교 연극 프로덕션에 참여하고 있다. 텍스트는 이처럼 모호하게 진행되다 소설의 중간쯤에 가서야 비로소 독자들이 일인칭 화자가 흑인 이민자의 아들이라는 것을 깨닫게 한다. 인종간의 갈등문제는 『Winter Bay』의 주인공에게는 심리적 어려움의 하나일 뿐이다. 캐릭터는 확실히 타자이지만, 주인공에게 있어서 민족 정체성은 중요한 이슈가 아니다. 다름은 다양한 힘의 위계에서 비롯된 상승효과(흑인 대 백인, 남성 대 여성, 부자 대 가난한 자, 강자 대 약자)에 비롯된다. 존존은 범죄 세상에서 얽혀 살아가면서도, 몇 가지 기본적인 윤리적 가치와 신념을 갖고 있다. 가능하다면, 해결방안은 집단보다는 개인적인 성취에 둔다. 존존은 전형적인 2세대 이민자가 아닌, 양가적 감정을 지닌 복잡한 캐릭터이다.

헬의 경우처럼, 존존의 독창성 역시 성숙과정의 일부분이다. 게다가 그의 글쓰기는 질서정연하고 조직적이며 논리적인 남성적 담론이 아니라, 마치 몽환적인 느낌의 시와 유사하다. 텍스트 전체에 수놓은 시, 마치 Walt Whitman[1])을 연상시키는 시는 거친 외부 사건들과 대조를 이루며, 이것은 캐릭터를 상당히 모순적으로 그려낸다. 시는 존존의 아버지를 특색으로 삼지만, 실제 아버지가 아니라 단어들에 의해 연상된 상상 속 환영의 아버지이다.

새로운 남성상은 전통적인 남성성과 여성성이라는 양가적 특성을 조합하는 방향으로 나아가는 반면, 새로운 여성성의 발달은 종종 고정관념으로부터 급진적으로 벗어나는 경향을 보인다. 일반적으로, 스웨덴 청소년 소설에 등장하는 '거친' 소녀들은 Mats Wahl과 같은 남성 작가들에 의해 탄생되었다. Mats Wahl의 첫 번째 역사소설인 『Anna-Carolina' s War』(1986)과 『Little Marie』(1995)에서 등장하는 1인칭 여성 화자는 단순히 성만 바뀐 것이다. 다시 말해, 작가 매츠 월은 여성 캐릭터를 자신이 좋아하는 남성 영웅으로 바꾸었다. 그는 불안하고 공격적인 10대를 『Winter Bay』의 존존을 통해 가장 잘 보여 주었다. 안나 캐롤리나가 30년의 전쟁기간 동안 징집군인으로서 오빠의 자리를 대신하는 장면은 복장전환(cross-dressing, 남장 혹은 여장) 플롯으로 볼 수 있다. 전쟁의 소용돌이 속에서, 주인공 안나 캐롤리나는 외향적으로도 남성적인 행동을 할 뿐만 아니라 동성 집단에 들어가, 곧 남성적 사고방식을 내면화하면서 다른 여성들을 '그들'로 언급하고, 심지어 집단 강간에 참여하기도 한다. 그녀는 전형적으로 남성이며, 남성의 위치가 제공하는 힘을 즐긴다. 그러나 복장전환에 관련된 몇 가지 연구에서 밝혀진 것처럼, 카니발(carnival)의 결과는 너무 뻔하다. 위장된 죽음이 아니라면, 그녀는 필연적으로 전형적인 여성성 구조로 되들어가게 된다. 자신에게 어울리는 한 남자를 만나자마자, 안나 캐롤리나는 행복하게 여성으로 돌아온다. 짐작컨대 안나 캐롤리나는 여성적 사고방식으로 다시 돌아갈 것이다. 비록 가부장 상황이기는 하나, 독립적인 주체로서 젊은 여성은 자신을 보호해 주는 남성 혹은 강자의 객체가 되길 자발적으로 자처하며, 나아가 관음증을 즐기는 남성적 내포 작가의 대상이 되기도 한다.

---

1) 미국의 유명한 시인이자 수필가. 1855년 시집 「풀잎」을 발표하였으며, 일상생활에서 사용하는 언어적 표현을 구사한 작품을 다수 발표하여 공감을 얻었다.

『Little Marie』에서의 여성 캐릭터이자 화자는 절묘하게도 '여장을 한 남성 영웅'의 모습이다. 표면적인 변장이 아니라, 여성의 몸에 남성적 정신사고와 행동, 성 정체성을 집어넣었다. 주인공 마리는 보기 드물게 강하고 공격적이며, 전형적인 여성적 특징과는 일탈된 특성을 보인다. 마리의 활동 영역은 바깥이다. 마리는 힘을 과시하기 위해 공격적 행동을 일삼고, 여성에 대한 사회적 기대감과 반대되는 행동을 끊임없이 한다. 남성은 사회적으로 공격 행동이 수용되지만, 공격적인 여성은 규범에서 벗어난 것으로 간주된다. 마리가 규범을 심문할지 혹은 공격적 행동을 통해 규범들을 굳건히 할지는 의문이다. 확실히 마리는 나중에 길들여져 가부장적 질서로 되돌아오는 전통적인 말괄량이 모습은 아니다.

소설에서는 쉽게 인식 가능한 패턴들이 등장한다. 마리는 강간의 결과로 생긴 생명체로, 그녀는 자신의 정체성을 찾고자 필사적으로 그녀의 아버지를 찾으려고 노력한다. 일하는 그녀의 엄마는 병약하고 마리의 계부는 그녀를 성적으로 이용하려고 한다. 마리 자신은 공격적이지만, 소녀라는 능력 안에서 공격성을 드러낸다. 그녀는 남성의 욕망에 따라 움직이지만, 성적 노리개나 희생자가 되는 것은 강력하게 부인한다. 그녀는 성 정체성이 부족한 것 같고, 성적으로 매력을 느낀 한 소녀를 만나기 전까지 자신을 다른 소녀들과 철저히 분리시킨다. 그러나 남성적인 마리는 주도적이지 않으며 수동적 자세를 유지하는 반면에, 여성적인 카트린은 성적 경험이 풍부하고 성적으로 타인을 유혹하는 인물이다. 캐릭터로 보자면, 마리는 동성애자이지만 동성애를 통해 자유를 추구하지는 않는다. 내포 작가는 마리를 규범으로부터 벗어나도록 놔두지 않는다. 마리는 핼과는 다르게 자신이 동성애자라는 것을 인정하지 않는데, 그 이유는 대체로 이성애 규범적 질서가 이를 승인하지 않기 때문이다. 다른 말로, 소설의 남성적 이데올로기는 결국 마리를 부정하는 것이다. 마리가 형성되는 방식은 전혀 복잡하거나 모호하지 않다. 캐릭터로서 마리는 단순하게 말해 일관성이 없고 설득력이 없으며, 예술작품으로서 실패했다. 남성적 이데올로기에 의해 탄생된 남성적인 여성성이 단지 여성의 몸에 투사된 것이다.

소설에서 정체성의 추구는 창의적인 요소이다. 그러나 자신을 글로 표현할 때, 마리는 에로틱한 감정을 담은 로맨스를 쓴다. 존존의 상상력이 풍부한 시와 비교해 볼 때, 마리의 시도는 평범할 뿐이다. 그러나 마리는 외형상 강하고 폭력적인 소녀라는 새로운 여성성 창조에 그 길을 열어준 것처럼 보인다.

소녀들이 주도하다

현대 여성 작가들은 성 문제에 있어 매우 예민한 것으로 보인다. 그 중에서도 어린 독자를 대상으로 하는 작품에서 더욱 그러하다. 그러나 스웨덴은 2000년대에 이르러 여성 청소년 소설과 남성 청소년 소설 간에 보다 명백한 경계선이 나타나는 새로운 경향을 보이게 된다. 1930~1940년대부터 출판된 성 관련 책들은 새롭게 출판되는 청소년 소설의 포스트모던 현상을 통해 깨지게 된다. 예상했던 대로, 우리는 새롭지만 조금은 익숙한 현상, 즉 여성 작가가 여성 독자들을 향해서 쓴 여성 캐릭터가 나오는 책을 목격하고 있다.

Johanna Thydell의 『The Stars are Shining On the Ceiling』(2003)은 최고의 청소년 도서에게 수여되는 국제적으로 유명한 어거스트 상을 받은 작품이면서, 독자들에게 열광적인 평가를 받았다. 비평가들은 이 책의 주제를 말기 암 환자인 어머니에 대응하는 어린 소녀에 관한 책으로 오해하고 있다. 자전적 배경이 이 책의 부차적인 줄거리로 제공되기 때문에, 성인 독자들이 매력을 느끼는 것은 다소 이해할 수 있다. 그러나 주인공이 매주 의무를 다해 병원을 방문하는 장면 그 뒤로 어머니의 고통은 완벽하게 가려진다. 사실, 소설은 의문을 제기하기보다 진부한 스토리를 사용한다. 구체적으로 설명하자면, 열세 살 주인공 제나는 삶에 있어 두 가지 문제에만 관심을 갖고 있다. 그것은 매주 열리는 파티에서 술을 잘 마시는 방법이 무엇인지, 그리고 자신을 유혹하는 남자와 잠을 자야할지 말아야 할지이다.

소설의 배경에 죽어가는 어머니를 배치하는 것-청소년문학에서 관습적으로 사용되어 온 방법-은 캐릭터로 하여금 부모의 보호를 벗어나게 하고, 성인 세계의 유혹을 맘껏 누릴 수 있도록 허용하는 데 있어 매우 편리한 방법이다. 『작은 아씨들』과 같은 전통적인 소녀 소설에서, 아버지는 전쟁에 참여하고 어머니는 부상자들을 돌본다. 또는 전통적인 소녀소설에서는 두 양친이 모두 죽은 것으로 설정되어, 주인공의 부모나 대리인들을 생각해볼 자유를 제공한다. 그러나 현대 사실주의 소설에서는, 부모를 죽은 것으로 설정하는 것은 쉽지 않다. 『The Stars are Shining On the Ceiling』에서는 여주인공에게 자유로운 행동을 허용하기 위해 완벽하게 어머니의 부재를 필요로 한다. 여기에 자전적 요소가 있을지라도 미학적인 관점에서는 아무런 의미가 없다.

이 소설을 비롯해 지난 몇 년간 출간된 다른 소설들로 판단해 본다면, 스웨덴의 도시에 사는 소녀들은 일반적으로 열두 살부터 금요일마다 술을 마시고, 열세 살에 성관계를 처음 맺으며, 매일 강간이나 근친상간의 위험 및 마약의 유혹에 빠지는 것처럼 보인다. 물론, 이런 끔직한 사건들은 실제 삶에서도 일어난다. 소설에서는 당연히 아무런 사건도 일어나지 않는 평범하고 단란한 가정보다 약물과 폭력에 물든 가정의 이야기를 쓰는 것이 보다 흥미롭다. 그러나 성인작가는 충고성 이야기보다 하나의 역할모델로 새로운 여성적 고정관념을 제공한다.

제나는 단지 그런 유사한 캐릭터들 중 한 명-성인 작가들은 소녀 독자들이 자기 자신을 어떻게 보기를 원하는지 캐릭터를 통해 드러냄-이다. Emma Hamberg는 『Lina' s Noctury』(2003)에서 소녀의 자화상을 창조해냈다. 책 제목은 '일기' 라는 단어에서 파생된 일종의 말장난이다. 캐릭터이면서 화자는 책의 초반부에 어느 누구도 낮 시간에는 일기를 쓰지 않기 때문에, 나는 대신에 이것을 '밤의 기록(noctury)' 로 불러야 겠다고 말한다. 그녀가 그것을 무엇으로 부르든지 간에, 그녀의 유일한 관심은 가능하면 처녀성을 어떻게 없애는 가이다. 리나가 나오는 장면들은 모두 성적 관심(성행위)에 맞춰져 있다. 리나는 자신의 주변사람들과 마찬가지로 성관계를 맺고 싶어한다. 리나는 자신의 친구들이 대부분 성관계를 했기 때문에, 자신도 성관계를 해야 한다고 주장한다. 술을 잔뜩 마시는 것은 리나에게 최우선의 일이다. 확실히 이것들은 새로운 여성성을 구성하는 두 가지 중요한 요소들이다.

일인칭 동시적 서술자를 포함하고 있는 내포 작가(implied author)는 어려운 딜레마에 빠진다. 즉, 진실을 추구하면서 순수하고 단순한 시점을 사용하는 동시에 교육적 메시지를 전달해야 하며 캐릭터가 자신과 논쟁하도록 해야 한다. 그것도 10대에게는 매우 부자연스러운 목소리-예를 들어, "불안한 섹스를 하는 것은 어쨌든 현명한 일은 아니야. 사람들은 단지 술을 잔뜩 마시고 토하는 것을 재미있는 척 하는 거야."-로 말이다. 리나는 자신이 임신했다고 생각했을 때, 소녀 소설에 등장한 주인공들이 느꼈던 고뇌(가족을 선택할지 나의 미래를 생각할지)의 어떤 것도 느끼지 못한다. 리나에게 있어서 그러한 고민은 성가신 것이며, 그녀는 자살도 두려워하지 않는다. 결국에 임신이 아님이 밝혀지고, 그녀에게는 선택의 필요성도 없어진다.

제나처럼 리나도 지적인 것에 대한 관심이 없다. 그녀는 책 읽기도 싫어하고 취미나 학업성취에 대한 욕구도 없다. 그녀는 친구들과 의미 있는 이야기도 나누려 하지 않는다. 그녀가 밝힌 자신의 모습으로 판단해 보면, 그녀가 서면으로 자신을 표현할 수 있다는 사실은 놀랍기만 하다. 비록 언어가 미숙하고 유치하더라도 말이다. 기본적으로 그녀는 외부의 사건들을 곰곰이 생각해 보지도 않고 글로 표현한다. 이것은 있는 그대로의 새로운 여성성에 대한 자화상이다. 즉, 무지하고 미성숙하며 자기중심적이고, 자신을 성적 대상으로 삼아 남성을 성적으로 기쁘게 해주어야 한다고 생각하는 원초적이고 천박한 수준의 여성성 말이다. 이러한 여성성은 『작은 아씨들』에서 나왔던 전통적 여성성-물론 이러한 여성성도 상당히 문제가 많다-과는 상당한 차이가 있다. 고전물에서 소녀의 자유가 창조행위를 통해 강조되는 방식은 문제가 있다. 리나가 일기를 쓰는 것은 여성적 창의성의 측면에서 전혀 설득력이 없다. 이것은 가능한 한 10대의 '진짜' 목소리에 보다 가까이 다가가기 위한 표면적인 기제일 뿐이다.

Sara Kadefors의 책 『Re : 우리 지금 사랑일까_Sandor slash Ida』(2001)에서, 몇 가지 달리 보기 패턴이 유지되고 성을 전복시킨다. 제목 그 자체는 두 주인공 각자의 민족성을 보여준다. 산도르의 부모가 어느 나라에서 왔는지 결코 언급되지 않지만, 이름으로 보면 헝가리 사람임이 틀림없다. 산도르는 헝가리인이라는 정체성을 갖고 있지 않지만, 산도르의 어머니는 그렇지 않다. 육아에 관한 중앙 유럽의 전통이 텍스트에 확실하게 제시된다. 어머니는 무용가가 되는 것에 실패했고, 욕망을 자신의 아들에게 부과하고 있다. 어머니는 발레가 헝가리가 아닌 스웨덴에서는 다른 사회적 지위를 갖는다는 것을 아마도 알지 못한 것 같다. 산도르는 전형적인 '새로운 남성' 이다. 즉, 그는 전통적인 남성적 특성이 부족하다. 산도르는 진실로 무용수가 되고 싶어하며, 무용학교에 입학하고 싶어한다. 이러한 특성 때문에 학급 친구들은 산도르를 따돌리며, '동성연애자' 라고 부른다. 2세대 이민자로서의 그의 위치는 동성애자라는 오해를 증가시킨다. 사실, 산도르의 민족 배경은 부수적일 뿐, 심지어 중요하지 않은 것일 수 있다. 민족 배경은 산도르의 성적 양면성뿐만 아니라 소설에 제시된 정반대의 동급생에 의해 확장된다. 책 제목에 산도르와 나란히 적힌 또 한명의 스웨덴 이름의 주인공 이다는, 산도르의 부유하고 고학력의 부모와 대비되는 혜택받지 못한 가정에서 태어났다. 이처럼 힘의 또 다른 축은 소설의 또 다른 전략이다.

내러티브 기술 측면에서 보았을 때, 이 소설은 고전적인 서간문 형태를 현대 스웨덴 청소년 소설에 부활시킨 책이라 할 수 있다. 펜팔 친구를 사귀는 것은 익명성을 보장해 주며, 10대들의 요구하는 자신의 정체성을 변화시킬 수 있는 가능성을 열어준다. 서간문 형태−이 책에서는 이메일 형태로 갱신되었음−는 두 캐릭터의 자아 정의(self-definition)라 할 수 있다. 주인공인 산도르와 이다는 모두 자신들이 인터넷에서 창조한 역할 뒤에 숨어 있다. 이러한 새로운 정체성은 현대 청소년의 욕망, 그들 자신의 현재 모습보다 더 크고 더 매력적이고 싶은 욕구를 그대로 반영한다. 만약 산도르가 '새로운 남성' 이라면, 이다는 위에 언급한 특징을 모두 갖춘 '새로운 여성' 이다. 금요일 밤마다 술을 마시고, 남자를 만나며, 자신의 처녀성을 버리고, 다른 친구들을 험담하며, 아버지의 부재와 아픈 어머니도 이 '새로운 여성성' 이라는 묶음에 모두 포함된다. 산도르와 이다는 온라인에서 가명으로 만나기 때문에, 그들이 가진 정체성은 그들의 실제와 완전히 정반대이다. 산도르는 자신이 축구를 잘 하고, 친구들과 맥주를 마시며 소녀에게 매우 인기가 높은 터프가이라고 말한다. 반면, 이다는 산도르에게 자신은 눈에 잘 띄지 않고 부끄러움이 많으며 교외에서 조용하게 목가적 삶을 즐기는 아이로 묘사한다. 그리고 여성성이 두드러지는 취미생활인 승마를 즐긴다고 말한다. 두 명의 캐릭터들은 그래서 그들 자신을 전통적인 성역할에 들어맞는 사람으로 소개한다. 그런데 이것은 주인공들이 자신이 그런 사람이길 바라기 때문에 꼭 그랬다기보다는 사회적인 성적 기대감의 반영이라 볼 수 있다. 예상한 바와 같이, 산도르에게 부족한 '거친 남성성'은 바박이라는 남자 아이를 통해 제시된다. 전통적으로 공격적인 남성성은 이민자와 관련되어 있기에, 산도르는 남성끼리만 교제하는 커뮤니티에 가입할 것을 초대받는다. 그러나 산도르는 이를 모두 거절한다. 산도르가 동성애자라는 주장이 사실이 아니라는 것이 드러나면서, 소설은 전통적인 힘의 위계(이성애, 민족적 규범성, 그리고 가난한 자보다 부유한 자의 우월성)를 지지한다. 산도르는 새로운 남성일 뿐만 아니라 새로운 민족의 전형이다. 즉, 완벽하게 자기 것으로 흡수하여, 자신의 근원에 방해받지 않는 그런 남성 말이다.

진짜 목소리 찾기

성의 근본적인 변화를 표현하기 위해 가장 확실한 방법 중 하나는 100여 년 전부터 씌어온 유사한 주제, 플롯과 캐릭터를 가진 책과 현재의 책을 비교해 보는 것이다. 가정소설에 있어서 『작은 아씨들』은 종종 플롯 구성, 인물의 성격묘사와 서술시점에 있어서 '명작'으로 평가된다. 이 소설에서는 전형적인 내러티브 특성 가운데 여성적 글쓰기와 관련된 것들을 찾아볼 수 있는데, 예를 들면 네 자매 각자의 삶과 그들의 변화를 동일한 기간 내에 묘사하는 순환적 구성, 긴 세월의 묘사 등이 그것이다. 그리고 복잡한 내면을 지닌 단 한명의 주인공보다 네 인물의 특성을 강조하기 위한 여러 캐릭터들의 등장은 가정 소설에 있어서 또 하나의 일반적인 내러티브 요소이다.

Katherine Paterson은 『내가 사랑한 야곱_Jacob Have I Loved』에서 『작은 아씨들』이 제시한 주제에 대해 독창적이고 신랄한 변형을 보여준다. 이 소설의 주인공 소녀 역시 소년이 되기를 희망한다. 왜냐하면 자신이 살고 있는 세계에서는 소년이 보다 높이 평가받고 있음을 알기 때문이다. 이 책의 주인공 루이스는 여성답지 않은 행동을 하고, 가족 경제에 보탬이 되고자 남성적 직업이라 할 수 있는 게잡이를 한다. 루이스에게는 재치 없고 외로움이 심한 남자 친구가 있는데, 루이스의 예쁘고 재능 많고 여성스러운 여동생이 결국 이 남자친구를 가로챈다. 마치 에이미가 조로부터 로리를 가로채듯이 말이다. 루이스는 자신이 태어나고 자랐지만, 복 받은 여동생 캐롤라인과 함께 지내야 하는 이 제한적이고 작은 섬으로부터 도망칠 꿈을 꾼다. 마치 에이미가 조 대신에 유럽으로 여행을 떠난 것처럼 말이다. 결국 몇 년이 흐른 후, 루이스는 자신의 아버지를 연상시키는 나이 많은 한 남성과 결혼을 한다. 조처럼, 루이스는 열정적인 젊은 남자보다는 안전한 아버지의 상을 찾은 것이다. 이 책이 『작은 아씨들』과 플롯 측면이 많이 유사할지라도, 이러한 요소들은 캐서린 패터슨의 소설에서 보다 확장되며 중요한 문제로 다루어진다. 『작은 아씨들』에서 상냥하고 순수했던 자매 간의 경쟁은 패터슨의 소설에서 자기 파괴적 질투심과 미움으로 발전된다. 『작은 아씨들』에 나오는 마치 가문의 네 자매들의 인생의 여로는 『내가 사랑한 야곱』에서 사회적 관습에 대항하는 힘없는 소녀의 투쟁이 된다. 이러한 측면에서 『내가 사랑한 야곱』은 억압된 여성의 지위에 대한 사회적 분노로 보아야 할 것이다.

그렇지만 무엇보다 두 소설 간의 가장 극명한 차이는 서술 시점이다. 『내가 사랑한 야곱』에서는 전지적 서술자 시점 대신에, 사건에 대한 캐릭터 혹은 서술자의 주관적 관점에 초점을 맞추는 일인칭 시점이 사용되었다. 게다가 독자가 캐릭터를 평가하거나 캐릭터의 행동과 의견에 코멘트를 달 수 있는 권위적인 내러티브도 사라지고 전통적인 청소년문학에서 드러난 교훈성도 모두 사라졌다. 소설에서 소녀의 내면 세계를 잘 전달하기 위해 사적인 내레이션을 사용하는 것은, 주인공의 인지수준과 주인공의 내면 및 정서를 세련된 어휘로 잘 설명해야만 하는 요구 간의 불일치를 만들어낼 수밖에 없다. 청소년문학은 단순하면서 명확해야 한다는 관습은 결국 심리적으로 복잡한 캐릭터를 전달하고 동시에 신뢰성을 추구해야 하는 작가들과 갈등을 빚게 되는 것이다.

이러한 갈등과 딜레마를 피하기 위해 대안적인 내러티브 전략으로 회상적 자기 내레이션이 사용되고 있다. 『내가 사랑한 야곱』에서의 서술자는 과거 자신이 열세 살 무렵이었을 때를 회상하는 성인 루이스이다. 이것은 내포작가로 하여금 어린 주인공에 대한 판단을 유보하게 만든다. 왜냐하면 당시 자신의 주변 사건과 사람들을 평가할 수 없는 미숙한 존재였고, 주변 인지가 부족해 실수를 저질렀다고 성인 루이스는 설명할 수 있기 때문이다. 사실, 서술자아와 경험자아 간의 공백은 너무 커서 서술 상황은 전지적 서술시점과 유사해진다. 그러나 차이는 있다. 서술자인 루이스는 여전히 그녀 자신의 생각과 감정에만 접근하며, 그녀가 우리에게 말하는 모든 것들은 독자가 미처 참여하기도 전에 그녀의 눈과 사고를 통과한 것이다. 사건과 내레이션 시간과의 공백에 의해 확장된 주관적인 관점은 그 자체로 서술자를 더 신뢰할 수 없게 만든다. 비록 그녀가 열세 살 무렵 자신의 모습을 보여주기 위해 그녀의 이야기를 의도적으로 이야기할지라도, 사실을 빼먹거나 혹은 잘못된 판단을 내리거나 그녀의 기억이 잘못될 수도 있다. 루이스의 이야기는 유년기 자신에 대한 연민과 동정심으로 가득 차있기 때문에, 독자로 하여금 쌍둥이 자매인 캐롤라인의 편을 들지 않도록 만든다. 『작은 아씨들』에서 언급된 것들은 의심할 필요가 없으나, 『내가 사랑한 야곱』에서 루이스의 경우에는 서술자가 기억한 사건 또는 기억난 사건에 대해서만 진실을 확신할 수 있다. 그렇기 때문에 이 어린 주인공은 경험과 내레이션 간의 공백에 의해 타자화된다.

Katarina Kieri의 『Not a Greek God, Exactly』(2002)는 한때 전통적인 여주인공 조 마치를 리메이크한 청소년 예술가 소설(Künstlerroman)[2]이다. 그러나 조가 남북 전쟁 속에 있었다면, 이 소설은 스웨덴 북쪽의 작은 지방도시를 무대로 한다. 로라는 조와 다르게, 자신이 누구이며 이 세상에서 무엇을 하고 있는지 생각할 시간이 없다. 이 소설의 중요한 특징은 압축된 내러티브 시간이다. 즉, 몇 주 동안에 일어난 이야기에 초점을 두었으며, 이 몇 주도 주인공의 정서적 동요로 가득 차 있다.

현대 소설에서 몇 개월 혹은 몇 년 동안의 자연스러운 연대기적 변화를 보여주기보다 며칠 동안의 일을 집약적으로 보여 주는 것이 위기의 정점에 서있는 어린 주인공을 이해하는 데 더 도움이 된다. 혹자는 이야기를 너무 짧은 시간으로 압축해 놓았다고 생각할 수도 있지만, 그것은 종종 실세계에서도 일어나는 것이다. 이러한 집중된 정서상태는 독자의 동정심을 확장시킨다. 주변에 감도는 차가운 공기와 어둠 속에서 "왜 빨리 어른이 되지 않는거야?"라며 울음을 터뜨리는 주인공의 모습, "이 모든 것들을 배우기 위해 얼마나 더 많은 시간이 지나야 하는 거지? 내 자신에 대해 꼭 책임을 져야 하나?" 등의 질문에 대한 텍스트의 반응은 로라가 몇 주 안에 갑자기 어떻게 성장했는지를 잘 보여 주는 예이다. 그러나 로라는 『작은 아씨들』에 나오는 마치 가문의 네 자매들의 자기 탐구에 대한 길고 고통스러운 방법을 따라가기보다, 자신의 정체성을 '바로 지금 여기서' 찾으려 한다. 그녀는 기다릴 시간이 없다. 왜냐하면 현대 청소년의 삶은 마치 가문의 자매들과 비교하여 너무 바쁘기 때문이다.

2) 예술적 창조와 현실 사이에서 야기되는 예술가의 실존적 긴장과 운명을 주제로 한 것으로 예술가의 형성기에 초점을 맞춘 소설을 일컫는다.

루이스처럼, 로라 역시 이 책에서 단 한 명의 유일한 주인공-여러 명의 캐릭터들은 심각한 청소년 소설에서 완벽히 사라진 것처럼 보임-이다. 그리고 로라는 마치 가문의 네 자매를 모두 합친 것보다 더 복잡한 캐릭터이다. 현대 소설의 목적은 단 한 명의 독특한 인간 특성을 강조하려는 것이 아니다. 이 책에서 단 한 명의 캐릭터인 로라는 모순적이면서 다면적 인간이다. 『작은 아씨들』이 독자들에게 인물에 대한 정확한 판단을 돕기 위해 여주인공을 충분히 묘사하고 주인공의 행동에 대해 설명을 했다면, 『Not a Greek God, Exactly』에서는 독자들이 주인공 로라에 대해 알기 위해서 소설 전체를 모두 정독해야 한다. 우리는 그녀가 그녀 자신을 어떠한 방식으로 상상하는지 확신할 수조차 없다. 왜냐하면 로라는 화자이기 때문이다. 그러나 『내가 사랑한 야곱』과는 다르게, 서술자아와 경험자아 간에는 차이는 없다. 말하자면, 로라의 이야기는 마치 지금 벌어지는 것처럼 우리 눈앞에 펼쳐지고 있다. 사실, 로라의 이야기는 일기일 수도 있다. 이 책에서 화자는 다음에 어떠한 일이 벌어질지 알지도 못한다. 로라는 심사숙고할 시간도 없으며 자신의 이야기를 미화할 시간도 없다. 즉, 그녀의 기억에 영향을 미칠 시간적 간격이 없으며, 또한 자신과 주변에서 어떤 일이 일어나는지를 판단하기에 성인기에 대한 경험이 부족하다.

사람들은 그러한 내러티브 전략은 작가에게 제한적이라고 본다. 작가는 이야기가 엉뚱해 보이지 않으려면, 그녀 자신의 삶의 경험을 제한해야만 하며 열다섯 살 수준으로 개작해야 한다. 그러나 캐릭터이면서 화자인 로라는 조 마치와 비교해 볼 때 큰 이점을 갖고 있다. 로라는 현대적인 서구사회에서 좋은 교육을 받고, 인터넷을 포함한 대중매체의 접근이 용이하며, 또한 가정소설의 전통적인 여주인공보다 자기 평가를 위한 다양한 가능성들이 제공된다. 이것은 로라를 화자로서 말주변이 좋은 사람으로 만든다. 일기를 쓰는 리나와 다르게, 로라는 언어적 재능을 갖고 태어났으며, 그녀는 학교 신문의 편집자이면서 시를 쓴다. 이것은 『내가 사랑한 야곱』에서처럼, 회상에 호소하지 않고, 텍스트로 하여금 고급 어휘를 사용하도록 만들며, 반어적인 자아 성찰을 가능하게 한다.

이 이야기의 주요 갈등은 로라가 새로 온 젊은 남자 교사에게 심취하면서 일어난다. 이 젊은 남자 교사는 그리스 신화에 나오는 신과는 조금 다르지만 잘생기고 다방면의 재능을 갖고 있으며, 지역신문에 글을 기고하고, 색소폰을 분다. 그러나 보다 중요한 것은 이 젊은 남자 교사가 작가가 되고자 하는 로라의 꿈을 북돋아준다는 점이다. 그는 로라에게 책의 서평 쓰기를 도와달라고 한다. 그러나 로라는 그의 신호를 오해한다. 그녀는 열다섯 살이고, 사랑에 빠져본 적도 없으며 단 한 사람만을 기다리고 있다. 그래서 그녀가 매력적인 남성에게 빠져드는 것은 너무나 자연스럽다. 교사에 대한 그녀의 백일몽은 자신에게 사랑에 빠진 동급생을 알아보지 못하게 만든다.

Katarina Kieri 소설에서는 배어 교수와 로라가 등장한다. 그러나 현대 여성성의 형성에 있어 그들의 역할은 완벽하게 다르다. 조 마치가 나이 든 교수와 결혼하는 것(혹은 루이스가 자녀를 둔 나이든 홀아비와 결혼하는 것)은 완벽히 평범해 보이는 반면, 로라는 열다섯 살 여자 아이가 성인 남성과 사랑에 빠진다는 것이 매우 어리석은 일임을 잘 알고 있다. 로라의 가장 친한 친구 레나는 로라의 사랑에 대해 부정적으로 반응한다. 사실 레나의 아버지는 젊은 여성과 살기 위해 가족을 버리고 떠났다. 레나는 "가족을 파괴하는 것은 당신같은 사람들이지."라고 말하면서 로라를 비난한다. 레나가 소울메이트이기 때문만이 아니라 레나의 가족이 마치 자신(정서적으로 차갑고 단조로운 자신)의 모습과 완벽하게 일치하기 때문에 로라의 마음은 더욱 아프다.

로라는 그녀 자신을 지켜줄 사람이 한 명도 없다. 그리고 로라는 친구가 멀리 떨어져나가도록 놔둔다. 화자는 이를 직접적으로 언급하지 않고, 미묘한 수단을 통해 전달한다. 전지적 서술시점은 없기 때문에, 독자는 오직 젊은 주인공의 견해로만 이를 본다. 도시에서 우연히 친구를 만났을 때에도 로라는 인사를 하지 않으며, 학교에서도 말을 걸지 않는 등 두 소녀들 간의 냉담함은 말로 표현할 수 없이 싸늘하다.

로라의 절망은 수십 명의 다른 청소년문학에 등장하는 여성들의 절망처럼 서툴러 보인다. 그러나 텍스트는 로라의 절망을 표현하기 위해 새롭고 신선한 언어를 사용한다. 소설에서 언어는 매우 중요하다. 왜냐하면 『작은 아씨들』에 제시된 것과 같이 어린 소녀 자신의 진실성은 글쓰기를 통해 드러나기 때문이다. 그러나 조 마치가 남성들에 의해 무시당하고 남성의 의견에 침묵 당하는 반면, 로라는 소설의 마지막 페이지에서 그녀의 남자 동급생 스테판이 로라가 적은 글에 곡을 붙여 노래를 부르고, 선망의 대상인 선생님이 노래에 맞춰 색소폰으로 연주를 하는 것을 듣게 된다. 즉, 소녀와 성인 남성 간의 힘의 긴장은 예술에 대한 상호 관심을 통해 누그러지게 된다. 그녀의 남자 친구로부터의 지원을 통해, 현대적 여성 로라는 그녀 자신의 목소리를 찾게 된다.

다른 어떠한 내러티브 요소보다 아마도 이러한 결말은 과거와 비교해 볼 때 성 고정성에서 탈피한 새로운 여성성이 구성되는 방식을 보여 주는 것이다. 로라는 갑자기 유명해지지도 않고, 자신의 첫 번째 곡으로 대회에 나가 상을 받지도 못한다. 스테판과 로라는 커플이 될 것이다. 물론 반드시 그런 것은 아니지만 말이다. 만약 커플이 된다 할지라도 그들이 영원히 행복할 것이라 말할 수도 없다. 왜냐하면 그들은 열다섯 살이기 때문이다. 부모에 대한 로라의 깊은 절망감도 사라지지 않을 것이다. 로라의 어머니는 점점 더 자아 고립과 우울증이 깊어지는 반면, 아버지는 예전이나 지금이나 차갑고 정서적으로 냉담하다. 위대한 사랑을 꿈꾸는 전형적인 10대 소녀는-로라가 '소녀시절의 공상'으로 표현하는 것-교사가 보여주는 지지에 대한 존경과 감사로 부드럽게 변화해간다. 책의 마지막 장에서도, 그녀의 미래는 이제 막 시작되려고 하지만 어떤 것도 해결되거나 정해진 것이 없다.

그러나 이것은 현대 청소년 소설의 딜레마를 가장 명확히 표현한 어린 화자의 목소리이다. 청소년 독자들은 성인의 목소리가 사라질 때에 비로소 사건과 캐릭터에 대한 판단과 이해가 자유로워진다. 우리는 로라의 정신상태를 어떻게 판단해야 할지, 로라가 자기평가를 할 수 있음을 믿어야 할지에 대해 어떠한 실마리도 갖고 있지 않다. 일인칭 서술자는 항상 주관적 시점만을 전달한다는 점에서 신뢰감이 떨어진다. 또한 일인칭 서술자인 로라는 자신의 감정을 표현하거나 타인의 행동을 정확하게 해석할 만큼 성숙하지 못했기 때문에 신뢰하기도 어렵다. 기본적으로 독자들은 주인공을 포함하여 이러한 상황을 모두 정리해야만 하는 상황에 다다랐을 때 완벽한 혼란상태에 빠지게 된다. 당연히, 전통적인 내러티브보다는 이러한 방식이 독자들에게 더 많은 것들을 요구한다.

비록 로라와 조 마치 간의 공통성이 있다고 하더라도, 이러한 혼란 속에 나온 여성성은 성고정화된 특징이 없다. 캐릭터의 복잡성이 중요한 이유 중 하나라 할 수 있다. 즉, 복잡한 캐릭터는 모순적이면서 동시에 다양한 개인적 특성을 담아낼 수 있다. 다른 말로, 로라는 너무나 다면적인 특성을 가지고 있어 고정화된 인물이 되기 어렵다. 이 소설은 주 독자가 여성이라는 경험에 기초한다.

2004년에, Katarina Kieri는 『Does Elias Dance? No!』라는 소설을 출판했다. 거기서 그녀는 일인칭 남성 서술자 시점을 사용한다. 예상대로, 매우 불안하고 내성적인 소년이 등장시킴으로서 '새로움'에 대한 과장스러운 초상을 제시한다. 엘리아스는 여성이지만, 캐릭터로서 그리고 화자 목소리로서 모두 준남성으로 보인다. 그것이 작가의 성 영향력인지 말하기는 어렵지만, 엘리아스는 남성 작가에 의해 창조된 남성다운 소녀를 상기시킨다.

그리고 2005년, Aidan Chambers는 『This is All』이라는 책을 출판했다. 이 소설은 작가의 예전 책(남성 주인공과 남성적 화자)과 균형을 맞추려는 듯, 여성적 목소리와 여성의 의식을 보여 준다. 이를 통해 작가는 현대 청소년의 현실을 다면적으로 탐색해간다. 체임버스의 10대 여주인공이 부딪치는 첫 번째 딜레마는 그녀의 처녀성을 없애는 것이다. 이러한 순환은 끝났다. 만약 체임버스가 청소년 독자들에게 새로운 남성상에 대해 영감을 불러일으킨다면, 이는 새로운 여성상을 재창조하려는 여성 작가들의 전례를 따르는 것으로 밖에 보이지 않는다.

이번 장에서 드러난 몇 가지 기본적인 힘과 이에 관련된 질문들을 다시 한 번 살펴보자. 청소년 소설은 성인 작가들이 현대 10대 청소년의 실제 경험이라고 믿는 것들을 반영하는 것인가? 혹은, 많은 아동문학들이 그러하듯이, 청소년 소설은 영리한 성인들이 순진한 청소년에게 제공하는 지도서인가? 그것이 무엇이든지간에, 청소년 소설은 현대 10대 청소년들의 관점을 잘 보여 주는 것 같지는 않다. 소설이 전달하는 이데올로기는 확실히 타자성에 기초를 두고 있다. 작품 주인공을 '타인(the Other)'으로 인식하는 작가들의 견해에 기초한다. 발신인과 수취인 간의 동등하지 않는 힘의 논리, 바로 여기에 10대 독자들을 위한 글쓰기의 어려움이 있다.

이번 장에서 논의했던 여러 소설에서 보여주는 일인칭 시점은 성의 영향력을 확장시키거나 완화시키거나 둘 중의 하나다. 다음 장에서는 성적 내러티브 시점을 통해 타자성이 어떻게 나타나는지 자세히 살펴볼 것이다.[3]

---

3) 앞서 논의된 텍스트들은 모두 영어로 번역되지 않았다. Swedish Book Review 2006에서 발췌한 것이다(부록).

CHAPTER

08 목소리의 타자화 : 성이 바뀐 목소리와 행위

- 공적 목소리와 사적 목소리
- 신뢰와 권위
- 성과 장르
- 양성화, 의상과 변신
- 주관성과 행위

CHAPTER

08 목소리의 타자화 : 성이 바뀐 목소리와 행위

●●● 『모비 딕』; 3(Lanser, 1981)

이사벨이라 불러다오. 얼마나 되었는지는 정확히 모르겠지만 몇 해 전 주머니에서 돈도 떨어지고 바닷가에서 하고 싶은 일도 없이 방황하다, 바다에나 나가 그 세계를 조금 경험해볼까 하는 마음이 들었다.

위 웅변적인 전달 테스트 인용문은 『모비 딕_Moby-Dick』의 원문 중 '이스마엘이라 불러다오.' 부분에 화자 이름만 바꾸는 작은 변화가 독자의 시각에 얼마나 큰 영향을 미치는지를 보여 준다. 남자 이름인지 여자 이름인지에 따라 화자에 대한 기대를 바로 다르게 갖게 된다. Meville의 소설에서 남자 이름을 가진 주인공에게 거친 바다의 탐험을 기대하는 것이 자연스럽지만, 여성으로 바뀌어졌을 때는 독자는 이야기 장르와 색을 결정하는 데 주저하게 된다. 아무리 더 이상 할 일이 없더라도 여자가 바다에 조금 나가본다는 것을 보통 기대하지 않으며, 독자는 어떤 이야기가 전개될 지 정확히 확신이 서지 않는다. 여성의 목소리는 본 장의 인용된 첫 문장에 어울리지 않는다.

페미니스트 설화론과 퀴어 설화론(Lanser, 1986; Mezei, 1996)은 내포 독자, 저자, 그리고 주인공 이 셋의 성을 포함한(하지만 이것에만 국한되지 않고) 성 이슈와 서사 전략과의 관련 여부에 주목한다. 이전 장의 남성성과 유사한 남성적 서사는 지배적이고 권력적이며 보수적이고 체제 순응적이며 규범적인 서사 목소리로 억압되고, 따라서 잠재적으로 전복적인 것에 반대된다. 남성적 목소리는 존재하는 권력 규범을 확립하는 반면 여성의 목소리는 이를 부정하고 뒤집는다. 이것은 저자의 성과 아무런 연관이 없다. 하지만 고전과 현대문학에 대한 페미니스트 연구에 의하면 여성 저자는 자신의 목소리가 들리도록 일정 전략을 구사해야만 했다는 것이다(Laser, 1992). 아동문학에서 성 관련 서사 연구에 의하면 또 다른 달리 보기(heterological) 측면에 덧붙여지는 것이 바로 나이 우선하기 혹은 연장자의 규범 따르기(aetonormativity)이다.

성 관련 서사론은 성과 서사의 여러 측면, 예를 들어 서사의 목소리, 관점과 초점(focalization) 등과의 관계에 대해 질문한다. 중심 이슈 중 하나는 남성적 서사 전략과 여성적 서사 전략에 차이가 있느냐는 것이며, 만약 차이가 존재한다고 하면 텍스트에 어떻게 분명하게 반영되느냐 하는 것이다. 이의 한 측면이 성을 바꾸는 내레이션(cross-gender narration), 즉 남성 작가가 여성 화자 또는 시점으로 이야기를 들려주는 것이다(Lanser, 1992). 재미있는 점은 성을 바꾼 목소리로 들려준 사적인 이야기 즉 다른 목소리(heterovocalization) 또는 바뀐 목소리(crossvocalization)는 거의 없다. 아동문학과 청소년문학에서 거의 대다수를 차지하는 일인칭 화자 이야기는 동일 목소리(homovocalization)로 나타나며, 7장에서 토의된 몇 가지 예, 『내 무덤에서 춤을 추어라_Dance on My Grave』, 『Kensuke' s Kingdom』, 『내가 사랑한 야곱_Jacob Have I Loved』 또는 『Not a Greek God, Exactly』 등이다. 하지만 몇몇 예외 이야기를 성이 바뀐 목소리로 들려주기도 했는데 『The Outsiders』, 『Does Elis Dance?』, 『헨쇼 선생님께_Dear Mr Henshaw』 또는 『The Secret Diary of Adrian Mole』과 같은 작품들이 그 예이다. 바꾸어진 성으로 남자 작가가 여성 화자가 된 예로는 『푸른 돌고래 섬_Island of the Blue Dolphins』, 『캡틴 샬럿_The True Confessions of Charlotte Doyle』, 『Little Marie』 또는 『This Is All』이 있다. 화자의 생물학적 성이 진정한 목소리를 전달하는가 또는 Butler(1999)가 말한 '행위적 성'과 유사한 맥락에서 목소리는 행위적인가 하는 문제에 대한 논의가 여기서 발생된다. 이러한 목소리에서 파생된 문제점은 여성의 음성으로 성을 바꾼 화자가 반드시 전복적이냐 하는 것과 남성의 목소리가 이미 확립된 규범을 인정하는 남성적 패턴을 따르느냐 하는 것이다. 즉, 여성화자가 남성의 목소리로 이야기할 수 있는가에 대한 논의이며 거꾸로 남성 사적 화자가 여성의 목소리로 이야기할 수 있느냐에 대한 물음이기도 하다. 수행적 목소리(performative voice)[1]는 긍정이냐 아니면 전복적이냐 하는 권력적 위치에 따라서 행위하는 이야기

1) 소설과 극에서 목소리는 하나의 독특한 캐릭터로 작용한다. 예를 들어, 『곰돌이 푸우는 아무도 못 말려』에서 푸의 목소리는 일정한 성격을 띤다.

의 주체(agency)를 의미한다.

권력에 있어서 성이 바뀐 목소리는 여러 가지 결과를 불러일으킨다. 남성 작가가 여성의 목소리를 선택할 경우 권력의 서열에서 내려서게 되고, 이것은 바로 권력 없는 자리에서 이야기하는 것이며 성인 작가와 아이 등장인물 간에 일반적으로 존재하는 비대칭에 의해 더욱 부풀려진다. 동시에 의식적으로나 무의식적으로 성인 작가는 아동의 규범을 성인의 것으로 대체한다는 아동문학의 전제에 따라 아동 주인공에게 힘을 부여한다. 따라서 성을 바꿔 목소리를 내는 남성 작가는 필연적으로 여성 등장인물 또는 여성 화자를 두 차례 억압하게 되는데 첫째가 여성이라는 이유로 남성의 규범으로부터 거리 두기이고, 둘째가 아이라는 이유로 성인의 규범으로부터 거리 두기이다. 이 장에서는 그런 보상을 찾아 볼 수 있는 여러 전략을 살펴보겠다.

남성의 목소리를 선택한 여성 작가는 권력서열에서 위로 오르게 된다. 목소리는 더 큰 권위를 얻게 된다. 하지만 성인 여성 작가는 아이 주인공에 비해서는 더 많은 권력을 가지고 있으며, 이 두 권력 구조는 서로 충돌한다. 개인적 화자의 권력 위치는 아동에게 힘을 부여하는 일반적인 아동문학의 노력에 의해 더욱 강화된다. 조화를 이루기 위해 여성 작가는 자신의 서사자로서의 권력을 유보해야 할지도 모른다. 여기서 또한 비대칭의 위계질서 권력 구조가 어떻게 생산되고 부풀려지는가 아니면 어떻게 의문 시되고 없애지는가를 조사한다. 장르, 주제, 배경, 구성, 등장인물 그리고 이면의 서사를 포함하는 서사 관점 등에서 이를 찾아본다.

공적 목소리와 사적 목소리

성 관련 서사론에서 고려해야 하는 핵심 분류는 공공의 목소리인가 아니면 개인의 목소리인가의 구분으로, 이야기가 어느 특정 독자를 상대로 하는 것인가 아니면 궁극적 자기 성찰의 목적으로 외부인에 의해 읽혀지는 것을 의도하지 않은 것이냐 하는 구분이다(Lanser, 1992). 이미 언급된 책 중에서 예를 들면 공공 서사는 『내 무덤에서 춤을 추어라』와 『Kensuke' s Kingdom』이며 사적 정신적 서사는 『내가 사랑한 야곱』과 『Not a Greek God, Exactly』이다. 여성은 역사적으로 남성의 확립된 규율에 대해 침묵하여 왔기에 공공 서사는 사적 글쓰기에는 필요 없는 일정한 사서 전략이 요구된다. 분명히 많은 예외에도 불구하고 공공의 목소리는 반드시 남자가 아닐지라도 일차적으로 남성적인 것 그리고 사적 목소리는 여성적인 것으로 간주된다.

소설의 주관성에 관한 것이 분명 개인적인 것임에도 불구하고 화자의 대화 상대가 공공인 경우도 빈번하다. Dianne Hofmeyr의 『Boikie You Better Believe It』(1994)의 남자 화자 다니엘은 일기를 쓰고 있지만, 이것이 읽힐 것을 염두에 둔다. 다니엘이 독자를 의식했기 때문에 그 이야기는 적어도 부분적으로 공적이다.

●●● 『Boikie You Better Believe It』 ; 5

아버지와 아버지가 하신 일 때문에 오늘부터 일기를 쓰기 시작하기로 했다. 나도 언젠가는 내 자식에게 내가 쓴 모든 것을 읽혀야겠다.

●●● 『Boikie You Better Believe It』 ; 5

내 인생의 의미를 찾기 위해 적고 있다.

위의 글로 보아 일기는 신을 알기 위한 노력이기도 하다. 『내 무덤에서 춤을 추어라』의 핼과 같은 많은 허구적 일기 작가들과는 달리 다니엘은 성인이 이를 지지하는 것도 아니고 특별히 말이 뛰어나지도 않다.

●●● 『Boikie You Better Believe It』 ; 5

학교 도서관에 가서 사전을 빌려와야 겠다. 나는 그다지 언어에 재능이 있는 것은 아니다.

사실 위처럼 이를 인정한다. 바로 이에 앞서서, 다니엘이 낱말의 소리에 매력을 느낀 것이 분명한 벨테샤자르와 네부카네자르 같은 성경 속 인물의 이름을 철자에 맞추어 쓸 줄 아는 것으로 보면 그는 본능적으로 언어에 관심이 있다. 다니엘은 혜택받지 못한 계층, 소외된 계층에 속한다. 과거 서구의 많은 여성처럼 오늘날 남아프리카에 사는 다니엘은 고등 교육을 꿈꾸지 못한다. 여성 작가는 권력이 없는 위치에서 글을 쓰고 있는 이유로 남성보다는 여성 간의 공통된 경험을 싣고 있다.

Avi가 쓴 『캡틴 샬럿』(1992)는 1832년 여름 대서양을 건너는 배 갑판 위에서 벌어지는 흔하지 않은 이야기다. 제목이 전통적인 남성 장르 고백 같으며 거기 쓰인 형용사 '진실한(True)' 은 면밀한 조사를 요하긴 하지만, 정직하고 믿을만한 이야기인 것을 강조한다. 샬롯이 '배링턴여자학교' 에 다니기는 하지만 기본적인 쓰기 교육 이상은 받지 않았으리라고 가정하게 된다. 자신을 표현하기 위해서 일기를 쓰기 시작한 다니엘과는 달리 샬롯은 일기 쓰기를 당시 젊은 상류 여성에게 적합한 활동으로 간주한 아버지에게 강요당한다. 샬롯의 경우, 여성에게 적합한 바느질이나 음악 또는 춤처럼 다른 활동이 갑판 위처럼 제한될 때 시간을 보낼 별다른 소일거리가 마땅치 않았기 때문이다. 아버지는 프로방스에 도착해서 일기를 읽겠다고 일러줬다. 샬롯의 기록은 제삼자를 염두에 두고 쓰이고 있기 때문에 공공의 글쓰기다. 그렇다고 해서 헐렁한 세일러복을 입어보는 것 같은 사적이며 감각적인 경험을 쓰지 못했던 것은 아니다. 젊은 일기 기록자가 남자 성인의 숙독을 염두에 두고 깊숙한 이야기를 할 수 있느냐 하는 점은 의문스럽다. 성인 독자를 염두에 두고 개인적 내용을 피한 Jerusha Abbot의 『키다리 아저씨_Daddy-Long-Legs』(1912)를 『캡틴 샬럿』과 비교해 볼 수 있겠다. Abbot의 『키다리 아저씨』는 여성 작가가 쓴 것이고 남성 독자를 향해 긍지와 매너 있는 여성스런 자세의 동성의 목소리다. 『캡틴 샬럿』의 성이 바뀐 목소리 텍스트는 기본이 다르다. 아버지가 화낼 것을 알고 샬롯은 일부러 화를 돋우기 위해서 도전적이었을지 모르며, 사실 아버지는 일기 속 평범한 내용에도 더 화를 내며 모두 거짓말로 받아들이고 수치스런 자세한 부분은 알게 되지도 못한다. 1830년대의 젊은 여성뿐 아니라 젊은 여성과 아버지가 얼마나 긴밀할 수 있는가 하는 점은 의문스럽다.

샬럿 이야기는 이상하리만큼 중요한 부분이 빠져 있는데, 이는 아마도 저자가 여성이면 겪게 되는 전형적인 경험이 없다는 데에 기인하는 것 같다. 대양을 건너는 여러 달 동안 샬럿의 생리에 대해 언급이 한 마디도 없다. Jerusha가 후견인에게 보내는 편지에도 생리 이야기는 등장하지 않는다. 1912년 청소년 소설에서 신체 기능에 대한 언급은 타부시되었다. 현대 젊은이를 위한 소설에서는 개인적 여성 화자가 자신의 첫 생리 경험을 중요시하는 것은 자연스럽고 남자 화자가 몽정이나 부적절한 발기로 인해 수치스러웠던 경험을 거듭 이야기하는 것 또한 당연하게 여겨진다. 샬럿이 너무 어려 생리하기에는 일렀는지도 모르겠다. 그렇다면 이 또한 격리된 각박한 남성 환경에 맞춘 설정일 것이다. 어느 경우든 샬럿의 공공의 목소리는 남성의 눈에 비친 서사로 생리에 대해 언급하지 않는다.

『Boikie』와 『캡틴 샬럿』의 서사는 서술 형태로 등장한다. 글은 우리 문화에서 공공자료로 취급되기 때문에 글은 보다 더 공적으로 받아들여지게 된다. 말을 여성적인 것으로 글을 남성적으로 나누어 보는 것이 지나친 개념적 분류일지 모르겠으나, 언어에 관한 성 관련 담론에서는 이 이분법을 지지한다(예: Spender, 1998). Jacques Lacan의 심리분석학적 용어로 언어적 구조화된, 그리고 특히, 문장으로 이루어진 진술은 남성적인 반면, 비언어적이고 상상의 진술은 여성적이다. 서구 문화에서 남성 저자가 쓴 문장은 여자를 위한 것으로 여겨지는 전래동화 같은 구문보다 더 높은 위상을 차지한다. 남성 언어는 순서가 있고 이성적이며 주도면밀하고 추상적 개념에 관한 것인 반면 여성 언어는 부분적이고 구체적이며 감성적이고 상상이 풍부하다. 감추어진 하위텍스트 또는 이면을 지니고 있다. 따라서 위 두 소설은 주인공의 성과는 무관한 남성 서사, 즉 서술과 공적인 진술로 이루어져 있다고 말하고 싶다.

아마도 더 중요할지도 모르는 의문 하나는 어떻게 남자와 여자가 언어에 접근할 수 있도록 텍스트가 나오느냐는 것이다. 페미니스트 이론은 어떻게 남성이 쓴 텍스트 안에서 일관되게 여성이 축소되고 침묵하는지, 또 여성 작가는 억압으로부터 탈피를 위해 어떤 방법들을 시도해 왔는지 지적한다. 샬럿은 남성 권위가 부추긴 글쓰기를 하고 있음에도 자신의 서사에 신뢰가 서지 않는다. 샬럿의 아버지는 딸의 이야기를 믿지 않고 따라서 딸의 창의성을 짓누른다. 샬럿의 이야기가 실제 사실이냐는 것과는 무관하다. 이 두 소설에서 남성 화자는 언어를 통한 힘이 있기 때문에 여성을 위한 목소리로는 언어적 확실성이 약점으로 작용하는 것이 분명히 나타나고 있다. 남성이면서 여성의 목소리를 낸 작가는 이미 확립된 규칙을 따름으로써 여성으로 이야기를 하는 것이 어떻게 의문시되고 버림받게 되는가를 보여준다. 여성이면서 남성의 목소리를 낸 작가는 여성 같은 남성 등장인물을 만들어 냄으로써 문장이 약해지고 사회적 지위에 걸맞는 언어가 얼마나 중요한지를 전적으로 드러낸다. 따라서 사회적 규범에 어긋난다. 이 예를 통해 보면, 수행적 목소리가 결정적이다.

성이 바뀐 목소리 소설은 기대에 벗어남 없이 일반적으로 일기나 서간체 형식을 취하며 공과 사를 오가기는 하지만 결정적으로 문어체(written)로 쓰여 있다. 모든 서사 관점에서 자동으로 일어나는 것은 아니지만, 서사의 형식을 가상 일기로 하는 경우 진정으로 아이나 10대의 목소리를 만들어낼 수 있다. 반대로 가상 일기에서는 『Boikie』에 관한 논의에서 이미 보여주었듯이 경험의 주체와 화자 자신 사이에 차이가 없기 때문에 각별한 주의가 필요하다. 진짜처럼 보이려면 일기 진행과 동시에 긴박한 목소리가 주인공이 갖추었으리라 짐작되는 언어 차원에서 뿐만 아니라 지적이면서 감성적이며 실존적이어야 한다. 유행을 좇듯 너무 빈번히 특별한 동기 없이 일기 형식을 취하고 있다. 진정성 추구가 목적이라면 외적 사건을 다루는 소설은 너무 피상적으로 보일 수 있다. 어떤 텍스트는 실재감을 위해서 틀린 철자, 아주 간략한 문장 구성, 철저하지 않은 코멘트, 제한된 낱말과 청소년들이 쓰는 용어를 넣고 있지만 자주 반대의 효과를 낳고 있다. 사적인 가상 일기는 영혼 깊은 곳에서 우러 나오는 생각과 감상을 적는 것으로 되어 있다. 따라서 형식을 정당화할 수 있도록 충분히 자기 성찰이 있어야 한다. 동시에 실제 일기와는 달리 가상 일기는 외적 사건으로 보이는 묘사 밑에 깔린 플롯이 있어야 한다. 아주 단편적인 가상 일기라 할지라도 어떤 식으로든 계획과 결말이 있어야 한다. 단편성은 여성적 글쓰기와 관련되는 반면, 구조적이며 형식이 잡힌 플롯은 남성적인 것으로 간주된다. 아동 독자를 염두에 둔 일기 소설은 진정성을 이루려는 노력과 타자화 사이에 균형을 이루어야 한다.

일기나 메모를 간수하는 것은 여자 아이들의 행위로 간주하는 편견으로 인해 최근에야 남성 일기 작가가 아동 문학에 등장하고 있다. 남성 일기 저자를 표방하는 여성 작가는 남성 규범을 따른다. Sue Townsend가 쓴 『The Secret Diary of Adrian mole, Aged 13 3/4』(1982)에서 대부분 일기 내용이 외적 사건을 다루고 있으면서 등장인물이 약간 이상하다. 성을 바꾼 목소리 내기가 반대 성의 어린 주인공 심리 또는 복잡한 주체성에 대한 깊은 내면의 묘사를 방해한다. Kevin Major의 『Diana, My Autobiography』(1993; 일기는 아니지만 형식에서 유사)는 『Adrian Mole』과 비슷한 전략으로 같은 결과를 낳고 있다. 여성 화자는 유치하고 나약하며 무지한 모습으로 그려진다. 동일 저자의 남성 화자 소설 『Dear Bruce Springsteen』과 비교했을 때 확연히 눈에 띄는 점은, 변화를 위한 방법의 한 가지로 내포 저자에게 화자를 우스운 인물로 만들고 있다는 점이다.

Beverly Cleary가 쓴 『헨쇼 선생님께』(1983)는 등장인물이 저지르는 외적인 사건을 일으키기 위한 서투른 시도에서부터 자기반성적 의식으로의 지적 그리고 정서적 발달을 보여주는 거의 모든 전략이 구사된 아주 극소수에 해당하는 일기이다. 일기는 자신의 위치를 내면화하는 과정발달에 관한 형식의 글이다. 언어와 글쓰기 등은 등장인물이 그러한 활동들을 통해 더 강한 자기 인식을 이루어나갈 뿐 아니라, 글 속에서 남자 주인공은 여러 면에서 여성적인 경향을 갖추고 있고 목소리는 여성적이다. 이것은 권력의 변화와 함께 낮은 위치에 존재하게 된 작가가 성을 바꾼 목소리의 주인공에게 힘을 실어주는 역할을 하고 있는 것이다.

John Marsden의 서간체 소설 『Letters from the Inside』(1994)은 하나처럼 들리는 두 개의 성을 바꾼 목소리로 10대의 두 여자 아이가 가정과 학교, 그리고 남자 친구에 대한 피상적인 내용을 서로 교환하는 진실성 있는 이야기다. 하지만 등장인물 그리고 사건과 이야기의 관점에 대해 종합적인 평가로 결말을 짓는 상위허구적(metafictive) 요소로 인해 그 진실성은 옅어진다. 그리하여 유동적인 주관성을 신는 포스트모던 극은 존재 이면의 확실성을 잃고 목소리가 인위적으로 흐르게 된다. 순전히 목소리만의 구성체로 존재할 뿐이다. 메타픽션(metafiction)은 인물을 단편적으로 구성하며, 여러 요소의 종합체로 만드는 것을 제한한다. 인물의 성과 서사 목소리는 전적으로 관련성을 잃는다.

신뢰와 권위

위 결말에서의 논점은 공적, 특히 문어체 서사가 사적, 구어체 또는 심리 서사보다 권위가 있다는 것이다. 화자의 신뢰도와 권위는 화자의 화법(discourse)과 등장인물의 화법 간의 관계에 달려 있다. 화자의 화법이 등장인물의 화법과 확연히 다를 때, 예를 들자면 직설적이며 보고하는 말이나 생각일 때 독자는 화자를 더 신뢰하게 된다. 표현된 정보 모든 것을 알고 있는 전지적인 화자일 때는 더욱 그렇다. 자유 간접

화법 또는 심리화법처럼 섞어진 형태에서 화자의 말은 등장인물의 것과 구별하기가 어려우며, 화자에 대한 신뢰도는 급격히 떨어진다. 개인 화법에서 텍스트가 화자와 등장인물 둘 다를 일인칭으로 언급하기 때문에 상황은 더욱 복잡하다. 개인적 서사는 화자의 고정된 성격과 더불어 당시의 무드와 정신 상태에 따라 영향을 받기 때문에 믿을 만하지 못하다는 것이 정석이다. 『호밀밭의 파수꾼_The Catcher in the Rye』에서 홀든 콜필드는 자신을 세상에서 가장 못된 거짓말쟁이로 표현하는데, 아이러니하게 화자에 대한 신뢰가 떨어지게 된다. 개인화법은 비개인적 서사보다 전지적이지 않고 따라서 권위가 떨어지며 더 자기 반영적이다. 화자의 정보 접근에 대한 형이상학적(metaphysical) 이슈는 개인 화법에서 없어질 수가 없다. '나중에 내가 알게 되었지만…….' 등과 같은 여러 가지 방법이 동원된다.

개인과 화자 사이에는 신뢰에 있어서 큰 차이가 있다. 『캡틴 샬럿』에서 경험과 화자 자신과의 관계는 분명하지 못한 부분이 있다. 샬럿, 즉 화자는 상위허구적 효과를 노린 전형적인 서문의 '중요한 주의' 를 통해 독자에게 서사가 "나쁜 남자아이의 이야기(A Bad Boy)도 아니며 케이티가 한 일(What Kate Did)도 아님" (1)을 밝히고 있다. Thomas Bailey의 『The Story of A Bad Boy』는 1869년 작품이며, Susan Coolidge의 『What Kate Did』는 1872년에 출판되었다. 탐험이 시작된 1832년 샬럿은 열 세 살이고 자신이 언급한 책들을 접하려면 적어도 오십은 되었어야 한다. 이 두 권의 청소년 고전 문학 작품을 언급한 이유는 사실적 접근이라기보다 상위허구적인 작품이라는 것이 그 이유이며 저자가 여주인공의 나이를 정확히 계산해 보지 않았거나 아니면 두 책의 출판 연대를 따져보지 않았을 경우를 예로 들 수 있다. 하지만 샬럿이 사건 후 시간이 한참 흐른 후에 이야기하고 있다는 증거는 자신이 그렇게 말하고 있는 것 이외에도 여러 가지가 있다. 서문에서 화자는 말하기를, "내 이름이 샬럿 도일이었을 때, 비록 아직 그 이름 그대로이지만 나는 그 샬럿 도일이 아니다." 여기서 '이었을 때' 라는 시간에 대한 언급은 상당한 시간에 간격이 있는 것을 의미하지도, 주인공의 변화에 대한 것도 아니다. 결국 서문은 어떻게 공책을 일기로 쓰게 되었는지로 끝맺는다. '그 때 메모를 하게 된 것으로 운명적 항해에서 일어난 모든 것을 지금 자세히 기억하게 되었다…', '그 때' 와 '지금' 사이의 대조가 상당한 시간의 경과를 강조한다. 만약 탐험이 비교적 얼마 전이라면, 자세한 부분을 위해 기억보다 메모에 의존한다고 강조할 필요는 없다. 표면상 실제 서류에 의존한다는 것은 그 자체가 신뢰를 거꾸러뜨리는 잘 알려진 메타픽션 방법이다. 화자는 상위 읽기 수준의 서문으로 돌아오는 법은 없지만 억압적인 아버지로부터 도피와 거친 바다가 주는 자유로의 회귀를 서사는 결론짓는다. '지금', 즉 서사 시점에서의 샬럿의 상황은 불분명하게 끝난다.

샬럿이 항해 도중에 일기를 쓰지만 몇 년 후에 이야기하는 것이 이를 더 믿을만하게 만들었는가? 『캡틴 샬럿』에서 샬럿의 '진실만을 말하려고 한다.'는 표현 속에 기술된 사건은 우리의 일반적 서사 기대를 저버린다. 샬럿은 Lanser의 의사소통 테스트에서의 이사벨의 대체된 성과 남성 플롯 안에 정확히 들어맞는다. 사실 제목이 『캡틴 샬럿』이고 서사 주체가 남자이었더라면 독자가 더 신뢰했을지도 모른다. 샬럿의 일기를 읽으며 아버지는 자유롭고 황당한 환상에 화를 낸다. 아버지 생각을 따르자면 샬럿의 탐험은 공상 내용을 담은 글쓰기로 아버지를 화나게 하고 자신의 억압된 위치에 반항하려는 목적에서 조작된 것이며, 여자로 별로 할 일이 없는데서 오는 무료함을 달래려고 지어낸 사건이라는 것이 더 맞는 말일 것이다. 이런 해석은 소설의 결말에 언급되는 샬럿이 항해사 차림으로 창문을 통해 도망갔다가 배로 되돌아오는 것과 같은 매우 전형적인 성역할 전복 사건의 예를 보면 틀렸을 수도 있다. 동시에 특별히 왜 이 고백 부분이 앞선 다른 부분보다 더 믿을만하나 하고 의문을 품을 수도 있겠다. 텍스트는 메타픽션 요소를 드러내놓는데, 이는 항상 화자에 대한 신뢰를 무너뜨리는 쪽으로 작용하여, 아버지가 샬럿의 일기가 거짓말이라는 권위적으로 비난하는 것에 동의하게 만들고 화자를 전적으로 신뢰할 수 없다는 쪽으로 기울게 한다.

어느 경우에서든 화자 샬럿은 열세 살의 등장인물 샬럿과 분리되고 이는 성인 화자의 권위를 인정하지만 신뢰를 덜하게 만든다. 이런 약점에도 불구하고 20세기 남자 성인 작가와 19세기 여자 청소년 주인공 사이의 차이는 덜 확연하고, 남자의 수행적 목소리는 분명하지 않다.

『Boikie You Better Believe It』의 다니엘은 조금 먼저이거나 나중이기는 하지만 거의 동시적 화자로 인식된다. 조금 먼저거나 나중을 언급하는 이유는 사건이 일어나는 동시에 화자가 기록하고 있지 않기 때문으로 메타픽션에서 취하는 방식 그대로를 따르고 있다. 다니엘은 저녁에 집에 돌아와 사건을 기록하는 것이 대부분이다. 가끔 사건이 일어나고 며칠 지나서 기록하기도 한다. 소설 속 화자는 당시에는 무슨 일이 앞으로 벌어질지 모른다. 이야기를 들려주는 일은 이야기와 섞인다. 다니엘은 사건 내(intradiegetic) 화자인 반면 샬럿이 사건 밖(extradiegetic) 화자로 사건 밖에서 이야기를 들려주며 언급되고 있는 사건의 결말을 이미 알고 있다.

서사 상황, 즉 서사 주체(narrating self)와 경험하고 있는 자신 간의 관계는 독자의 해석에 중대한 영향을 미친다. 정의에 따르면 개인 화자는 동성묘사(homodiegetic)이며 자신의 이야기 속 등장인물이다. 나아가 이야기가 화자 자신의 삶에 초점을 두고 있기 때문에 화자는 자동묘사(autodiegetic)로 자신의 이야기 주인공이다. 일인칭 화자가 언제나 주요 등장인물이라고 생각할지 모르나 전혀 그렇지 않다. 사적 서사는 아주 폭 넓게 목격자 화자, 즉 사건의 밖에 자리잡거나 또는 다른 사람의 이야기를 들려주는 것에서부터 자신의 감정과 경험에 초점을 맞춘 동시적(solipsistic) 화자까지 여러 입장을 취할 수 있다. 자동묘사 화자라도 내부를 응시하는 정도에는 매우 차이가 있다. 샬럿은 외부 사건과 이에 따른 자신의 반응 외에는 절대로 더 이상 진전을 이루지 못한다. 다니엘은 기본적으로는 외부 사건에 대해 묘사하고 있지만 어느 정도까지는 자신의 반응에 대해 숙고하고 있다.

하지만 『Boikie』에는 화자를 믿을 수 없는 사람으로 만드는 허점은 없다. 동시적 화자로서 기억을 잘못할리 없고 사실을 감추거나 왜곡시킬 이유가 없으며 기본적인 외부적 사건묘사가 경험에 의해 주관적으로 해석될 여지가 없는 점이 역설적으로 목소리에 신뢰와 권위를 실어준다. 남성의 목소리가 여성의 것보다 더 믿음을 줄 까닭은 없다. 이 효과에 대한 유일한 설명은 우리 사회에서 남성이 더 권위가 있다는 것이다. 이에 따르면 남성 서사가 여성에 의한 이야기보다 더 믿음이 간다는 것이다. 서사의 발화 매개적 기능, 즉 화자가 얻고자 하는 효과는 『Boikie』에서는 거의 부재한다. 샬럿의 목소리는 영구적으로 남성적인 반면, 『Boikie』에서 생물학적으로 남성 화자는 다음과 같이 자신을 의심한다 해도 더 신뢰가 간다.

●●● 『Boike You Better Belive It』; 5

내 인생의 의미를 정의한다는 것은 피곤하다. 내 사고에 대해 생각하고 내가 생각하고 있는 것을 적어 내려가는 것이 힘이 든다. 그런데 나는 내가 정말로 생각하는 것을 어떻게 알 수 있지? 나는 내 생각을 볼 수 없는데.

남성 서사에 외부적 초점(focalization), 그리고 여성 서사에는 내부적 초점이라는 규칙이 적용된다. 『캡틴 샬럿』와 『Boikie』 둘 다 기본적으로 외부적 초점을 취하고 있지만 예외적으로 문학적 관점을 벗어나게 된다면 이는 더 이상 복잡한 주체성을 요하는 구성이 필요치 않게 된다. 다른 말로 하자면 등장인물은 스스로에 의해 이야기되고 있지만 불투명한 존재이다. 동일초점(homofocalized)의 등장인물은 『내 무덤에서 춤을 추어라』, 『Winter Bay』, 『내가 사랑한 야곱』과 『Not a Greek God, Exactly』에 대한 논의에서 살펴보았듯이 잠재적으로 더 투명하다.

성과 장르

이미 이야기한 것처럼, 문학 텍스트에서 남성적 그리고 여성적 패턴에 대한 질문은 등장인물이나 화자의 생물학적 성을 훨씬 벗어난다. 성(gender)과 장르 간의 상관관계는 계속해서 지적되어 왔다. 작가들은 의식적으로나 무의식적으로 전체 성 패턴에 적합한 장르를 찾고 전환된 목소리의 작가는 작가의 성과 화자의 성 사이의 차이를 무시하거나 우회하고 있다.

일반적 규범으로는 남성 글쓰기는 행동 지향적이며, 여성 글쓰기는 인물 중심이다. 남성 글쓰기는 외부적 사건과 영웅의 탐험에 초점을 맞추는 반면, 여성 글쓰기는 관계와 자기에 대한 반영이다. 전형적으로 남성 장르는 영웅적 판타지, 공포, 범죄와 괴기 소설, 과학 공상, 전쟁 소설, 해적과 강도 소설과 서부극(wild west stories)이다. 전형적인 여성 장르는 사랑 이야기, 가족과 집안 내 이야기를 포함한다. 크게 정의하자면, 전체적으로 남성 장르는 탐험이며 여성 장르는 사랑 이야기이다. 따라서 『The Island of Blue Dolphines』에서 등장인물의 여성상이 전형적인 로빈슨 크루소류 서사를 따르는 것은 규범 깨기이며 면밀한 관찰에 의하면 성이 바뀐 목소리가 외부 관점을 이미 가정하고 있는 바로 그 이유로 쓰여진 것이다.

『캡틴 샬럿』은 현대 싸구려 탐험 소설에 흔히 보이는 혼성(gender permutation)의 경우로 간단히 보일지 모른다. 여성 등장인물인 샬롯은 남성 플롯에 자리잡아 남성 영웅의 역할을 감당하면서 가짜여자(quasi-woman)가 된다. 샬럿의 경우는 확실히 젊은 청년이 나쁜 사람이 가득한 배 안에서 자신을 찾아가는 보물섬 종류의 이야기를 연상시킨다. 하지만 소설은 남성 장르이면서 여자 주인공과 화자를 내세우는 악한(picaresque) 여자 이야기의 오랜 전통을 동시에 따르고 있다. 그런 이야기에서 남자 작가들의 가정은 여자의 마음에 들어가 보려 하는 대신 외부 사건을 쫓는 것이다. 일반적으로 악인(picaro)은 Fry용어로 낭만주의 영웅으로 내면세계를 내보이는 것을 회피한다. 따라서 주인공이 여자임에도 불구하고 『캡틴 샬럿』은 남성 장르이며, 여성 서사에 맞출 필요가 없다. 가상의 서문에서 샬럿은 나쁜 남아 또는 나쁜 여아 이야기임을 부정한다. "만약 강렬한 생각과 행동이 거슬린다면 책읽기를 중단하라."(1)고 독자에게 경고하는데, 이야기가 행동 지향적이며 혹은 심지어 폭력적이기도 할 것을 밝히고 있다. 남성 행동 지향적 플롯 및 남성 외부 배경 설정과 더불어 남성 탐험 장르로 나타나는 까닭에 『The True Confession』과 『Island of the Blue Dolphins』에서 성이 바뀐 목소리는 규범 깨기가 덜하다.

S. E. Hinton의 성이 바뀐 목소리 소설 『The Outsiders』와 『That Was Then, This Is Now』(1971)는 관습적으로 남성 '착한 남자 나쁜 남자' 장르를 따른다. 전형적으로 살아있는 작가는 이름 약자 밑으로 자기의 성(gender)을 숨긴다. Hinton이 열일곱 살에 『The Outsiders』를 출판했기 때문에 이 두 소설은 청소년 소설 중에 가장 먼저 나온 성이 바뀐 목소리의 예가 되며, 연장자의 규범에 따르기는 전체 권력 상위체계에는 아무 관계가 없다. 작가의 애매한 성과 남자 주인공과 남자 화자의 선택이 소설의 권위를 높였다. 계급 차이·우정·사회계층을 뛰어 넘는 사랑, 자신의 신분에 대한 젊은이의 상반된 태도, 사회적 신분을 뛰어 넘고자 하는 욕망, 즉 노동자 계급 소설의 주류 냄새를 풍기는 주제에 초점이 맞춰져 있다. 거의 모든 사건이 밖에서 일어나고 신체적 힘에 우선순위가 주어지며 갈등은 폭력을 통해 해결하는 실제적으로 남성 서사이다. 소설의 권력 구조는 부자와 가난한 사람, 상위 계층과 노동자 계층 사이의 긴장감을 반영한다. 화자는 억압받는 그룹에 속하는데, 이는 작가가 주변인을 통해 고독을 표현하고 있음을 의미한다. 주인공이 혼성이기는 쉽지 않지

만, 낮은 위치에서 이야기를 들려주기 때문에 목소리는 여성적이다. 소설이 출판됐을 무렵, 적어도 새로운 훌륭한 남성상이 규범 무너뜨리기로 받아들여지지 않아서가 아닌 다른 이유에서 텍스트는 자기 반성을 회피하고 등장인물이 너무 깊게 감정에 빠지는 것을 허락하지 않고 있다.

『Boikie You Better Believe It』은 부모와 자녀 간의 관계, 우정 그리고 자신에 대한 심취와 반영에 집중하고 있다는 점에서 가사 소설이다. 약간 폭력성을 보이긴 하지만 여자 아이들에게 허용되지 않을 수준은 아니다. 전형적으로 주인공이 폭력에 대항하는 것이지 폭력 자체가 부각된 것은 아니다. 다니엘이 싸움을 목격하지는 않았고 아버지를 염려하며 병원을 찾느라 고생하는 것에 대한 기술에 상당량이 할애되고 있다. 『헨쇼 선생님께』와 『The Secret Diary of Adrian Mole』에서도 이와 유사하게 행동과 사건보다는 관계에 초점을 맞추고 있는 전형적인 여성 장르의 화자가 등장한다. 부모-자녀와의 관계가 좋은 예다. 남자 주인공이 아버지로부터 자유를 쟁취하는 것이 심리발달 과제의 우선순위이고 여자 아이가 주인공일 경우에는 어머니로부터의 자유를 설정하는 것이 자연스럽다(예 : Trites, 2000; 100-121). 결론적으로 남성 화자는 아버지와의 관계에 그리고 여성 화자는 어머니와의 관계에 초점을 맞출 것을 독자는 기대한다. 나아가 남성적 패턴은 부모의 권위에 복종하는 것을, 여성적 패턴은 주인공 특히 여자 주인공이 규범적 성역할에 강하게 의문을 제기하는 것을 포함한다. 『캡틴 샬럿』에서 아버지와 딸의 갈등이 마치 아버지와 아들처럼 구성되어 있다. 이와 반대로 『Boikie』에서는 감정을 우선하는 전형적인 여성적 매너로 비교적 문제 없는 아버지와 아들의 관계가 그려져 있다. 이와 유사하게 성이 바뀐 목소리의 소설 『헨쇼 선생님께』는 아버지와 아들의 관계를 전형적인 여성적 관계로 그리고 있다.

여자 작가들은 빈번히 남성 음성의 화자로부터 거리를 두기 위해 역사 소설 장르를 선택한다. Katerine Paterson이 쓴 『Preacher' s Boy』(1999)는 남성 화자가 자주 흥미진진하고 드라마틱한 외부 사건으로 구성된 탐험을 이야기한다. 자기 반성, 또는 복잡한 주체성이나 신뢰에 대한 어떠한 이슈도 없다. 이와 비슷한 이야기들에서 개인 화자들은 경험하는 주체가 아닌 목격자가 되어 화자의 성과는 무관한 서사가 된다. 화자는 비개인적인 객관적 성(gender)이 없는 존재이다. Mildred

Taylor가 쓴 『천둥아, 내 외침을 들어라_Roll of Thunder, Hear My Cry』(1976)의 같은 성의 목소리로부터 이 작품의 연재물이자 성이 바뀐 목소리의 『Mississippi Bridge』(1990)로의 전환이 무리 없이 이루어지고 있는 점이 중요하다. 이 두 소설에서 일인칭 화자는 목격자로 외부 사건을 세밀하게 감정의 동요 없이 보고하고 있으며, 두 소설의 목소리는 동일하다. 두 이야기는 비개인적 목소리로 들려줄 수 있었으며, 그랬더라면 의사소통의 시험이 확인되었을 것이다.

소설의 스토리 차원에서의 규범은 플롯 구성뿐 아니라 시간과 공간 구성을 포함한다. 서사 공간 사용은 장르에 대한 질문과 아주 가깝게 연결되어 있다. 남성 공간은 자주 집 밖으로 감지되는 반면 여성 공간은 집 안이다. 남성 공간은 열린 공간인 반면 여성 공간은 닫혀 있다. 남성의 활동 영역은 집으로부터 떨어져 있는 반면 여성의 반경은 가정이다. 남성의 관심이 자연 정복이면 여성의 관심은 자연을 '이해'하고 하나가 되는 것이다. 남성 등장인물은 집을 제한점으로 여기는가 하면 여성 등장인물은 집을 안전과 보호를 주는 곳으로 본다.

샬럿은 전형적인 여성의 공간 밖, 남자 아이에게 더 적합한 환경인 바깥에서 출현한다. 대서양을 건너는 배 안에서 오로지 남자들에게 둘러 쌓여 있는 것만이 아니다. 조금 더 안전한 자기 방을 떠나 결국은 남자들만의 공간인 갑판으로 나오게 된다. 남자의 역할을 맡게 되는 상황에 따른 것이어서 샬럿이 남성의 공간에 등장하는 것이 자연스럽다. 거리에서 벌어지는 폭력 장면 몇 장면을 빼면 다니엘은 전형적으로 여성 공간인 집 안에서 행동한다. '도시=문화=남성 그리고 시골=자연=여성'이라는 간단한 공식을 가정한다면 도시 배경은 개념적으로 남성적이지만, 남아프리카 같은 불안정한 정치 상황에도 불구하고 소설에 나오는 사건 배경으로 도시 배경은 오히려 이상적이다. 다니엘은 자신의 공간에 만족하고 떠날 생각이 없음을 표현한다. 그의 공간은 좁고 아주 가까운 이웃 밖으로는 넓혀지지 않는다. Hinton의 남자 주인공과 달리 예를 들어 거리 깡패의 두목이 된다던지 하는 자신의 공간에서 권력을 쟁취하려는 의향도 없다. 반대로 그는 거리의 폭력으로부터 안전한, 여성 전용 공간인 미장원에 숨는데, 규범에 따르자면 남자 아이에게는 자연스럽지 않지만 새 남성성에는 아주 전형적인 곳이다. 확연한 미성숙과 넓은 지역을 정복하려는 의지의 부재를 포함하여 서사는 다니엘의 불확실성에 초점을 맞춘다.

구성면에서 보자면 남성 플롯은 미완성에서 진보해 나아간다는 점에서 도덕적이고 여성 플롯은 욕망을 추구한다는 점에서 낭만적이다. 남성 서사는 외부 사건과 영웅적인 행위에 초점을 두고 여성의 이야기는 관계와 회상에 관해서이다. 나아가 남성 플롯은 구조적이며 논리적이고 시간의 흐름에 맞게 따라가고 강한 인과 관계를 따르며 목표 지향적이다. 반면 여성 플롯은 부분적으로 나뉘어져 섞여있다. 남성 플롯이 '위대한 서사' 라면 여성 플롯은' 작은 서사' 이다(Lyotard, 1984). 『Boikie』는 도입(exposition), 갈등(complication), 절정(climax)과 종결(denouncement) 같은 구성 요소를 전혀 갖추지 못하여 전형적인 플롯은 아니다. 대신 구조를 갖추지 않은 서로 간 무관한 사건들의 나열로 그 자체 인생을 반영한다. 인과성은 가장 서사성을 보이는 것이므로 『Boikie』는 낮은 정도의 서사성을 보여, 결과적으로 더욱 규범 전복적이다. 『캡틴 샬럿』은 주인공의 육체적 시도와 도덕 발달에 초점을 둔다.

마지막으로 시간에 대한 논의를 살펴보면, 남성의 시간은 선형이며 간결하고 빠르게 진행되는 반면 여성의 시간은 주인공이 시작점에 되돌아가는 구형으로 계절을 따르며 반복적으로 연기된다. 시간에 대한 면밀한 검토에 의하면 『캡틴 샬럿』와 『Boikie』에서 주 시간은 놀랄 것 없이 남성적이다.

양성화, 의상과 변신

지금쯤 주인공의 생물학적 성이 남성 인물상과 여성 인물상과는 관련이 적다는 것이 확실해졌을 것이다. 남성 인물상은 이미 고정된 성역할에 따르는 반면, 여자 인물상은 이에 도전한다. 이를 되돌려 적용하자면, 만약 남성과 여성 등장인물이 변화하지 않고 정형화된 성을 열심히 따른다면 이런 인물화는 남성적이다. 이는 여성 등장인물을 포함한 등장인물이 정형화된 성에 도전하는 것으로 시작할 수 있을 뿐만 아니라 플롯이 성 패턴에 맞추어 되돌아갈 수 있다는 점에서 중요하다. 정형화된 성에 대한 작가의 태도를 알려면 남성을 강하고 활동적이며 폭력적·공격적·경쟁적·독립적으로, 여성을 약하고 수동적이며 감정적·복종적·자기희생적으로 표현하여 고정된 도식에 따르는가 하는 것으로 판단할 수 있다.

젊었을 때의 자신을 되돌아보며 샬럿은 다음과 같이 묘사한다.

●●● 『캡틴 샬럿』 ; 1

"열세 살 적 나는 아직 몸매가 드러나지 않은, 여성의 마음을 지니지 않은 아이였다."

관점이 분리되어 있을 뿐 아니라 내놓고 객관화시키고 있다. 초점자가 자신을 응시하기보다 여성을 관찰하고 있다는 점에서 관점은 남성적으로, 이와 유사한 다음 문장과 비교하면 더 분명해지며 훨씬 더 자가당착적인 표현이다.

●●● 『내가 사랑한 야곱』 ; 5

"열세 살 때 나는 키가 크고 체격도 컸으며 아름다움과 로맨스에 대한 환상을 갖고 있었다."

전형적인 인물화를 우회하기 위해 성을 바꾼 목소리의 텍스트는 여러 전략을 구사할 수 있다. 양성화는 여성적 글쓰기와 관련되어 있다. 양성화는 암수동체나 성전환 같은 생리적인 것과는 달리 사회적 현상으로 문학에서는 사회적인 비행, 직업 선택, 사회적으로 다른 성으로 역할하려는 욕망에서 나온 사회적 성전환, 동성애, 그리고 남장여자 또는 여장남자(crossdressing) 형태로 가정할 수 있다(예: Flanagan, 2007). 양성화된 남자의 행위가 사회의 모든 측면에서 남자가 갖는 우수성을 보인다는 점에서 양성화는 성과 관련된 규범에 가장 효과적으로 의문을 표시하는 방법이다. 이것이 양성화를 여성적 글쓰기 전략으로 만들고 있으며, 정형화된 성을 따를 수도 전복할 수도 있다.

샬럿은 남장여자 유일한 생존 전략으로 파악되는 상황에 있는 자신을 발견한다. 도덕적으로 해이해 보이는 선장과 선원들, 대서양을 건너는 배에서 유일한 승객으로 한 사람의 죽음에 피치 못해 연루되어 있는 상황에서 자신의 치마와 잘 길러진 매너를 감추고 자신이 저지른 잘못을 감추기 위해 선원들과 함께 생활한다. 사건 훨씬 이전 마음씨 좋은 흑인 요리사가 선원복을 건네 줄 때 받기는 하면서도 얌전한 여성이 선원복을 입는다는 것이 부적절하다고 이야기했었던 그녀였다. 후에 샬럿은 안전한 자기 방에서 선원복을 입어 보고 '놀랍게도 편안한' (71)

점을 발견한다. 텍스트에 직접 언급된 적은 없지만 1830년대의 쪼이는 구두를 포함한 서양 여성 옷 때문에 샬럿의 고충이 심했다는 것을 짐작할 수 있다. 실용적이며 헐렁한 선원복을 입고 샬럿은 상징적으로 성차별에 맞서며 자유를 향해 한 걸음 내디딜 준비를 한 것이다. 그러나 샬럿이 선원복을 입는 과정의 경험은 생각처럼 즐거운 것만은 아니었다.

●●● 『캡틴 샬럿』; 113

천천히 두려움에 떨며 나는 구두를 벗고, 스타킹을 벗고, 앞치마를 풀고, 마지막으로 드레스와 속옷을 벗었다…. 바지와 셔츠는 딱딱하고 무거웠으며 내 피부가 아닌 것 같았다.

프로방스에 도착하면서 비인간적인 선장 밑에서 선원으로 고생한 샬럿은 옷을 통해 다시 한번 정체성을 바꾼다.

성역할을 가늠할 수는 있지만 이야기는 일반적인 해석에 달려 있다. 샬럿이 다른 문학작품 속 여자들처럼 복종적으로 아버지와 사회가 미리 요구한 역할로 돌아가는 사이, 아버지 편을 들어 탐험을 감행한 것은 샬럿의 상상으로 볼 수 있다. 샬럿에게서 양성화가 정말로 일어났다면 너무 심각해서 의상의 변화만으로는 감출 수 없게 된다. 자유와 독립을 경험했다면 아버지가 자신에게 부과한 억압을 받아들일 수 없었을 것이다. 샬럿이 새로운 자신을 기억하기 위해 남성의 옷을 간직하기 때문에 쉽게 남자 역할로 되돌아갈 수 있다. 소설의 이러한 해석은 성전환 측면에서 아주 도전적이다. 반면 다른 측면 또한 존재한다. 서사는 주저함 없이 남성의 옷과 행동이 주인공에게 더 큰 자유와 강한 존재감을 준다고 적고 있다. 사실 텍스트가 성정형성을 확인시켜 주고 있으며, 주인공이 진짜 여성이 아닌 선원복 안의 영웅임을 의미한다. 다른 말로 하자면 샬럿의 성이 여자로 나타나 있지만 샬럿의 행위적 성은 남성이다. 나아가 샬럿은 자신의 여성성을 거부하고 있는 것처럼 보이는데, 이는 여자가 자신의 몸을 거부하고 무의식적으로 남자보다 덜 완전하고 덜 만들어진 것으로 보는 비천(abjection) 개념에 딱 어울리는 예다(예 : Westwater, 2000; 65-90). 나아가 샬럿은 글자 그대로 '괴물처럼 자라는' 여성의 원형(archetype)을 그리고 있다(Pratt, 1981). 텍스트는 여자가 남자의 역할을 맡았을 때 여자의 신분이 상승하는 것을 강조한다. 화자인 샬럿은 성평등을 한 차례도 숙고하지 않았다.

다니엘은 많은 부분에서 여성적인데 반대의 성의 기능으로 사회가 규정하는 것을 원하는 사회적 성전환자로 볼 수 있다. 부드럽고 감정적이며 얼굴에 관심이 많고 미장원에서 일하며 갈등을 회피한다. 하지만 이것이 정형적인 성에 대한 의혹을 제기하는 것은 아니다. 반대로 다니엘은 남성 공동체로부터 외면을 당한 사람이 느끼는 유약한 남성의 새로운 전형으로 등장한다. 여성처럼 행동하는 남자는 사회적으로 결코 받아들여질 수 없다는 것을 텍스트는 보여 준다. 따라서 다니엘의 목표는 자신의 남성성을 확인하는 것이다. 플롯에는 다니엘이 자신의 남성적인 동질감을 찾는 것에도 불구하고 다니엘은 남성 전형보다는 여성 전형에 훨씬 가깝다.

인물화에 따른 전략으로 볼 때 그는 모사(mimetic)보다 언어(semiotic)적 측면에 가까우며 메타픽션 등장인물로 기호로서 존재하는 인물이다. 이것은 『캡틴 샬럿』 분석에서도 찾아볼 수 있는데 메타픽션은 서사의 모사 기능을 줄임으로써 성이 바뀐 목소리에 유리한 조건을 제공한다. 『The Outsiders』에서 첫 문장과 같은 문장으로 결말을 내릴 때 의도한 것은 신뢰성에 대해 요구를 확 낮추기 위해서였다. Melvin Burgess가 쓴 『Lady : My Life as a Bitch』(2001)는 비모사적 표현으로 거의 환상소설 범주에 들어간다. 변신 서사는 최근에는 특정 양식으로 논의되고 있으며 규범적 효과와 더불어 자유롭게 하는 효과도 보여 주고 있다(Lassén, 2006). 소설의 여자 주인공인 화자가 개로 변신하는데, 그러한 장면은 등장인물을 거리를 두고 보게 하는 역할 기제로 작용한다. 변신은 신뢰도나 믿음에 대한 이슈를 가로 막는 요인으로 주인공은 사건이 진행됨에 따라 변화하는 인간의 지능을 간직하며 새로운 정신 상태를 옮기는 수단으로 성을 바꾼 목소리를 감추어 타자화한다. 다른 말로 하면 작가나 독자는 진실로 개의 서사 목소리를 경험해본 적이 없기 때문에 자동적으로 화자의 권위가 올라간다. 소설 속에서 여자 아이의 이중적으로 약해진 목소리는 샬럿의 남장으로의 변신을 통해 얻는 자유로 인해 보상되며 아주 드문 예로 카니발 플롯의 결말에서 힘을 빼앗기지 않는 주인공의 모습을 발견할 수 있다. 산드라는 점점 더 행복해지고 자신의 존재에 확신을 갖게 되어 결국에는 다시 인간으로 돌아갈 궁리를 그만 두고 규제 없이 성을 흠뻑 즐기게 된다. 하지만 이것은 젊은 여자가 인간보다 더 낮은 위치, 동물로 변하기 때문에 가능한 것이다.

주인공의 변신과 거기에 따르는 권력 체계의 변동은 애매하다. 은유적으로 변신은 청소년기 위기의 초상이며 성의 자유와 부모의 보호로부터의 반항을 포함한다. 페미니스트적 해석은 남자 작가의 거칠고 통제되지 않는 여자에 대한 두려움과 저항으로 비난받는다. 하지만 인간 대 동물의 권력 관계에서 개는 많은 다른 동물보다 일상적으로 낮게 여겨지고 돼지와도 같이 욕으로 여겨질 정도이므로 산드라의 존재 역시 상당히 강등된다. 산드라가 다른 측면에서 힘이 강하다는 면 때문에 이 점이 쉽게 간과된다. 산드라가 영원히 개로 남기 때문에 플롯은 해결책을 못 찾은 채로 남겨지고 산드라가 처음의 권력 위치로 돌아가지 않게 되는데, 이는 개로 남는 것이 남성 중심 인간 사회를 향해 위협이 되지 않는 유일한 방법이기 때문이다.

마지막으로 화자의 성이 일부러 가려진 텍스트가 있다. Gene Kemp가 쓴 『The Turbulent Term of Tyke Tiler』(1977)는 화자의 성을 숨기기 위해 사적 서사의 가능성을 이용한다. 비개인적 화자는 보통 등장인물을 '그' 또는 '그녀'라고 칭하게 되어 있다. 이 점에서 화자는 애매하게 남을 수 있고, 독자가 영구히 또는 일시적으로 마음을 정할 수 없도록 한다. 『Tyke Tiler』에서 등장인물이 반대성의 옷차림으로 주위 사람을 속이는 비밀을 독자가 접하게 되는데, 화자의 성적 행동을 통해 등장인물의 성정체성을 짐작하면서 주위 상황이 화자의 성정체성을 알릴 수 있게 된다. 타이크라는 이름은 어떤 힌트도 제공하지 않으며 작가의 이름도 마찬가지이다. 타이크의 행위는 의심할 바 없이 남성적이고 목소리 또한 남성적 매너를 지니고 있다. 만약 화자가 남자 아이라면 행동에는 어떠한 이상도 없고 평범한 개구쟁이를 다루고 있을 뿐이다. 소설의 화자는 여자 아이로 밝혀지게 되는데 목소리는 여전히 남성적인 가운데 성역할 수행이 도전적이며 규범 깨기의 성향을 지니고 있다. 작가가 여자인 까닭에 목소리와 성 사이 장난은 창의적이며 전복적이다.

주관성과 행위

『Diana: My Autobiography』와 『Dear Bruce Springsteen』, 그리고 『천둥아, 내 외침을 들어라』와 『Mississippi Bridge』에서 간략하게나마 살펴보았듯이 동일 작가의 목소리 전환 또는

동성의 목소리의 유사한 플롯 또는 주제의 두 세 작품을 비교하는 것은 굉장히 유익하다. 불행히도 비평가에게 이런 예를 허락하는 작가가 거의 없다. 『캡틴 샬럿』과 『Nothing But the Truth』(1991)에서 화자의 성보다 장르에 다름에서 오는 수행적 목소리에 큰 차이가 있다. 『내가 사랑한 야곱』의 자기 반영적 믿음이 가지 않는 외떨어진 여성 화자와 견주어 『Preacher's Boy』의 남자 목소리는 규범을 따르며 탐험 플롯에 직선적 구성을 가지고 외부 사건에 초점을 맞춘다.

동성 목소리에 관해 성의 측면에서의 서사 관점은 문제가 없다. 화자의 목소리는 타자화될 필요가 없고 같은 성의 화자를 통해 구성된 주체성은 비교적 복잡하지 않다. 수많은 장르와 주제, 플롯이 쓰일 수 있다. 화자는 거리를 두고 있을 수도, 이야기와 섞일 수도 있다. 자기 반영일 수도 목격자일수도 그 사이의 어떤 것일 수도 있다.

하지만 목소리 전환, 즉 불평등한 권력의 위치로 옮아가는 순간 차이는 분명해진다. 여자의 목소리는 눈에 띄일 정도로 남성적 매너로 쓰이고 텍스트의 다른 측면이 갈등을 가리지 않는 한 그 반대의 상황도 발생된다. 성을 바꾼 목소리를 사용하게 되면 텍스트의 주체성이 의도적으로 타인화된다. 남자 작가가 여성 주체 위치를 타인화하여 구성하는 것, 또 그 반대 역시 자연스럽게 기대하게 된다. 다른 한편 달리 보기(heterological theories)는 주관의 위치를 구축하여 자기와 타인 사이의 차이를 연결하는데 거의 극복 불가능한 방해물을 지적한다. 성공적인 여성에서 남성으로 목소리 전환이 남성에서 여성으로 목소리 전환보다 더욱 많은 이유는 후속 연구에서 밝혀질지 모른다. Melvin Burgess가 쓴 『Junk』(1996) 같은, 면밀한 조사를 통해 여성과 남성의 목소리가 같은 방법으로 쓰이며, 동일 목소리에서 전환된 목소리의 변화의 예들을 살펴볼 수 있다. 여성화자의 위치에서 저술된 『Noughts and Crosses』(2001)에서 남성 서사 목소리와 여성 서사 목소리는 아주 다르다. 작품 속에 드러난 설명들은 권력의 위치관계를 명시하는 특성을 지닌다. 거세된 관점에서의 글쓰기는 여성 작가로 하여금 타자화의 끝없는 경험을 통해 확고한 젊은 등장인물과 화자와의 일치 관계를 표명한다. 여성 작가는 화자를 주관화하여 그 위치를 강하고 독립적인 주체로 확립한다. 남자와 여자의 권력 구조보다 어른과 아이의 권력 구조가 여성 작가에게 더 분명히 나타나며 화자의 성 선택은 주관성을 향한 길,

성숙의 과정을 묘사하기 위한 첫 번째 노력으로 결정된다(예 : Trites, 1997).

남성 작가는 확실하게 높은 권력의 위치에서 글쓰기를 하며 여성 등장인물을 타자화, 이국적인, 거리를 둔, 이해 불가능한, 양성의 『In My Life as a Bitch』 같은 완전한 인간이 아닌 그녀로 그려내며 사물화한다. 어른과 아이의 변경은 이런 효과를 증폭시킨다. 일반화하긴 했지만 이런 경향은 분명하다. 하지만 덧붙여 말하건대 가치가 개입된 판단은 아니다.

어린이 문학에 나타난
힘과 목소리, 주체성

CHAPTER 09

이데올로기의 타자화 : 사회봉사로서의 문학

- 간단한 도덕적 교훈
- 규범의 역전
- 과거를 저주하기
- 이데올로기와 마술적 리얼리즘

CHAPTER

09 이데올로기의 타자화 : 사회봉사로서의 문학

앞서 언급하였듯이 요정 이야기(fairy tales)나 판타지장르는 무한한 가능성을 지니고 있다. 하지만 텍스트가 주요 이데올로기에 영향을 받기 때문에 텍스트가 생성된 사회에 따라서 전복의 성격은 매우 다를 수 있다. 본 장에서는 예술과 문학이 공식적인 이데올로기에 종사했던 사회, 전 소비에트공화국에서 판타지가 어떻게 기능하였는지 살펴보겠다. 이야기 속에서 어린 주인공들은 마술과 대명하면 힘을 잃는다. 소비에트 아동문학 작품을 전체주의 정부 아래에서 만들어졌다는 점에서는 유사하지만 훨씬 더 강한 전복 경향을 보이는 브라질의 마술적 리얼리즘(magical realism)의 작품들과 비교해 본다.

공산주의 지배(1917~1991)하에서 쓰여진 요정 이야기와 판타지문학은 지배계급의 주장을 표현하는 동시에 때때로 찾으려고 애쓰는 사람에게 그것(전복적인 메시지)을 전달한다. 전복적 전략은 크게는 소비에트문학의 내재적 특징이며, 가끔 이솝의 언어(aesopian language), 즉 독자가 행간에 숨은 메시지를 찾아내도록 되어 있는 우화 언어로 취급된다. 작가와 독자 사이의 숨기고 찾는 게임은 검열을 피하려는 의도였지만 오랜 세월 동안 작가가 장르 선택을 포함해 서사를 구성하는 방법에까지 영향을 미쳤다. 요정 이야기와 판타지는 공식적인 주장을 홍보하는 동시에 의혹을 품도록 하는 훌륭한 수단이었음이 증명되었다(Salminen, 2009).

대부분의 소비에트 판타지는 평범한 아이가 다른 세계로 이동하는 모티브를 이용해 영웅이 폭군에 의해 억압당하거나 용에 의해 파괴된 나라에 와서 악으로부터 나라를 구한다는 전통적인 전래동화 형식을 따른다는 플롯 구성이 보통이다. 작가가 풍자적인 정치 이야기 요소를 의식적으로 포함시키는가 하는 질문 그리고 그릇된 독재가 어디서 강조되는가 하는 질문이 함께 논의될 수 있다.

많은 소비에트 판타지는 서양 작가들이 흔히 쓰지 않는 형식을 따르고 있다. 판타지 문학에는 평범한 세계에 마술적으로 소원을 성취시켜주는 인물이 등장한다. 이 모티브를 주로 사용하는 유일한 유명 서양 작가로는 Edith Nesbit을 들 수 있다. 1930년대 말부터 1960년대까지 정부가 어린 독자들에게 고취하려는 정신을 교육시키려는 의도에서 작가가 이 모티브를 어떻게 사용했는지 조사한다. 이데올로기와 권력 구조를 이해하는데 좋은 예가 될 것이다. 등장인물 속에서 아이들은 전형적으로 교육받지 못하고 사회화되지 못한 반면 어른은 '바른' 생각과 가치를 말해주는 사람으로 구성된다. 달리 보기 분석(heterlogical analysis)과 같은 관점을 텍스트에 적용하는 것이 유익하다.

간단한 도덕적 교훈

Valentine Katayev가 쓴 『The Rainbow Flower』(1940)는 이야기 속 어른의 견해를 통해 도덕적 교훈이 전달되는 좋은 예이다. 주인공 제냐는 엄마 심부름으로 베이글을 사러 가지만 아무 생각 없이 집에 오게 된다. 이는 소비에트 아동에게 점점 드문 행동이 되고 있기 때문에 제냐는 결국 벌을 받게 된다. 따라서 텍스트는 느닷없이 독자로 하여금 주인공을 욕하고 자신을 더 우위에 놓도록 하는 권력 행동에 동참시킨다. 『The Rainbow Flower』에서 어린 주인공에 대한 교화는 처음부터 시작된다. 제냐가 주위를 돌아보고 있을 때 개가 베이글을 먹어 버리고, 제냐는 그 개를 쫓다가 낯선 곳에 도착한다. 그리고 전래동화 구조처럼 주인공은 시험에 처한다. 주인공이 곤경에 처했을 때 훌륭한 요정이 나타나 소원을 한 가지씩 들어줄 수 있는 일곱 가지 무지개 색의 꽃송이를 준다. 기대했던 대로 제냐는 첫 송이에게 베이글을 가지고 집으로 무사히 갈 수 있게 해달라고 소원을 빈다. 다음 송이는 엄마가 아끼는 꽃병이 깨졌을 때 되돌려 달라고 할 때 소원을 빌게 된다. 다음 송이부터는 자신이 정말 원하는 것으로 빌려 했지만 제냐가 요정 이야기의 영웅이 되는 것은 생각했던 것보다 쉽지 않다. 처음에 옆집 남자 아이를 놀래켜 주기 위해 북극에 가는 것을 소원했던 제냐는 마술의 힘을 빌려 바로 돌아와야 했다. 그리고는 탐내던 여자 아이 장난감 전부를 원했지만 이를 제거하기 위해 또 다시 소원을 빌어야 했다. 쓸데없고 허황된 소원들을 비느라 마술 꽃송이를 허비하게 된 제냐는 모든 꽃송이가 사라져 버린 후 쓰디 쓴 교훈을 얻는다. 앞의 두 소원의 기대하지 않았던 결과를 없애느라 마지막 한 가지 소원을 비는 형식과 같은 세 가지 소원의 전래 동화 플롯은 쉽게 알아볼 수 있다. 이때 전래동화의 수용자와 꼭 마찬가지로 내포독자는 주인공보다 우수하다는 기분을 맛보게 되어 있다. 이 권력 체계는 크게는 전형적인 공식 소비에트문학이지만 특별히 어린이를 위해 쓰여진 문학에 강조된다.

전래동화의 영웅과는 달리 제냐에게 또 다른 기회가 주어진다. 제냐는 아직 하나 남아 있던 소원을 절름발이 소년을 만나 주저 없이 그를 낫게 하는 데 쓴다. 소비에트동화에서 볼 수 있는 행복한 결말의 전형적인 예로 발단 부분에 도덕적으로 결함이 있는 주인공이 결말에 숭고하고 이타적인 사람인 것을 증명하는 것이다. 짧은 이야기의 제한된 범위에서 철저한 등장인물의 발달은 불가능하다. 행동과 사건 중심이여야 한다. 하지만 주인공의 도덕적 진보가 정점에 놓이게 된다. 등장인물들은 사회화로 힘을 얻게 되고 인과관계의 예라기보다 역할모델로 자리하게 된다.

Vitaly Gubarev가 쓴 『Three on an Island』는 조심성 없는 소원성취의 모티브에서 제대로 된 소설로 발달한다. 주인공 보리스는 한쪽 귀퉁이가 매듭진, 소원을 들어주는 할머니 손수건을 발견한다. 이런 경우의 대부분 판타지 등장인물처럼 보리스는 자기의 무한한 힘에 어쩔 줄 모른다. 『The Rainbow Flower』의 제냐처럼 이성적으로 소원을 비는 데 실패하고, 자신이 뭐든지 할 수 있는 마술사라는 것을 친구 밀라에게 확신시키기 위해 학급 아이 중 유리를 검게 변하게 만들게 된다. 소련에서 흑인이 된다는 것은 무지한 소행의 결과일 뿐 더 이상은 내포된 의미를 담고 있지 않음을 의미한다. 보리스와 친구들은 셋이서 무인도에 가기로 결정한다. 보리스가 마술의 힘을 뽐내려 음료수가 뿜어져 나오게 만들기도 했지만 친구들의 반응은 시원치 않다. 다시 한 번 친구들을 감격시키기 위해 해적선을 만들어 복잡한 상황을 만들지만 보리스는 집으로 안전하게 돌아올 수 있게 돕는 손수건의 힘을 끝내 의심하지 않는다. 손수건이 해적의 손에 넘어갔을 때 그 때야 셋은 위험한 상황을 인식한다. Nesbit의 『다섯 아이와 모래 요정_Five Children and It』에서 아이들이 함락된 성에 가기를 원하는 에피소드와 유사해 보인다. 하지만 Nesbit 작품의 등장인물들은 해가 지면 마술이 풀린다는 것을 알고 있다. 보리스와 친구들은 탐험을 하는 보리스의 허황되고 어리석은 낭만적인 아이디어 때문에 희망 없는 상황에서 포로로 잡혀 있다. 소비에트 시민에게 자유로운 상상은 위험하고 건강에 해로우며, 당은 최선이 무엇인지 알고 있다는 교훈을 남긴다.

숙제와 임무를 실패한 후 엄마와 낱말 놀이를 하고 보리스는 손수건의 마술을 발견한다. 귀찮은 일들을 마술의 도움으로 해치우고 노동을 피해 무인도로 가기로 한다. 친구들이 배고프다고 하자 보리스는 아이스크림과 케이크를 주문하고 유리가 먹을 것이 필요해 물고기를 잡자고 하자 바로 물고기를 마술로 불러낸다. 그러나 요리하는 것 마저 쉽게 허락되지 않는다. 마술에 도취된 보리스는 고대 코캐인(cocayne) 땅의 전설대로 아무도 일하지 않으며, 요리된 오리가 바로 입안으로 날아드는 낙원을 건설하기로 마음먹는데 이는 공산주의 이념에 정면으로 위배되는 것이다. 여기서 화자는 보리스의 친구들은 슬기롭게 자기의 손으로 일하려 하기 때문에 보리스보다 더 도덕적이라고 훈계조로 설명한다. 먼 안목으로 볼 때 기술이 더 유용하다는 것은 놀라운 것이 아니다. 예를 들어 마술을 부리지 않고 성냥 없이 불을 지피고, 다른 '기적'을 행하며, 로빈슨처럼 진정으로 모험을 즐길 수 있는 많은 것들이 기술과 깊은 연관을 가진다. 보리스가 손수건을 잃어버렸을 때 유리의 보이스카웃 기술이 특히 유용하게 작용한다.

주인공은 마술의 힘으로 무엇이든 할 수 있게 되었지만, 친구들은 따분해져서 그와 놀지 않아 마술의 힘은 자신을 단지 외롭게 하였을 뿐이라는 것을 깨닫는다. 전지전능한 힘은 자신을 다른 사람과 차별화하여 결국 주인공을 소외시키게 된다. 공식적 소비에트 이데올로기는 전체성을 전제한다. 누구도 더 똑똑해지거나 부자가 되려 하거나 성공하려 노력하지 않는다. 노동은 그 자체로 선이지만 집합적으로 행해졌을 때 그 효과가 열 배로 증대된다. 인종과 성이 균등하게 조화를 이룬 유리 대 밀라의 존재는 아무도 건드릴 수 없는 공동체를 나타내며 보리스는 잘못된 개인을 의미한다. 『Three on an Island』에서의 권력 구조는 명백하다.

작품 속에 등장하는 해적은 적대적인 이데올로기를 상징한다. 해적이 마술로 흑인이 된 유리를 노예로 삼을 때 화자는 인종 문제를 언급하기를 잊지 않는다. 해적들은 술 마시고 욕설을 퍼붓고 끝임 없이 나쁜 짓을 하는 전형적 모습으로 그려진다. 하지만 텍스트는 일정한 방식으로 보리스와 해적의 유사성을 밝히는데, 해적이 해적질로 살아가듯 보리스도 마술에 기대어 정직한 노동을 내팽기치고 있다. 보리스가 해적들이 쓰는 속임수와 거짓말로 해적을 물리치려 하는 것은 보리스와 적, 둘 사이의 평행을 무엇보다도 강조하는 것이다. 예를 들어, 해적 두목을 해치우기 위해 보리스는 세상에서 가장 힘 센 사람이 되도록 해달라고 소원을 빈다. 그러자 해적들이 보리스에게 두목이 되어 달라고 부탁한다. 보리스가 깜짝 놀라 거절하자 해적 한 놈이 제시한 도덕은 강도짓이나 마술은 근본적으로 다를 것이 없다는 것이다. 즉, 둘 다 정직한 밥벌이가 아니라는 것이다. '일하지 않고 모든 것을 가질 수 있다는 것' 에 대해 이를 의아해 여기는 보리스를 해적들은 오히려 이상하게 생각한다.

"정말로 일하는 것이 좋으신가?"

"일하는 것이 좋은가?" 와 같은 물음은 보리스가 일하는 것을 참을 수 없는 짐으로 여겨 일을 피해 무인도에 왔음을 독자에게 상기시켜 준다. 주인공은 도덕 실행의 주체일 뿐 아니라 소비에트 상황에서 정치적 주체이기도 하다. 깡패 무리로 표현되는 자본주의 아이디어에 굴복할 것인가?에 관한 물음에 당연하게 보리스는 모국의 진정한 영혼의 시험에 통과할 것이 허락되지만 그를 위해 다른 것들을 증언해 줄 동료가 필요하다.

유리가 소비에트의 새로운 젊은이 상에 부합하게 발명하고 진취적으로 행동하는 사이 밀라는 해적 캠프에 마술 손수건을 찾으러 들어가는 진정한 용기를 보인다. 보리스의 허영심과 이기심을 평이한 말로 지적하며 도덕적 교훈을 드는 사람도 밀라이다. 밀라는 '아무 것도 할 수 없는 상황' 에서의 게으름의 필요성에 대해 보리스에게 조언한다.

여기서 밀라는 보리스의 아무 것도 할 수 없는 거짓 전지전능과 공산주의 이상의 주춧돌인 사회적으로 유익한 노동 사이의 차이점에 대해 표현한다. 진실한 영웅과 거짓 영웅 사이의 비교할 수 없는 차이를 강조하며, 유리의 지능과 기술에 대해 칭찬한다. 보리스는 '괴물들이 자신들을 이길 수 없다는 것'과 '노동이 지닌 마술'에 대해 말한다.

여기에서 독자가 이르러야 할 결론은 개인의 목적 성취는 도덕적으로 그르다는 것이다. 왜냐하면 행복에 이르는 유일한 길은 사회적으로 유용한 노동을 통해서 뿐이며 보리스가 기대하지 않게 차지한 권력을 사회봉사에 사용하지 않았기 때문에 어쩔 수 없이 빼앗기게 되어 있다. 하지만 해적들이 손수건이 지닌 마술의 힘을 모른다 할지라도 마술의 원천을 악당에게 넘긴다는 것은 부당하게 느껴진다. 그 자체가 권력이며 마술 따위는 필요 없는 굳건한 공산주의 이데올로기를 대표하는 밀라와 유리에게 손수건을 준다는 것 또한 불합리하다. 따라서 마술의 상실은 어쩔 수 없는 일이고 되찾을 수 없다. 손수건의 주인이었던 보리스의 할머니는 마술은 매듭에 있다고 한 번 언급한 적이 있다. 이것은 기억을 돕기 위해 매듭지어 놓는 풍습과 유사하다. 아무것도 모른채 밀라가 매듭을 풀자 봉인되어 있던 마술이 풀리게 된다. 보리스는 집에 돌아온 자신을 발견하게 되고 자기를 따르던 해적이 가버렸다는 것도 알게 된다. 여기서 화자는 복잡하지 않은 아동 판타지에서 익숙하게 보아왔으며, J. R. R. Tolkin이 의문시했던 편리한 방법인 주인공의 잠에서 깨어나는 방법을 사용한다.

『Three on an Island』는 플롯이 더 복잡하긴 해도 이야기가 갖는 메시지는 『The Rainbow Flower』와 기본적으로 동일하다. 보리스는 전지전능한 권력이 행복을 가져다 주지는 않는다는 것, 조심성 없고 이기적인 소원은 대가를 치러야한다는 것, 노동이 게으름보다 낫다는 것, 자기 노동의 산물만이 기쁨을 가져온다는 것, 그리고 우정이 권력보다 더 소중하다는 것을 배웠다. 하지만 제냐처럼 보리스도 자신의 행동의 결과로부터 간단하게 놓여나 모험을 통해 변화된 점이 비교적 없다. 사실 보리스는 친구들이 풀려나지 못했을 수도 있다는 것과 유리가 평생 흑인으로 살아야 한다는 것을 염려하지 않는다. 모험이 단지 꿈이었을 뿐 모든 소원의 결과는 간단하게 취소된다. 위안이 되는 생각이다. 보리스의 경험이 갖는 영향은 상당히 축소되고 심지어 파괴된다. 제냐와 달리 보리스는 이타적인 행동을 통해 자신의 가치를 증명하지도 않는다.

소비에트문학에서는 아동기를 안전하고 행복한 것으로 나아가서는 공산주의 정권이 제공하는 행복한 나라가 영원하고 동요가 없어 원칙적으로 낙원이라는 것을 일전에 언급 했었다(Nikolajeva, 2000; 61-78). 소원성취의 모티브는 전형적인 카니발 방식으로 아이를 전지전능한 권력자로 만들어 아이에게 힘을 부여하며 전체적인 낙원 주제를 증폭시킨다. 마술의 힘을 빌린 아이들은 어른의 권위에 도전하고, 확장하자면 크게는 권위 자체를 의문시한다. 전체주의 사회에서 쓰여진 까닭에 소비에트 판타지는 예외적인 전복의 잠재력을 가지고 있는 것으로 보인다. 하지만 역설적으로 아동의 복종과 사회화를 요구하는 아동문학의 규범은 카니발의 해방효과와 부딪힌다. 소비에트 동화와 판타지 플롯은 드러내 놓고 교육적 목적에 종사하고 결말에는 등장인물이 도덕적 교훈을 얻게 되는데 핵심은 집단에게서 튀어나오지 않으며, 원래 집단에 속하지 않았다면 집단에 귀속하는 것이다. 『Three on an Island』에서 분명히 보여준 것처럼 일시적 전지전능으로부터의 교훈은 확실히 부정적인 것이며 카니발의 전복효과는 책의 교육적 메시지에 의해 전멸된다.

규범의 역전

이야기가 갖는 전복의 영향을 누그러뜨리는 다른 한 가지 방법은 역할의 반전이다. Lazar Lagin의 『Old Man Hottabson』(1938)은 현대적 상황에서의 지니에 대한, 영국작가 F. Anstey가 쓴 『The Brass Bottle』(1900)의 중심 가정에 비슷하게 기초한 소설이다. Anstey의 주인공은 거의 매일 여자친구의 주위를 맴돌며 관심거리를 찾는 것이기에 부분적으로는 소비에트 교육 정책에 맞추어 교훈을 주는 것으로 어린 독자에 맞게 나머지 플롯을 구성했다. 열세 살 주인공 볼카, 정식 이름은 블라디미르로 모스크바 강에서 수영하던 중 입구가 봉해진 신비한 물병을 발견한다. 주인공이 뚜껑을 열자 지니가 나타나서는 감격해 하며 자신을 구해준 것에 대해 고마움을 표하게 된다. 그리고 솔로몬 왕의 미움을 사서 감옥에 보내진 지니는 자신을 '하산 압두라흐만 이반 호탑'이라고 소개하며 어린 주인에게 평생 충성할 것을 맹세한다.

플롯은 여러 방면으로 소비에트 아동문학에 동등한 여러 이슈를 내보인다. 첫째가 가장 규범적인 것으로 여러 이야기에서도 쉽게 볼 수 있다. 이전까지 볼카는 어리석은 소원을 빌어 재난을 불러온다. 호타의 아들 또는 이반호탑이 볼카의 지리 구두시험을 돕다 실수가 생긴다. 볼카는 부지런히 공부했고 잘할 수 있다고 자신했기에 걱정할 필요가 없었다. 하지만 유혹을 뿌리치지 못하고 인도에 대한 질문이 나왔을 때 자기 대신 답변을 시킨 지니가 코끼리 여섯 마리와 거북이 한 마리가 바치고 있는 평평한 지구에 대한 중세 동양적 답변을 하자 선생님은 깜짝 놀라게 된다. 독자에게는 웃음을, 등장인물에게는 수치심을 가져오는 이 장면은 독자들에게 속임수는 나쁜 것이라는 메시지를 전달한다. Edith Nesbit의 이야기 속에 등장하는 파미드처럼 호탑손은 가끔 주인님의 소원을 잘못 해석하는 실수를 연발하지만, 파미드와는 달리 일부러 잘난 체하다 실수하는 것이 아니라 무지로 인한 행동들이다. 병 속에 너무 오랜 세월 동안 갇혀 있어서 마술에 약간 녹이 슨 것이다. Nesbit의 이야기 속의 등장인물처럼 볼카도 역시 전래 동화 속의 마술이 현대에는 통하지 않는 것을 알게 된다. 무엇보다도 마술 양탄자가 동화 속에서 보여 준 것만큼 편하지 않다는 것을 발견하게 된다.

하지만 마술과 현실의 충돌은 훨씬 더 나아가 뻔한 도덕적 정치적 교훈을 가져온다. 소설 속 사회화 과정은 주인공 아이로부터 지니에게까지 옮아간다. 호탑손이 현대에서 생존하기 위해 처음 해야 할 일은 터번과 코가 뾰족한 슬리퍼 같은 동양적인 차림새에서 보다 더 적합하고 눈에 덜 띄는 옷으로 갈아입는 것이다. 스스로 선택하지 않은 사회에 적응하기 위해 개성의 핵심 부분을 포기하기에 이른 것이다. 따라서 교화는 지극한 선으로 다시 규정된다. 일반적인 인용을 떠나서 이 에피소드는 자유의지와는 상관없이 소비에트 다문화주의 가치 아래 사실 인정사정 봐주지 않는 제국주의를 위하여 자신의 관습을 포기해야 했던 많은 아시아 국가에 적용될 수도 있다.

볼카로 대표되는 현대 도시생활 스타일은 호탑손에게 익숙한 것보다 우위에 있다. 처음 접하는 버스나 기차, 극장, 전화 그리고 다른 경이를 호탑손은 악마의 소행으로 본다. 하지만 호탑손은 그의 어린 친구에게 빠르고 쉽게 동화된다. 말이 끌지 않는 수레나 움직이는 사진에 익숙해질 뿐 아니라 읽고 쓰기를 배워 문화사회에 완전한 일원이 된다. 소비에트 정부가 들어서기 이미 수 세기 전부터 문학의 정수를 이끌어낸 중앙아시아 문화를 간편하게 잊고는 중앙아시아의 수많은 문맹자를 위한 적합한 교육을 펼쳐 왔다고 소비에트 정부는 주장한다. 이와 반대로 정부는 전통적 동양문학을 깔보고 전통적인 페르시아 문자와 아랍 문자 대신 키릴 알파벳을 사용하도록 강요했다.

하지만 호탑손은 영광스러운 소비에트 연맹의 문화로 기쁘게 들어간다. 기본을 익힌 후 처음으로 호탑손이 접하는 문자언어는 젊은 공산주의자 신문으로 문법과 함께 이데올로기를 흡수하는 것을 의미한다. 열심히 신문을 읽고 사건을 수집하며 의견을 교환한다. 새로운 집단의 규칙을 배우고 열렬히 순응하는 그는 단계적으로 동양의 진중한 말씨를 벗고 현대 10대들의 말투와 사무적인 관용구를 사용한다. 호탑손이 사용하는 수많은 옛날식 어투들은 소설 후반부의 유머러스한 요소로 작용한다.

외형적 문화충돌은 하지만 깊숙한 이데올로기의 몰이해에 비하면 덜 중요하다. 호탑손은 부자와 권력자가 지배하는 사회 출신이다. 주인님에게 적합한 답례를 하고자 볼카에게 금과 보석이 가득한 왕궁 세 채와 코끼리와 낙타, 그리고 노예가 딸린 천막을 선사했다. 볼카는 놀라서 소비에트에는 사유재산이 없어졌다는 것과 노예제도의 비인간성을 설명한다. 우리나라의 모든 왕궁이 학교가 되었다고 볼카는 말하지만, 아이러니하게도 1917년 볼셰비키 쿠데타 직후 모스크바와 전역에서 모든 왕궁과 귀족의 집들이 몰수되고, 국가와 지방 정부의 소유가 되었다.

호탑손은 개인의 인식의 권리를 찬양하는 반면 볼카는 개인에 앞서는 사회의 우선순위를 설명하는 데 서투르다. 작가는 많은 소비에트 시민이 씨름하는 문제를 끄집어내고, 볼카와 함께 어린 독자는 모든 소원이 이루어질 것이라 확신하며 상상이 닿는 만큼의 물질의 자유를 구가한다. 사실 볼카는 지니의 도움에 의존해서 탐험하고 집에 돌아오는 동안 한 번도 세상적인 소유를 요구하지 않는 것으로 철저히 소비에트 원칙을 따른다. 호타비치가 돈이 권력이고 명예이며 친구임을 설득하려고 할 때 볼카는 친구는 돈으로 살 수 없는 존재이며, 진정한 명예는 오로지 정직한 노동을 통해서만 얻을 수 있다고 확신한다.

세상에 대한 다른 견해의 충돌이 책 전반에 걸쳐 펼쳐지지만, 적어도 호탑손은 눈에 띄게 진보하여 공산주의 교리의 가장 기본적인 요소를 결국 받아들인다. 따라서 마술의 힘은 주인공의 소원 성취에 달리 소용없고 공산주의 도덕의 우위를 보이는 갈등을 연출하기 위해서였다.

호탑손이 겪는 상황은 동화에서 뿐 아니라 소설에서 넓게 사용되고 있는 여러 모티브를 상기시켜 준다. 야만인이나 야생의 아이가 시민으로 성장하는 상황 또는 과거에서 현대로 바뀌는 시간 여행이다. 두 경우 다 소설에서 문명화는 자주 더 나은 것으로 비치는데 이는 후식민기(postcolonial) 비평에 의해 최근 강하게 비난받고 있다. 소설 속 문명화의 전반적 개념은 승리의 공산주의 국가와 밀접하게 관련지어진다. 나아가 다른 세상에서 현실로 온 방문자가 자주 지루하고 심심해한다면, 호탑손이 열렬한 라디오 아마추어로 끝나는 것으로 20세기 모스크바에서 발견한 경이에 진정으로 감탄한다.

마지막으로 플롯의 중요한 반전은 호탑손에게 자기처럼 솔로몬 왕에게 벌을 받아 병에 갇힌 채 바다에 던져진 동생이 있다는 사실이다. 동생을 찾아 어린 친구와 함께 세상을 헤매다 갖은 부정과 대면한 호탑손은 진정한 공산주의 분개로 대응한다. 이중 호탑손과 전형적 괴물 모습의 미국 백만장자 사이의 대립이 묘사되는데 볼카의 "가서 곤죽으로 만들어라."는 말 그대로 경쟁을 통해 신체적인 승리뿐 아니라 도덕적 승리를 쟁취하게 된다. 이때 보여지는 호탑손의 모습은 소비에트 연방과 이데올로기를 대표한다. '후진' 모슬램 호탑손은 새로운 시대 관습에 아주 잘 적응하여 공산주의 세계의 충성스런 챔피언임을 입증하는 인물로 서부 유럽의 억압된 노동계급의 소외를 보여 준다. 잃어버린 동생 오마르를 기적적으로 찾았을 때 독자들은 재교육을 받은 호탑손과 이데올로기에 뒤진 오마르 사이의 현격한 차이를 목격하게 된다. 호탑손이 계몽된 지도자처럼 행동하는 반면 오마르는 오래된 동양식 세계관이 확고한 인물로 결국 벌을 받게 되고 편리하게 이야기 밖으로 제거된다.

플롯에서는 어린 주인공이 마술의 도움으로 힘을 얻고 조력자가 힘을 잃어버리게 되는 상황들이 자주 발생한다. 이야기의 결말에 호탑손이 마술의 힘을 잃는 것이 언급되지는 않지만 그는 마술을 자주 사용하지 않으며 형편없고 허황된 목적을 위해 사용하지 않는다. Nesbit의 『다섯 아이와 모래 요정』의 아이들처럼 볼카는 조력자의 마술적 능력을 의식적으로 활달하게 거부하지 않는다. 관대한 소비에트 국가가 제공하지 않는 어떤 것도 더 이상 소원한 대상이 아니므로 마술의 힘 없이 살아갈 준비가 되었으며 모험을 통해 성숙해진 것으로 이해된다. 사실 소비에트 도덕의 대변자이자 호탑손의 안내자인 볼카는 고결하게 행동하는 인물이다. 아동 소설에서 역할 반전은 빈번하게 등장하는 소재로 이야기 속에서 등장하는 아동은 특별한 상황 속에서도 재치를 발휘하는 우월한 존재로 그려진다. 이런 면에서 『Old Man Hottabson』은 직접적인 모델 『The Brass Bottle』과 다를 뿐 아니라 지니가 나오는 현대 서구 아동 소설과도 다르다.

과거 저주하기

『Three on an Island』와 『Old Man Hottabson』 작품은 외면상 교훈적이기는 하지만 탐험과 난센스로 조심스럽게 포장되어 있다. 반면 Yuri Tomin이 쓴 『The Wizard Walked over the City』(1963)은 상당히 심리적인 깊이를 갖고 있어 독자로 하여금 숙고할 거리를 남긴다. 주인공 토릭 또는 아나토리가 한 개가 한 가지씩 소원을 들어주는 마술의 성냥갑을 발견하는 흔한 방법으로 이야기는 시작된다. Edith Nesbit의 마술의 영리한 제한점을 다시 한번 상기시킨다. 성냥의 마술 능력을 발견한 토릭은 이전의 판타지의 주인공처럼 들어줄 수 있는 소원의 수가 한정되어 있어 지혜롭게 사용해야 한다는 것을 곧바로 알아챈다. 아이스하키 막대를 비롯한 남자 아이들이 갖고 싶어하는 물건을 포함해서 이기적이고 미성숙한 욕망의 흔한 카니발적 과잉이 첫 번째 반응이었다. 또한 토릭은 아이스하키와 체스에서 최고가 되는 것, 동물원의 사자를 길들이는 것, 그리고 공부 안하고 과제 아는 것 등을 소원한다. 토릭의 노력 없는 성공에 대한 희망은 소비에트 국가의 공식적 노동자의 눈에는 용서할 수 없는 죄악인, 보리스의 노동으로부터의 회피 욕망과 매우 유사하다.

여기까지 이야기는 진부하고 짐작한 대로다. 하지만 도덕적 측면이 이 책에 다른 점을 부여하고 등장인물을 더욱 복잡하게 만든다. 토릭은 내면 깊숙이 자기가 잘못하고 있다는 것을 알고 있다. 마술로 세계 챔피언이 되는 것은 속임수라는 것을 잘 알기에 토릭은 기쁘지만은 않다. 그는 또한 거짓말과 허풍떨기, 그리고 재미로 무고한 희생자를 만드는 것에 대해 죄책감을 갖고 있다. 더욱 중요하게는 절친 미나에게 성냥갑에 대해 털어놓고 나눠 가져야 한다는 것을 알고 있다. 하지만 뭔가가 이를 방해하는데, 이것을 다른 책에서 주인공의 성격으로 결정하기에 허용되지 않는 탐욕과 이기심, 그리고 허영으로 이름 짓기는 쉽다. 결국에 보리스와는 달리 토릭은 공식적으로 전지전능하지만 인간관계에 있어서는 아무 힘이 없다는 것이 얼마나 끔찍한지 깨닫게 된다. 미샤와 다투고, 반 전체의 신임을 잃게 되고, 아버지는 자신을 믿어주지 않는다. 힘은 있지만 아주 불행하다. 이때 독자는 동정심을 가져야 할지 불운한 영웅을 처단해야할 지 확신이 서지 않는다. 보리스보다 토릭이 더 이율배반적 인물이라 독자의 감정은 애매하고 토릭이 곧 어떠한 끔찍한 벌을 받게 되리라는 것을 예상할 수 있다. 예전 장에 비해 후반은 더 미묘하고 창의적이다. 하지만 이 후반의 적용 부분을 이해하기 위해서는 이야기의 도입부로 돌아가 토릭이 마술을 얻게 된 경위를 알아야 한다. 토릭은 빨간 불일 때 길을 건너다 경찰에게 붙잡히게 되고 도망치다 성냥갑이 가득한 이상한 곳에 다다랐는데, 거기서 파란 눈의 신비한 아이를 만나게 된다. 그리고 꽤 오랫동안 이야기에 더 이상 등장하지 않지만, 진짜 악당이 이미 여기서 소개되었던 것이다. 토릭은 성냥 한 갑을 훔쳐서 달아나고 적의 등장으로 반절 남은 성냥갑을 포기해야 할 상황에 이를 때까지 파란 눈의 아이를 까맣게 잊고 있었다.

파란 눈의 아이는 자신이 마술사라고 언급한 것 말고 이름이 없고 악의 화신으로 여겨지는데 보통 전래동화에서 영웅이 이루지 못하는 것들을 해낸다. 예를 들어, 소원을 이루어주는 힘을 발견하고는 첫 소원으로 한없이 소원을 들어달라고 빈다. 백만 개의 소원을 이루어 줄 성냥갑을 빌고는 토릭이 깜작 놀라도록 성냥갑 백만 개를 정확하게 센다. 아이는 어제 살고 있는 것으로 나중에 밝혀지기 때문에 이 만남은 거의 불가능하다. 소비에트 공화국에서는 누구에게나 어제의 의미가 명확하다. 어제는 공산주의의 전의 과거를 가리키고 어제로부터 온 사람은 개인주의라든가 탐욕, 자만 또는 타인 경멸 등의 과거의 부정적인 특성을 모두 겸비한다. 파란 눈의 아이는 전적으로 물질적인 만족 추구를 위해 행동과 도덕이 봉사하는 몰인정한 자본주의자로서 공식적인 증오 대상인 과거의 화신이다. 꽤 명쾌한 상징적 행동, 즉 자신의 돈 세어보기를 마치고 아이는 어린 독자가 좋아할 만한 것들로 자신의 세계를 채운다. 하키 스틱이나 자전거에서 부터 세계에서 가장 큰 장난감 백화점이라든가 제일 맛있는 아이스크림 가게, 그리고 유명한 궁전과 박물관을 소원하는 등 범지구적 사고를 한다. 허영의 극대는 새로 얻은 물건이 가득한 한 층에 백 개의 방이 있는 44층 건물에서 아이가 사는 것이다. 차도 서른 대나 있고 요트도 마찬가지다. 소설은 공산주의 요강의 첫 번째 악, 소비주의를 혹평한다. 자가용이 드물고 개인이 아파트나 집을 소유하는 것이 어렵던 시대에 이런 부유함은 정말 짜증난다.

하지만 파란 눈을 가진 아이는 물질의 풍요에서 그치지 않는다. 마음의 평화를 위해 부모와 친구, 과거의 기억마저도 지워버린다. 따라서 시대뿐만 아니라 사회 밖에서, 모든 사회관계나 사회적 책임에서 벗어나 존재하지만 의도적으로 주위의 모든 것들과 단절한다. 물질에 대한 탐욕은 정신적 빈곤과 맞물리는 면이 있다. 파란 눈의 아이와 같이 차가운 마음을 지닌 사람에게 돈으로 살 수 없는 결핍된 것이 친구다. 토릭이 성냥갑 사건에서 보여 준 우둔함이 자신과 잘 어울린다고 판단한 파란 눈은 토릭을 친구로 소원하고, "네가 나처럼 욕심이 많고 이기적이라 너를 좋아해."라고 되풀이한다. 토릭의 기억 회복과 같은 주인공의 귀환은 플롯상 어쩔 수 없어서 이루어지지 않는다. 토릭의 삶에 있어 더욱 중요한 점은 제일 친한 친구 미샤 역시 자신처럼 어제에 갇혀 있다는 것이다. 파란 눈의 아이는 미샤의 고결한 도덕성을 믿고 토릭의 애정을 얻기 위해 미샤를 인질로 삼는다. 『Three on an Island』에서처럼 친구를 주인공의 약한 도덕성에 비교하기 위해 등장시킨 것이다.

이 비교에서 토릭은 진정한 젊은 공산주의자로서 자신을 증명할 기회를 얻는다. 파란 눈의 선물과 우정을 거부하고 많은 어려움에도 불구하고 미샤와 함께 어제로부터 벗어나 오늘로, 자본주의의 의심스러운 유혹에서 벗어나 약속된 공산주의의 오늘과 내일로 탈출하는 데 성공한다.

토릭이 학습한 도덕과 심리적 교훈은 이전 소설의 등장인물보다 더 복잡하다. 주인공은 자발적으로 자신의 권력을 포기한 것도 아니고 우연히 잃게 된 것도 아니다. 힘이 더 센 적에게 굴복하는 것은 당연하기에 결투에서의 승리를 위해서는 도덕적으로 더 강한 자질이 필요했을 것이다. 물질과 영혼 사이의 결투 장면을 그릴 때 모든 소비에트 아동도서에서는 영혼의 풍요가 더 선하다는 것이 특징이다. 파란 눈의 아이는 그의 부와 함께 어제에 남겨지는데, 소비에트문학에서는 독자로 하여금 과거를 멸시하고 부정하게 만든다. 호타손과는 달리 파란 눈은 속죄가 불가능하다. 이는 중요한 점으로 이야기 속 악인은 어른이 아니고 아직 어리며 『Three on an Island』에서의 해적들이나 『Hottabson』에서의 욕심 많은 미국인으로 그려진 것처럼 아마 전복적 목적을 위해 아마도 자연스럽게 표현된 것으로 생각할 수 있다. 분명히 텍스트는 젊은 세대 중 정신세계가 어제에 있는 개인에게 경고하고 있다. "탐욕의 파란 눈을 가진 자를 경계하라."는 화자의 교훈이 책 후기에 분명히 명시되어 있다. 파란 눈은 심리분석적으로 보면 자연스럽게 토릭의 그림자, 극복해야 할 자신의 어두운 면으로 해석하는 것이 전적으로 타당하다. 하지만 소비에트 맥락에서 볼때 우화적으로 해석하는 것이 더 현실적이다. 이러한 해석 방법은 실제로 상호보완적으로 작용한다.

등장인물인 토릭이 적을 물리치고 집에 돌아왔을 때 또 한 번 시험에 처하게 되고, 맨 처음 마술의 힘이 생겼을 때 자기가 원하는 것이 무엇이든 엄마가 들어주게 하라는 소원을 빌게 된다. 엄마는 토릭이 먹고 싶은 것을 요리하고 침대를 정리해 주며, 가방을 챙겨 주거나 비싼 것을 사주고 용돈을 듬뿍 주는 등 주인공이 무엇을 원하든지 허락해 준다. 또 아빠에 대항에 자신의 편을 들어 줄 때 토릭은 행복감을 느끼지만, 모든 것이 정상으로 돌아가 있어야만 하는 스토리의 정상궤도를 이행하지 않고 엄마가 마술에서 회복되지 않았음을 발견하게 된다. 이야기에서 화자는 아이의 관점에서 바라는 소원이기에 이전 책에서 언급했던 것보다 더 혼란스럽게 독자로 하여금 조심성 없는 소원이 어떤 치명적 결과를 낳는가 하는 것을 생각하게 만드는 계기를 만든다. 사실 보리스와는 달리 토릭은 자신의 행동에 대한 책임에서 전적으로 자유롭지 못하다. 그러던 토릭에게 도덕적으로 성장했음을 입증할 수 있는 마지막 기회가 주어진다. 마지막 마술 성냥 한 개비가 기적적으로 남아 소파 쿠션 뒤에 삐죽이 나와 있었던 것이다. 한 순간의 지체도 없이 토릭은 이전 소원이 낳은 모든 재난을 없애버리는 데 마지막 성냥을 사용하는데, 이는 전래동화의 주인공이나 환상의 인물이 같은 행동을 반복하던 것들과도 유사하다.

이 모든 이야기에서 피상적인 유사점 외 소원 빌기 모티브의 공통분모를 찾자면 서양 환상 카니발과는 정반대의 형태를 발견할 수 있다. 보통 주인공 아동은 카니발을 통해 힘을 얻고 카니발이 끝나 모든 것이 사라진다 해도 이를 이겨내는 데 필요한 자신감을 얻는데, 이제까지 토의한 소비에트문학에서는 그 반대다. 마술을 통해 얻은 힘은 일시적으로 주인공으로 하여금 본인이 잘못했다는 것을 깨닫게 만들어 사회 규범에 자신을 맞추고 개인의 욕망을 억누르게 한다. 만약 '정상의' 카니발적인 영웅이 마술적 탐험을 통해 개성을 발달시킨다면 소비에트 영웅은 개성과 자기 연민은 어디에도 쓸모없고 뿌리 뽑아야만 하는 퇴폐적인 성질이라는 것을 배운다. 숙련된 독자라면 이 이야기들에서 전복적인 요소를 분간하여 직설적 메시지가 아이러니하다는 걸 해석해내겠지만 이런 해석은 전적으로 '읽는 사람'에게 달렸다는 것을 지적하고 싶다. 소비에트 환상은 분명히 지배이데올로기를 반영하고 거기에 내재된 가치를 홍보한다. 그러한 메시지들로 소비에트문학은 그것이 탄생한 사회의 목표에 충실하게 봉사한다.

이데올로기와 마술적 리얼리즘

이와 반대로 브라질의 유명 아동 작가 Lygia Bojunga와 Ana Maria Machado는 의도적으로 극단적인 파괴를 구상한다. 마술적 리얼리즘의 전통 아래 두 작가 모두 북아메리카와 유럽 작가와 마찬가지로 글쓰기에 환상을 이용한다. 카니발의 조건, 즉 엄격한 리얼리즘에서는 허락되지 않는 아동의 자유, 보류된 현실을 이용한다. 두 작가는 보통 사람의 일상 시간과 공간 감각을 확장시킨다. Ana Maria Machado는 빗대어 말하기와 은유, 복잡한 상상으로 가득한 최상의 섬세한 문학적 언어로 모국의 신화와 민담을 구전 이야기의 리듬에 실어서 들려준다. 『Eyes on the Feathers』(1981)의 주인공은 정치적 망명으로 여덟 살 나이에 다섯 나라에서 살아보았는데 꿈과 상상, 사실적이면서 신비 가운데 조상을 만나고 유럽 식민통치자가 자기 민족을 잔인하게 몰살하는 광경을 목격하게 된다. 주인공의 운명에 전체 국민의 운명과 밀접하게 연관되며 그러한 이야기들은 꿈과 같은 전래동화 형식으로 표현되어 전복적인 메시지를 담고 있다.

다른 한편, 『The Upside-down Story』(1978)는 전적으로 왕과 왕비, 용감한 왕자와 고집센 공주가 나오는 환상 동화 구조로 전개된다. 하지만 자만심 가득한 독재자와 불평 많은 하인, 바보 같은 통치자를 감수해야 하는 백성들을 통해 묘사되고 있는 사회는 현실적이다. Machado가 그려내는 문학의 세계에서는 현실과 환상이 쉽게 자리바꿈 한다. 사실 둘은 한 세상의 다른 두 면이라는 점을 주인공도 잘 알고 있다. 『Magic Kisses』(1992)에서 여자 아이는 계모가 마녀라고 자연스럽게 믿게 되는데 동화 속 계모는 언제나 음흉한 마녀였고 아빠가 그 술수에 넘어간 것이 분명하다고 주인공이 잘못 이해하고 있다고 독자들은 어떻게 확신하는가? 계모가 정말로 마녀일 수도 있지 않은가? 『Pedro and his Flying Bull』(1979)에서 상상 속 친구가 페드로에게 정말 진짜 같은데 진짜가 아니라고 어떻게 확신할 수 있는가? Machado의 작품에서 독자는 늘 실제와 상상 사이의 경계에 놓인다. 바로 이 역공간에서 아동은 힘을 얻는다.

『노랑 가방_The Yellow Bag』(1976)에서 레이첼이 수탉 두 마리와 안전핀, 우산과도 친구가 될 수 있는 것을 보여주듯이 Bojunga의 작품에서는 어른이 보지 못하는 사물과 생물을 알아보는 특별한 능력으로 인해 힘을 얻은 어린이를 만날 수 있다. 『노랑 가방』은 어른이 아이보다 권력이 더 하다는 레이첼의 예지, 그리고 남자가 되고 싶다는 것과 같은 맥락에서 얼른 자라 어른이 되고 싶다는 레이첼의 소망을 보여준다. 하지만 여자이고 아이이기 때문에 레이첼은 강하고 독립적이다. 수많은 문학작품이 보여주었듯이 레이첼이 글쓰기를 통해 자유로울 수 있는 힘을 얻게 된다는 점이 특징적이다. 글쓰기와 글은 더 많은 권력을 보유하는 것들이기에 대개는 어른의 점유물이다. 그리고 레이첼은 전복을 위해 글쓰기를 배운다.

『Granny's House』(1978)에서 알렉산더 또한 상상을 통해 성인 세계의 부정을 이겨나간다. 이 책에서 알렉산더의 공작새가 학교에 다니고 있었다는 구상은 어른들의 권력의 면모를 엿볼 수 있는 부분이다. 『노랑 가방』에서 등장하는 수탉에 대해 아이에게 심어진 생각처럼 공작은 억압받는 아이의 상징이다.

Bogunga의 주인공은 각자의 방식으로 어른이 부여한 규칙과 제한에 대항하여 몸부림친다. 『Six Times Lucas』(1995)에서 주인공 루카스는 딜레마에 힘들어 하는데 그것은 바로 권위적인 아버지와 자신 간의 복잡한 관계, 그리고 자신의 눈에 비친 어른들의 그릇되고 불안정한 삶에도 불구하고 자신이 그들의 기대에 부응하는 삶을 살지 못할까 봐 하는 염려이다. 『Free Rope』(1979)에서 마리아는 부모님의 죽음으로 입은 상처로부터의 망각에도 불구하고 꿈이 그 상황을 되돌린다. 꿈과 상상, 즉 Ana Maria Machado의 작품 속 회상을 통해 주인공은 자기 내면으로의 탐색으로 할머니의 독재에서 벗어난다. 『My Friend the Painter』(1987)에서 클라우디오는 어떤 남자의 자살을 곰곰이 생각한다. 그리고 아이이기 때문에 가질 수 있는 성인보다 더 큰 힘이 다시 증명된다. 아이 심리에 대한 깊은 성찰이 Lygia Bojunga의 중요한 인물 설정이며, 말할 수 없는 진실과 가장 비밀스런 감정 등 복잡한 심리 상태를 묘사하는데 간결하고 이해 가능한 언어들을 사용한다. 각각의 작품은 조심스럽게 깊은 공감을 자아내는 상실과 고통, 슬픔을 통해 그려내는 미묘한 아이의 초상, 인간 운명에 대한 연구이다.

Machado의 특별한 책 『Few-letter Words, Many-letter Words, Four-letter Words』(1998)는 언어적 관습과 언어가 어린이에게 보다 어른에게 더 수여한 권력을 활용한다. 작품은 수탉(cock)이나 나귀(ass)가 동물을 지칭할 때는 괜찮지만 다른 의미로 쓰는 것은 안 된다는 것에 대해 여아는 어떻게 이같은 의미를 이해할 것인가와 같은 질문을 독자들에게 던진다. 즉, '억압된 공격성' 또는 '확연한 불안' 같은 이해 불가능한 단어를 접할 때 어떤 느낌일지를 묻고 있다. 작품 속의 어린아이는 예민하지 못한 어른에게 눌려 침묵하는 은둔자로 아무 말 하지 않기로 마음먹는다. 책을 같이 읽던 성인들은 누구나 알게 될 것이지만, 자기가 남자 아이가 아닌 데서 문제가 비롯됐다고 믿는 아이는 주인공의 위축된 심정과 회피를 확실히 깨닫게 될 것이다. 이 같이 간단한 방법으로 화자는 사회 안의 성관련 언어 특성을 알려준다. 사회언어학자들은 이미 잘 알고 있는 사실이며, 아이들은 역시 일상 속에서 겪게 되는 일임을 누구나 알고 있다.

브라질 작가들의 전복 효과는 인종과 성, 계급, 그리고 나이를 포함해서 달리보기 조건들의 시너지 작용에 달려 있다. Machado와 Bojunga의 작품 안의 또 다른 특징은 늙거나 젊거나 마찬가지로 강력한 여주인공에게 있다. Machado의 『Few-letter Words』 속 호기심이 강하고 단호한 레이첼과 마리아, 『Magic Kisses』의 의심 많은 의붓딸, 또 『The Upside-Down Story』 속 용감하고 영리한 양치기를 통해 이미 언급했다. Machado의 『Grandmother Mia, Grandmother Bel』(1982)는 눈에 보이지 않는 세대를 뛰어 넘는 여자들 간의 마력에 대해 통찰력 있고 설득력 넘치는 작품이다. 작품은 상상의 친구라는 흔한 모티브를 뛰어 넘는다. 이사벨의 고조모가 신비하게도 이사벨의 일부로 환생하여 그녀 안에서 사는데, 실제 고조모는 이미 오래 전에 세상을 떠난 인물이다. 더 혼란스러운 것은 이사벨 안에 제 삼의 목소리가 갑자기 나타나서는 본인이 상상 불가능한 미래의 고조손이라는 것이다. 과거와 미래와의 연관은 주인공이 단지 타인과의 관계에서 뿐만 아니라 전체내에서 자신의 자리, 다름(heterogeneity), 모호함(ambiguity)을 쉽게 알아볼 수 있다. 아이가 어른과의 관계에서 어떻게 힘을 잃지 않고 얻게 되는지의 한 예이지만, 유일하게 마술적 리얼리즘의 규범 안에서만 가능하다.

어린이 문학에 나타난

힘과 목소리, 주체성

CHAPTER

10

종(種)의 타자화 : 동물의 사용(남용)

- 소품으로서의 고양이
- 고양이다운 고양이
- 말썽꾸러기 고양이
- 안내자 고양이
- 혼란스러운 십대 고양이

CHAPTER

10 종(種)의 타자화 : 동물의 사용(남용)

어린이와 공생관계로 살아가는 움직이는 장난감이나 인간화된 동물 이야기는 카니발 효과(carnival effect)에 대한 훌륭한 전제를 두고 있다. 동물이나 장난감은 힘과 지능에 있어서 항상 어린이보다 열등하게 나타난다. 이것은 이야기 속의 어린이 등장인물에 대해서도 그렇고 이야기를 읽는 어린이 독자에 대해서도 마찬가지다. 어린이 책에 가장 흔하게 등장하는 동물이 쥐나 토끼, 기니피그, 새끼 고양이처럼 '작은' 동물인 것은 우연이 아니다. 장난감이나 작은 동물들과 같은 친구들 사이에서 아이는 강한 느낌, 똑똑한 느낌, 보호자 같은 느낌을 받을 것이다. 아동 문학을 전체적으로 살펴보면, 주류 책들에서보다 어린이 책에서 동물 등장인물이 눈에 띄게 많이 등장한다는 사실을 부인할 수 없다. 신화나 우화를 따로 떼어서 보았을 때, 단지 몇 편의 성인 소설에서만 동물이 주인공으로 나온다. E. M. Forster는 이렇게 주장했다.

Forster, 1985 ; 43

이야기에서 주인공은 언제나 인간이다. … 물론 다른 동물들이 도입되기도 하지만 성공하는 데는 한계가 있다. 왜냐하면 아직까지 우리는 동물의 심리에 대하여 거의 아는 바가 없기 때문이다.

Forster는 아동문학에 대하여 거의 알지 못했지만, 한 가지 측면에서는 그가 옳았다. 동물이 문학작품의 등장인물로 등장할 때 동물들은 행동적으로나 지식적으로나 사람의 특질에 속해 있게 된다. 심지어 동물들은 원래 살아가는 서식지에 그려져 있을 때에도 감정이나 생각이 사람을 모델로 하여 만들어진다.

하지만 이러한 의인화는 상당히 가지각색이다. 다양한 종들이 부자연스러운 공생 관계 속에 존재할 수도 있고, 사람만이 타고난 언어 능력과 정신이 부여되기도 하며, 플롯의 요구에 따라 서로 의사소통을 하기도 한다. 동물은 사람과 가까운 관계에 있는 것으로 그려질 수도 있고, 아니면 최소한 단 한 명이라도 동물을 이해할 수 있는 사람이 등장하여 동물에게 말을 걸고, 개인적인 친구로 삼기도 한다. 『곰돌이 푸우는 아무도 못 말려_Winnie-the-Pooh』에 대한 논의에서 볼 수 있듯이, 아동 문학에 있어서 동물 등장인물은 장난감과 함께 어린이의 '상상의 친구'로서 하나의 보충적인 인물로, 어린이의 내적 갈등에 대한 투영을 나타내는 것으로 전형적으로 해석되어 왔다. 하지만 정말로 복잡한 이야기에서는 동물이 사람과의 경계가 흔들리는 지점인 혼성(hybrid)으로 나타난다.

동물, 특히 의인화된 동물은 아동문학에 잘 어울리는 인물로 여겨지는 것이 일반적이다. 이는 "어린이는 동물을 사랑한다."는 막연한 관점에 기초하고 있다. 나는 실제로 어린이들이 동물에 대하여 갖고 있는 태도라든지 혹은 어린 독자들이 이야기 속에 등장하는 동물에 대하여 갖고 있는 선호도에 관한 실증적인 연구를 한 번도 본 적이 없기 때문에 그러한 가정 역시 수많은 근거 없는 편견들 가운데 하나일 거라 생각한다. 어떤 학자들은 이러한 입장에 대하여 상당히 회의적이어서 '작고', '열등하며', 기본적으로 '사람이 아닌' 동물과 어린이를 함께 묶는 이러한 얕보는 듯한 태도를 지적하기도 한다(Schwarcz & Schwarcz 1991, 9). 교육적인 측면에서 또 다른 설명이 가능해진다. 동물은 분쟁에 대하여 거리감을 둠으로써 독자들이 좀 더 수월하게 그것을 다룰 수 있게 해준다. 그리하여 동물들은 판타지 양식(mode)에 유사한 '거리두기'의 장치가 되며, 실제로 동물 이야기는 판타지의 하위 범주로 자주 여겨진다. 수많은 주류 이야기들에서 동물은, 동물에 대하여 우월함을 느끼는 어린이에게 독자로서 뿐만 아니라 등장인물로서의 능력을 부여하기도 한다. 이러한 진술은 어린이 책에 등장하는 가장 인기 있는 동물들 중에는 쥐나 토끼, 새끼 고양이나 원숭이들과 같은 작은 생물들이 널리 퍼져 있다는 사실에서 확실히 증명되는 것이다. 이에 대하여 작고 힘이 없는 등장인물들이 어린이로 하여금 크고, 힘이 세며, 유능하다고 느끼게끔 해줄 수 있다는 한 가지 설명이 가능해지며, 한편으로는 봉제 인형과 같이 작은 동물들은 '귀엽고' 따라서 어린이 책에 적합하다는 것이 또한 그럴듯한 이유가 될 수 있다. 그러나 Jean de Brunhoff의 〈바바 이야기〉인 『The Little Elephant』(1931)와 같이 몇몇의 예외들도 존재한다. 커다란 동물임에도 따라붙는 '작은' 이라는 수식어를 주의 깊게 바라보자. 또 다른 커다란 동물이면서 훨씬 더 위험한 짐승인 하마는 물론 바바의 인기를 따라잡을 수는 없겠지만, 어린이책에 등장하는 하마의 특징 역시 귀엽고 사랑스럽다. 이처럼 거대하고, 세련되지 못하며, 솔직히 말해서 정말로 못생긴 '네 발 달린 짐승' 이 뭐 그리 매력적이란 말인가?

Roger Duvoisin(1961)의 『베로니카, 넌 특별해_Veronica』라는 그림책은 "하마들은 가끔 눈에 확 띄기도 해요."라며 사실이나 전혀 예상하지 못했던 문장으로 시작되고, 화려한 색상의 그림은 거대한 하마 한 마리가 한 무리의 어린이들에게 둘러싸여 있는 모습을 보여 준다. 하마는 원래 사람들이 바싹 붙도록 내버려 두지 않지만, 그럼에도 우리는 이러한 '시적 허용(licentia poetica)' 을 받아들일 수 있다. 그러나 보다 중요한 것은 만일 여러분이 우연히 하마 한 마리를 발견하게 된다면, 아마도 하마를 보지 못하고 지나치지는 못할 것이라는 점이다. 하지만 텍스트를 계속해서 따라가 보면, 베로니카는 하마 엄마들과 하마 아빠들, 그리고 하마 삼촌들과 하마 고모들, 하마 오빠들과 하마 언니들, 또 하마 사촌들 사이에서 살았기 때문에 눈에 띄지 않았다는 걸 알 수 있다. 아동 문학 속의 다른 여러 주인공들처럼, 베로니카는 많은 이들 중의 한 존재로 만족하지 못했다. 베로니카는 달라지길 원했고, 되도록 유명해지고 싶어 했다. 그래서 베로니카도 '하나밖에 없는' 느낌을 받을 수 있는 곳을 찾아 집을 떠난다. 이러한 시작은 〈바바 시리즈〉의 첫 번째 책을 떠올리게 하는데, 바로 '바바' 가 그랬듯이 베로니카도 대도시로 오기 때문이다. 거기에서 베로니카는 확실히 눈에 띄게 되고, 수많은 소동을 일으킨다. 또한, 〈바바〉 그림책에서도 역시 그러하였듯이, 해결책은 선하고 부유한 노부인에게서 나온다. 하지만 〈바바〉에서는 그 만남이 똑바로 걷기, 옷 입기, 식탁에서 밥 먹기, 자동차 운전하기를 포함한 코끼리의 사회화로 이끌어졌던 반면, 『베로니카, 넌 특별해』 속의 하마는 자신의 세계로 돌아간다. 그러나 베로니카는 더 이상 무리들 틈에서 구분할 수 없는 존재가 아니다. 베로니카는 뒷다리로 서서 베로니카를 동경하는 많은 청중들에게 자신의 모험 이야기를 들려준다.

베로니카는 비록 사람의 마음을 부여받고 문명사회에도 짧게 방문하였을 지라도 자연환경에 나타난다. 반면에 James Marshall의 『조지와 마사_George and Martha』 시리즈에 등장하는 하마들은 완전히 의인화되었다. 그들은 옷을 입고, 뒷다리로 걸으며, 집에서 살고, 사람들이 먹는 음식을 먹는다. 플롯은 짧고 소박한 에피소드들로 구성되어 있는데, 어린이 책에서 동물을 사용하는 것에 대한 주요 쟁점을 매우 잘 보여주고 있다. 동물은 보통, 움직이는 사물 못지 않게 어린이를 나타내는 것으로 여겨지는데, 이것은 곧 동물들이 어린이를 가장하고 있다는 것을 말한다. 물론 베로니카 역시 그러했음은 의심의 여지가 없다. 하지만 이것이 보편적인 것은 아니다.

동물을 사용하는 것은 인간 등장인물로 되어 있는 내러티브에서 필연적인 어떤 면들, 그러니까 나이라든지 사회적인 지위와 같은 부분들을 교묘하게 피해갈 수 있게 해준다. 마사와 조지는 함께 놀고 있는 두 어린이인가, 아니면 어른들인가? 혹시 서로가 서로를 찾아가며 좋은 시간을 보내는 행복한 두 어른은 아닐까? 무엇을 선택하든 이야기의 어떤 부분도 바뀌지는 않겠지만, 의문은 여전히 해결되지 않은 채 남겨져 있다. 더 나아가서, '하마'라는 형태가 의미 있는 것인지, 만일 등장인물이 개나 고양이, 곰이 되었어도 괜찮은 것이었는지 궁금할 수 있다. 무딘 몸매가 주는 웃음, 예를 들어, 마사가 목욕할 때 마사에겐 분명히 너무나 작아 보이는 욕조와 같은 것들은 오직 그림만이 만들어낼 수 있는 익살이다. 그러나 등장인물들이 스스로 충분히 행복해 보인다 할지라도, 무언가가 비만에 대한 것을 상기시킨다면, 그것은 어린독자에게 상처를 줄지도 모른다. 몸무게가 많이 나간다는 이유로 그들을 비웃거나 괴롭히는 다른 등장인물은 없다. 조지는 마사가 거울을 보고 있을 때 장난을 치는데, 이것은 마사가 뚱뚱하지 않을 때에도 할 수 있는 것이다. 하마들은 이 이야기에서 완전히 다른 동물로 대체될 수도 있는 것이다.

이러한 예들은 어린이 독자가 더 우월하다는 느낌을 갖게 하면서, 동물을 사용하는 것에 대한 두 가지 접근을 조명해 준다. 이번 장의 남은 부분들에서 나는 말 못하는 짐승에서부터 굉장한 능력으로 영웅을 돕는 마법적인 조력자에 이르는 고양이들에 대하여 유명하거나 잘 알려져 있지 않은 문학작품 속에서 논의해 봄으로써, 동물 등장인물의 의미 있는 타자화에 대하여 탐색해볼 것이다. 창조적이고 현명한 고양이에 대한 묘사는 예를 들어, E. T. A. Hoffmann의 철학적인 소설, 『수고양이 무르의 인생관_The Life and Opinions of Cat Murr』(1820)에 잘 반영되어 있다. 아동 문학에서 고양이는 어린이로 나타나든, 조력자 혹은 적대자로 나타나든 간에 사람보다 열등한 존재로서 자주 등장한다.

소품으로서의 고양이

집 고양이들은 가장 초기의 것으로 알려져 있는 신화와 민담들에 나타나는데, 환희나 환락과 연관된 숭배 사상인 이집트 여신 '바스트'와 같이 가장 높은 신들 가운데 하나로 표상되어 등장한다. 또한 고양이는 이집트 신화에도 특징적으로 나타나는데, 악령에 대항하고 악령을 죽이는 태양의 신 '라(Ra)'의 수많은 체현 중 하나로 등장하기도 한다. 고양이와 용을 죽이는 자(dragonslayer)가 합하여 만들어진 형상은 유럽의 민속에서뿐만 아니라 동양에서도 그 자취를 찾아볼 수 있다. 유럽 민속에서는 모티브가 종종 뒤집어져서 고양이가 되기도 하며, 영웅 또한 어떤 상황에서는 고양이로 변하기도 하지만, 특별히 적대자의 여러 변형 중 한 모습을 취하면서 검은 고양이가 되곤 한다. 이러한 모호성은 친절하면서도 사악한 속성을 보이는 민속에서 고양이의 이중성을 낳는다(see Briggs 1980; Holmgren 1996).

집 고양이를 실제로 쥐 잡는 동물로서 사용하는 것은 Dick Whittington의 민담에 나오듯이 고양이들의 긍정적인 명성에 기여한다. 딕은 고아로서 부유한 런던 상인의 집 부엌에서 일한다. 딕은 잠을 자는 다락방에 쥐들이 쌓여 있는 것을 포함하여, 온갖 종류의 힘든 일들을 모두 견뎌내야만 했다. 딕은 마지막으로 딱 하나 가지고 있던 1페니로 거리의 소녀에게서 고양이를 사서 조용히 잠들 수 있게 된다. 하지만, 상인은 온 집안 사람들에게 늘 하던대로 명령하기를, 품목 하나씩을 자신의 배로 보내도록 한다. 딕에게는 고양이 뿐이었으므로, 고양이를 보내게 되는데 이것이 그에게 행운을 가져다준다. 항해는 아프리카에서 끝나는데, 그 지역에 사는 왕은 쥐들로부터 나라를 구해줄 수 있는 그 멋진 동물에 대해 가장 많은 돈을 지불한다. 그렇지만 그 고양이는 이름조차 얻지 못했으며, 딕 역시 고양이에 대해 특별한 정을 갖고 있지는 않다. 그 고양이는 오로지 실용적인 목적으로만 존재하는 것이다. 고양이가 딕에게서 분리되었을 때에도 딕은 친구가 사라졌다고 느끼는 것이 아니라 그저 해로운 작은 동물들에 다시 괴롭힘을 받게 될 것에 슬퍼하였다.

유럽의 중세 시대에 고양이들은 사악한 힘과 연결되곤 했는데, 어떤 부분에서는 고양이의 음탕함에 대해 널리 퍼져 있던 신념에 근거한 것이기도 하였고, 또 어떤 부분에서는 사탄과 연관되어 있다는 기독교적인 생각에 근거하는 것이었다. 이러한 태도는 고양이를 '마녀'와 연결짓기도 하였다. 사실 까마귀와 함께 검은 고양이들은 마녀의 친구로서 민담에 자주 등장하며 〈해리포터_Harry Potter〉 책을 보면 맥고나걸 교수님이 종종 고양이의 모습을 취하는 것에서도 알 수 있듯이, 마녀도 고양이로 변하곤 한다. 사악한 고양이 괴물은 아서왕 이야기에 등장한다. 악마로서 고양이를 보는 관점은 고양이에 대하여 믿을 수 없을 만큼 잔인하게 대하도록 만들었다. 마녀사냥이 이루어지는 동안에 고양이들은 그들의 여주인과 함께 묻혔다. 동시에 고양이들은 행운을 가져다준다는 이유로 집을 새로 지을 때 벽 속에 넣어졌다는 증거도 발견되었다.

19세기 초에 고양이의 명성은 회복되어서, 고양이는 다른 동물들보다도 중상류층 가족의 인기 있는 애완동물로 받아들여지는데, 이는 수많은 전래동요와 우화, 만화, 어린이 책과 그림책에 반영되어 나타난다. 고양이는 어린이나 가족이 함께 읽기에 적합하도록 상냥한, 때로는 귀여운 캐릭터가 되었다. 현대의 고양이 이야기 대부분은 의인화된 고양이를 그린 그림책들로서 인간을 대신하고 있다. 조지와 마사의 책에서처럼 그 형태는 자의적이고 상호 교환적이다. 그저 분위기를 만들기 위한 것이라면, 많은 고양이들이 주인의 발에 대고 털을 비비는 것이나 주인의 무릎 위에서 가르랑거리는 것에 대해서는 언급할 필요도 없다. 수백 권의 책들에서 어린이는 애완동물로 아기고양이를 갖는다. 가끔 검은 고양이는 매우 부적절하게도 그의 주인이 마녀임을 상기시킬지도 모른다.

James Joyce의 『고양이와 악마_The cat and the devil』(1957)에 등장하는 고양이는 겉보기

엔 그다지 큰 역할을 맡고 있지 않은 것 같다. 하지만 좀 더 면밀히 들여다보면, 그 이야기는 Faust 신화의 풍자극으로서 희생 제물로 바쳐지는 여인 대신에 고양이가 등장하는 것인데 고양이가 스스로 자원하는 것은 아니기 때문에 덜 숭고하게 느껴진다. '악마'는 "다리를 처음 건너는 친구"를 요구하지만, 많은 민담에서 그래왔듯이, 악마는 속임수를 당한다. "다리를 처음 건너는 친구"를 넘기기로 했기 때문에 시장님은 시민들 중 한 사람을 넘겨주어야만 했지만, 그 대신에 그 교활한 시장님은 영혼이 없어 악마로부터 전혀 두려움을 느끼지 못하는 고양이에게 다리를 처음 건너도록 하였다. Roger Blachon의 그림이 더해진 1980년대 판의 책에서 두 페이지에 걸쳐 넓게 펼쳐진 마지막 장면은 고양이가 악마의 꼬리 끝을 가지고 재미있게 놀고 있는 모습이 나타난다. 비록 Blachon은 그 고양이를 검은색이 아니라 하얀 색으로 그리는 것을 선택했지만, 여전히 그 이야기는 악마와 고양이 사이의 상관성을 분명히 강조하고 있다.

고양이다운 고양이

Rudyard Kipling의 『키플링이 들려주는 열 가지 신비로운 이야기 Just So Stories』(1902)에 나오는 "고양이는 왜 늘 혼자 다닐까?"는 사람의 진실한 친구로 여겨지는 '개'와 정반대라고 할 만큼, 의지할 수 없으며 독립적인 '고양이'의 본성을 그리고 있다. 고양이는 자칭 "… 친구도 아니고, 그리고… 하인도 아니며….", 그저 고양이는 혼자 돌아다니는 고양이고, 세상 모든 것이 고양이에게 별다를 것이 없다. 이 이야기에 따르면, 고양이와 사람 사이의 계약에는 집을 쥐로부터 보호해야 할 의무와 고양이 꼬리를 너무 세게 잡아당기지 않을 때까지만 아기들에게 잘 대해주는 것이 포함되어 있다. 이를 위해 그 고양이가 원할 때면 집으로 들어가 난롯가에 앉아 "언제나, 언제나, 언제까지나 따뜻한 흰 우유를 하루에 세 번 마실 수 있게" 되었다.

많은 이야기들이 전형적인 동물의 행동을 보여주는 존재로서 동물을 표상하며, 가끔씩만 동물을 사람과 비슷한 지능을 가진 존재로 생각하거나, 더더욱 가끔씩만 사람과 비슷한 감정을 가진 존재로 여긴다. 이러한 방식을 취한 초기의 선구자적인 작품은 Ernest Thompson Seton이 쓴 가슴 아픈 이야기, 『뒷골목 고양이 The Slum

Cat』이다. 저자는 〈야생동물 이야기〉 시리즈의 서문에서 다음과 같은 글을 썼다.

●●● 『야생동물 이야기』

영웅이란 남다른 재능을 가지고 업적을 이루어낸 개별적인 존재이다. 사람이 되었든, 동물이 되었든, 이러한 정의는 동일하게 적용된다. 그리고 이것은 그들에 대하여 이야기를 들은 사람들의 마음과 상상력에 호소하는 역사들이다. 이 책에 실린 모든 이야기는 … 진정한 동물 영웅들의 실제 삶을 바탕으로 한 것들이다.

고양이는 내러티브가 따라가는 관점을 취하였다는 점에서 초점화자(focalizer)로 사용되었지만, 어떠한 인간의 특질에도 결코 속해 있지 않으며, 선천적인 행동이 정확하게 묘사되고 있다. 예를 들어 기차 한대가 명시적으로 언급되는 것이 아니라 고양이가 지각하는 대로 기차가 묘사되는 것과 같이, 고양이의 관점을 정확하게 묘사하기 위하여 거리두기(estrangement) 내러티브 기법이 이용되었다.

특색있게도 '뒷골목 고양이' 는 주인이 이름 하나 지어주었을 법도 한데, 이름이 없다. 하지만 텍스트는 고양이를 그저 일반적으로 부르듯 '푸시(Pussy)' 나 '키티(Kitty)' 로 지칭함으로써 고양이의 관점에 주목한다. 또한 고양이의 감정을 인간의 용어로 번역함으로써, 특정한 상황에서 고양이가 경험할 법한 감정이 어떤 것인지를 추측하게 된다. 그리하여, 처음 난 새끼 고양이들과 함께 그 작은 뒷골목 고양이의 감정은 이렇게 서술된다.

●●● 『뒷골목 고양이』 ; 32

"(키티는)… 새끼를 낳은 어미가 느낄 수 있는 모든 행복과 기쁨을 맛보았다. 키티는 새끼들을 사랑했고 그래서 자기 자신도 놀랄 만큼 다정하게 새끼들을 핥아주었다."

더 나아가서, 텍스트는 고양이가 보고, 듣고, 만지며, 냄새 맡는 것에 대한 고양이의 인식을 전하는 것을 시도하고 있다. 특히 냄새를 맡는다는 것은 문학 텍스트가 허구적인 인물, 사람이나 동물의 내부에 닿을 수 있을 만큼 진정하게 느껴지는 하나의 방식이라고 할 수 있다.

이것은 뒷골목 고양이의 갈망을 숙고하게 함으로써 고양이가 부유한 가정에서 소중하게 보살핌을 받는 것만큼이나 자유를 사랑하고 독립성을 단호하게 갖추고 있음을 보여 주는 전형적인 예이다.

●●● 『뒷골목 고양이』 ; 55

> 고양이는 먹고 싶은 것은 무엇이든 먹을 수 있었다. 하지만 행복하고는 여전히 거리가 멀었다. 그리운 것이 많았다. 그게 뭔지는 정확히 몰랐지만 말이다. 부족한 것? 물론 그런 건 하나도 없었다. 하지만 뭔가 다른 것이 필요했다. 먹을 것? 마실 것? 그러나 접시에 담겨 있어 언제든지 원할 때면 마실 수 있는 우유는 제 맛이 나지 않았다. 우유란 모름지기 뱃가죽이 달라붙을 정도로 배가 고프고 갈증이 날 때 우유 통에서 훔쳐 먹어야 제 맛이 나는 법이다. 그런 톡 쏘는 맛이 없다면 그건 우유라고 할 수 없는 것이다.

이 인용문은 사람에 대하여 적용해 봄으로써 자연히 우의적으로 해석될 수 있다. 하지만 그보다는 동물의 본성을 꿰뚫어보고자 하는 진심어린 시도라고 하는 것이 더 맞을 것이다.

말썽꾸러기 고양이

특정한 고양이과의 특성들을 보여주는 텍스트들 가운데 더 큰 흥미를 끄는 것은 아마도 지능과 말을 직접 사용하는 방식으로 어떤 인간의 특질들과 결합되는 특징이 나타나는 이야기일 것이다. 이러한 능력은 인간과 동물이라는 두 가지 면을 더욱 부각시켜 혼성체 캐릭터를 만들어낸다. 고양이가 영웅적인 조력자로 등장하는 이야기나 옛이야기에서 고양이들은 처음으로 그들의 주인에 비할만한 능력을 부여받지만, 결국에는 주인에게 힘을 가져다주는 역할을 수행하게 된다.

옛이야기에서 가장 유명한 고양이는 의심할 여지없이, Charles Perrault의 모음집에서 말썽꾸러기 모습의 특징을 보이는 '장화 신은 고양이' 일 것이다. 물론 다른 문화권에서도 가끔 다른 동물에 의해 비슷한 역할이 수행되기도 하는데, 예를 들어 슬라브족의 민담에서는 여우가 그러한 역할을 담당한다. '장화 신은 고양이' 이야기는 오이디푸스 콤플렉스적인 함의를 강하게 갖고 있다. 한 젊은이가 형제들에게 빼앗긴 유산을 되찾아오기 위해서 거인(Ogre)으로 표상된 그의 아버지를 상징적으로 죽여야만 하는 것이다. 이때 동물 조력자의 역할은 교활한 술책과 기지를 발휘하여 주인을 도와주는 것이다. 형제들에게 속아 넘어간 그 젊은이는 자기가 가진 재산의 잠재성을 볼 줄 몰랐지만, 고양이는 말을 함으로써 주인을 깜짝 놀라게 한다. 더 나아가서 이 놀랄만한 고양이는 즉각 자기 자신을 한층 더 사람에 가깝게 만들어주는 또 다른 능력을 보여 준다. 바로, 똑바로 서서 걸을 수 있다는 점이다! 고양이는 또한 주인에게 장화 한 켤레를 부탁한다. 이것은 고양이가 "제가 흙과 덤불을 지나 날쌔게 움직이게 해줄 것"이라고 특별히 설명하였으므로 흔치 않은 요청이라고 할 수 있다. 그러니까 그 이유가 명백히 다르다는 것이다. 옷이 사람을 만드는 것처럼, 인간의 옷은 동물을 인간으로 만들어준다. 정말로, 고양이는 비록 자신이 갖고 있는 고양이과의 교활함과 민첩성, 사냥 기술을 유지하고는 있었지만, 아니 어쩌면 바로 그러한 특징을 유지했기 때문에 외견상 단순한 변화를 통하여 상상을 넘어선 권한을 부여받게 된다. 특히 고양이는 인간의 것으로가 아니라, 자신이 갖고 있는 동물적인 기술을 사용하여 쥐의 형상을 한 거인을 죽인다. 이 모든 것은 신비롭고 이중적인 고양이의 본성을 분명히 보여 준다. 결국에는 주인과 나란히 위대한 영주가 되었을 때 고양이는 "오락거리를 위해서 쥐를 좇는 것이 아니고서는 더 이상 쥐의 뒤를 좇지 않았다."고 전해진다. 이처럼 아이러니한 해설은 부유한 옷차림의 멋진 신사 뒤에는 여전히 동물이 남아 있다는 것을 보여 주는 것이다.

『장화 신은 고양이_Puss in Boots』는 그림책이나 혹은 웃기게 개작된 이야기들, 영화, 카툰, 그리고 희곡에서 재등장하는 이야기들 가운데 단연코 가장 인기 있는 이야기 버전이다. 하지만 이 버전은 수세기 전에 먼저 다른 이야기들로 지어졌는데, 고양이는 자기 주인을 부유하고 사회적으로 인정받도록 만드는 자신의 목표를 추구하는 여성으로 혹은 종종 마법에 걸린 공주로 등장한다. 그리하여 이 이야기는 마법의 신랑 대 신부 모티프가 등장하는 옛이야기의 순환과 연결되어 있다. 『장화 신은 고양이 _Puss in Boots』에서 마법의 조력자의 성이 바뀐 것은 우연이 아니다. '수고양이'는 모험적이고 짓궂을 것이라는 기대를 모은다. 그러나 일찍이 이야기 하였듯이, 암고양이는 여성스러운 마력, 변신하기, 미스터리와 섹슈얼리티와 연관되어 있다(see von Franz, 1999).

하지만 남성 트릭스터 고양이는 작가의 관심 속에 여전히 남아 있었다. Lloyd Alexander의 모음집 『The Town Cats and Other Tales』(1977)은 또 다른 좋은 예라고 할 수 있다. 이 이야기 속에서 우리는 악의적인 침입자들로부터 맞서서 인간들을 도와주는 고양이들과 위험에 빠진 아가씨의 친구가 되어주는 고양이들, 강력한 지배자들에게 도전하는 고양이들, 주인을 위하여 매일매일 허드렛일을 관리하는 고양이들, 위대한 화가들을 돕는 고양이들(붓으로 자기 꼬리를 사용하는 것을 포함해서), 그리고 고양이과의 특성들로 인하여 자신의 견습직이 아주 부적합함을 증명하는 고양이를 만날 수 있다. 이 모든 이야기에서 고양이와 사람 사이의 차이는 옷에 의해 두드러진다. 『장화 신은 고양이』와 같이, 도시 고양이 페스카토(pescato)는 시장처럼 옷을 입음으로써 권력을 얻게 되고, 고양이들을 사람처럼 공연하게끔 함으로써 진짜 카니발을 벌이며, 또 그 반대로도 행한다. 다시 한번, 고양이들의 이중적인 성격이 이용되는 것이다.

고양이는 자신의 말썽꾸러기 본성 때문에, 질서를 혼돈으로 바꾸고 더 높은 권력들을 심문하는 카니발적인 인물로 더 쉽게 쓰일 수 있다. 미국에서 가장 유명한 고양이는 Dr. Seuss의 『The Cat in the Hat』(1957)으로, '말썽꾸러기' 와 민담 속 고양이의 면을 닮은 '마법적인 조력자' 라는 두 가지 면을 모두 포함하고 있다. 이 역동적인 이야기에서 '혼돈' 은 일상적인 질서를 침범하고, 모든 규칙들은 폐지되며, 집안 전체가 문자 그대로 엉망이 되어버린다. 이것은 자연 그대로의 모습으로 규제 받지 않으며, 난센스라는 가장 순수한 형태의 카니발이다.

고양이는 성인들이 집을 떠나자마자 곧바로 자유로워지는 아이들의 놀이적인 상상력으로 해석될 수 있다. 고양이는 성인의 질서에 해당되는 모든 규준들을 침범한다. 그는 불가능해 보이는 '균형 잡힌' 행위들을 할 수 있다. 그가 사용하는 언어는 뒤엉켜 있지만, 그는 순전한 논리를 갖고 놀지는 않는다. 그 대신에 그는 성인이 어린이들을 억압하기 위해 사용하는 권력의 주요 도구들 중 하나인 언어의 임의적인 특성을 보여준다. 예를 들어, 고양이는 아이들에게 '두 가지의 것' 을 보여주겠다고 약속하다. "것" 이라고 하는 단어는 소위 언어적인 변환자(shifter)로, 다시 말해 오직 상황에 의해서만 결정될 수 있는 내용을 표현한 단어이다. "어떤 것" 이라고 하는 것은 살아 있지 않은 사물을 가리킬 때가 가장 많기는 하여도, 거의 모든 것을 의미할 수 있다. 하지만, 페이지를 넘겨보면, 그 단어는 두 가지의 살아있는 생물을 가리킴으로서 하나의 구체적이고 분명히 실재하는 시니피에(signified)를 취하고 있음을 볼 수 있다. 시니피에인 '것 1(Thing One)'과 '것 2(Thing Two)'가 그림으로 그려지면서 추상성은 시각적으로 구체화되어, "것"이라는 단어는 변환자가 되기를 멈추고, 하나의 분명한 시니피에가 된 것이다. 최소한, 고양이와 두 가지의 '것들'은 가장 성스러운 곳, 즉 아이들에게 가장 허용되지 않는 엄마의 침실을 침범하여, 엉망진창으로 만들어 버림으로써 부모의 권위에 대하여 공격하는 하나의 완벽한 상징을 보여 준다.

전형적으로, 성인의 세계는 현존하며 물고기의 형태로 나타난 혼돈의 침입을 막고, 지도하고자 노력한다. 아마도 그 물고기는 "우리 엄마가 계시지 않을 때, 너는 여기에 있으면 안 돼."라고 말하는 것과 같이 성인의 합리성이나 아이들의 양심적인 목소리로 나타날 수도 있을 것이다. 그러나 이러한 성인의 현존은 자연 그대로의 게임을 멈추게 하기에는 너무나 약해 보인다. 고양이가 물고기를 떨어뜨림으로써, 물고기의 권위는 문자 그대로 떨어지게 된다. 물고기는 추락하여 찻주전자 속에 갇혀버리게 되는 것이다. 하지만 엄마가 다시 나타나자 고양이는 숨 가쁘게 벌려놓았던 그 모든 것들과 함께 마치 처음부터 아예 존재하지도 않았던 것처럼 그렇게 사라져버린다. 그러나 이것을 "깨어나 보니 모두 꿈이었다."와 같은 장치라고 말할 수는 없다. 사실, 어린이는 위험성에 대하여 알게 되고, 또한 '두 가지의 것'을 그물에 잡아넣음으로써 문자 그대로 자신의 상상력을 억제하게 된다. 그러고 나서 어린이는 "자, 이제 너는 내가 말하는 대로 해. 저것들을 챙겨서 없어져 버려!"라고 고양이에게 명령을 내린다. 그러자 고양이는 이것을 행할 뿐만 아니라 질서에 맞게 모든 것들을 되돌려놓는다. 이것은 아이들이 성인의 권력을 인정한 것이며, 또한 성인의 질서 잡힌 세계에는 고양이나 두 가지 '자연 그대로의 것들'을 위한 공간은 없음을 인정한 것이다. 비록 반란이 허락된 것이긴 하지만(엄마는 아이들이 놀도록 내버려 두었다.), 그것은 완전히 해방시키는 효과를 가져왔다. "그리고 샐리와 나는 뭐라고 말해야 할 지 알지 못했어요. 우리는 엄마에게 그 날 벌어졌던 것들에 대해서 말씀드려야만 하겠지요?" 엄마는 모르는 그들만의 비밀스런 세계를 갖게 되면서, 아이들은 진지하게 엄마의 권위를 전복시키게 된다.

안내자 고양이

현대 판타지에서 고양이들은 마법적인 조력자와 마법의 힘을 전달하는 자로서, 특히 일상의 영역과 마법의 영역 사이가 교류됨에 있어서 영웅을 도와주는 역할로 폭넓게 등장하게 되었다. 고양이들은 비밀스럽고 신비로우며 절반은 동물이고 절반은 신인 밤의 캐릭터로 묘사된다. 이러한 사실은 고양이를 사람에 대하여 우월한 위치에 놓는다. Lloyd Alexander의 『Time Cat』(1963)에서 창의적으로 사용되었던 고양이에 대한 이야기, 즉 고양이가 아홉 개의 삶을 산다고 하는 이야기는 어쩌면 주인공 남자아이 제이슨이 키우던 검은 고양이 가레스가 그러하였듯이, 고양이들은 아홉 개의 서로 다른 역사적인 시간들 속을 여행할지도 모른다는 것을 넌지시 비치고 있다. 시간 여행은 계획적이다. 가레스는 제이슨을 데리고 아홉 번의 시간 이동 모험을 떠나게 되는데 자연히 그 시대들은 고대 이집트와 로만 브리튼 시대, 초기 기독교 아일랜드와 일본, 마녀 사냥이 행해졌던 중세 유럽 등과 같이 모두 고양이가 중요하게 여겨졌던 시기들이다. 가레스와 제이슨은 레오나르도 다 빈치의 첫 번째 그림이 만들어지는 것을 목격할 뿐만 아니라 고양이는 모델로서 활약하기도 한다. 대부분의 에피소드들은 스페인 사람들이 정복하는 동안 페루에 처음 소개된 고양이와 같이, 특정한 문화에서의 집 고양이들을 소개하는 각각의 사건들에 초점이 맞추어져 있다. 거의 모든 곳에서 '쥐잡이' 로서의 고양이의 실제적인 기술이 강조되어 있지만 고양이에 대한 미신들 또한 제시되었다.

●●● 『Time Cat』 ; 152

사람들은 고양이에게 온갖 종류의 근심거리와 부정한 것들을 부여한다 …. 그들은 고양이가 우박을 동반한 폭풍과 바람을 몰고 온다고 말한다. 고양이는 사악한 눈을 가지고 있어서 고양이들이 바라보기만 하면 무엇이든 마법에 걸린다고도 한다. 고양이들은 무엇이든 눈에 보이지 않게 할 수도 있고, 공중으로 날려버릴 수도 있다. 고양이는 마녀의 모습을 취할 수 있고, 마녀 역시 고양이의 모습을 취할 수 있다.

소설은 고양이의 역사를 다룬 짧은 안내서가 되어가는 듯 하지만 또 한편으로는 고양이가 가지고 있는 신비주의적인 특별한 능력들 예를 들어, 사라지기도 하고 다시 나타나기도 하는 놀라운 능력에 대하여 보여주기도 한다. 이때 전형적인 판타지 장치들이 마법의 조력자에게 부여되는데, 예를 들어 제이슨은 도착하는 곳이 어디든지 간에 항상 그 곳에 적합한 옷을 입고 있으며, 어떤 언어도 이해할 수 있다.

●●● 『Time Cat』; 13

"아마도 이러한 것들은 모두 고양이가 가진 이상한 능력의 일부였을 것이다."

등장인물로 봤을 때 그 소년은 독자와 나란히 그저 지식을 전수받는 사람으로서 사용되어 다소 평면적으로 등장한다고 볼 수 있다. 예를 들어, 소년은 이렇게 명쾌하게 추론해 낸다.

●●● 『Time Cat』; 156

"이집트에서의 날들이 고양이에게 가장 멋진 시간들이었다면, … 중세의 한 마을에서 보낸 날들은 최악의 시간들임에 틀림없다."

고양이는 마법의 지팡이가 되는 것보다는 오히려 다행스러운, 마법의 대리인으로서 고용되었다. 그러나 고양이는 모험에 능동적으로 임하며, 때로는 역사의 흐름을 바꾸어 놓는 것처럼 보이기까지 한다. 하지만 소년이 경고한다.

●●● 『Time Cat』; 9

"너는 네가 해야 할 일을 해야지, 어떤 종류의 보호도 해선 안 돼. … 무슨 일이 일어나든, 일어나게 돼 있어. 그러니까 네가 중간에서 너의 마음을 바꿀 수는 없어."

정말로 제이슨은 여러 가지 위험한 모험들에 관련되지만, 결국 고양이는 제이슨을 무사히 집으로 데려온다. 여러 판타지 소설에서와 마찬가지로 이 모든 것이 꿈이었다는 합리적인 설명이 제공되지만, 마지막에 그 시간 여행은 사실이었다는 암시가 함께 제시된다.

Diana Wynne Jones의 『The Lives of Christopher Chant』(1988)라는 책에는 수많은 고양이의 삶이 반향되어 나타난다. Jones의 판타지 소설들에서 되풀이되는 생각 중 하나는 '이소성(Heterotopia)'으로서 막대한 수많은 대안적인 세계, 즉 우리의 세계를 떠올리게 하지만 각각의 특정 세계의 발달에 따라서 때로는 약간 다르기도 하고, 또 때로는 상당히 다르기도 한 분리된 세계를 이른다. 출발되는 지점은 어떤 시간과 역사의 초기 시기 중으로 여러 세계들이 따로 떨어져서 발달하게 된다. 그러므로 어떤 세계가 다른 어떤 세계보다 더 '진짜인' 것은 아니다. 세계들 사이에 서로 다른 점이 있다는 것은, 그 세계들 가운데 몇몇 세계에서는 마법이 흔한 특질이라는 것을 의미한다. 비록 『The Lives of Christopher Chant』(1988)에서 세계들 사이를 여행하는 메커니즘이 명백해 보이고 또 예상했던 대로 아이들을 위해 예비된 것이기는 하지만, 마법적인 교류에 있어서 고양이가 중요한 역할을 맡고 있다는 것이 곧 분명해진다. 크리스토퍼의 사악한 삼촌은 자신의 마법적인 능력을 사용하여 다른 세계로부터 용의 피나 인어의 살, 환각을 일으키는 버섯과 같은 값비싼 상품들을 실어 나를 뿐만 아니라, 이 세계에는 존재하지 않는 치명적인 무기들까지도 들여온다. 랄프 삼촌이 아셰트 사원에서 신성시되는 고양이를 데려오도록 크리스토퍼를 보내는 어떤 시점에, 평행하는 세계들 가운데 한 곳에서는 어떤 여신이 경배를 받는다(이것은 분명 동양의 고양이 신들에게 영감을 받았을 것이다.). 크리스토퍼는 아이다운 순수함과 단순함으로, 그저 세계들 사이에서 살아가는 것들과 사물들이 이동되는 것을 실험해 보는 것이라는 마법사 삼촌의 말을 믿는다. 하지만 랄프 삼촌이 추구하는 다른 것이 있음이 곧 확실해진다. 그의 세계에서 마법사들은 아셰트 고양이의 왕자, 발톱, 눈에 대해 돈을 지불할 것이다. 적갈색 고양이 스로그모르텐은 탈출하였다가 나중에 이야기에 다시 등장하는데, 크리스토퍼가 크레스토만치 성에 아주 외롭게 남아 있을 때 크리스토퍼의 친구가 되어주었을 뿐만 아니라, 결국 강력한 마법사가 되는 것으로 당당히 밝혀진다. Jones가 늘 그렇듯이 고양이는 처음에 잔인하고 곧잘 성질을 내는 것으로 그려진 반면, 진짜 악인은 정감있고 관대하게 나타난다. 겉모습은 현혹시킬 수 있다는 사실은 주인공이 배운 여러 교훈들 가운데 하나일 뿐이다. 크리스토퍼는 마법사들의 가장 높은 순서대로 허락받을 수 있는 자질인 아홉 번의 삶을 갖게 된다. 스로그모르텐 역시 분명히 아홉 번의 삶을 지녔는데, 그는 크리스토퍼와 같을 뿐 아니라, 크레스토만치에 대해서도 동일하다. 하지만 어떤 신비로운 방법으로 스로그모르텐은 크리스토퍼가 생명을 하나 잃을 때마다 연관되어 있는 것처럼 보이는데, 스로그모르텐의 참 본성은 선과 악이라는 용어로 묘사할 수 있는 것보다 좀더 복잡하다. 결국, 그는 복수의 여신, 아셰트의 고양이다.

Neil Gaiman의 『코랄린_Coraline』(2002)은 포스트모던 문학이 갖고 있는 모든 특징과 함께 『이상한 나라의 앨리스_Alice in Wonderland』를 반영하고 있다. 이 소설에서 우리는 『이상한 나라의 앨리스』에서와 비슷하게 여러 개의 문과 키, 거울과 예쁜 정원, 어두컴컴한 통로와 기이한 생물들을 만나게 된다. 『이상한 나라의 앨리스』를 어둠이라고 할 수 있다면, 『코랄린』은 더 어두운 것이고, 앨리스가 수월하게 악몽에서 깨어난 것이라면, 코랄린은 악몽이 현실에까지 쫓아온 것이라고 할 수 있다. 앨리스는 자신의 사악한 새 엄마의 상징인 하트 여왕과 체스 여왕을 맞닥뜨렸지만, 어떻게 이러한 것들이 앨리스의 실제 모녀지간의 갈등을 반영하는지는 추측으로 남겨져 있으며, 아마도 깊은 의미를 찾아보긴 어려울 것이다. 코랄린의 경우에는 그 다른 엄마는 코랄린의 진짜 엄마가 완벽하게 투영된 것이지만 그것은 사악한 거울에 반영된 것이다. 다른 세계는 단순히 터무니없는 것이 아니라 사실상 무서운 곳이다. 그리고 앨리스는 자신의 모든 취약성에서 도덕적인 선택의 기로에 놓여 있지 않지만, 코랄린의 삶은 전적으로 올바른 결정에 달려 있다. 아직은 아니지만, 나중에 코랄린은 안전하고 보호받는 느낌을 받을 수 있게 된다. 그렇다면 앨리스에게 체셔 고양이가 함께 해주었던 것처럼, 코랄린에게는 누가 안내자로서 나타나는 것일까? 그 수호자는 코랄린이 새 집으로 이사를 오는 1장의 거의 첫 부분에 소개된다. "거드름을 부려대는 검은 고양이 한 마리도 있었다. 그 고양이는 담벼락이랑 나무 그루터기에 앉아 코랄린을 지켜보곤 했다." 고양이의 높아진 지위는 험프티 덤프티 뿐만 아니라 체셔 고양이를 연상시킨다. 게다가, 고양이는 두 가지 세계 즉 현실 세계와 코랄린의 사악한 다른 엄마가 만들어낸 거울 세계 둘 다에 속해 있다.

현실 세계에서 고양이는 말을 하지 않았으며 고양이가 사악한 쥐를 죽였을 때 고양이의 본능적인 기술의 편리함은 증명되었다. 고양이는 비록 검정색이기는 했지만, 마녀 엄마와 친밀하지 않았고, 설사 처음에는 체셔 고양이처럼 위치가 모호하고 흐릿하긴 했지만 코랄린을 도와주었다.

●●● 『코랄린』 ; 52

"여기가 어딘지 알려줄래?"
코랄린이 물었다.
고양이는 주위를 힐끗 둘러보았다.
"여긴 여기야,"
"그건 나도 알아. 그럼 넌 여기 어떻게 들어왔어?"
"너처럼 걸어서 들어왔지. 이렇게."

따라서 그 고양이는 처음에는 상당히 관습적인 경계에 있는 캐릭터로 보였을지 모르지만, 이러한 첫인상은 틀린 것으로 입증되었다. 현실로 돌아가는 통로가 다른 엄마의 의지로 닫혀버렸다는 점에서 고양이는 무력하게 표현되었으며, 결국 고양이와 코랄린 둘 다를 살린 사람은 바로 코랄린이었다. 하지만 다른 많은 작품에서처럼 이 소설에서도 역시 다른 세계들 사이에 있는 변동하는 경계들을 뚫어내는 고양이의 능력은 노련하게 잘 활용되었다.

혼란스러운 십대 고양이

동물의 가장 복잡한 이미지는 단순한 분류화에 도전을 줄 정도로 동물의 특질과 사람의 특질이 서로 합쳐진 경우라고 할 수 있다. Eugen Trivizas의 『The Last Black Cat』(2001)은 상대적으로 드물게 일인칭 시점을 취하고 있는 고양이 이야기 중 하나로서, 유대 인 학살에 대한 풍자이다. 이름 없는 한 섬의 비밀스런 사회에서는 검은 고양이를 모두 몰살시키기로 결정한다. 그 이유는 관습적인 것으로 검은 고양이가 불운을 가져온다는 것과 같은 미신에 근거한 것이다. 하지만 그 의미는 투과될 수 있으며 자연스레 다른 집단 학살이나 인종 차별에도 적용될 수 있을 것이다. 검은 고양이들이 모두 살해되자 다음 차례에는 회색 고양이들이, 그 다음에는 검은 무늬가 있는 고양이들이, 마침내 섬에 있는 모든 고양이가 한 마리씩 모두 죽게 된다. 기적적으로 살아남은 고양이 화자는 다음 세대에게 경고하는 차원에서 이야기를 들려 준다. 이 소설의 내용은 고양이가 다른 어떤 종으로도 교체될 수 있다는 점에서 논쟁의 여지는 있으나, 고양이가 악마와 연관되어 있다고들 말하는 사람들의 편견과 고양이의 타자성은 이 이야기를 그럴듯하게 만든다. 물론 이 이야기는 사랑과 우정, 충성과 배신에 대한 평범한 모험 이야기로 읽힐 수도 있다. 그러나 이 이야기의 이데올로기적인 의도는 명백하다.

지난 몇 년간 독자들은 청소년 소설에 나타나는 뚜렷한 경향을 목격할 수 있었다. Sonya Hartnett의 심금을 울리는 『Forest : Journey from the Wild』(2001)에서부터 시작하여 S. F. Said의 희비극 『Varjak Paw』(2003), 그리고 특히 야생의 어린이에 대한 이야기를 매혹적으로 혼합시킨 신령스러운 판타지인 Erin Hunter의 『Into the Wild』(2003)로 시작되는 『고양이 전사들_Warrior Cat』 시리즈에 이르기까지 고양이 공동체에 대한 이야기들이 등장하기 시작한 것이다. 이러한 이야기들은 S. E. Hinton의 『아웃사이더_The Outsiders』와 같이 청소년 범죄조직 소설의 전형적인 스토리라인을 따라가는 풍자 혹은 은유로 읽혀질 수도 있다. 주된 플롯은 다음과 같다. 훌륭한 집안의 젊은이가 거리 생활의 자유로움과 독립성에 대해 꿈꾼다. 젊은이는 다른 폭력집단에 맞서 싸우거나 물건을 훔치면서 살아가는 거리의 폭력집단에 있는 청소년들을 마주치게 된다. 우리의 영웅은 깊이 생각해보지 않은 채, 근심 걱정 없고 안전한 생활을 낭만과 성적인 자유와 맞바꿈으로써 이미 예비되어 있는 폭력집단 생활을 하게 된다. 처음에 그 젊은이는 괴롭힘을 당하며 아웃사이더로 취급받지만, 곧 폭력집단의 방식과 용어들을 배운다. 그는 친구들도 생기지만 적도 한 명 생긴다. 다행히 폭력집단의 현명한 지도자는 그의 편에 선다. 라이벌 폭력집단과의 결정적인 대결에서 그는 스스로의 가치를 보여주며 새로운 공동체에 완전히 수용된다.

너무 가혹한 사회적 리얼리즘의 균형을 잡아주기 위해서 『고양이 전사들』에서는 천상의 선조들에 대한 경배와 고대의 제의 장소를 향한 파란만장한 여정, 신성한 무아지경, 그리고 샤먼의 형상('의술 고양이')과 같은 초자연적인 강력한 요소들을 이야기 속에 엮어 넣었다. 고급 판타지에서 빈번하게 발견되는 이러한 특징들은 현실적인 폭력조직 이야기에서는 거의 나타나지 않지만, 현대 문학에서는 흔하게 나타나는 혼합 장르에 경의를 표하는 것이다. 처음에는 러스티라고 불렸지만 야생 고양이 집단에 의해서 파이어포라는 이름을 받게 된 영웅은 심리학적 특성이 거의 없다. 그는 집을 떠나는 것에 대하여 어떤 회한도 느끼지 않으며 결코 후회하지 않는다. 그는 이 소설에서 유일한 초점화자이지만, 종종 독자가 등장인물보다 앞서 추론하는 것이 허용된다. 그는 지능적이며, 충성심과 명예와 관련하여 내부적인 논쟁을 벌이기도 하지만 현저하게 행위에 초점이 맞춰져 있다. 모방(mimetic)의 관점에서 보았을 때, 고양이가 풍성한 영적인 삶을 산다고 기대하는 것은 터무니없어 보이지만, 그러나 소설의 일반적인 전제, 다시 말해 우화적인 차원에서 등장인물은 공감을 불러일으키는 데 초점을 둘 수 있다. 반면에, 등장인물의 평면적인 성향은 폭력집단 소설에서 예외라기보다는 하나의 규준이어서 어린 파이어포의 경우가 결코 독특한 것이 아니다. 사실, 그는 기존의 집단 가입에 요구되는 특성을 지니고 원형적인 영웅의 긴 대열에 서는 것이다. 배경이나 퀘스트는 이의 없이 미화된다. 인간보다 고양이를 사용하게끔 만든 특정한 소품과 장치가 상세하게 묘사된다. 도둑질 대신에 고양이는 쥐를 잡고, 또한 총이나 칼을 사용하는 것보다 발톱이나 이빨을 사용한다. 어린 수고양이가 갖는 거세에의 두려움은 야생 고양이들이 그 중요성을 설명해준 이후 너머까지 계속되지는 않지만, 그러한 두려움은 아마도 가족의 제약으로 제한되어 있는 청소년의 성으로 해석될 것이다. 그 밖에, 영토 분쟁과 경쟁, 충성과 배반, 집단 안에서의 엄격한 위계질서, 명예 제도, 보상과 처벌 등은 사람이 주인공으로 나오는 수많은 소설을 매우 잘 연상시킨다. 이 책은 고양이의 등장이 플롯에 내재되어 있지 않기 때문에, 사람인 체 가장하는 고양이를 사용 혹은 남용하는 하나의 예다. 그것은 물론 재미도 더하고 있으며 특히 잘 다져진 내러티브에 참신함도 더하고 있어, 고양이를 사랑하는 사람들이나 모험을 사랑하는 사람들에게 똑같이 매력적인 작품이다. 그러나 이 작품은 매력적일 뿐만 아니라 혐오감을 느끼게 하기도 하는 등장인물들의 생활 조건들이나 외부적인 것들로 인하여 어쩔 수 없이 독자를 멀어지게 만든다.

이와는 대조적으로 『Forest』는 표면적으로는 『고양이 전사들』과 유사한 것 같지만, 결정적인 차이를 나타내는 신호가 이미 제목 안에 있다. 즉, 파이어포의 여정은 '야생으로' 들어가는 것인 데 반해, 키안은 '야생으로부터' 나오는 것이다. 키안의 충성심은 전적으로 길들여진 세계에 대한 의무이며, 온갖 이상한 것들에 대항하는 그의 퀘스트는 집으로 돌아오는 것이다. 따라서 이 캐릭터는 두 가지 면에서 타자화되었는데, 첫 번째는 한 마리의 동물로서이고, 두 번째는 자신의 본성을 등진 동물로서이다. 한 똑똑한 동물의 마음을 통해 인간 세상을 묘사함으로써(거리두기에 대한 독특한 사례), 화자는 이러한 세계와 친밀한 독자가 키안의 지각을 피해갈 수 있게 해주며, 고양이의 주인은 죽었기 때문에 고양이들이 한때 집이라고 불렀던 그 곳으로 돌아갈 경우 그들을 기다리며 환영해줄 사람이 아무도 없다는 것을 추론할 수 있게 해 준다. 이러한 주체의 자리 이동은 독자의 공감을 결코 방해하는 것이 아니며, 모순되게도 공감을 더욱 증폭시킨다. 독자들은 주인공이 소설 속 허구적인 세계에서는 희망이 없다는 것을 깨닫게 된다. 자신이 맡았던 어린 새끼 고양이들과 달리, 키안은 야생의 삶에 적응할 수 없을 것이다. 왜냐하면 안락하게 살아왔기 때문이라기보다는 그가 확고한 신념을 가지고 있기 때문이다. 의미심장하게, 키안은 인간의 총을 맞고 죽으며, 그의 결말은 그가 보여주었던 무조건적인 충성심을 향한 동일한 대리인으로부터 오게 된 것이다. 가슴에 찢어질듯한 거리두기로 묘사된 등장인물의 전혀 예상치 못한 죽음은 필연적으로 소설의 남은 몇 페이지의 시점을 옮겨 더 나아가 독자를 더 멀어지게 만들었지만, 새롭고 중립적이고 전지적인 시점 역시 결코 확립되지 못하였다. 비록 독자들이 좀더 일찍 주인공의 주체성을 공유했어야 한다는 생각이 들기는 하지만, 마지막 부분에 이르러 좀 더 운이 좋았던 주인공의 친구들이 숲을 향해 길을 떠나면서, 독자들은 한쪽에 서서 주인공을 바라보게 되고, 문자 그대로 주인공을 두고 떠나게 된다. 무미건조한 종결은 공감을 침해하지 않은 채, 거리두기 효과를 확대하여, 전체 텍스트의 구성에 대한 회고적인 그림자를 드리운다.

『Forest』는 인간의 동물화와 동물의 인격화 사이의 균형이 완벽하게 성취되는 픽션에서 동물들을 사용한 보기 드문 예이다. 이 소설은 우화도 아니지만 그렇다고 단순히 사람의 세계가 동물의 세계로 전이되는 것도 아니다. 사람과 동물의 평형상태는 소원해진 관계와 공감이 적절한 비율을 맞추는 데 기여하여 강력한 독립적인 주체로 자리잡을 수 있게 해준다.

어린이 문학에 나타난

힘과 목소리, 주체성

CHAPTER

11

시각적인 것의 타자화
: 그림책에 나타난 권력 구조

- 영웅주의, 불복종, 그리고 순응주의
- 힘을 갖게 해주는(박탈하는) 꿈
- 힘과 모호성
- 어린이의 승리

CHAPTER

11 시각적인 것의 타자화 : 그림책에 나타난 권력 구조

그림책은 성인이 지니고 있는 권력을 전복시키고, 기존의 질서에 의문을 제기하는 데 상당한 잠재력을 지니고 있다. 글과 그림이라는 두 가지 수준의 서사는 글과 그림을 통해 권력 구조사이의 대위와 모순을 보여준다. 그림책 작가가 모두 특별한 의도를 가지고 글과 그림의 역동적인 상호작용을 이용하지는 않는다. 그러나 글과 그림이 같은 이야기를 반복하고 있는 것처럼 보이는 경우도, 그림이 글에 담긴 이데올로기적인 진술을 확장하고 강화할 수 있다. 이 장(章)에서 나는 글과 그림 사이의 갈등이 권력의 위계와 관련된 텍스트의 위상을 확장시켜 주는, 몇몇 그림책을 탐색해 보고자 한다.

Maurice Sendak의 『괴물들이 사는 나라_Where the Wild Things Are』(1963)에서 맥스는 가상의 여행을 통해 "하루가 지나고, 몇 주가 지나고 꼬박 일 년 쯤 지난 후 괴물나라에 도착한다." 그리고 그 여행 중에, "모든 것 가운데 가장 사나운 것"으로 왕위에 올라 "모든 괴물의 왕"이 된다. 처음에는 맥스가 힘이 없고 억압받는 자-음식도 주어지지 않고 방으로 쫓겨난다-였기 때문에 상승은 완벽한 카니발을 보여준다. 가장 낮은 곳에 있는 것이 가장 높은 곳을 차지하게 된 것이다. 그러나 결국 맥스는 엄마가 권력을 갖고 그에게 먹을 것을 주거나 주지 않을 수도 있는 세계로 되돌아온다. 맥스는 괴물(자신의 공격성)을 제압하지만, 어린이로서 엄마의 뜻에 따른다. 마지막 그림에서 맥스는 왕관을 잃을 뿐만 아니라, 괴물이 될 때 처음으로 자신의 권력을 드러내주는 장치였던, 늑대 옷도 잃는다. 갈등은 해결되지 않는 채로 남는다. 다시 말해 성인의 우월성이 확고해지는 것이다.

맥스가 '사나운 짓'을 시작할 때 글 텍스트는 갑자기 침묵을 지킨다. 대신 세 개의 글 없는 펼침면이 어린 소년의 상상 속에서 일어난 일을 보여 준다. 이때 맥스의 사나운 공격성은 "아무 것도 먹지 못한 상태에서" 침대로 보내진 후 내면의 세계에서 재연된다. 화, 불안, 외로움, 공포 및 기쁨과 같은 강력한 감정을 더 이상 글로 전달하기가 쉽지 않을 때, 그림이 그러한 역할을 담당한다. 분명 맥스와 괴물들이 글 없는 펼침면에서 하고 있는 행동을 글로 묘사할 수 있다. 그러나 글은 그림만큼 직접적이고 효과적인 방식으로 독자의 다양한 감각에 영향을 미치지 못할 것이다. 우리는 그림을 보면서 정확히 여러 감각을 통해 괴물들의 찬탄의 외침뿐만 아니라 맥스의 외침 또한 들을 수 있다. 또 우리는 증기가 피어오르는 정글과 땀투성이인 동물들의 냄새를 맡을 수 있다. 맨발로 거친 풀의 촉감 또한 느낄 수 있다. 맥스는 괴물들이 사는 나라로의 가상의 여행을 통해 완전한 권력을 얻게 되었다. 맥스는 엄마가 자신에게 써온 동일한 권력 장치를 자신의 환상 속에서 사용한다. 맥스는 그들에게 저녁도 주지 않고 잠자리로 보낸다. 억압받았던 자가 이제 억압하는 자가 된 것이다.

그림책은 특별한 예술 형태로서, 어린 주인공이 아직 말로 표현하기 어려운 감정을 표현할 수 있다. 맥스의 엄마는 맥스의 못된 행동에 화가 나 그를 "괴물!"이라 부른다. 맥스는 "잡아먹어버리겠다."고 되받아친다. 맥스는 이 문장으로 자신의 복잡한 감정을 표현하려고 한다. 즉, "지금 난 엄마가 싫어."에서부터 "난 엄마가 좋아. 그리고 어떤 일이 있어도 엄마가 나를 사랑할 것이라는 걸 알고 있어."의 감정까지, 그리고 이 둘 사이에 있는 다른 모든 감정까지 담아서 표현하고자 한다. 맥스는 너무 어려서 이런 이중적인 감정을 언어로 표현할 수 없다. 텍스트는 전지적 화자를 통해, 맥스가 어떤 기분인지 그리고 그렇게 느끼는 이유는 무엇인지 설명해 주는 대신, 그림을 통해 말로 직접 전하기 힘든 분노와 실망을 표현한다. 의미심장하게도, 괴물들이 맥스가 권력을 행사하는 것에 대해 같은 방식으로 반응한다. 그들은 맥스에게 "오, 제발 가지 마, 가면 당신을 잡아먹어버릴 테야, 우린 네가 좋단 말이야!"라고 간청한다. 맥스는 자기 기분을 행동으로 드러내며 표현하려고 한다. "당신을 잡아 먹어버릴 거야."가 "난 당신이 좋아."와 같은 뜻이라는 사실을 설명하려고 한다. 이 펼침 면에서 맥스와 가장 가까이에 있는 괴물이 취하고 있는 자세는 그림책 서두에서 맥스가 장난칠 때 취했던 자세를 연상시킨다.

맥스는 엄마와 갈등관계에 있는 것으로 그려진다. 엄마는, 우리가 분명히 들은 것처럼, 그에게 먹을 것뿐만 아니라, 음식이 상징하는 바, 즉 따뜻함, 관심, 애정을 줄 수도 또 주지 않을 수도 있는 힘을 가지고 있다. 이야기 끝부분에 맥스가 다시 자기 방에 혼자 있게 되었을 때, 엄마는 따뜻한 저녁밥을 주긴 하지만, 여전히 아들에게 관심과 애정을 철회할 수 있다. 덧붙여 말하면 맥스의 방은 아이들 방처럼 보이지 않는다. 색깔도 어두운데다 침대도 매우 크며, 장난감이라고는 하나도 없기 때문이다. 이 그림은 방의 실제 외관이라기보다는 방을 일종의 감옥으로 느끼는 맥스의 주관적인 관점을 반영한 것이다. 설사 마지막 그림을 화해의 표현으로 본다 해도, 배경은 그것을 조금도 지지해주지 않는다. 여러 번 언급한 바와 같이 엄마는 글 텍스트에 소리 지르는 것으로서, 즉 맥스의 부적절한 행동을 나무라는 목소리로 단 한 번 등장한다. 그러나 우리는 그녀가 맥스에게 맥스가 가지고 놀 수 있는 늑대 옷을 주었으며, 따라서 그녀 자신이 맥스에게 난폭한 게임을 가르쳐주었을 것이라는 사실을 추론해볼 수 있다. 엄마는 맥스를 '괴물' 이라고 부름으로써, 맥스가 자신의 기분을 달랠 때 사용하게 될 언어적 이미지를 제공한다. 분명히 그녀는 너무 바빠서 아들이 커튼이나 망치, 못, 그리고 두꺼운 몇 권의 책과 같은 부적절한 놀이감을 가지고 노는 것을 눈치채지 못한다. 게다가 그녀는 맥스가 곰 인형을 매달아 놓은 것, 즉 그의 정서적 불안을 드러내주는 신호를 보지 못한다. 또 그가 괴물을 그렸고, 그 그림을 벽에 못박아두었다는 것도 보지 못한다. 이 모든 세세한 내용이 시각적으로 표현된다. 그러므로 엄마는 모든 것을 알고 또 할 수 있지만 무심한 권위자로 그려진다. 그녀가 가지고 있는 힘은 특히 그녀가 보이지 않기 때문에 더욱 위협적이다. 우리가 그 행동의 근원이 아버지에게 있다고 해석하지 않는 한, 맥스의 아버지는 글과 그림 모두에서 전혀 언급되지 않는다. 아버지가 동물의 발톱이 아닌 인간의 발가락을 가진 괴물 가운데 하나로서 상징적으로 표현된 것으로 해석하는 경우도 있다. 그렇다면 뿔이 있는 괴물은 소년의 마음 속에 있는 반가운 아버지의 이미지가 아니다. 글 없는 여러 장의 펼침 면 가운데 하나를 보면, 맥스가 실제로 괴물의 등에 올라타 있으며, 괴물은 마지못해 복종하듯 몸을 구부리고 있다. 보이지 않는 아버지를 정복한 셈이다.

Sendak의 『Outside over there』(1981)은 아이와 부모의 갈등, 그리고 아동의 내면세계가 복잡하고 다양한 뉘앙스의 시각적 언어로 표현된 그림책이다. 이 책은 전형적인 여성이라는 주제와 관련된 한 소녀의 두려움을 보여줌으로써 맥스의 남성적 공격성에 상응하는 흥미로운 예다. 이다의 부모는 이다를 버렸다. 아버지는 '바다 멀리 떠났기' 때문에 말 그대로 이다를 버렸고, 엄마는 정서적으로 이다를 버렸다. 텍스트는 우리에게 엄마는 그 자체로는 그다지 위험하게 느껴지지 않을 수 있는 '정자' 에 있다고 알려준다. 그리고 그림은 엄마의 정서적 부재를 보여 준다. 엄마는 이다와 울고 있는 아이에게 등을 돌리고 있다. 엄마는 자기의 주변 세계에 무관심한 사람 같다. 우리는 이것이 엄마에 대한 이다의 마음을 보여주는 그림인지, 아니면 엄마의 객관적인 특징인지 의문을 가질 수 있다. 또 설사 그것이 엄마에 대한 이다의 마음을 보여주는 그림이라 할지라도, 엄마의 한결같은 이미지인지 아니면 이 특정 상황과 관련된 이미지일 뿐인지 의문을 가질 수 있다. 그것은 바다로 떠난 아버지와 정자에 있는 엄마를 동일한 것으로 보는, 어린 아이의 현실에 대한 지각과 다소 일치한다. 왜냐하면 이 두 경우 모두 부모의 무관심에 대한 주관적인 감정과 관련된 것이기 때문이다.

여러 번 지적한 바와 같이, 이야기는 하프 타이틀 페이지에서 마지막 페이지의 그림까지 매우 짧은 순간 일어난 것이다. 이다는 맥스와 같이 내면의 여행을 시작한다. 그녀가 도중에 만나는 인물과 풍경은 그녀가 무의식 속으로 깊이 빠져들고 있음을 반영해준다. 그것은 글로는 표현될 수 없다. 『괴물들이 사는 나라』에서 지배적인 정서는 화이다. 화는 결국 '맛있는 것' 을 갈망하는 것으로나 '누군가가 자신을 가장 사랑해주는 곳' 에 있게 되기를 갈망하는 것과 같이 화해와 갈망으로 바뀌며, 이는 글로 표현된다. 맥스의 소망은 자기중심적인 사람들이 꾸는 꿈과 같다. 이 사실은 시각적으로 표현된 분노와는 별도로, 이야기에 어떤 다른 행위자도 없다는 사실에 의해 강조된다. 『Outside over there』에서 지배적인 정서는 불안이다. 불안은 사실상 덜 이기적인 감정이다. 불안은 겉으로 표현되며 이다의 가장 가까이에 있는 사람들, 즉 바다에 나가있는 아버지와 고뇌에 찬 엄마, 그리고 보살핌을 받지 못하고 있는 어린 동생과 관련되어 있다. 불안은 특정 대상이 갖는 화나 심지어는 공포와 달리, 모호하고 확산적인 성격을 갖는다. 맥스의 화는 커다란 눈과

뿔, 이빨과 발톱을 가진 엄청나게 크며 털이 있는 동물과 같이 가시적인 모습을 띤다. 이 구체적인 형상 때문에 정확히 그것이 무섭기는 하지만 제어할 수 있다. 맥스는 "눈 하나 깜박이지 않고 괴물의 노란 눈을 들여다보는 마술을 부려" 괴물들을 길들인다. 이것은 맥스가 엄마에게서 배운 물리적인 힘겨루기 방식이다. 위험한 바다에 나가 있는 아빠의 부재에 대한 이다의 절망, 그리고 냉정한 엄마에 대한 이다의 절망, 그리고 상처받기 쉬운 어린 동생에 대한 이다의 절망은 형태와 얼굴 없는 인물의 형상을 띠고 있다. 거기에는 들여다볼 눈이 없다. 고블린은 이다를 공격하거나 잡아먹어버리겠다고 위협하지도 않는다. 고블린은 헐렁한 회색 망토 안에 몸을 숨긴 채, 모퉁이 뒤에서 그녀에게로 살짝 다가온다. 창문으로 살금살금 다가가, 이다가 가장 크게 걱정하는 어린 동생을 습격한다. 엄마가 딸들을 무시한 상황에서 -이것은 아직 이다의 주관점 관점이다.- 이다가 어린 동생을 전적으로 책임지고 있다. 고블린이 어린 동생을 잡아채 가고 대신 바뀌친 아이를 놓고 갈 때 이다는 죄책감을 느낀다. 텍스트는 사실 다음과 같은 언급 이외에 이다의 감정을 조금도 언급하지 않는다.

●●● 『Outside over there』

"이다는 동생을 요람에 태워 흔들어 재우려고 놀라운 나팔을 불었다. 그러나 결코 동생을 쳐다보지는 않았다."

앞 페이지에서 이다는 고블린이 다가오는 것을 불안하게 보면서, 동생을 팔에 꼭 안고 있다. 고블린은 그들이 동생을 납치해가는 페이지의 글 텍스트에 처음으로 나타난다. 그러나 플롯은 하프 타이틀 페이지, 타이틀 페이지, 헌정 페이지에서 시작된다. 거기서 고블린의 이미지는 이다의 불편함을 표현한다.

소녀인 이다는, 소년인 맥스가 그런 것처럼, 맛있고 따뜻한 저녁식사와 같은 형태의 그 어떤 실질적인 보상도 받지 못한다. 대신 아버지에게서 온 편지가 그녀를 위로해준다. "조금 있으면 집에 갈 거야. 씩씩하고 영리한 우리의 어린 이다가 늘 사랑하는 아빠를 대신하여 엄마와 동생을 잘 보살펴주길 바래." 이다는 가부장적 권위의 아버지가 자신에게 그렇게 하라고 명령했기 때문에, 자신이 어린 동생뿐만 아니라 엄마까지도 보살펴주어야 하는 것으로 생각하고 있다. 여행을 통해 자율권을 얻게 되었으며, 또 예외적인 용기와 위트를 보여준 이다는 정자에 있는 엄마에게로 돌아온다. 진실로 그녀의 엄마는 피곤하고 무심한 자세를 바꿔, 팔을 벌려 딸들을 안는다. 그리고 마지막 펼침면에서 엄마는 이다의 어깨 위에 팔을 얹는다. 그러나 여전히 편지에 열중해 있는 이다를 쳐다보지는 않는다. 이 그림은 이다가 고블린과의 끔직한 시나리오를 시연한 뒤 안전에 대한 의식을 되찾고, 또 부모가 늘 거기서 자신을 사랑할 것(적어도 그녀의 아버지는 그럴 것이다.)이라는 믿음을 회복한다는 것을 우리에게 보여 준다. 맥스의 안전은 엄마가 권력의 수단으로 사용하는 따뜻한 밥과 연결되어 있다. 그러나 이다의 안전은 전적으로 그녀 자신의 자존감에 달려있다. 마지막 페이지에서 그녀가 아장아장 걷는 여동생을 안고 있을 때, 고블린들은 사라진다. 맥스의 이야기는 그 자신에 초점이 맞추어져 있다. 반면 이다의 이야기는 돌봄과 책임, 그리고 희생에 관한 것이다. 이처럼 정교하게 남자와 여자 사이의 지각의 차이를 포착해서 보여준 그림책은 거의 없다.

영웅주의, 불복종, 그리고 순응주의

Beatrix Potter의 『피터 래빗 이야기_The Tale of Peter Rabbit』(1902)에서 어린 주인공은 엄마가 금지한 것을 깨고 미지의 새롭고 흥미진진한 곳으로 모험을 떠난다. 피터는 그보다 먼저 나온 민담의 주인공이라면 누구나 했으며, 또 그 이후 많은 아동 문학의 주인공들이 해 왔던 행동을 한다. 물론 이 주인공들은 각기 다른 결말을 보여주었다. 화자는 "피터는 심한 장난꾸러기…."라고 말한다. 이처럼 처음부터 피터를 비난함으로써 주인공이 겪게 될 실패를 예고하는 것이다. 이것은 성인의 규범을 이야기하는 목소리다. 성인의 관점에서 보면, "산딸기를 따러 오솔길을 따라 내려간" 플롭시, 몹시, 코튼 테일과 같은 세 명의 여자 애들은 "착한 토끼로서," 정해진 규범에 따라 행동한다. 반면 "맥그리거 씨 농장으로 곧장 달려간" 말썽꾸러기 피터는 규범을 깨고, 성인의 권력에 문제를 제기한다. 그림에서 피터는 정중앙에 그려진다. 그는 그림의 대부분을 차지하며 거만한 자세를 취한 채 기쁘게 웃고 있다. 그러나 신화나 전래동화의 주인공들이 그런 것처럼, 적진에 들어가서 너무 일찍 세상을 떠난 아버지의 끔찍한 죽음에 대해 복수하는 것은 허락되지 않는다. 피터는 또 용기나 위트를 보여줄 수 있게 되지도 않는다. 또 어떤 보물도 찾아내지 못한다. 반대로 그는 여러 번에 걸쳐 수모를 당한다. 처음에는 너무 많이 먹어 배가 아프고 그 다음에는 맥그리거 씨로부터 추격당하던 중 망에 걸리고 결국에는 옷을 잃어버린다. 피터가 옷을 잃어버리는 것은 그가 겪은 모욕 중에 어쩌면 가장 의미심장한 것일 것이다. 그 사건을 계기로 지적이며 인간의 형태를 띤 동물에서 평범하고 바보같은 동물로 바뀌기 때문이다(예 : Scott, 1994). 그림을 통해 보여지는 이 의인화된 동물의 몸짓 언어는 피터의 열등한 위상을 말해준다. 그는 적(敵)보다 더 작고 얼굴은 공포로 일그러져 있다. 여러 장의 그림에서 그는 거꾸로 그려져 있다. 물론 이것은 힘의 반전을 상징한다. 그리고 그는 여러 번 좁은 틈 속에 낀 채 완전히 품위를 잃은 모습으로 그려진다. 그림은 인물의 위상이 실추되는 느낌을 크게 강화한다. 그는 영광스런 영웅으로 집에 돌아오는 대신 신체적으로는 기운이 다 빠진 상태에서 그리고 또 정신적으로는 좌절을 겪은 채 집으로 돌아온다. 그리고 그가 엄마로부터 얻게 되는 것은 위로의 말이 아니라 훨씬 더 큰 벌이다. 저녁도 먹지 못한 채 소화불량을 치료해줄 끔직한 카모마일 차를 마시고 잠자리에 들어야 하기 때문이다. 결국 성인이 정해놓은 규범적 가치가 완전히 승리한 것이다. 어린 아이에게는 나들이에서 아주 적은 자유와 권력을 맛보는 것조차 허용되지 않는다. 반면 말을 잘 듣는 피터의 누이들은 '빵과 우유, 블랙 베리'로 보상을 받게 된다.

H. A. Rey의 『호기심 많은 조지_Curious George』(1941)는 행복한 아기 원숭이의 이야기이다. 조지는 자신이 본래 살던 자연 환경에서 이후에 어떻게 될지 조금도 고려되지 않은 채 강제로 잡혀와, 규범이라고는 전혀 알지도 못하는 사회로 이주하게 된다. 물론 사회는 조지가 그 사회의 규범을 따를 것을 기대한다. 이 이야기는 우리에게 조지가 자신을 낳아준 부모와 헤어졌다는 것은 말해주지 않는다. 이야기는 그가 살던 곳에서 행복했었다고만 말한다. 글과 그림의 상호작용은 결정적이다. 그리고 또 애매하다. 도입부에서는 조지를 전지적이지만 매우 중립적인 관점에서 보여준다. 조지는 보는 사람과 똑같은 높이에서 그려진다. 그는 화자나 보는 사람보다 더 열등하거나 더 우월하지도 않다. 이 중립적인 위치는 글에 의해 분명해진다. "얘는 조지야. 그는 아프리카에서 살았어." 시제의 변화가 직접적으로 화자와

서사 사이의 거리를 말해준다. 그리고 동시에 이어지는 "그는 매우 행복했어. 그러나 그에게는 한 가지 결점이 있었어. 매우 호기심이 강했어."라는 세 문장이 띠고 있는 더 교훈적인 양태로의 전이를 준비해준다. "그는 매우 행복했다."는 언급은 모호하다. 이 언급은 똑같이 주인공의 자기 자신에 대한 평가("조지는 자신이 행복하다고 생각하고 있었다.")나, 전지전능한 화자의 언급("나는 조지가 행복했다는 것을 알고 있다.") 이나, 객관적인 화자의 추측일 수 있다. 왜냐하면 그림은 조지가 정말로 나무 가지에 매달려 그네를 타거나 바나나를 먹으며 행복하게 웃고 있는 모습을 보여주기 때문이다. 따라서 마지막 해석이 가장 수긍할 만한 것이다. "그러나 그는 한 가지 결점이 있었다. 매우 호기심이 강했다."는 언급은 상당히 평가적이다. 이 성인의 목소리는 조지를 장난을 좋아하고, 다루기 어려운 아이라고 비난하며, 아이에 대한 판단을 싣고 있다. 조지의 행동에 찬성하지 못하는 이러한 태도에는 명백히 성인 내포 저자의 아동기에 대한 보수적인 관점이 반영되어 있다. 오늘날 우리는 아동의 호기심을 앎에 대한 욕구와 같이 긍정적인 것으로 여기며 장려한다. 그러나 『호기심 많은 조지』에서 호기심은 바람직한 것이 아니다. 1969년에 나온 개정판에서 글 텍스트는 "그는 착한 어린 원숭이였고 항상 호기심이 많았다."로 바뀌었다. 행복에 대한 분명한 언급은 아마도 성인의 난폭한 행동을 약화시키기 위해서 인 듯 없어졌다(그러나 그림에서는 조지가 여전히 웃고 있다.). 화자는 이제 확실히 겸손하게 조지의 긍정적인 면을 언급한다. 그리고 다소 가치를 떨어뜨리는 "어린"이라는 단어를 사용하여, 이 특징에 대한 부연 설명을 한다. 호기심은 더 이상 결함으로 소개되지 않는다. 오히려 그것은 훌륭한 존재가 갖춰야할 요소가 된다.

그럼에도 불구하고, 텍스트에서 성인 인물은 조지를 속이기 위해 어린이의 호기심을 이용한다. 다음 페이지의 글 텍스트는 "어느 날 조지는 남자를 보았어요. 그는 커다란 노란색 밀짚모자를 쓰고 있었어요."라고 말한다. "조지는 보았다."는 이 문장은 인물의 실제 관점을 표현한다. 우리는 조지의 관점을 공유하며 노란 모자를 쓴 남자가 그와 함께 있는 것을 보게 된다. 그런데 그림의 시점은 그 반대다. 우리는 위치가 약간 바뀌긴 했지만 상당히 떨어진 곳에서 조지를 바라보고 있는 성인 남자의 관점을 공유한다. 이것은 "그 남자도 조지를 보았다."는 다음 문장과 일치한다. 그림은 전지적인 —아마도 성인일 것이다.— 화자를 통해, 어린이에서 문명의 기수인 성인 남자로 관점이 바뀌었음을 강조한다. 성인 남자를 문명의 기수로 해석할 수 있는 것은 그가 힘과 지식의 상징인 총과 카메라와 쌍안경을 가지고 있기 때문이다. 우리는 또 즉각적으로, "그는 '정말 괜찮은 원숭이야.' 라고 생각했다."라는 글을 통해 성인 남자의 생각을 공유하게 된다. 우리는 그 남자의 생각을 공유하면서 조지를 붙잡으려는 그의 계획에 가담하게 된다. 그러니까 우리 자신이 본래 가지고 있던 주체적인 위치를 포기하도록 조종당한 꼴이 된다. 그리고 이제 성인, 즉 문명화된 성인 남자의 편에 서게 된다. 조지가 잡히는 다음 두 펼침면은 우리를 인물의 지각 수준으로 되돌려놓는다. 특별히 거기서 우리는 성인 남자의 손과 하나의 발만 볼 수 있다. 그러나 우리는 남자의 음모를 알고 있기 때문에 —우리는 "나는 그를 집으로 데려가고 싶다."는 그의 생각을 알고 있기 때문에— 그리고 또 조지의 부주의한 행동이나 순진함을 보아왔기 때문에 사실상 성인 화자의 권위적이며, 아이러니한 관점을 공유하게 된다.

노란 모자를 쓴 남자는 조지에게 대리부모의 역할을 자처하고 나선다. 이야기에서 그 남자는 어느 누구와도 친밀한 유대를 맺고 있지 않으며, 또 이름도 없기 때문에, 수양 자식에 대해 애정을 갖고 조지를 편안하고 행복하게 해줄 것이라고 쉽게 기대해볼 수 있다. 그 남자는 조지를 교활하게 잡아 그가 살고 있던 익숙한 세계로부터 납치해 온다(텍스트는 "조지가 슬펐다."고 우리에게 알려준다. 그리고 그림이 조지의 얼굴 표정을 보여줌으로써 이 사실을 확인시켜 준다.). 그리고 조지를 큰 배에 태워 데려간다. 어린아이에게는 위험하고 낯선 곳으로 데려가는 것이다. 그리고 몇 마디 한 후 그에게 "이제 가서 놀아, 그런데 위험한 짓을 해서는 안 돼."라고 말하며, 그를 깨끗이 잊어버린다. 이 상황에서 어린 아이가 어떻게 위험에 빠지지 않는 법을 알 수 있을까? 텍스트는 "어린 아이들은 쉽게 잊어버린다."고 말한다. 성인이라면 그렇게 자신이 별 생각 없이 입양한 어린애를 책임져야 하는 것이 아닌가? 책 속의 나머지 글 텍스트가 조지를 외적으로나 내적으로 초점화하고 있지만(조지의 호기심에 대한 감정, 공포 또는 즐거움을 언급한다.), 그림은 글을 되풀이하며, 시종 전지적이며 교훈적인 관점이 지속된다. 화자의 이데올로기적인 입장은 확실히 성인 편에 서 있다. 조지는 몇 번이고 계속해서 자신이 조절할 수 없는 상황 속에 빠지게 된다. 그리고 매번 성인으로부터 버림받는다. 그리고 그것은 감옥에 갇히는 것으로 정점에 달한다. 이는 유머러스한 부분으로 이해될 수도 있다. 그러나 그것은 성인과 아동의 관계를 드러내준다. 조지가 (자신의 재주 덕분에) 감옥에서 빠져나와 못된 짓을 수없이 많이 저지른 후에도 노란 모자를 쓴 그 남자는 여전히 조지의 사회화에 대해 아무런 책임을 느끼지 않는다. 그는 "조지가 살기에 정말 좋은 곳이야."(의미: "나는 동물원이 좋은 곳이기 때문에 조지가 동물원을 좋아했다는 것을 알고 있다.") 라는 위선적이며 자기만족적인 말을 하며 조지를 창살 안에 가둔다. 그 남자는 자신이 아무 생각 없이 자연 환경에서 붙잡아온 아이를 돌보기는커녕, 아이가 가장 좋아하는 대로 하고 있다고 확신하며, 그 확신에 따라 그를 제도권 안으로 데려온다. 이렇게 해서 말썽꾸러기 아이는 사회화되고, 성인 화자는 만족스러움을 표현한다. 우리는 아이, 조지가 원숭이의 모습을 하고 있기 때문에 우리가 이 책에서 만나게 되는 권력 구조와는 아무런 관련이 없다고 생각할 수 있다. 그러나 권력 구조와 관련이 있으며, 따라서 그것을 확인하고 평가해볼 필요가 있다.

Jean de Brunhoff의 『바바 이야기_The Story of Babar』(1931)에서 어린 코끼리 바바의 엄마는 사냥꾼에 의해 살해되고, 바바는 고아가 된다. 바바는 전래동화의 주인공처럼 집을 떠나 다른 곳에서 행운을 찾는다. 바바는 보통 사람들과 다른 나이든 부자 여인에게 입양되어, 그녀의 삶의 방식에 적응해야 한다. 바바가 습득한 인간의 행동과 태도에는 옷을 입고 실내에서 생활하며, 침대에서 자고, 식탁에서 식사를 하며 도구와 기계를 사용하는 것이 포함된다. 바바는 이 모든 행동에서 조지가 보여준 부주의함과는 완전히 상반되는 민첩함을 보여준다. 『바바의 끝없는 모험_The Travels of Babar』에서 과거의 바바가 가지고 있던 야성은 문명을 표상하는 것들에 의해 벗겨진다. 바바는 바보같은 짐승으로 취급되는 것을 매우 창피하게 생각한다. 그는 정글로 되돌아올 때, 자신이 새롭게 습득한 방법과 가치를 그대로 가지고 온다. 그는 성인 세계, 즉 서구의 백인 남성 중산층의 지식과 경험을 통해 힘을 갖게 되었다. 바바는 조지와 같이 문명사회로 들어온다. 바바는 저항하는 조지와 달리 그 문명사회를 이해할 뿐만 아니라 다른 사람들에게도 강요한다. 주요 장면에서 그는 사람처럼 서 있으며 옷을 입고 있다. 반면 그의 국민들은 여전히 옷도

입지 않고 네 발로 걸어 다닌다. 『코끼리 왕 바바_Babar the King』에서, 바바는 정글의 나무를 베어내고 국민들을 위해 도시를 건설한다(몇몇 판본에서는 이처럼 생태계를 파괴하는 행위를 보여주는 그림은 삭제되었다.). 그 결과 똑같은 가옥들과 두 개의 괴물 같은 공공건물, 즉 공업 사무소와 오락시설이 들어선 질서정연하며 따분한 구역이 조성된다. 학교는 사회 시설 가운데 가장 중요한 자리를 차지한다. 바바 시리즈에는 인물을 야만에서 문명화된 인물로, 피지배자에서 지배자로 발달시키며, 이질적인 도구들을 사용하여 이상한 것을 정상적인 것으로 발달시키는 운동이 등장한다. 과거의 버려지고 억압당했던 아동, 바바는 이제 왕위에 올라 결혼하고 자식을 낳는다. 권력이 다시 한 번 그대로 재생되는 것이다.

방금 논의한 모든 책에서 성인의 우월성은 의문의 여지없이 확고하다. 맥스가 비록 창조적인 상상력을 통해 권력을 잡고 왕위에 앉게 되긴 하지만, 그는 여전히 전적으로 엄마의 뜻에 달려 있기 때문이다. 피터 또한 여러 가지 행운이 따르는 일을 경험한 것 이외에 용기와 지력을 보여주었음에도 불구하고, 성인에게 의존적인 위치로 되돌아온다. 조지는 영리하고 진취적인 데도 불구하고 자유를 빼앗긴다. 그리고 바바는 그 자신이 성인이 된다.

힘을 갖게 해주는(박탈하는) 꿈

잠자리 이야기(bedroom stories)에 대해서는 다양한 접근법을 통해 여러 가지 흥미 있는 연구가 이루어졌다(Moebius 1991; Galbraight 1998). 그러나 명백히 권력 관계라는 관점에서 이루어진 것은 없다. Jens Sigsgaard와 Arne Ungermann가 쓴, 덴마크의 고전 그림책 『Paul Alone in the World』(1942)는 아동이 꿈속에서 무한한 힘을 경험하지만, 성인의 규제가 얼마나 신속하게 복원되는지를 보여준다. 이 이야기는 어린 소년이 자신의 방에서 잠을 깨는 것으로 시작된다. 글이나 그림에서, 묘사된 사건이외에 다른 것이 실제로 일어났는지를 시사해 주는 것은 아무 것도 없다. 즉 매우 현실적인 배경에 평범한 인물이 등장한다. 글이나 그림의 세부사항 그 어떤 곳에서도 범상치 않은 것은 보여주지 않는다. 이 소년이 여전히 자고 있으며 꿈을 꾸고 있다는 것을 시사해 주는 시각적 요소는 없다. 폴은 전 세계에서 혼자임이 밝혀지고, 자신이 원하는 것은 무엇이든지 할 수 있다고 한다. 아동이 전적으로 권력을 부여받은 상황이며, 그것은 명백히 교훈적인 목적을 위해 사용된다. 폴은 자신이 전차와 소방차를 운전할 수 있으며 비행기를 조종할 수 있고, 자신이 원하는 만큼 상점에서 사탕을 먹을 수 있으며, 은행에서 원하는 만큼 돈을 가져올 수 있으며 그 돈을 가지고 자신이 원하는 일은 뭐든지 할 수 있다는 것을 알게 된다. "그는 칼과 하모니카와 기중기, 작은 자전거, 삽과 외바퀴 손수레, 자동차, 비행기 이외에 세상에 있는 모든 것을 살 수 있다." 그림이 이것을 복사하듯 보여주며 욕구 충족의 기쁨을 과장해서 보여 준다.

마지막 펼침면에서 글은 대문자를 사용하여 효과를 강조하며, 폴의 모험이 꿈이었음을 우리에게 알려준다. 이 이야기는 여러 가지 윤리적인 문제를 제기한다. 다시 말하면 세상에 당신 혼자만 있다 해도, 은행에서 돈을 가져오거나 상점에서 사탕을 가져오는 것이 도덕적으로 옳은 일인가? 꿈에서 깨어난 주인공은 자신이 한 행동에 대한 책임에서 자유롭다. 카니발의 전복은 약화된다. 권력의 관점에서 보면 꿈속 이야기에서 뭐든 할 수 있었던 아이는 냉엄한 현실로 되돌아온다. 물론 현실에서 그는 힘이 없다. 폴은 꿈을 통해, 자기 스스로 해낼 수 있는 능력이 없다는 것을 알게 된다. 마지막 그림은 절망한 폴이 침대에서 우는 것을 보여준다. 1954년에 나온 개정판에는 마지막 장면이 새롭게 바뀌는데, 거기에는 폴이 몇몇 아이들과 공원에서 행복하게 놀고 있다. 그 공원은 폴이 꿈속에서 혼자 있었던 바로 그 공원이다. 이 두 개의 이미지가 이야기를 다른 방향으로 끌고 간다. 첫 번째 이미지가 기대가 좌절된 것에 대한 실망을 표현한 것이라면, 두 번째는 악몽은 끝났다는 안도감을 표현한다. 나중에 나온 개정판이 표준이 되었으며, 원본보다 더 성인의 규범적 교훈을 가르친다.

또 다른 잠자리 이야기인 John Burningham의 『야, 우리 기차에서 내려!_Hey, Get Off Our Train!』(1989)는 더 정교한 방식으로 성인의 권위에 의문을 제기하며, 자율권을 갖게 된 아이를 소개한다. 『Paul Alone in the World』에서 성인은 교훈적 목소리로서 간접적으로만 등장한다. John Burningham의 그림책 첫 페이지에서는 엄마가 소년을 가리키며 매우 권위적인 방식으로 다음과 같이 말한다. "아직도 기차놀이를 하고 있니? 빨리 자. 내일 아침 일찍 학교에 가야 되잖아?" 어떤 것도 소년이 『괴물들이 사는 나라』의 맥스처럼 저녁밥도 먹지 못한 채 침대로 보내어졌다는 것을 알려주지 않는다. 그러나 엄마는 고약하고 무심한 사람으로 소개된다. 잠옷 집 형태에 해당하는 강아지가 곧 소년의 상상 기차에 올라타며 소년을 따라나설 것이다. 강아지는 엄마의 손에 매달려 있다. 이는 엄마가 전형적인 전이대상에 대한 아들의 애착을 인정하고 싶어하지 않는다는 것을 시사해 준다. 엄마는 계속해서 잔소리를 한다. "자, 여기 강아지 잠옷집이 있다. 거실 방석 밑에 구겨져 있더구나." 엄마는 아들이 성인의 영역을 침범하는 것을 싫어하며, 그에게 가서 자라고 말한다. 엄마와 아들 사이의 사랑을 드러내 주는 어떤 표시도 없다.

그림뿐만 아니라 글도 소년이 실제 자신의 강아지와 함께, 그리고 매번 새롭게 코끼리와 물개, 두루미, 호랑이, 북극곰과 같은 동물들을 하나씩 더 태우면서 여행을 떠났다는 것을 시사해 준다. 그러나 앞서 언급한 책과 다르게, 그림이 꿈에 대한 해석에 실마리를 제공해 준다. 왜냐하면 어린 소년이 기관차를 몰고, 여러 명의 말을 할 줄 아는 지적인 동물을 데리고 가는 것으로 묘사된 상황은 일상적인 경험의 범위를 넘어서는 것이기 때문이다. 우리가 기관차와 소방차를 운전하는 폴을 받아들일 수 있는 것은, 폴의 행동이 정확히 그의 서투른 행동을 보여주기 때문이다. John Burningham의 그림책 첫 페이지에 그려진 장난감 기차는 즉각 다가올 모험의 성격을 알려준다. 몇몇 펼침면에서 현실에서 꿈으로의 이동이 일어나는데, 글과 그림은 그것을 매우 다양한 방식으로 보여 준다. 엄마가 소년에게 강아지 모양의 잠옷집을 줄 때 글은 우리의 주의를 세세한 부분에 집중시킨다. 만약 글이 없다면 우리는 결코 그 세세한 부분에 주목하지 못할 것이다. 두 장의 펼침면을 넘기면 잠옷집이 살아난다. 그리고 그 강아지는 소년과 똑같은 크기로 그려진다. 이 펼침면은 장난감 기차를 클로즈업해서 보여주며 배경에는 소년의 침대가 자리한다. 기관차에 작은 소년의 모습이 보인다. 그러나 그 때 그가 침대에서 자고 있는 지는 명확하지 않다. 여행 중에 글없는 펼침면에 그려진 흐릿한 가상의 풍경은, 사건이 꿈과 같은 성격을 지니고 있음을 강조해 준다. 『Paul Alone』과 달리, 갑작스럽게 깨어나는 것으로 이어지는 어떤 극적 사건도 없다. 서사는 정적이며 시적이다. 반복되는 패턴을 제외하면 플롯은 모호하고 구조나 결말 또한 취약하다.

글은 오로지 대화로만 되어 있다. 그러므로 독자에게 확실한 해석을 채택히도록 조종하는, 겉으로 드러난 분명한 화자가 없다. 그러한 화자는 우리에게 폴이 꿈을 꾸고 있다는 것을 권위적인 방식으로 알려 준다. 『야, 우리기차에서 내려』의 마지막 그림은 잠에서 깨었으나 아직 침대에 누워있는 아이와, 문에 서서 그에게 서두르라고 말하는 엄마를 보여 준다. 이 그림을 통해 객관적인 해석이 가능하다. 장난감 기차는 다시 전경에 놓여 있다. 꿈에서 현실로 안전하게 돌아온 것을 확인시켜 주는 것이다. 그러나 엄마는 갑자기 소년에게 "현관에 있는 코끼리와 목욕탕에 있는 물개, 세탁실의 두루미, 계단에 있는 호랑이, 냉장고 옆의 북극곰"과 무슨 일이 있었는지 묻는다. 소년에 대한 엄마의 권력은, 그리고 소년의 유치한 놀이에 대한 엄마의 불만은 소년의 실현된 상상의 산물을 통해 심각하게 전복된다.

힘과 모호성

앞서 논의된 예들은 작가들이 신봉해 온 것뿐만 아니라, 시대와 문화가 아동과 아동기에 대해 가졌던 지배적인 관점을 분명하게 반영하고 있다. 이 예들은 그 중 몇 가지가 다소 가벼운 정도로 전복적인 성격을 띠고는 있으나, 전체가 모두 성인의 힘을 공고히 해준다. 이제 나는 몇몇 스칸디나비아 지방의 그림책을 예로 들어보겠다. 이 그림책들은 성인의 규범이 글과 그림을 통해 어떻게 드러나는지를 보여줄 것이다.

Fam Ekman의 그림책, 『What shall we do with little Jill?』(1976)의 첫 번째 펼침면을 보면 어린 소녀의 부모가 제목과 똑같이 "꼬마 질과 무엇을 할까요?"라고 묻는다. 글은 우리에게 "질은 하루 종일 의자에 앉아있다."고 알려준다. 의자는 크다. 오른쪽 페이지 전체를 다 차지할 정도다. 어린 소녀는 그 페이지의 모퉁이로 사라진다. 두려움을 느끼고 있으며, 안전하지 않다는 것을 시사하는 자세로, 보는 사람들로부터 사라진다. 카펫 위에 놓여있는 신발 한 짝과 빌딩 블록 하나가 소녀가 느끼고 있는 삶에 대한 두려움을 상징한다. 그것은 오히려 성인의 공간으로 들어가려는 그녀의 헛된 시도로 해석될 수도 있다. 의자는 성인를 위해 만들어진 가구다. 아이의 공간에 있어야 할 블럭과 신발이 성인의 공간에 침입해있다. 문에서 머뭇거리고 있는 것처럼 보이는 부모의 모습은 의자와 비교했을 때 매우 작다.

그들은 자신들의 배려에도 불구하고, 소외된 채 무시당하고 있는 듯한 아동과 어울리지 않게 멀리 떨어져 있다.

부모는 질에게 그녀를 즐겁게 해줄 무언가를 주기로 결심하고 질의 방 벽에 그림을 건다. 펼침면에 질은 그려지지 않는다. 이같은 부모의 결정이나 행동에 질은 참여하지 않았다. 그림은 질이 원하던 것이 아니다. 왼쪽 페이지는 엄마 아빠가 서로 이야기를 하는 모습을 오른쪽 페이지는 그들이 그림을 걸고 있는 모습을 보여준다. 그들은 질에게 아무런 관심이 없다. 질을 따뜻하게 대하거나 사랑하는 것에 대해서도 결코 생각하지 않는다.

그림은 나무 밑 의자에 외롭게 앉아있는 소녀를 보여 준다. 이 이미지는 타원형의 그림이 거울을 연상시키지만, 소녀가 거울에 비춰진 질이라는 것을 직접적으로 시사하지는 않는다. 그것은 질의 마음 상태를 반영해 주는 것이다. 소녀의 외로움은 부모가 이미지 속에 없다는 것으로 표현된다. 질은 보는 사람에게 등을 돌리고 서있다. 그래서 우리는 그녀의 얼굴을 볼 수 없으며 그녀가 행복한지 기쁜지, 당황해하고 있는지, 슬픈지 추측해볼 수 없다. 그녀의 두 팔은 옆구리 쪽으로 힘없이 늘어져 있다. 그러나 다음 페이지에서 그녀는 더 결연한 자세로 뒷짐을 지고 있으며, 발로 바닥을 계속해서 두드리고 있다(덧붙이자면 이 장면은 『괴물들이 사는 나라』에 나오는 맥스의 자세를 떠오르게 한다.). 글 텍스트는 질이 그림이 무슨 쓸모가 있을지 바라보고 있다고 언급한다. 화가 난 그녀는 그림 속 소녀는 말을 할 수 없다고 언급한다. 기대하지 않았던 것은 아니지만, 그림 속 소녀는 질이 자신을 위해 뭘 해줄 수 있는 지 묻자, 말을 할 수 있다고 분명히 대답한다. 이제 질은 자신은 관심도 편안함도 느껴보지 못했음을 언급하며 자신의 거울에 비친 인물에게 그것을 전이시킨다(여기서 나는 라캉의 용어를 사용하지 않겠다.). 다른 많은 책에서처럼 해답은 애완동물에 있다. 그러나 그림에 그려진 소녀는 고양이나 개를 원하지 않고 말을 원한다. 아마도 말이 힘이 더 세고 남성적인 동물이며 영웅의 속성을 드러내주는 동물이기 때문인 것 같다.

다음 펼침면은 말을 찾고 있는 질을 보여 준다. 그녀는 도시의 이미지에 비해 매우 작게 그려지며 길을 잃은 것처럼 보인다. 배경은 그녀의 마음 속 풍경인 것 같다. 물론 어떤 것도 이러한 해석을 지지해 주지는 않는다. 저녁이 되자 질은 박물관 안에서 쉴 곳을 발견한다. 이 책에 대한 기존의 분석 가운데 대부분이 이 부분에 초점을 맞추어 왔다. 다시 말해 상호 텍스트, 아니 오히려 그림 사이의 상호관계, 상호 시각적 관계를 토대로 한 포스트모던적 유희 안에서 명화를 다루어 온 것이다. 그러나 내가 본 바로는 질이 여전히 혼자라는 것이 더 중요하다. 옷을 통해 상징적으로 표현된 바, 자기 자신을 버림으로써 새로운 정체성을 찾으려 한다. 그것이 사실 그녀를 얼어붙게 만든다. 그녀는 쉽게 여러 장의 그림 속으로 걸어 들어간다. 그리고 한 숙녀로부터 커피 한 잔을 대접받고 담요를 빌린다. 그리고 나서 홀에 내려가 말을 찾게 된다. 질이 그림 속으로 들어가면서 그림의 틀은 깨진다. 질의 세상과 그려진 세상 사이의 경계가 흐릿해진다. 결국 그녀는 기마상을 발견하고, 그림 속 친구에게 말을 주기 위해 집으로 가져온다. 이제 미술관에서 가져온 말 조각품은 질의 방에 있는 그림 속으로 들어간다. 질은 미술관에 있었던 그림 속 숙녀로부터 얻어온 담요를 여전히 덮고 있다. 이 이야기가 질의 상상 속에서 일어난 것임을 알려주는 것은 없지만, 모든 그림의 틀이 깨어진다. 현실에서 그녀는 여전히 버려진 상태다. 그림 속 소녀는 질에게 함께 할 것을 권하고, 질은 조금도 망설이지 않는다. 두 소녀는 말을 타고 행복하게 그림 밖 풍경 속으로 떠난다.

마지막 펼침면은 첫 번째 펼침면과 같다. 다만 질이 의자에서 나와 사라져버린 것과 "꼬마 질과 뭘 할까요?"라는 반복되는 질문에, 아버지가 "우리가 할 수 있는 것을 했다."고 답하는 것이 다를 뿐이다. 이 마지막 장면은 여러 가지로 해석할 수 있다. 말 그대로 부모의 무관심으로 인해 보이지 않게 된 아이의 모티프는 스칸디나비아 지방 아동 문학에서 자주 볼 수 있는 모티프이다. 부모가 전적으로 아이를 제압한 것인지 아니면 아이가 상상력을 통해 성인의 억압에서 벗어나면서 힘을 갖게 된 것인지는 여전히 의문으로 남는다. 맥스와 달리 질은 집으로 돌아오지 않으며, 자신은 부모의 관심 밖에 있다고 생각한다. 대신 그녀는 내면의 세계에 몰입해있으며 그러므로 싸움에서 진 것이다. 그러나 더 낙관적인 관점에서 보면, 그녀는 맥스와 달리 자연에서 영원한 피난처를 찾아낸 것이라 할 수 있다.

그러나 도피란 문제를 해결하는 최선의 방법이 아니다. 그리고 그처럼 모호한 결말을 감행하는 그림책 작가도 별로 없다. Gro Dahle와 Svein Nyhus의 『Behind

Mumme Lives Moni』(2000)에는 더 희망찬 전략이 소개된다. 이 책은 괴물에게 시달리는 착한 소년의 공포를 다루고 있다. 이 괴물은 16개의 거대한 다리가 달린 검정말을 타고 연기를 뿜으며 10초 만에 거인으로 자랄 수 있다. 그림은 글이 전달하는 것을 적절하게 반복한다. 괴물은 소년과 같이 녹색 체크무늬 바지를 입고 있다. 이처럼 그림은 괴물이 아이의 상상의 일부임을 분명히 시사해준다. 책은 자기 탐험에 대한 이야기를 감동적으로 전한다. 이 책에서는 글이 더 이상 충분하지 않을 때 그림이 그 역할을 담당한다. 글 텍스트는 "무미는 머릿 속에 긴 통로(복도)가 있다."고 말한다. 반면 그림은 이 간단한 문장을 놀라운 마음 속 풍경으로 확장시켜준다. 그림에는 끝없이 이어진 문의 딱딱한 직선이 아이 얼굴의 부드러운 윤곽선과 대조를 이룬다.

어떤 성인도 글을 통해 언급되거나, 그림으로 그려지지 않는다. 아이는 그 어떤 바깥 세계와도 접촉하지 않는다. 대신 자신의 감정을 안으로만 돌린다. 무미는 도움이 되는 쌍둥이를 찾는 대신 괴물을 발견한다. 그는 위협적인 말을 가까스로 길들인다. 괴물은 원숭이로 변한다. 그러나 이 원숭이가 해를 끼치지 않는 다정한 동료가 되지는 않는다. 이 원숭이는 오히려 본래의 상태로 되돌리라고 협박한다. 그러나 소년은 무서움이나 공격성을 이겨낸다. 그는 말을 길들여야 할 때면, 언제든지 길들일 것이다. 그러면 끔찍한 모니가 점점 더 온순해져 친구가 될 것이다. 그 다음 글 텍스트는 평화로운 그림과 함께 무미가 이중인격의 무미가 될 것이라고 말한다. 밖으로 자신을 투사하는 대신 괴물을 자기 자신 안에 통합하는 것은 대단한 승리다. 그러나 글이나 그림이나 결말은 여전히 모호하다. 무미는 달나라를 향해 떠나고, 모니는 뒤에 남아 손을 흔들며 "행운을 빈다!"고 외친다. 아이는 여전히 자신의 사악한 면으로부터 벗어나려고 하는 것일까?

무미를 대리인으로 인정할 수도 있지만, 그는 『피터 래빗 이야기』와 앞서 언급된 다른 여러 책에서 볼 수 있는 것처럼, 성인 인물이 아닌 성인 내포 저자에 의해 객체화된 인물이다. 질도 무미도 피지배자로 창조되었다. 그리고 성인 작가들은 자신들의 힘을 독자들뿐만 아니라 이 주인공들에게도 행사한다. 이러한 결론을 다루는 데 있어 가장 쉽긴 하지만 결코 정당화될 수 없는 방법은 이러한 책들이 어린이들을 위해 의도된 것이 아니라고 주장하는 일이다. 그런데 사실 이 책들은 어린이를 위한 것일 수 있다. 그러나 아동을 전제한 것이라기보다는 성인을 전제로 씌여진 것임에 틀림없다.

성인의 무관심을 다룬 다소 혼란스런 예가 바로 Bent Haller와 Dorte Karrebaek의 『The Ice Girl』(2001) 이다. 글은 성인이 말을 잘 듣는 두 명의 소녀를 지지한다고 언급한다. 그러나 그림은 아이러니하게도, 그들이 네 발이 가죽 끈에 묶인 채 끌려가고 있으며 개구리 피부에 개처럼 뒷발로 선 채 몸을 구부리고 있는 것을 보여 준다. 글과 그림이 서로 직접적으로 모순되지는 않는다. 글과 그림이 모두 서로를 충실히 따른다. 그러나 둘 사이의 상호 작용이 목소리와 관점 사이의 불일치를 낳는다. 말 그대로 냉랭한 두 친구의 무관심 때문에 얼음으로 변한 표지의 인물은, 글로 언급되기 전에 그림 속에 여러 번 그려진다. 처음에 그녀는 하나의 프레임을 통해 두 명의 다른 소녀들과 떨어져 있다. 두 소녀는 마주보는 페이지에 그려져 있다. 다음에 그녀는 무서움에 질린 얼굴을 하고, 완전히 깨어있는 상태로 침대에 누워 있다. 이는 담요 위에서 기도하듯 두 손을 모은 두 명의 다른 소녀와 완전히 대조를 이룬다. 소녀 두 명이 공책에 글씨를 빽빽하게 쓴 반면, 이 소녀의 손은 아무 것도 쓰여 있지 않은 공책을 앞에 둔 채 그대로 있다. 두 불량소녀의 행동은 가위를 통해 상징적으로 그려진다. 가위는 외로운 소녀 가까이에 위험하게 놓여 있다. 소녀는 그들이 지독하게 무시하기 때문에 꼼짝 못하고 있는 것처럼 보인다. 인간에서 얼음 상으로, 그리고 결국에는 웅덩이로 변하는 것이 여러 장의 펼침면으로 확장되며, 소녀가 실제로 추위를 느꼈다는 글이 덧붙여진다. 그러므로 이야기의 갈등은 시각적으로 소개되며 주로 비유적 표현을 통해 전개된다. 글은 확실히 덜 극적이다. 어떤 성인도 소녀를 괴롭히는 이런 행동에 개입하지 않는다. 그리고 이 괴롭힘은 힘의 재생산으로 드러난다. 학대당한 적이 있는 사람들이 (글은 그 반대를 보여주려고 하지만) 억압하는 사람이 된다. 성인의 보호가 없는 상태에서 주인공은 죽는 것 외에 다른 방도가 없다.

어린이의 승리

Pija Lindebaum의 『Bridget and the Gray Wolves』(2001)은 빨간 모자를 완곡하게 표현한 책이다. 수줍음과 겁이 많은 소녀가 유치원 친구들과 산책하는 도중 길을 잃는다. 아니 어쩌면 그림이 암시하는 것처럼, 길을 잃은 것이 아니라 스스로 시끄럽고 거친 아이들 틈에서 빠져나온 것인지도 모른다. 그녀가 어두운 숲에서 늑대들을 만나 길들이는 행동은, 공격성 보다는 공포를 나타내는 괴물들을 제외하면, 맥스를 떠오르게 한다. 그러나 그녀가 얻게 되는 유일한 보상은 자신에 대한 믿음이다. 이는 책의 마지막 그림을 통해 강조된다. 마지막 그림은 그녀가 처음에는 감히 뛰어내리지도 못했던 놀이집 꼭대기에서 춤을 추는 모습을 보여 준다. 이것은 아이에게는 대단한 성취이며 자존감을 크게 높일 수 있는 방법이다. 그러나 어두운 숲, 특히 가상의 숲으로 들어가는 것과 놀이집에 오르는 행위는 성인의 가치척도로 보면 중요한 것이 아니다.

비슷한 예로 Dorte Karrebaek의 『Little Miss Pants and the Small Victories』(2004)를 들 수 있다. 어린 팬츠 양은 Karrebaek의 작품에 나오는 많은 인물들처럼 외로운 아이다. 어쩌면 혼자 사는 것으로 보아 아이가 아닌지도 모른다. 이 외로움은 아마도 아이가 주관적으로 느끼는 것일 수도 있다. 주인공은 하늘을 무서워한다. 하늘이 무너져 내릴 수도 있기 때문이다. 어둠과, 큰 개, 새와 뱀, 벌, 모기, 그리고 도로에 있는 차들과 광활한 바다가 모두 무섭다. 글은 이 모든 것을 조용히 언급한다. 그림은 지나칠 정도로 수직으로 크고 긴 페이지의 꼭대기에 팬츠 양의 작은 이미지를 보여주거나, 그림의 프레임을 깰 만큼 거대한 동물을 소개함으로써 두려움을 강화한다. 이야기는 팬츠 양이 두려움에 맞서 싸우는 것과 같이 가능한 유일한 방법으로 그 두려움을 천천히 무찌르는 것을 보여 준다. 그녀는 넓은 화판에 작은 형상으로 그려진다. 그러나 그녀의 자세는 그녀가 누군가가 이끄는 대로 가기보다 스스로 솔선해나감으로써 더 적극적이며 더 자신감에 차있다는 것을 보여 준다. 크고 무서운 개가 친구로 변하고, 결국에는 그 개 또한 두려움을 느낄 수 있다는 것을 받아들이게 된다. 뒤에서 두 번째 페이지에서 두 마리의 개는 그들이 느끼고 있는 두려움을 강조하듯 땀을 흘리면서, 다리 사이에 꼬리를 내린 채 걷는다. 그리고 마지막 페이지에서 그들은 둘 다 불쌍해 보이며 매우 수줍어하는 것처럼 보인다. 반면 팬츠 양은 행복하게 웃고 있다. 만약 이 두 명의 다른 등장인물이 성인이라면, 아이는 그 성인보다 더 힘이 세다는 것을 입증해 보였다. 또 이 인물들이 그녀의 상상의 산물이라 할지라도, 두려움과 싸워 이길 수 있다는 것을 증명해주었다.

아동의 자율권 획득은 흔히 성인의 규범을 문제삼지 않은 채, 단지 한 개인의 성취로만 소개된다. 아동은 과도한 공격성이나 터무니없는 공포와 같이 아동기에 내재해 있는 문제를 극복하고, 성인 세계에 받아들일만한 상태로 사회화된다. 개인의 심리적 수준에서 발달은 칭찬할만하다. 성인 규범의 관점에서 보면, 텍스트는 아동 본래의 불완전함과 이후의 개선을 확실히 해준다. 텍스트의 바탕에 깔려 있는 이 정교한 메시지는, 성인 작가가 독자이자 등장인물인 아동보다 여전히 더 우월한 존재임에 따라, 책이 지닌 전복성을 상쇄시켜 준다. 작가들은 성인을 허구 세계에서 보이지 않는 존재로 만듦으로써 그들 자신이 지니고 있는 힘의 위상을 감춘다. 아동은 성인 저자가 위에서 그들을 짐짓 정중하게 주시하고 있기 때문에 객체화될 수 있다.

자신의 규범을 문제삼는 저자는 많지 않지만, 이따금 현대의 유능한 아동에 대한 생각이 제시되는 경우는 있다. Pija Lindenbaum의 『When Ake's Mom Forgot』(2005)에서 텍스트는 어린 소년의 엄마는 "아침에 매우 거칠다."고 한다. 그리고 그녀 스스로 "미칠 것 같다."고 말한다. 이 글 텍스트는 반복된다. 즉 거친 아침은 비록 딱 한 번 그려지긴 하지만, 반복되는 사건이다. 역동적인 이미지가 엄마의 말 그대로 엉망인 상태를 반영해 준다. 즉 용의 가면을 쓴 채, 아침 식탁에서 장난감 용을 가지고 노는 소년을 보여 준다. 글 텍스트는 "안에는 소리가 별로 들리지 않았다."고 함으로써, 소년이 엄마의 시끄러운 목소리를 듣지 않기 위해 가면을 쓰고 있음을 말해준다. 아동의 생존 전략은 다른 책에서와 마찬가지로, 자기만의 언어의 세계로 숨는 것이다.

다음 펼침면에서 엄마는 분홍빛 "일종의 용"으로 변한다. 분홍색은 엄마가 첫 번째 펼침면에서 입고 있던 옷 색과 일치하며, 부스스한 머리카락은 머리띠로 고정되어 있다. 보호막 역할을 했던 더 부드럽고 공격적인 용의 가면과는 다른 용이다. 그러나 그 이미지는 가면과 장난감을 통해 환기된다. "미칠 것 같다."는 표현은 그림을 통해 플롯 전체로 확대된다. 그 중에서도 특히 소년은 엄마의 변신에 대해 조금도 놀라지 않는다. 이는 이미지를 한편으로는 엄마의 상태(그녀는 분명 극도의 스트레스와 관련된 우울증을 앓고 있다.)로, 그리고 또 다른 한편으로는 소년의 지각과 관련된 일종의 치환으로 해석할 수 있다는 것을 지지해준다. 다른 사람들은 그 용을 이상하게 생각하지 않는다. 동물 사육장에서 표를 파는 사람은 소년에게 동물은 무료입장이라고 말해준다. 아이들은 놀이터에서 용이 담배 연기를 뻐끔거리자 항의한다. 그리고 용이 불을 내뿜기 시작하자 소방차가 출동한다. 할머니는 엄마가 며칠 지나면 본래 상태로 돌아올 것이라고 말하며 소년을 위로한다. 그림은 인간과 동물사이의 흐릿한 경계를 잘 보여 준다. 용은 서서 걸으며 손가방을 들고 있다. 그러면서도 벌레를 잡아먹고, 개를 공격하며 몸을 웅크린 채 바닥에서 잔다. 중심 에피소드에서 용은 피터 래빗처럼 자신의 옷을 떨어뜨리며, 인간의 특성 가운데 하나를 잃는다.

아이는 엄마에게 부모노릇을 하게 되면서 점차 힘을 얻게 된다. 아이는 엄마가 요리하는 법을 잊어버리자 아침을 스스로 해결한다. 그는 엄마의 사무실로 전화를 걸어 엄마가 출근할 수 없다는 것을 알리고, 엄마를 병원에 모시고 가 용을 낫게 하는 약이 있는지 알아본다. 또 엄마가 불을 끄지 못하자 주유소에서 물을 길어와 그녀를 구한다.

다음날 아침 엄마는 다시 본래의 모습으로 돌아온다. 거친 사육제가 끝나고, 아이는 다시 의존적인 상태로 돌아간다. 그림은 첫 번째 펼침면의 스트레스를 받은 엄마와는 다른 엄마를 보여준다. 식탁은 깨끗하다. 그리고 두 조각의 빵이 토스터에서 튀어 오른다. 엄마는 평화롭게 미소 지으며 아침을 먹고 있다. 소년은 엄마가 전화로 자신은 하루 휴가를 내어 아들과 소풍을 갈 것이라고 말하는 것을 듣게 된다. 이 목가적인 결말은 적어도 일시적으로나마 화해했음을 보여 준다. 이 이야기는 반복되지 않고 단 한번 언급된다. 이야기가 전체적으로 소년의 관점에서 이야기되기 때문에, 우리는 엄마가 본래의 모습을 잃었을 때 엄마에게 어떤 일이 일어났는지 조금도 알지 못한다. 그러나 분명한 것은 그녀가 최악의 스트레스에서 벗어났다는 것이다. 이 터무니없는 휴전(일시적 중단)은 엄마와 아이 사이를 더 가깝게 만들어준다. 이는 곧 아이의 권력쟁취가 긍정적인 효과를 갖는다는 것을 의미한다.

마지막으로 나는 성인의 규범이 문제시 될 뿐만 아니라, 완전히 무너지는 예를 소개하겠다. Dorte Karrebaek의 『The Girl Who was Good at Many Things』(1966)에서 성인의 세계는 매우 역겹다. 성인들은 무책임하고 믿을 수 없는 사람들로 그려진다. 프레임을 활용한 유희는 억류와 비참한 느낌을 자아낸다. 첫 번째 펼침면의 그림은 넓은 테두리로 닫혀있는데, 이는 감금을 시사하며, 주인공의 수동적이며 풀이 죽은 몸짓을 통해 더욱 강조된다. 이어지는 펼침면에서 그녀는 가두는 듯한 프레임을 빠져나와 자신만의 공간으로 피신한다. 그녀는 가장자리 공간을 차지하고, 거기서 자신을 돌보기 위해 필요한 행동을 할 수 있다. 그러나 술에 취한 부모의 다툼을 보여주는 프레임 안의 상황이 눈에 보이는 그녀의 은신처에 끼어든다. 이는 들쭉날쭉한 천연색의 선으로 형상화된, 귀청이 떨어질 듯한 소리로 표현되거나 또 부모들이 가지고 싸운 베개에서 나온 깃털, 그리고 마지막으로는 프레임을 깨고, 별이 빛나는 소녀의 고요한 밤 안으로 넘어져 들어온 빈 병으로 표현된다. 아동기를 강탈당한 채, 자신의 부모에게 부모노릇을 하고 있는 이 이름 없는 소녀는 자라는 것 이외에는 그러한 상황에서 벗어날 그 어떤 뾰족한 방법도 알지 못한다. 그녀는 말 그대로 프레임과 테두리 밖으로 걸어 나온다. 마지막 펼침면은 그녀가 책 밖으로 걸어가는 것을 보여 준다(실제로 그림은 오른쪽 페이지 맨 위쪽 구석에 그녀의 하반신을 보여준다.). 정해진 프레임이 사라지고 흰 여백이 열림과 자유를 시사해준다. 이 소녀는, 성장한 다음 성인 세계의 질서에 통합되는 다른 아동문학 작품에 나오는 많은 인물들과 달리 지나치게 구속하는 성인의 세계로부터 걸어 나와 자신의 길을 찾고자 한다. 이야기는 우리에게 그녀가 다른 많은 문학작품에 나오는 언니들과 같이 성공했는지 아니면 죽었는지 말해주지 않는다. 그러나 우리는 그녀의 잠재력을 믿게 된다.

그러나 책을 보면 서사에 불확실성을 더해주는 부분이 있다. 책의 앞 뒤 표지가 분명한 갈등을 보여 주기 때문이다. 앞표지가 낙관적인 결말을 비춰주는 반면, 뒤표지는 인형처럼 굳어진 인물을 보여 준다. 그런데 이는 처음에 그려진 그녀의 모습과 같다. 뒤표지에는 출판사의 광고 문구처럼 깨끗이 잊어버리기 쉬운 다음과 같은 글이 쓰여 있다. "머물기 좋은 곳, 즉 꺾을 꽃이 있는 곳을 찾기에는 결코 이르다고 할 수 없다.” 이것은 이야기의 교훈적 의미에 해당한다. 그러나 그림이 본래의 상황으로 돌아가는 것을 시사할 때, 우리는 그것을 믿을 수 있을까? 아니면 어두운 뒤표지를 통해 우리가 책을 돌려 다시 한번 읽도록 부추기는 것일까? 또 혹은 전체적으로 책의 낙관적인 느낌과는 반대로, 해방이란 단지 상상 속의 도피에 불과한 것일까? 그렇다면 이처럼 진정으로 전복적인 책조차도 성인의 패권을 인정하지 않을 수 없게 한다.

CHAPTER

12

독자의 타자화 : 동일시의 오류

- 공포와 이상화
- 방황하는 화란인과 방랑하는 유대 인
- 분리된 자아
- 합치된 자아
- 분리된 화자

CHAPTER

12 독자의 타자화 : 동일시의 오류

청소년들에게 문학을 가르치면서 등장인물 가운데 한 사람, 그 중에서도 특히 주인공에게 스스로를 "동일시"하도록 격려하는 일이 흔하다. 교사는 "너희들은 이 이야기에서 누구랑 닮은 것 같니?"라는 질문을 던짐으로써 이러한 의도를 표현한다. 아동문학을 공부하는 학생들은 텍스트에 동일시할 수 있는 대상이 있을 때 더 잘 받아들인다. 이런 난해한 현상을 동일시의 오류라 부른다. 이는 신비평의 유명한 의도적 오류와 유사하다(Wimsatt and Beardsley, 1954). 동일시의 오류는 아동 문학에 대한 연구와 교육 사이에 있는 놀라운 불일치를 그 어떤 비평적 입장 보다 더 잘 드러내준다. 어린 독자들이 문학 작품 속에 나오는 인물의 주체적 입장을 취해야 한다는 확신은, 근거도 없으며 성숙한 독서 발달을 저해한다.

현대의 많은 연구들, 특히 서사학과 수용이론에 기대고 있는 연구들은 독자가 주인공을 적절하게 평가하기 위해서는 주인공의 주체성으로부터 자신을 해방시킬 수 있는 능력을 갖는 것이 중요하다고 강조한다(Stephens 1992, 47-83). 이 능력은 독서 능력에서 매우 중요한 부분이다. 교양 있는 독자가 이와 같은 능력을 가질 때 작품을 이데올로기적으로나 미학적으로 더 잘 이해할 수 있기 때문이다. 매우 흥미롭게도, 동일시의 충동은 대체로 문학 연구에서 매우 드물게 논의되어 왔다. 우리가 라스콜리니코프와 동일시하려고 한다면 어떻게 도스토예프스키의 작품을 읽을 수 있을까? 또 맥베스와 동일시해야 한다면 셰익스피어를 어떻게 평가할 수 있을까? 또 그레고르 잠자와 동일시한다면 카프카의 서사적 아이러니를 어떻게 즐길 수 있을까? 베르톨르 브레히트는 낯설게 하기라는 이론에서 동일시의 충동에 대해 강한 의문을 제기한 바 있다. 그렇다면 왜 교사는 물론 몇몇 비평가까지도 어린 독자들은 반드시 텍스트 내에서 동일시 대상을 찾아야 한다고 주장할까? 아이들의 책에 대한 리뷰는 왜 그토록 자주 "이 책은 정말 좋은 책이다. 왜냐하면 주인공과 동일시하기 쉽기 때문이다."와 같은 평가를 덧붙이는 것일까? 동일시의 오류를 몇 살 때 그리고 어떻게 극복했는지를 보여주는 경험 연구는 없다. 어린 독자들이 객체에서 주체로 바뀌고, 문학작품에 나오는 인물의 고정된 주관성을 수동적으로 받아들이는 대신 독립적이며 융통성 있는 독자로 변하기 위해서는 성인의 압력에 크게 맞서야 한다.

마찬가지로 아동문학 작가들도 복잡한 전략을 계발하여 성인 비평가와 교사, 사서를 기만하고 그들 몰래 동일시의 충동을 전복시킬 수 있어야 한다. 문학 텍스트는 어린 독자가 다른 사람들에게 공감하는 법을 반듯이 가르친다. 독자가 공감할 수 있으려면, 현실에서 나만 존재한다는 믿음을 버리고 다른 사람들과 상호작용을 해야 하는 것처럼, 문학 작품에 나오는 인물들과 자기 자신을 분리시켜야 한다. 그러므로 문학작품 속에 주체성이 어떻게 축조되어 있는지, 그리고 또 어린이 문학 작가는 어떤 방식으로 독자를 동일시의 충동으로부터 구해내려고 하는지 아니면 그 충동에 빠지도록 하는지를 이해하는 것이 중요하다.

문학적 접근과 교육적 접근 사이의 대립은 사용된 용어만 봐도 알 수 있다. 교육학은 텍스트가 제공하는 것은 무엇이든 따르는 수동적인 역할의 동일시 대상에 대해 이야기한다. 그러나 문학 연구는 텍스트와 상호 작용하는 능동적인 참여자이지만, 텍스트에 드러난 이데올로기와는 독립적인 존재로서의 독자인 주체를 강조한다. 차이는 더 나아가 Mikhail Bakhtin의 주관성의 단성적 구성 대 대화적 구성이라는 용어로 설명된다(McCallum, 1999; Wilkie-Stibbs, 2002). 우리는 자주 아이들에게 비판적 독자가 되라고 가르친다. 그러나 아이들이 문학 작품에 등장하는 인물들을 따르도록 장려되는 한, 그들이 양식을 얻고 있는 것에 대해 비판적일 수 있는 법을 배우기는 어렵다.

앞 장에서 나는 소외 전략이 어떻게 주체의 입장에 영향을 미치는지를 보여주었다. 문학텍스트에 의해 제공된 주체성이 텍스트에서 선택할 수 있는 한 명의 인물이나 심지어는 여러 명의 인물에게 고정되어 있거나 묶여 있는 경우는 매우 드물다. 오히려 주체성은 수신자(청자)와 특히 내포 독자와 연결되어 있다. 이 대리인들이 실제 독자들을 조종하여 텍스트를 해석하게 한다. 여기서 "조종한다."는 단어는 경멸조로 사용된 것이 아니다. 조종한다는 것은 간섭뿐만 아니라 지원 또한 함축한다. 더 나아가 지원과 간섭은 다소간 다양한 관점에서 보면 바람직한 것일 수도 있다. 어떤 경우에도 텍스트의 주체적 입장은 내포독자가 구성하는 텍스트와 연결되어 있다.

동일시 문제를 논할 때 가장 좋은 텍스트 가운데 하나가 『사자와 마녀와 옷장_The Lion, the Witch and the Wardrobe』(1950) 이다. 여러분이 나이가 많고 용감하고 책임감이 있다면 피터를 선택하라. 여러분이 신중하며 합리적이라면 수잔을 선택하라. 또 잘 속고 명랑하고 성실하다면 루시가 여러분의 모습이다. 또 여러분이 심술궂고 흉악하며 단 것을 좋아한다면 에드먼드를 선택하라. 이 방법은 여러분이 컴퓨터 게임을 할 때 자신에게 맞는 캐릭터를 선택하는 것과 같다.

교육적 입장에서는 다중적 인물을 아동문학의 바람직한 인물로 주장해왔다. 일반적인 예를 인용해 보면, 다중적 인물들이 남녀를 불문한 다양한 연령의 독자들에게 동일시 대상을 제공해주기 때문이다. 그 텍스트는 더 고급 용어로 번역되어 다양한 주체적 입장을 허용해 주는데 이 입장은 하나하나가 인물들 가운데 한 사람과 굳게 묶여있다. 아동문학에서 집단적인 인물을 좀 더 면밀히 들여다 보면, 그들은 대부분 교육적인 장치로 활용되고 있음을 알 수 있다. 작가는 한 명의 복합적인 인물을 그리는 대신, 여러 명의 인물에게 다양한 개성을 나누어 놓는다. 다시 말해 때로는 서로 모순되는 다양한 특징을 갖고 있는 한 명의 인물보다는, 오히려 용감한 피터와 감수성이 예민한 수잔, 불성실한 에드먼드와 정직한 루시를 등장시킨다. 집단적 인물은 아동문학의 통상적인 시학의 일부분처럼 여겨질 수 있으나, 어려움을 낳기도 한다. 왜냐하면 텍스트의 주체적 입장은 끊임없이 인물 가운데 한 사람에게 붙어 다닐 수밖에 없기 때문이다. 특정 현실의 독자들은 어떤 이유에서 에드먼드와 같은 '잘못된' 인물과 동일시할 수도 있다. 왜냐하면 그들은 자신들이 갖고 있는 몇 가지 특징을 그를 통해 확인할 수 있기 때문이다. 그런데 이같은 선택이 더 진보적인 것은 아니다. 왜냐하면 그것은 고정된 주체성을 전제로 하기 때문이다. 성숙한 독자라면 인물과 분리된 주체적 입장을 취할 것이다.

상호주관성이라는 포스트모던 개념은 독자에게 더 많은 자유를 허용해준다. 왜냐하면 이 개념은 주체적 입장을 유동적인 것으로 만들어 주는 반면, 텍스트는 더 매력적인 것으로 만들어 주기 때문이다. 성숙한 독자들은 『사자와 마녀와 옷장』에서 등장인물 가운데 한 명과 동일시하는 대신, 네 명의 아이들의 구체적인 예에서 본래 자신이 갖고 있던 관점과 전이된 관점을 공유함으로써 그들 사이의 어느 지점에선가 주체성을 선택할 수 있다. 이를 통해 독자들은 네 명의 인물을 모두 동일한 전제에서 출발하여 평가할 수 있으며, 동시에 화자의 주체적 입장이라는 함정을 피할 수 있다. 여기에 화자의 시점과 관련된 또 다른 문제가 있다. 텍스트는 강력한 화자의 주체성을 제공함으로써, 독자로 하여금 그 안에 완전히 휘말려들게 하기 때문이다. 매우 주제넘게 나서는 화자는 인물의 행동을 심판하고 에드먼드의 불성실한 행동에 대해 변명을 하고, 일반적인 지적을 하며, 가능한 모든 방법을 동원하여 독자를 인물들보다 우월한 존재로 위치시킨다. 그렇지만 화자는 명백히 성인이기 때문에 어린 독자들이 그의 관점을 채택하기는 어렵다.

공포와 이상화

동일시하는 것을 지지하기보다 어렵게 하는 가장 간단한 아동문학의 예는 하인리히 호프만의 『더벅머리 아이_Struwwelpeter』(『단정치 못한 피터_Slovenly Peter』로 알려져 있다; 1845)와 같은 경고성 이야기다. 아이들은 마음 속으로 손가락 빠는 아이랑 동일시할까 아니면 안 먹는 아이와 동일시할까? 호프만은 이 잔인한 이야기로 신랄한 비판을 받았다. 그런가하면 또 어떤 학자들은 그만큼이나 열렬하게 『더벅머리 아이』를 일종의 패러디라고 주장했다(Zipes, 2001, 147-169). 호프만을 비판한 입장에서 보면, 이 책의 의도는 독자를 겁주려는 데 있다. 모든 등장인물이 잘못된 행동에 대한 벌을 받기 때문에, 그들은 공감보다는 혐오감을 불러일으킬 것으로 생각된다. 독자들은 "자업자득이다."는 반응을 보일 것이다. 이 책은 어떤 균형추도 제공하지 않는다. 성인은 아동에게 잔인하게 굴기 때문에 못된 인물이 되는 반면, 아동은 자신들의 행동 때문에 못된 인물이 된다. 이 경고성 이야기는 등장인물과 독자 사이에 극복할 수 없는 거리를 만들어낸다. 만약 다른 한편으로, 호프만의 불후의 작품을 그와 같은 시대를 산 아동 문학가들에 대한 아이러니한 응답으로 이해한다면, 어린 독자들의 주체성은 더 복잡해질 것이다. 비록 제한적인 경험 연구에 따른 것이지만, 어린 아이들은 아이러니를 이해하지 못하는 것으로 알려져 있다. 즉 언급된 내용이 문자 그대로의 뜻과 반대되는 의미를 가질 때 이를 잘 이해하지 못한다고 한다. 그렇다면 어린 독자들은 처음부터 호프만의 아이러니를 포착하지 못할 것이다. 설사 그들이 다소간 아이러니를 포착한다 해도, 이야기에서 더 크게 뒷걸음질 치려고 하면서 동일시하지 않으려 할 것이다. 밝혀진 바대로 대중적이면서 동시에 천박한 이 책은 동일시의 문제에 대해 매우 효과적으로 이의를 제기한다. 아마도 이 점이 이 책이 지닌 영원한 매력일 것이다.

잘못된 행동과 처벌에 대한 호프만의 이야기에 나오는 아동과 대립되는 아동은, 19세기 아동문학에서 흔히 볼 수 있는 이상적인 아동이다. 『Jessica's First Prayer』(1867), 『What Katy Did』(1872), 『The Foundling』(1878), 『하이디_Heidi』(1880), 『Little Lord Faunteroy』(1886)나 『북풍의 등에서_At the Back of the North Wind』(1871)에 나오는 행복에 겨운 주인공들과 같은 아동으로, 그들은 자신을 개선할 뿐만 아니라, 더 나아가 자기 주변에 있는 성인들을 교화시킨다. 예를 들어 아이들이 굉장히 좋아하는 하이디는 매우 완벽하고 다정하며 착하고 순정적이어서 예민한 독자들은 동일시를 강요할 경우, 오히려 화를 낼 것이다. 독자들이 이 천사와 같은 아이들을 즐기려면 자신의 주체성을 내던져야 할 것이다. 그렇게 할 때, 그들은 계획적인 인물구성 장치로서의 이상화를 이해할 수 있기 때문이다. 그 소설은 아이보다는 오히려 할아버지에 관한 이야기로 해석되어 왔다(Usrey, 1985). 이러한 해석은 일종의 병폐를 나타낸 것이라 할 수 있다. 다섯 살 난 여자아이와 동일시할 수 없었던 비평가들이 다른 동일시 대상을 찾으려 했고 그 대상을 발견하자 이유 불문하고 자신들의 주장을 내세운 것이다.

뛰어난 아동에 대한 또 다른 전통이 있다. 유럽아동문학에서 널리 사용되었던 원형이자, 영어권에서는 덜 알려진 "외계의 아동"에 대한 전통이 바로 그것이다. 이 개념 자체는 E. T. A. Hoffmann의 책 제목 『The Alien Child』(1818)로 거슬러 올라간다. 외계인, 이방인이자 낯선, 또 혹은 초인적인 아동에 대한 생각은 독일어로 "fremde 이방인"을 어떻게 번역하느냐에 달려있으며 어디서나 갑자기 나타나 초인적인 능력을 갖고, 다른 사람의 삶에 영향을 주며 자주 아무런 설명 없이 사라지는 인물을 의미한다. 그러한 인물의 예를 몇 가지 들어보면, Saint-Exupéry의 『어린 왕자_Little Prince』(1943), Maurice Druon의 『꽃 피우는 아이 티스투_Tistou of the Green Thumbs』(1958), Michael Ende의 『모모_Momo』(1973)와 Christine Nöstlinger의 『깡통소년_Konrad』(1975)를 들 수 있다. 어린왕자는 사막 한 가운데에 나타나지만 배고픔이나 목마름을 느끼지 않는다. 그는 보이지 않는 가상의 것을 볼 수 있다. 그리고 매우 신비스럽게도 소행성으로부터 왔다. 성인 주인공이자 화자인 한 명의 비행사가 사막에 불시착하게 되면서 자신의 내면에 자리한 아이를 만난다. 꽃 피우는 아이 티스투는 수식어에서 알 수 있듯 식물과 꽃을 자라게 하는 데 놀라운 재능을 가지고 있다. 그는 기적처럼 하룻밤 만에 탱크와 대포에 꽃을 피울 수 있다. 그렇게 하여 피할 수 없었던 전쟁을 막는다. 이야기 끝에 티스투는 사라진다. 그리고 이 사실은 분명하고도 다소 교훈적인 방식으로 마지막 문장에 언급된다. "티스투는 천사였다고." 독자들이 (애써) 이 완벽한 소년과 동일시할 수 있다 할지라도, 어떤 사람이 천사와 동일시할 수 있을까? Nöstlinger의 콘라드는 한 집시 소녀가 잘못 주문한 깡통에서 성장한다. 그는 영화 〈A. I.〉에 나오는 인물에 앞서 나온 선구자와 같은 인물이다. 착한 일을 하고 순종적이며 감정이 없는 것으로 프로그램화된 완벽하게 조립된 로봇-아이이다. 콘라드는 아이와 같은 측면에서 보면 점점 더 인간답게 성장한다. 그는 질문이 많고 다정하다. 그 역시 자신을 키워준 양모와 주변 전체를 변화시킨다. 인간으로 변하는 로봇이나 인형에 대한 생각은 『피노키오_Pinocchio』로 거슬러 올라간다.

마지막으로 Michael Ende의 소설에 나오는 모모는 이미 앞서 소개한 그 어떤 인물보다도 신비스러운 인물로, 듣는 것에 놀라운 재주가 있다. 그는 주변에 있는 그 어떤 성인보다도 급박한 위협을 잘 감지한다. 늘 그렇듯이 그의 가장 친한 친구는 어린이가 아니다. 이야기에서 악역을 맡은 백발이 성성한 신사는 어쩌면 드러나지 않은 권위를 대변한다. 그는 누구나 알고 있는 "시간은 돈이다."는 격언이 말해주듯, 시간이 가장 값진 재산이라는 것을 분명하게 깨닫는다. 그러나 이 소설에서는 성인이 아이보다 더 어리석은 것으로 판명된다. 백발이 성성한 신사들은 자신들이 훔치는 시간이 없으면 존재할 수 없다. 그들의 목적은 세상에 있는 모든 시간을 훔치는 것이며, 인간을 힘이 없는 잉여인간으로 만드는 것이다. 심지어는 아이들도 새로운 방식에 동의할 수밖에 없다.

모모는 훔친 시간을 되돌리는 데 성공한다. 그래서 성인보다 뛰어나다는 것을 증명해 보인다. 의미심장하게도 모모는 시간과 공간 밖에 있는 인물이다. 텍스트가 서두에 그것을 지적해주듯, 그녀가 대도시의 가난한 변두리에 갑자기 나타났을 때 "어느 누구도 그녀의 나이를 말한 적이 없다."(13) 나중에 나이를 묻는 질문에 그녀는 "내가 기억할 수 있는 한… 나는 세상 일을 훤히 알고 있다."(14)고 대답한다. 그녀는 선택된 자로서 시간이 없는 지역으로 들어갈 수 있다. 그 곳에서는 세쿤두스 미누투스 호라 교수가 세상 모든 사람들에게 할당된 시간을 급히 해치운다. 흔히 아동문학에서 순진한 아이는 그 순진함 때문에 세상을 구하는 부담을 떠안아야 한다.

이 모든 인물의 공통된 특징은 그들이 성인을 교화시킨다는 것이다. 이는 다양한 방식으로 해석될 수 있다. 나는 콘라드를 아동기에 대한 긍정으로 보고자 한다. 어린왕자는 영원히 잃어버린 어떤 것에 대한 향수어린 추억이며, 따라서 그만큼 성인 작가의 자기탐닉이라 할 수 있다. 티스투는 평면적인 인물로 성인 이데올로기의 대변인인 MacDonald의 다이아몬드를 떠오르게 한다. 반면 모모는 여전히 수수께끼로 남아있다. 해석이야 어떻든 이 인물들은 모두 동일시를 권유하는 방식대로 구성되지는 않았다.

방황하는 화란인과 방랑하는 유대 인

이미 앞 장에서 부분적으로 논의한 바와 같이, 독자는 장르와 배경에 따라 소외감을 느낄 수 있으며 따라서 독립적인 주체의 입장을 취할 수 있다. 동화는 시간과 공간에 있어 우리와 매우 멀리 떨어져 있다. 이러한 사실은 "옛날에, 여러분이 살고 있는 시대가 아닌, 그리고 내가 살고 있는 시대도 아닌…."과 같이 시작되는 문구를 통해 입증된다. 동화의 주인공들은 결정적으로 그 이야기를 듣는 사람들보다 우월하다. 어느 누구도 진지하게 거인을 죽인 잭과 동일시 할 수 없다. 소외는 판타지에서는 덜하다. 그러나 이미 입증한 바와 같이 판타지도 그 자체로 타자로 만드는 전략으로 작용하여, 독자로 하여금 독립적인 주체의 입장을 취하도록 한다. 어느 누구도 진지하게 거인을 죽인 잭과 동일시 할 수 없듯이, 독자들은 예를 들어 프로도 베긴스의 주체성을 채택할 수 없다. 그것은 프로도 베긴스가 인간이 아니기 때문이기도 하고, 또 독자들이 마법의 세계에 대한 경험이 없기 때문이기도 하다. 프로도가 괴로워할 때 독자들은 동정심을 느낄 것이다. 그들은 스스로 판단하며 틀림없이 자기 자신들에게 그러한 상황을 만들어보려고 할 것이다. 그럼에도 불구하고 동일시하기가 어렵다. 덧붙여 말하면 우리가 동일시와 주체성의 관점에서 Tolkien의 『호비트_The Hobbit』(1937)를 『반지의 제왕_The Lord of the Rings』(1954)과 비교해본다면, 더 어린 독자를 대상으로 삼고 있는 『호비트』는 한 명의 주요 등장인물이 있고 그래서 동일시를 촉진할 수도 있다. 그러나 『반지의 제왕』은 10대와 성인 독자를 대상으로 하며, 각기 나뉘어 자신의 플롯을 갖는 다수의 광범위한 인물이 등장한다. 추측컨대, 톨킨은 성인이 아닌 어린이를 위한 작품을 쓰면서 동일시라는 함정에 빠진 것 같다.

상당수의 판타지 소설에서 텍스트의 주체적 입장은 즉시 동일시를 포기할 것을 요구한다. Nathalie Babbit의 『트리갭의 샘물_Tuck Everlasting』(1975)에서는 아동문학에 자주 등장하는 주제인 불멸의 꿈이 악몽으로 바뀐다. 터크 가족이 서로 자신들의 상황이 축복인지 저주인지 토론하는 동안, 화자는 그들의 비극적인 운명에 대해 분명한 태도를 보인다. 가족 구성원들은 자신들이 처한 곤경에 대해 다양한 태도를 보여준다. 그러므로 소설은 영원한 삶이라는 저주와 관련된 인간의 고통에 초점을 맞춘다. 또 저주받은 사람들의 소외를 강조한다. 터크 가족은 친구를 사귈 수 없으며 일반적으로 바깥 세계와 관계를 맺을 수 없다. 성숙한 독자라면 서사 이면에서 방랑하는 유대 인이라는 보편적인 모티프를 알아챌 것이다. 터크 가족은 특별한 비행이나 악덕 때문에 벌을 받는 것이 아니다. 그들은 비행이나 악덕에 해당하는 행동은 조금도 하지 않았다. 터크 가족이 단지 하나의 단순한 사건으로 인해 혹독한 대가를 치르고 있기 때문에 매우 혼란스러울 수 있다. 저주의 괴로움은 아동 주인공에게서 제거된다. 터크 가족의 주체성 보다는 위니의 주체성을 채택할 것 같은 독자들을 보호하기 위해서다. 이 입장은 터크 가족이 위니의 무덤을 방문하는 것을 그린 에필로그 부분에 가면 전복된다. 이 텍스트는 아동이 단지 자신이 지닌 순진함 덕분에 악을 물리치게 된다는 것을 보여줌으로서, 아동문학의 관례를 따르고 있긴 하지만 동일시하기는 어렵다.

반대로 Diana Wynne Jones의 『The Homeward Bounders』(1981)에서는 부차적인 인물이 아닌 주인공이 저주를 불러오는 자로 등장함으로써, 텍스트는 이전의 아동문학이 보여주었던 것과 대조를 이룬다. 책은 드러내놓고 상호 텍스트성을 표명한다. 즉 "당신은 방황하는 화란인을 들어본 적이 있습니까? 없어요? 방랑하는 유대 인이라는 것도 들어본 적이 없나요?"(7)와 같은 방식으로 박식한 독자의 기대를 부추긴다. 12살인 제이미는 우연히 더 고도의 힘을 가진 익명의 세력이 벌이는 이상한 전쟁 게임에 가담하게 되고, "버림받은" 뒤 서로 유사한 수백개의 우주 사이를 영원히 방황해야만 하는 운명에 처하게 된다. 집으로 돌아오는 길을 찾으려는 시도는 모두 허사로 돌아가며, 그는 거기서 프로메테우스와, 아하수에로와 방황하는 화란인을 만난다. 그런데 그들 모두 그와 같이 누군가의 전쟁에 무력한 볼모로 잡혀 있다가 집으로 향해가는 사람들로 밝혀진다.

제이미가 결국 집으로 돌아가는 길을 발견했을 때, 그는 자신이 살았던 우주에서는 이미 수백 년이라는 세월이 흘렀으며, 자신에게 소중했던 사람들이 모두 죽었다는 것을 알게 된다. 이와 같은 결말은 불멸을 다룬 동화에서 쉽게 확인할 수 있는 특징이다. 그런데 그것은 터크 가족이 위니의 무덤을 찾아가는 것보다 더 충격적이다. 사실 그러한 결말은 일반적인 아동문학에서는 찾아보기 어렵다. 왜냐하면 그것은 세계란 안정되어 있다고 확신하는 아동 고유의 신념을 완전히 깨트리는 것이기 때문이다. 『The Homeward Bounders』는 환상에 불과한 안정성을 문제 삼는다. 이 책에서 아동은 바로 자기 자신이 아니더라도 그 이전에 그와 같은 운명에 처해 있던 다른 사람들을 위해서 악을 물리치고 승리한다. 방황하는 화란인은 포기했지만, 유년기 아이들의 놀라운 고집과 발랄함은 불가사의한 적을 압도하는 제이미의 결단력을 통해 입증된다. 성인기에 대한 아동기의 우월성은 그대로 유지된다. 그리고 아동은 동일시하기 어려운 위치인 구세주로 이용된(used)다 −아니 학대당하고(abused) 있는 것이다−. 제이미는 어떤 성인도 견딜 수 없었던 짐을 짊어져야 한다. 바로 이 점이 그를 비극적 인물로 만들 것이며, 비극적 인물이라는 점 때문에 거리를 둔 상태에서만 그와 관련지어 볼 수 있다.

분리된 자아

동일시의 오류를 탐색하면서 알게 된 가장 예기치 않은 사실 가운데 하나는 동일시를 전복시키는 가장 성공적인 전략이 일인칭 서술이라는 점이다. 이는 매우 역설적인 것으로 보일 것이다. 일반적으로 개인적 서술이, 주인공의 마음속으로 완전히 들어가도록 해줌으로써, 독자를 훨씬 더 잘 끌어들이는 것으로 여겨져 왔기 때문이다. 그러나 독자를 끌어들인다는 것은 동일시와 같은 것이 아니다. 현대 청소년 소설에서는 일인칭 서술이 흔하다. 특히 청소년들이 쓰는 은어가 사용되는 소설의 경우, 진정한 10대의 목소리를 구체적으로 전달할 수 있기 때문이다. 이 점은 이미 앞의 여러 장에서 다양한 각도를 통해 논의되어온 바다. 일인칭 시점은 독자가 인물과 화자의 관점을 공유하도록 촉구한다. 텍스트에 의해 촉발된 주체적 입장은 화자와 주인공이 동일한 대리인이 될 때 제한적일 수 있다. 그러나 더 많은 경우, 일인칭 서술은 경험하는 자아와 서술하는 자아로 주체성이 나누어짐으로써 대화적 특징을 보여준다. 독자가 만약 분별력을 잃은 10대와 동일시하고자 한다면, 『호밀밭의 파수꾼_The Catcher in the Rye』(1951)의 홀든 콜필드가 뉴욕 거리를 어슬렁거릴 때 느꼈던 불안한 마음 상태를 이해할 수 있을까? 그들은 확실히 이 두 명의 대리인에 대한 자신의 입장뿐만 아니라, 한 살 더 많은 홀든의 아이러니한 설명에 대해서도 스스로 그 가치를 평가해야만 한다. 그러므로 개인적 서술에서 화자의 목소리와 관점이 서로 다를 때 자연스럽게 보이기보다는 오히려 그와 반대되는 효과를 준다. 즉 독자를 주인공의 주체적 입장으로 몰고 가는 대신 뒷걸음질 치게 한다.

이 불일치는 회고담에서 더 뚜렷하다. 회고담에서 성인 화자는 서술 시점에 이미 아동기에 한 경험의 결과를 알고 있기 때문에, 사실적 지식뿐만 아니라 나이를 먹으면서 얻게 된 지혜와 경험을 가지고 자신의 아동기를 되돌아보게 된다. 앞서 논의된 소설, 『내가 사랑한 야곱_Jacob Have I Loved』, 『캡틴 샬럿_The True Confessions of Charlotte Doyle』, 『푸른 돌고래 섬_The Island of the Blue Dolphins』이 그와 같은 경우에 해당된다. 화자와 인물사이의 갭은 텍스트에 나오는 다른 모든 타자성을 더욱 증폭시켜준다.

Sonya Hartnett의 『목요일의 아이_Thursday's Child』(2000)에서 인물 하퍼와 화자 하퍼 사이의 관계는 매우 모호하고 불분명하다. 그리고 바로 이 점이 우리가 화자의 신뢰성을 받아들이는 데 커다란 영향을 미친다. 우리는 소설 끝에 가서야 하퍼가 스물한 살이며, 그녀가 일곱 살 때부터 열두 살 때까지 일어났던 일을 이야기하고 있다는 것을 알게 된다. 이에 앞서 화자 하퍼는 일관되게 인물 하퍼로부터 거리를 둔다. 이를테면, "틴은 그 당시 고작 네 살이었어."(9), "그 때 일곱 살 무렵이었으니"(10), "나는 어렸을 때 그것을 이해하지 못했어."(21), "지금 내가 지난 시간을 돌이켜보면"(36), "몇 년 동안이나 나는 이해할 수 없었어."(39), "나는 나중에 그것을 알게 되었어."(88), "돌이켜 생각해보면"(174), "그것이 지금 나를 슬프게 해… 나는 내 자신을 용서해주고 싶어."(182), "몇 년이 흐른 지금에야"(204)와 같이 말함으로써 거리를 두고자 한다. 다른 한편으로 화자는 어린 아이가 직접적으로 느낀 것에 대해 너무 많이 개입하지 않으려고 한다. 즉 "나는 당황했다. 그녀가 말하는 것을 이해할 수 없었다. 나는 데본이 '맹세컨대 난 그를 죽여 버릴 거야.'라고 소리치는 이유를 알 수 없었다."(169)고 한다. 이해할 수 없는 인물에 대한 언급은 성인 화자가 한 것이며, 따라서 이 언급은 매우 효과적으로 아동인 인물과 거리를 둔다. 화자가 "나는 오드리가 내게 해준 말을 믿었다."고 할 때, 이 말이 함축하는 바는, 화자가 그 이야기를 서술하면서 자신이 그동안 믿고 있었던 것이 잘못되었다는 것을 깨달았다는 것이다. 이렇게 성인화자는 인물의 인지 능력이 떨어진다는 점을 반복적으로 지적한다.

인물과 화자 사이의 거리를 만들어내는 데 효과적인 장치는 시제의 변화이다.

●●● 『목요일의 아이』; 16

"그것이 내 기억 가운데 가장 무섭고 가장 외로우며 가장 슬픈 것이야."

화자는 여기서 현재 서술 상황, 즉 자신이 자신의 이야기를 말하고 있거나 아니면 써내려가고 있는 상황을 언급하고 있다. 그런가 하면 또 성인 화자를 드러내주는 다른 반성적 구절들이 있다.

●●● 『목요일의 아이』; 36

"여러분이 어렸을 때는 시간이 느리게 간다. 그러나 좀 더 나이가 들면 더 빨리 흐른다. 내가 일곱 살이었을 때, 여름은 영원히 지속되는 것 같았다. 그러나 지금은 그저 스쳐지나갈 뿐이다."

●●● 『목요일의 아이』; 83

"여러분이 아홉 살이었을 때의 세상은 다른 사람들이 살고 있는 세상과는 다르다."

인물과 화자 사이의 거리는 가난한 가정의 일곱 살 어린이는 거의 쓰지 않는 교양 있는 관용어와 같은 언어를 통해서 더 함축적으로 표현된다. 즉 은유가 풍부한 언어와 다양한 특징의 발화, 장엄한 묘사 그리고 성숙한 생각을 통해 표현된다. 우리는 하퍼가 어린애였을 때 이미 이야기를 쓰는 일에서 위안을 얻고, 또 성인이 되어서도 계속해서 글을 쓰고 있다는 것을 알고 있다. 그런데 그녀의 이야기가 자신이 썼던 것이라는 지적은 어디에도 없다. 그러나 이야기 서두에 "이제 나는 여러분에게 내 남동생에 대해 이야기하고자 한다."(7)는 청자와 관련된 초사가 제시된다. 이 이야기가 야심이 있는 저자, 즉 엄청난 부자로 생활비를 벌지 않아도 되는 스물 한 살 하퍼에 의해 쓰여졌다는 것을 생각하면, 그녀가 고급언어를 사용하여 자신의 아동기의 경험을 이야기한다는 것은 충분히 수긍할 만한 내용이다.

동시에 그녀는 많은 일인칭 화자와 같이, 기억을 전부 믿을 수 없다는 것을 알고 있다.

●●● 『목요일의 아이』; 7

나는 틴의 나이든 모습을 본 적이 없다. 심지어는 젊은 시절 모습도 본 적이 없다. 그래서 틴은 내 마음 속에 늘 어린 남자 아이로 남아있다. 틴은 내 기억 속에서는 영원히 어린 시절에 머물러 있다…. 기억이란 묘하다. 언제나 멈추고 싶을 땐 잘 멈춰버리니.

화자는 자신이 어떤 것은 잘 기억하지만 또 어떤 것은 잘 기억하지 못한다는 것을 인정한다.

●●● 『목요일의 아이』; 36

"나는 우리가 지하의 틴에 대해 이야기했던 그 날 저녁, 뺨에 핑크빛이 돌던 캐피의 모습을 기억하고 있다. 그러나 나는 그가 네 발로 기는 법을 배웠다는 것은 기억하지 못한다."

기억이 지닌 선택적 특성은 화자에게만 해당되는 특성이 아니다. 일곱 살인 인물의 파편적 지각은 화자의 불신을 더욱 증폭시킨다. 사실상 플롯의 중심 요소에 해당하는 사실, 즉 아이가 지하로 내려가 살면서 야성적으로 자란다는 내용은 믿기 어려운 것으로, 모방적 읽기보다는 은유적 읽기를 촉구한다. 가난한 삶으로부터 도망가기 위해 굴을 파는 틴은 정신분석적인 해석을 할 때 완벽한 출발점이 된다. 또 그 이야기를 Sonya Hartnet도 자신의 소설 『고스트 차일드_The Ghost's Child』(2007)에서 탐색한 바 있는 그 무엇, 즉 충격적인 경험을 더 상징적인 형태로 바꾸려는 Harper의 시도로 읽는 것 또한 가능하다.

더 나아가, 화자와 인물의 담론이 모호한 상황이 있다.

> ●●● 『목요일의 아이』 ; 19
>
> 여러분이 헐값에 팔릴 만큼 아무 것도 아니라는 것은 끔찍한 사실임에 틀림없다고 나는 생각했다. 물론 틴은 다의 애완동물이었다. 그러나 …을 알게 되자 어느 정도 안도감이 들었다.

위 인용문에서 직접화법으로 표현된 첫 번째 문장은 이야기가 시작될 때 인물이 한 생각을 화자가 전한 것이다. 그러나 두 번째 문장은 더 복잡하다. "틴은 다의 애완동물이었다."는 판단은 일곱 살 먹은 인물이 한 것일까? 아니면 성인화자가 한 것일까? "물론"은 후자의 해석을 지지해주는가?, "알게 되자 어느 정도 안도감이 들었다."는 문장은 직접적인 경험을 반영한 것인가 아니면 거리를 둔 자기 평가인가? 여기서 화자와 인물의 주관성은 상호작용하며 서로를 간섭한다. 그렇게 함으로써 독자를 그 사이 어딘가에 위치시키는 것이다.

하퍼가 일곱 살 아니, 열두 살이라 하더라도 이해할 수 없는 것이 많다. 우선 일반적으로 성인들 사이의 뒤얽힌 신비스런 관계가 그렇고, 또 아버지의 비겁함과 무책임함, 그리고 부유한 이웃 케이블 씨의 배반과 오드리에게 보인 공격적인 행동의 성격이 바로 그렇다. 성인 화자로서의 하퍼는 자신의 더 어린 모습을 실제보다 더 성숙한 것으로 그릴 수도 있다. 그녀는 어렸을 때의 감정을 더 복잡하고 더 성숙한 언어로 표현한다. 다른 한편 성인으로서 그녀는 아버지가 케이블 씨를 죽이려 한 이유를 깨달을 수밖에 없다. 그러나 인물에게 그 일에 대해 생각해 보도록 허락하지는 않는다. 화자의 담론과 인물의 담론을 분리하는 것은 사실상 불가능하다. 이는 이 소설은 물론 같은 유형의 다른 많은 소설에서 가장 큰 도전이

아닐 수 없다. 이 모든 경우에 독자들이 동일시의 함정에 빠져, 불가피하게 주인공의 제한된 관점을 공유하게 된다 할지라도, 그들은 결코 소설에서 실제 일어나고 있는 일을 이해할 수 없을 것이며, 주인공의 주체성에 갇혀 텍스트가 제공하는 반복되는 균열들을 간과하게 될 것이다. 일인칭 서사를 보다 성숙한 자세로 읽으려면, 개인적 서술이 독자에게 주인공의 마음 속에 들어가서 가능한 한 그와 가깝게 있도록 한다 할지라도, 인물 혹은 화자의 주체적인 입장에서 자유로워야 한다.

개성의 분열이란 시간에서의 일탈보다 훨씬 더 구체적이고 복잡할 수 있다. Hartnett의 『Surrender』(2005)에서는 두 명의 화자가 똑같은 이야기를 응답송가처럼 한다. 즉 장을 번갈아가며 대화하듯 이야기한다. 그들은 다른 사람이 접근할 수 없는 사건을 서로 보완하면서 또 중요하게는 상대방의 잘못된 추론을 바로잡으면서 동일한 이야기를 한다. 시간은 그때와 현재 사이를 오간다. 어떤 것도 명확하게 기술되지 않는다. 뿐만 아니라 화자 두 사람이 단지 곳곳에 힌트를 흘리면서, 자신들의 이야기의 주요 부분을 생략한다. 예를 들어 두 사람 모두 계속해서 민감한 사실이 발견되었으며 수년전에 있었던 범죄사건이 밝혀졌다고 말한다. 두 소년이 모두 이 범죄사건과 관련되어 있다. 그러나 소설 끝에 가서야 비밀이 밝혀진다.

더 나아가서 두 서사 모두 그들 가운데 한 사람, 즉 잔인한 아이 피니건의 위상에 대해서는 망설이는 부분이 있다. 장(章) 서두에 가브리엘로 언급되었지만 다른 인물들은 앤웰이라 부르는 주인공이 열 살 때 어디에서인지도 모르게 나타났다. 피니건은 앤웰에게 없는 것을 전부 가지고 있다. 그는 의지가 강하고, 용감하며, 재주도 뛰어나다. 또 무엇보다도 사회적 구속뿐만 아니라 부모의 구속으로부터도 자유롭다. 두 소년이 약속을 한다. 가브리엘이라는 천사의 이름을 사칭한 앤웰은 선의 모델이 되고, 반대로 피니건은 그가 원하는 것은 뭐든 하기로 한다.

●●● 『Surrender』; **43(이탤릭체는 원저자 강조)**

"내가 너 대신 나쁜 짓을 할 거야. 그러니까 너는 나쁜 짓을 해서는 안 돼. 너는 착한 일만 할 수 있어… 너는 *착한* 일만 해야 해. -너는 결코 화를 내거나 싸워서도 안 돼. 나는 *나쁜* 짓만 할 거야. -나는 늘 화를 내고 싸울 거야. 우리는 서로 완전히 반대야. - 물속에 비친 그림처럼-"

"너 지금 물에 비친 그림자를 이야기하는 거니?"

"물에 비친 모습! 같지만 다른 것. 쌍둥이나 피를 나눈 형제같이! 네가 누군가를 벌주거나 복수하려고 할 때처럼 뭔가 나쁜 짓을 해야 할 땐 내게 부탁해. 그러면 내가 할께-"

이 점에서 보면 피니건은 "외계 아동"을 다소 사악한 존재나 유령으로 바꾼 것으로 여겨질 수도 있다. 그리고 소설은 그 자체로, 훨씬 덜 우울한 Hartnett의 『고스트 차일드_The Ghost's Child』와 더불어, 심리적 사실주의와 신비스런 판타지를 정교하게 섞어놓은 것으로 보일 수도 있다. 이 소설은 앤웰이 엄마 지갑에서 돈을 -오로지 자신을 위해- 꺼내온 다음, 그 일을 피니건이 한 것으로 덮어씌우며 비교적 순진하게 시작된다. 물론 이것은 한계를 시험해 보는 것과 같은 유치한 행동의 전형적인 예다. 반복되는 방화를 포함한 끔직한 사건들이 길게 이어진다. 피니건이 바로 이 방화를 통해 자기 친구에게 나쁜 짓을 한 모든 사람에게 복수를 하는 것 같다. 독자들은 계속해서 피니건은 존재하지 않으며, 그는 전적으로 정신병을 앓고 있는 앤웰이 만들어낸 것이라는 사실을 깨닫게 된다.

●●● 『Surrender』 ; 54

"내 안에서… 피니건이 했을 법한 나쁜 짓에 대한 상상을 했다. 나의 적들은 개처럼 달아났다."

그것은 단순히 새로운 해석의 문제가 아니다. 피니건은 틀림없이 나쁜 꿈과 고통스런 기억을 갖고 있도록 창조된 앤웰의 어두운 면이다. 가브리엘은 앤웰의 완벽한 면이며, 바로 그만큼 환영(幻影)일 수 있다. "가브리엘" 장(章)에서 화자는 그가 처음으로 피니건을 만났던 -아니 그가 피니건을 만들어낸- 일과 그를 어린 시절로 되돌아가게 만든 피니건에 대해 설명한다. 그러므로 피니건은 앤웰의 의식의 목소리가 되어 앤웰로 하여금 정신 장애를 가진 형의 죽음과 관련된 상황을 떠올리게 한다. "가브리엘"의 화자는 그것은 사고였다고 주장한다. 피니건은 그 일에 대해 다음과 같이 언급한다.

●●● 『Surrender』 ; 42

"너는 틀림없이 형에 대해 나쁘게 생각하고 있어… 너는 형처럼 나쁜 일을 하지 않으려고 했어."

앤웰이 화풀이를 하기 위해 그런 행동을 한 것인지, 아니면 연민이나("네가 죽어야 더 안전하게 될 것이다."(62)) 부주의한 나머지 그런 일을 저지른 것인지를 독자들이 스스로 결정해야 한다. 그가 서술할 때 혼동을 일으킨 것인지, 아니면 이야기를 미화하거나 세세한 부분을 잘못 기억하고 있는 것인지, 또 혹은 사건이 일어난 시간에 이미 정신착란을 일으킨 것인지 판단해야 한다. 앤웰은 속으로 피니건이 존재하지 않는다는 것을 알고 있다. 그는 비밀로 지켜져야 한다. 어쨌든 "누군가는(누구도) 믿을 (믿지 못할) 것이다."(41). 어쩌면 피니건은 또 앤웰이 자신의 죽은 형을 투사한 것인지도 모른다. 그러니까 쪼개어진 또 다른 페르소나인 셈이다. 독자가 알게 된 앤웰의 마음은 매우 혼란스러운 상태다. 따라서 조각 그림을 한 데 맞추어야 할 뿐만 아니라, 그것들 가운데 어떤 것이 실제인지 또 왜곡된 것은 어느 것인지, 그리고 순수하게 가상의 것은 어느 것인지 판단해야할 것이다. 다시 주의 깊게 읽어보면 놀랍게도 텍스트 앞부분에 몇 가지 단서가 주어진 것을 알 수 있다.

서사 현재 앤웰은 스무 살이며, 죽어가고 있다. 서술 초기부터 독자들은 그가 암으로 죽어가고 있다는 인상을 받을 수도 있다. 앤웰이 자신을 돌봐주는 사라를 숙모라고 언급하지만, 결국 그가 사라라 부르는 여성은 간호사임이 밝혀진다. 그는 어린 시절 살았던 집에서 죽는 것이 다행이라고 말한다. 그러나 그는 사실 정신병원에 있다. 매우 위험하고 난폭한 환자처럼 침대에 꽁꽁 묶인 채로 말이다. 앤웰은 죽고 싶어 한다. 마음이 아픈 그로서는 죽는 것이야말로 자신의 어두운 면을 없앨 수 있는 유일한 방법이기 때문이다.

●●● 『Surrender』; 224

"나는 너를 죽이기 위해 죽을 거야."

●●● 『Surrender』; 227

"나는 너를 두려워하며 살 수 없어."

피니건은 완전히 통제력을 잃었다. 열여섯 살 나이에, 앤웰은 피니건이라는 자신의 자아가 위협적인 인물로 여기고 있는 한 소녀에 대한 환상을 키운다.

●●● 『Surrender』 ; 69

"너는 내 거야… 나는 너를 누구와도 공유할 수 없어."

가브리엘이라는 자아는 피니건으로부터 소녀를 보호할 필요가 있다. 그러나 피니건의 힘이 지나치게 세다는 것이 증명된다.

이야기에서 현재에 해당하는 시간은 매우 짧은 것 같다. 앤웰이 죽기 직전, 단 하루에 불과하다. 그러나 그 이후 그의 전 생애가 다뤄진다. 물론 이 시간은 이질적인 파편들로 이루어져 있으며, 연대기 순으로 이야기되지도 않는다. 이 시간은 모두 부모의 학대와 모욕에 초점을 맞추고 있다. 피니건과 나누는 대화를 보면, 앤웰은 자신을 정당화하고 있는 것 같다. 그는 자신의 극단적인 폭력을 가상의 파트너에게 부분적으로 전가한다. 또 자신이 갖고 있는 적대감과 잘못된 행동을 어느 정도는 주변 사람들 탓으로 돌린다. 매번 피니건은 충격을 받는다. 화자인 "가브리엘"은 희생자가 그럴만했다고 말한다. 피니건은 그것을 확인하고 앤웰를 용서해준다. 그러나 마지막 범죄는 피니건이 저지른 것이 아니다.

제목에 담긴 모호한 의미는 주인공의 최후의 항복 뿐만 아니라 아버지가 그에게 죽이라고 한 개의 이름과 관련되어 있다. 개라는 이 이중적 존재는 피니건의 이중성을 증폭시킨다. 주어진 시간에 개가 죽었는지 살았는지, 또 피니건처럼 아예 존재하지 않은 것인지 명확하지 않다. 개는 단지 피니건이 가지고 있는 우월성과 사악함을 확장시킨 것이다. 피니건과 더불어 서렌더도 주인공의 골칫거리가 된다. 앤웰은 자신이 부모를 살해한 날의 기억을 털어놓을 때까지도, 자신의 수많은 자아와 그 당시와 지금, 그리고 어둠과 밝음을 구분하지 못한다. 소설은 일인칭 화자의 죽음으로 끝난다. 물론 이는 허구에서만 허용되는 한 가지 선택이다. 말할 필요도 없이, 인물과의 동일시는 불가능하다.

합치된 자아

Bart Moeyaert의 『Bare Hands』(1995)에서는 강력한 서사적 여과 장치가 사용되었다. 다시 말해 이 소설에서는 인물 대 화자가 갖는 관점과 독자가 갖는 관점 사이의 차이가 주체의 입장에 영향을 미친다. 성인 내포 저자와 어린이 화자 사이의 간극을 깨트리는 데 성공한 작품은 많지 않다. 그러나 『Bare Hands』는 드물게 예외적인 작품에 속한다. 이 작품에서는 화자의 목소리가 조금도 거짓으로 보이지 않는다. 외적인 사건의 묘사가 인물의 내적 담론과 완벽하게 섞인 채 교대한다. 소설은 거두절미하고 인물에 대한 배경 설명 없이 그리고 배경이나 상황을 조금도 묘사하지 않은 채 시작된다. 사건의 시간은, 신화나 민담에서 무슨 일이든 일어날 수 있는 마법의 날인, 섣달 그믐날 밤이다. 이야기는 겨우 몇 시간 동안 일어난다. 사건이 일어나는 시간은 실제로 그 사건을 이야기 하는 데 걸리는 시간과 거의 맞먹는다. 이러한 시간의 집중은 현대 아동문학의 특징으로, 몇몇 고전에 해당하는 아동문학에서 영원한 아동기가 반복되는 것과 다르며, 또 다른 아동문학 고전에서 전통적인 전기의 플롯이 몇 년 동안이나 늘어지는 것과 다르다. 대신 소설은 분기점을 이루는 통렬한 한 순간을 이야기 한다. 그 분기점 이후 아동은 더 이상 아동이 아니다. 텍스트는 개인적 서술을 통해 공포와 부끄러움, 증오가 섞인 극도로 강렬한 내면의 경험을 전달한다. 난로에서 나는 소리와 같이 사소한 세부사항까지도 인물이 집중적으로 느끼고 있는 바를 강조해 준다. 이처럼 끊임없이 지속되는 관점은 동일시를 강화하는 것 같지만, 사실은 반대로 작용한다.

표면상으로는 물론, 또 소설의 어떤 시점까지도 말 안 듣는 소년에 대한 통상적인 이야기처럼 읽힌다. 화자인 워드와 그의 친구인 버니는 톰 소여나 허클베리 핀처럼 적지로 모험을 떠난다. 우리는 그들을 식인 거인의 집에 침입해 마법의 물건을 훔치는 전래동화의 주인공으로 생각해볼 수 있다. 그러나 워드와 버니는 전래동화에 나오는 인물이 아니다. 순진한 장난처럼 시작된 것이 더 심각한 것으로 발전한다. 식인 거인, 이웃 벳제맨 씨는 손이 플라스틱으로 된 괴물로, 워드의 개를 죽인다. 그는 화자의 눈을 통해 사악하고 위험한 남자로 소개된다. 그리고 소설 중반부에 이르러 갑자기 기억의 화살이 6일 전, 크리스마스 때로 돌아가 벳제맨 씨가 워드의 집 저녁 식탁에 앉아 있었다는 것을 독자에게 알려준다. 분명히 화자는 우리에게 전체적인 이야기를 해주지 않는다. 그것은 아마도 현재 마음 상태로 인해 기억이 잘 나지 않기 때문인 것 같다. 말하지 않은 것이 말한 것보다 더 의미 있는 것이 된다. 화자가 사건의 결정적인 부분을 생략함으로써, 설사 우리가 거기에 공감한다 할지라도 독자의 주체적 입장은 그로부터 멀어지게 된다. 우리는 워드가 결국 악마와 싸우는 주인공이 됨에 따라, 그와 자연스레 공모하게 된다. 다른 한편으로는 그처럼 믿을 수 없는 화자 때문에 버림받고 또 심지어는 사기를 당한 것 같은 느낌도 가지게 된다. 작품의 여러 페이지를 한 문장씩 천천히 보면서 워드가 괴물을 증오하게 된 배경을 알게 되고, 순발력이 뛰어난 독자라면, 아버지 없는 소년과 소년의 엄마와 소년의 안전한 가정에 침입하려는 엄마의 새 남자친구가 등장하는 햄릿이라는 상호 텍스트가 떠오르게 될 것이다. 상호 텍스트가 없다 해도 이야기가 함축하는 바는 분명하다. 소년과 한 남자 사이의 갈등, 그리고 그들 사이의 증오는 매우 효과적으로 전달된다. 이야기의 복잡함과 서사 구조의 정확성, 그리고 해결방법의 부재 등은 동일시를 전복시키는 데 가장 뛰어난 장치이다. 사실 워드의 불관용은 독자로 하여금 그를 싫어하게 만들 수도 있다. 그러나 그것 때문에 독자들이 소설을 즐길 수 없다는 것을 시사하지는 않는다.

Mark Haddon의 『한 밤중에 개에게 일어난 의문의 사건_The Curious Incident of the Dog in the Night-Time』(2003)은 화자 대 주인공에 대한 불신과 그에 따른 소외감(alienation)을 한 걸음 더 앞으로 밀고 나간다. 열다섯 살 크리스토퍼는 아스퍼거 증후군을 갖고 있다. 이 사실은 불행히도 책의 뒷표지에 가서야 밝혀진다. 화자는 결코 이 사실을 언급하지 않는다. 그는 다른 존재라는 것을 알고 있지만 그에게는 그것이 자연스럽기 때문에 그 사실을 강조하지 않는다.

●●● 『한밤중에 개에게 일어난 의문의 사건』 ; 2

내 이름은 크리스토퍼 존 프랜시스 부운이다. 나는 세계에 있는 모든 나라와 그 나라의 수도를 알고 있다. 또 7507까지의 모든 소수를 기억하고 있다.

아스퍼거 증후군을 가지고 있는 사람은 대개 놀라운 재능을 가지고 있다. 그러나 그들은 사회적 관계를 맺는 데 자신이 없으며 언어 표현에 문제가 있다. 그래서 그들이 텍스트를 만들어내는 것은 거의 불가능하다. 언어가 경험을 전달할 수 있는 유일한 수단일 경우 아스퍼거 증후군을 가진 청년의 경험을 어떻게 전달할 수 있을까? 텍스트는 이와 같은 문제를 비언어적 표현 장치를 통해 표현하고 있다.

●●● 『한밤중에 개에게 일어난 의문의 사건』; 2

> 8년 전 내가 처음 시오반 선생님을 만났을 때 선생님은 내게 이 그림을 보여주었다.
>
> ☹
>
> 나는 이 그림이 "슬픔"을 나타낸다는 것을 알았다. 이것은 내가 죽은 개를 발견했을 때 느낀 바로 그 기분이다.
> 그런 다음 시오반 선생님은 내게 이런 그림도 보여주었다.
>
> ☺
>
> 나는 그것이 "기쁨"을 나타낸다는 것을 알았다. 내가 아폴로 우주선의 특별한 비행에 대해 읽었을 때 느낀 것과 같다….

크리스토퍼는 이와 같은 간단한 방법으로 자신이 말로 표현할 수 없는 기분을 표현할 뿐만 아니라 다른 사람의 얼굴 표정을 읽는 법을 배운다. 다른 한편으로, 그는 관찰력이 매우 뛰어나다. 그는 그 주변에서 다른 사람들이 미처 보지 못하는 세세한 부분까지도 알아본다. 왜냐하면 그에게는 모든 정보가 그 어떤 다른 정보만큼이나 의미 있는 것이기 때문이다. 예를 들어 기차역에서 신호를 볼 때, 그는 정보를 분류하여 중요한 것을 선택하는 것이 아니라, 한 번에 모든 정보를 간파한다.

아스퍼거 증후군을 가진 사람이 일상생활을 무리 없이 해나가기 위해서는 일과가 일정한 규칙과 엄격한 틀에 짜여 있어야 한다. 크리스토퍼는 자신의 삶에 예기치 않은 일이 일어나면 당황하게 되지만 도움을 받을 수도 없다. 예를 들어 그가 집 앞에서 웰링턴이라는 이웃 개가 죽어있는 것을 발견하게 된다면 그는 그러한 일이 왜 그리고 어떻게 일어났는지 알려고 할 것이다. 그 개는 모든 사람이 자신에게 죽었다고 말한 엄마가 사실은 살아 있고 그를 버렸다는 것을 알게 될 때, 그가 느끼게 될 훨씬 더 큰 혼란을 예고해 준다. 그는 엄마를 찾기로 결심하고 여행을 하게 된다. 이제 그는 기차역을 찾고 현금지급기에서 돈을 인출하여 표를 사고 정해진 기차를 찾아 타는 것과 같은 새롭고 낯선 일을 해야 한다. 물론 이러한 일련의 행동은 우리가 보통은 특별히 신경 쓰지 않고도 할 수 있는 것들이다. 그러나 크리스토퍼는 이 일을 한 단계 한 단계 주의 깊게 계획함으로써 모든 문제를 풀어간다. 그는 "런던으로 가는 기차"라는 컴퓨터 게임을 하고 있다고 생각한다. 그는 컴퓨터 게임을 아주 잘하기 때문에 그와 같은 일련의 단계를 잘 처리해

나간다. 그리고 자신이 겪은 일을 상세하게 전달한다.

●●●『한밤중에 개에게 일어난 의문의 사건』; 189

그 남자가 말했다. "편도에요, 왕복이에요?"
내가 말했다. "편도, 왕복이 무슨 뜻이에요?"
그러자 그가 말했다. "가는 것만 원하세요? 아니면 갔다가 되돌아오는 것을 원하세요?"
내가 말했다. "저는 도착하면 거기서 지낼 거예요."
그가 말했다. "얼마 동안이나요?"
내가 말했다. "대학에 다닐 때까지요."
그가 말했다. "그러면 편도군요." 그리고 다시 그가 말했다: "17파운드예요."

위 인용문은 텍스트가 아스퍼거 증후군을 가진 사람의 의식세계를 어떻게 표현하는 지를 보여준다. 이것은 결국 인간이 본능적으로 지니게 되는 소외감을 창출하면서도 공감을 불러 일으킨다. 끝부분에 가면 크리스토퍼는 과거의 모든 역경을 무릅쓰고 고급 수학 강의를 들으며 다음과 같은 결론을 내린다.

●●●『한밤중에 개에게 일어난 의문의 사건』; 268

그런 다음 나는 제1급 우등 학위를 받을 것이며 과학자가 될 것이다.
나는 내가 그것을 충분히 해낼 수 있다는 것을 알고 있다. 왜냐하면 스스로 런던에 갔고 누가 웰링턴을 죽였는지 그 비밀을 풀었기 때문이다. 또 나는 엄마를 찾았고 용감했으며 책도 한 권 썼다. 이것이 결국 내가 뭐든지 다 할 수 있다는 것을 말해 준다.

내포저자는 이 서사에서 완전히 사라지고 어린 인물의 직접적이며 복잡한 경험이 앞으로 나온다. 텍스트가 권력을 행사할 필요가 없다. 주인공이 정확히 자신이 깨닫지 못하는 열등한 위치를 벗어나 힘을 얻게 되기 때문이다.

분리된 화자

Gérard Genett의 이론에서 개인적 서술과 비개인적 서술 사이에는 어떤 차이도 없다. 비개인적 화자는 인물에 초점을 둔다. 반면 개인적 화자는 자기 자신에 초점을 둔다. 대신 쥬네트는 서사 내의 화자의 존재, 서사에 대한 화자의 거리, 초점화 유형을 포함한 서법의 중요성을 강조한다(Genett, 1980). 다양한 방식으로 이루어진 강한 내적 초점화는 개인적 서술과 유사하게 작용한다. 독자들은 개인적 화자로부터 자유로운 입장을 취할 필요가 있는 것처럼, 초점화하는 인물로부터도 자유로울 필요가 있다.

Mirjam Pressler의 『Let Sleeping Dogs Lie』(2003)에 나오는 요한나는 1990년대 중반 독일의 중소 도시에서 가장 부유하고 가장 존경받은 남자의 18살 손녀다. 요한나는 별안간 자기 집 벽장에 해골이 있다는 것을 발견하게 된다. 관점은 완전히 주인공의 관점을 따른다. 서사의 시간 구조는 매우 복잡하다. 할아버지의 예기치 않은 자살 직후와 요한나가 몇 달 전 학교의 연구과제를 해결하기 위해 이스라엘을 방문한 사건이 서로 갑작스럽게 번갈아 등장한다. 요한나가 다양한 사람들로부터 들은 부정확한 정보를 이용하여 조각 그림을 완성하려고 하는 동안, 독자는 인물에 비해 장점과 단점을 모두 갖게 된다. 소설 초반에 요한나는 독자가 모르는 사실을 알고 있다. 그녀가 이스라엘에 있었을 때 일어난 일과, 그녀가 학교에 제출하려고 쓰고 있는 보고서의 대상인 유대 인 노파, 메타 레빈으로부터 들은 것, 그리고 특히 그녀와 레빈 부인의 손자인 도론 사이에 있었던 일에 대해 알고 있다. 독자로 하여금 정신을 바짝 차리게 만드는 여러 가지 단서가 텍스트 안에 촘촘히 뿌려져 있다. 마치 추리소설이 독자를 탐정보다 한 발 더 앞서게 해주는 것과 같은 방식이다. 예를 들어 도론이라는 이름은 우리가 그가 누군지 알기 전에 몇 번씩이나 등장한다. 그렇다 해도 요한나가 그를 만난 상황은 명확하지 않다. 이 사실은 예를 들어 “도론과의 사이에서 있었던 일”로만 언급된다. 그러나 우리는 요한나가 남자친구에 대해서 나쁜 감정을 가지고 있기 때문에 그들 사이에 어떤 일이 있었던 것은 아닌가 하고 의심해 보게 된다. 요한나는 그 기억이 일종의 트라우마였기 때문에 그것을 지워버린다. 독자들은 그녀가 스스로 부정하려고 한 것이 정확히 무엇이며 그 이유는 무엇인지 추측해 보게 된다. 소설 끝부분에 가서야 도론이 요한나를 폭행했고, 요한나가 마음속으로 그것을 자신의 가족에 대한 도론의 뒤늦은 복수로 받아들였다는 것이 밝혀진다. 이러한 생각은 차후 어떤 언급도 없이 그대로 방치되고, 따라서 독자들은 스스로 입장을 취해야만 한다.

레빈 부인이라는 이름 역시 소설 초반에 등장한다. 요한나가 레빈 부인에게 할아버지의 죽음을 알리는 마음의 편지를 쓸 때 독자들은 거기에 전제된 내용을 조금도 알지 못한다. 레빈 부인이 요한나의 할아버지를 싫어하고, 정말이지 증오하기까지 한 데는 이유가 있다는 것이 분명하다. 그녀가 한 때 요한나가 살던 도시에 살았다는 사실이 명백해진다. 역사에 대한 몇 가지 기본적인 지식만으로도 유대 인인 그녀가 독일을 떠날 수밖에 없었으며, 어쩌면 강제수용소에서 시련을 겪었으리라는 사실을 어렵지 않게 이해할 수 있다. 결국 우리는 중요한 정보를 얻게 되고, 다시 말해 레빈 부인이 예루살렘에서 요한나에게 말한 것을 알게 된다. 예민한 독자라면 그때까지 초점화가 받아들일 수 있도록 준비한 것보다 더 많은 것을 이해하게 될 것이다. 독자의 주의를 다른 데로 돌리는 데 유효한 장치는 다름 아닌 요한나의 지각과 기억을 다른 데로 돌리게 하는 것이다. 다시 말해 그녀가 자신의 고통스런 기억을 숨기려고 했던 것처럼, 그녀 자신의 방에서 본 풍경과 관광객의 눈으로 본 이스라엘에 대한 인상, 그리고 자신의 같은 반 친구와 패션이나 음악에 대해 나눈 생각을 한 페이지 길이로 기술하는 것이다.

다른 한편, 요한나는 가족에 대한 전적인 믿음 때문에 판단력을 잃은 것이 분명하다. 그녀는 할아버지가 중노동을 하여 푼푼이 저축한 끝에 재산을 일구었다는 이야기를 들었다. 그녀는 늘 할아버지를 자랑스러워했다. 그러나 그녀는 뭔가 석연치 않은 부의 상속녀이자 부유한 가족의 응석받이로서 자신이 누리고 있는 목가적이며 보호받는 삶에 대한 통찰력이 부족하다. 그녀는 특권층이 다니는 학교에 다녔으며 비싼 차를 몰았고, 엄청난 은행 계좌를 가지고 있으며 자신이 가리키는 것은 뭐든지 가질 수 있었다. 그러므로 그녀는 다가오는 불행에 대해 전혀 준비가 되어 있지 않은 상태였다. 첫 번째로 발견하게 된 것은 가족의 사업이 유대 인 가족의 것이었으며, 유대 인 가족은 나치가 지배하게 되었을 때 도망쳐야 했다는 것이다. 그녀의 부모는 할아버지가 이전의 소유주로부터 정직한 방식으로 회사를 샀으며 그들이 도망갈 수 있도록 도와주었다고 설명한다. 학식있는 독자라면 나치 치하에서 유대 인의 추방이 실제로 어떻게 일어났는지를 알 것이다. 그러나 학식이 별로 없는 독자라 하더라도 모든 것이 들리는 것처럼 그렇게 간단하지는 않았을 것이라고 생각할 것이다. 물론 이 사실은 말 그대로 그의 가족들이 오래된 사진에서 나치의 스와스티카를 지우듯이, 지워버리고자 했던 사실이다. 할아버지는 나치의 적극적인 열성당원이었음이 밝혀졌다. 또 메파 레빈의 가족은 결코 자신들이 소유하고 있던 것에 대해 돈을 받은 적이 없다는 사실 또한 밝혀졌다. 요한나의 할아버지는 지위를 이용하여 유대 인의 불행으로부터 이득을 취해왔음이 밝혀졌다. 요한나에게는 그것이 충격으로 다가오겠지만, 독자는 이미 그것에 준비가 되어 있다. 요한나는 사실을 모른 채 자랐다. 가족이 잘 살게 된 것이 할아버지의 수상한 행동에 기반한 것임을 깨닫게 되면서 그녀는 매우 혼란스럽다. 그렇다고 반드시 독자들이 공감할 수 있도록 부추길 필요는 없다. 요한나 부모뿐만 아니라, 그녀 자신도 알고 싶어 하지 않았다. "몰랐다."와 "알고 싶지 않았다."가 텍스트 내내 나란히 소개되면서 반향을 불러일으킨다. 그녀의 아버지는 그녀의 주의 깊은 질문에 "나는 그 일에 대해 듣고 싶지 않다."고 신속하게 대답하는데, 이로서 그가 알고 있다는 것을 드러낸다. 그는 단순히 긁어 부스럼을 만들고 싶지 않은 것이다. 요한나는 자신에 대한 변명으로 "몰랐다.", "듣지 못했다."는 말을 생각한다. 심지어는 요한나의 같은 반 친구들과 그녀의 남자 친구가 그녀보다 더 많은 것을 알고 있는 것 같다. 이제 독자가 그녀가 순진한지 오만한지를 판단해야 한다.

그녀는 이스라엘을 다녀온 이후에도 부모에게 물을 용기가 나지 않았다. 그리고 할아버지의 죽음을 계기로 속죄의 과정이 시작된다.

●●● 『Let Sleeping Dogs Lie』 ; 13

"지금 그 일이 일어났다. 이제 나는 더 이상 잘못된 일이 없는 것처럼 행동할 수는 없다."

그러나 그녀는 장례를 치르는 동안이나 또 그 이후에도 그 문제를 거론할 준비가 되어있지 않았다. 그녀의 아버지 또한 여러 가지 정직하지 못한 행위와 핑계를 대며 자살에 얽힌 사실을 감추려고 하였다. "그녀 스스로 그것을 깨닫는 것이 허락되지 않았다 해도, 어쨌든 그녀는 분명한 사실을 알게 되었다."는 것을 인정할

수 있게 된 것은 소설의 마지막 페이지에 이르러서이다.(176)

요한나는 불편한 진실을 단지 우연한 기회에 밝혀낸다. 그러지 않았다면 그녀는 계속해서 행복한 무지 속에 살았을 것이다. 여기서 자연스럽게 독일민족이 저지른 범죄와 관련된 전체적인 문제가 제기된다. 그리고 그것은 강한 초점화를 통해 개인적이며 덜 추상적인 수준에서 논의된다(교사가 결국 요한나가 간파한 것을 언어화할 수 있도록 도와주긴 했지만). 민감한 주제는 권위적인 목소리를 통해 소개되지 않고 다양한 관점과 견해를 통해 소개된다. 할아버지는 요한나에게 좋은 사람이었다. 그는 훌륭한 고용주였으며, 존경받는 시민이었다. 자신의 조상이 저지른 범죄에 대해 책임을 질 수 있는 세대가 얼마나 될까? 요한나는 이스라엘의 양로원에 있는 할머니에게 어떤 방법으로 보상할 수 있을까? 그녀는 과연 할아버지의 필생의 사업을 이어나가는 것에만 신경을 쓰고 있는 냉정한 폭군인 자신의 아버지와 완전히 화해할 수 있을까? 자신이 알게 된 사실을 남동생과 함께 나누는 것은 그녀의 책임인가? 아니면 그녀는 남동생을 보호하기 위해 긁어 부스럼을 만들지 않고 그대로 내버려둘 것인가? 요한나가 명문 대학에 입학하는 대신 일 년 동안 이스라엘에 가서 일하는 것이 속죄 행위가 될 수 있는가? 또 그것은 정당화될 수 있는 것인가? 아니면 그것 역시 또 다른 도피이자 환상에 불과한 것인가? 대학에 들어갈 필요성과 속죄에 대한 소망 사이에서 갈등하는 요한나의 고민에 대해 독자가 관여하게 될 경우, 거리를 두는 것이 어렵겠지만 반대로 그것은 거리두기를 요구한다.

이 장에서 든 모든 예는 공감을 불러일으키려는 소망과 허구적 인물에게 단단히 묶여 있는 주체의 입장을 전복하려는 소망 사이의 차이를 보여주었다. 초기 아동문학에서 악명 높은 교훈적 경향은 고정된 주관성을 시사한다. 그와 같은 작품에서 인물들은 따라야 할 모델이 되거나 경고성 본보기가 된다. 두 경우 모두, 독자들에게 화자의 입장, 즉 찬양하거나 경멸하는 입장을 채택하도록 부추긴다. 독립적 주관성에 대한 독자의 자유는 제한적인 것처럼 보일 수도 있다. 그런데 역설적이게도 인물이 지닌 완벽함이나 혐오스런 특성이 모두 동일시를 전복한다.

현대아동문학에서는 주인공을 보통 사람과 더 흡사하게 만들어 주는 경향이 있다. 이는 곧 텍스트의 주체성이 화자에서 인물로 바뀌었다는 것을 시사해준다. 저자가 자신이 만들어낸 인물의 시도와 탐색에 독자가 참여하기를 원하는 것은 당연하다. 독자가 등장인물의 시도와 탐색에 참여하지 않는다면 그는 쉽게 책을 팽개치게 될 것이다. 그러나 만약 텍스트가 가하는 주체적 입장이 너무 강하고 그러한 주체성을 대체할 어떤 서사적 장치도 없다면 독자는 함정에 쉽게 빠지게 될 것이다. 위에서 강조한 다양한 전략들이 성숙한 주체의 입장을 지지해줄 수 있다.

어린 독자들이 주인공의 주체성을 공유하면서도 책을 즐길 수 있다고 주장할 수 있다. 어린 독자들이 인물구성, 심리적 의미, 이데올로기와 문체를 무시하면서 오로지 플롯만을 생각하며 읽는 것을 즐기는 것처럼, 나는 확실히 그들이 그럴 수 있다는 데 동의한다. 그러나 인물에 묶여 있는 입장은 세상이 자기중심으로 돌아가고 있다는 미숙한 아동의 확신인 유아론을 지지한다. 우리는 문학의 중재자로서 아동이 타인의 삶의 상황에 자신을 위치시키고, 이해와 동정심을 발달시키며, 자신을 돌아보며 특히 이데올로기를 평가할 수 있는 사람이 되기를 원한다. 앞서 언급한 바와 같이, 독립적인 주체성은 읽기 능력을 구성하는 주요 요소 가운데 하나다. 만약 우리가 어린이를 성숙한 독자로서 기르기를 원한다면, 가장 중요한 첫 번째 단계는 그들에게 동일시의 오류를 깨닫게 하는 것이다.

결론
: 성인의 자기부정

본고의 나이 우선하기(aetonormative theory)는 이전의 수많은 아동문학에 관한 개념과 정의를 보충하려는 시도에서 제시되고 발전시킨 것이다. 나이기준은 진공상태로 적용되는 것이 아니라, 성과 인종, 계층 등의 다른 달리 보기 구조(heterological structures)와 얽힌다. 이점을 염두에 두면, 권력 구조사이에서 어떻게 서로를 부풀리거나 가로 막는지 밝혀낼 수 있다. 문학텍스트에서 다른 분명한 타자성(alterities)으로 인해 어른의 규범이 약화될 수 있다.

어른이 자기 권력의 위치를 완벽하게 의문시하는 것은 불가능하고, 거의 대다수의 아동문학 작품은 이 문제를 전적으로 무시하거나 또는 무조건적으로 어른의 규범을 인정해 버리는 것으로 그런 의구심을 품는 것조차 시도하지 않는다. 이런 인정은 연령기준의 전복과 더불어 의도적이거나 무의식적으로 여러 전략을 구사하는데 그 중 몇 가지를 이 책에서 검토하였다.

이 책 제목에 거론된 삼 요소, 권력과 목소리, 주관성은 이런 전략들과 밀접히 연결되어 있다. 현실과 가상 세계에서 사회적 조건에서 어른은 항상 아이보다 우위에 있다. 여기서 권력 상하구조는 성, 계급 또는 성 취향과 같은 다른 달리 보기 상황과는 다르게 타협의 여지가 없으며, 권력은 필연적으로 자가 재생산된다. 아동과 청소년 문학의 중요한 주제인 성장은 권력 협상의 아픈 경험으로 정해져 있다. 어떤 경우에 있어서는 성인 작가에 의한 성인 규범의 무조건적 확립을 위해 상징적 죽음 또는 현실적 죽음만이 유일한 해결책이다. 드물게 아동이 승리했다

해도 이는 적어도 어른 한 사람이 지지했을 때 가능하다. 나아가 개인 수준에서의 해결책은 확립된 규범을 말소하지 않으며 필연적으로 반영하는 것도 아니다.

성인 규범을 온전히 우회하는 유일한 방법은 성인 환타지와 과학 공상에서 성을 제거하는 것과 유사하게 비모사적(non-mimetic) 방식을 통하는 길밖에 없다. 본고에서 분석된 거의 모든 작품이 일시적 권력 상태를 창출하는 카니발과 같은 우회적 방법에 의존한다. 이미 논의된 바와 같이 일정 주제와 남장 혹은 여장하기, 변신, 동물로 변장하기 등의 장치와 더불어 요정 이야기, 판타지, 디스토피아 또는 탐험 등 여러 장르와 방식 등이 있다. 최근 판타지 픽션에서 찾아보자면, Phillip Pullman은 『His Dark Materials』에서 아동의 규범에 근접하고 있다. 하지만 아이는 삼부작의 말미에서 이미 성인기로 진입한다.

서술자 시각에서 보자면 어른의 목소리는 아동의 목소리보다 더 권위 있었으며 앞으로도 쭉 그 점은 변하지 않을 것이다. 어린 독자와 더불어 아동 인물에 대한 언어적 억압은 아동문학의 독특한 모습으로 교훈의 목적을 띨 때 반드시 더욱 억압적이다. 아마 옛 작품에서나 교훈적이며 모든 것을 알고 있는 성인의 목소리가 쓰인 것 같지만 아동의 초점 또는 개인적 아동 화자 뒤에는 항상 성인 화자가 있다. 배경이나 성 같은 다른 것을 통하여 연장과의 규범을 숨기는데 성공한다.

그림이 글보다 더 급진적이거나 반대로 글이 그림보다 더 급진적일 수 있는 성질로 인해 그림책은 더 넓게 권력 협상에 들어갈 수 있다. 다른 한편, 그림에서 드러내놓은 이데올로기를 글은 조금 더 애매하게 만들 수 있다. 글에서 아이의 편인 척하며 그림 이야기 뒤로 어른은 숨는다. 어린 독자 머리 위로 같이 읽는 어른 독자와 자주 희롱하는 포스트모던 그림책이 이와 같다.

주관성은 권력의 핵심 요소이다. 등장인물과 함께하든 화자와 함께하든, 독자 위에 일정한 주관적 위치를 장악함으로 내포저자는 독자에게 힘을 행사한다. 텍스트에 독립적인 주관적 위치가 확보될 때마다 나이기준은 의문시된다. 예를 들어 어떤 여성의 목소리가 강하게 확실한 주관적 위치를 확보하면 연륜이 주는 힘을 직접적으로 전복시키지는 않을지 몰라도 다른 규범, 확장시켜 말하면 어른의 규범에 도전이 된다. 자기 확인의 충동을 전복시킴으로 텍스트는 자율적인 주체의 자리를 만들어내고 결과적으로 내포성인저자에 대항해 내포아동독자가 힘을 얻는다. 이것이 아마도 성인 저자가 자기 부정을 실험해 볼 수 있는 극한이다.

본 연구 내내 보았듯이 아동문학 작가는 아이 인물에게 여러 방법으로 권력을 부여할 수도 또한 뺏을 수도 있지만 원칙은 근본적으로 동일하다. 권력은 일정 조건에서만 부여되며 거의 예외 없이 시간의 제약이 따른다. 그렇다면 무한 권력의 소유자로 가상의 아이를 그려내는 이유는 무엇인가? 삐삐 롱스타킹이 벨지안 콩고에 대해 한 거짓말보다 덜 빤한 거짓말을 어린 독자에게 하는 것이 아닌가? 여기서 아동문학의 불가능을 다시 한번 이 시도의 제한으로 삼고 달리 보기(heterology)의 기본 명제로 돌아간다. 우리가 우리 자신의 존재를 무조건적으로 전복시킬 수 없기 때문에 아동문학의 지지자와 더불어 작가로서 어른의 규범을 무조건 철폐할 수는 없다. 하지만 아동문학의 카니발을 통해 어른의 기준과 규칙이 절대적일 수는 없다는 사실을 어린 독자에게 알릴 수는 있다. 적어도 그들은 자기 아이들에게 싫다는 시리얼을 억지로 먹이지는 않을 것이다.

참고문헌

• Primary Source

Aldrich, Thomas Bailey. *The Story of a Bad Boy*. New York: Echo Lobraray, 2006.

Alexander, Lloyd. *Time Cat*. New York: Dell, 1963.

______. *The Town Cats and Other Stories*. New York: Dell, 1977.

______. *The First Two Lives of Lukas-Kasha*. New York: Dutton, 1978.

______. *The Remarkable Journey of Prince Jen*. New York: Dutton, 1991.

Alcott, Louisa May. *Little Women*[1868]. Harmondsworth : Penguin, 1994.

Anderson, Hans Christian. *The Complete Fairy Tales and Stories*. New York : Doubleday, 1974.

Anderson, M. T. *Feed*. Cambridge, MA: Candlewick, 2002.

Anstey, F. *The Brass Bottle*. New York: Appleton, 1900.

Avi. *The True Confessions of Charlotte Doyle*[1990]. New York: Avon, 1992.

______. *Nothing but the Truth*[1991]. New York: Avon, 1992.

Asimov, Issac. *The End of Eternity*[1955]. London: HarperCollins, 2000.

Babbit, Nataile. *Tuck Everlasting*. New York: Farrar, 1975.

Baum, L. Frank. *The Wonderful Wizard of Oz*[1900]. New York: HarperCollins, 2000.

Blackman, Malorie. *Noughts and Crosses*. London: Doubleday, 2001.

Bojunga, Lygia. *A bolsa amarela*(The Yellow Bag). Rio de Janeiro: AGIR, 1976.

______. *A cada da madrinha*(Granny's House). Rio de Janeiro: AGIR, 1978.

______. *Corda bamba*(Loose Rope). Rio de Janeiro: Civilzacção Brasileira, 1979.

______. *O sofą estampado*(flowery Sofa). Rio de Janeiro: Civilizacção Brasileira, 1980.

______. *My Friend the Painter*. Trans. Giovanni Pontiero. San Diego: Harcourt Brace Jovanovich, 1991(*O meu amigo pintor*, 1987).

______. *Seis vezes Lucas*(Six Times Lucas). Rio de Janeiro: AGIR, 1995.

Burgess, Melvin. *Junk*. London: Anderson, 1996(published in the USA as Smack).

______. *Lady: My Life as Bitch*. London: Andersen, 2001.

Burnett, Frances Hodgson. *Little Lord Fauntleroy*[1886]. London: Penguin, 1995.

Burningham, John. *Hey, Get Off Our Train!* New York: Crown, 1989.

Carrol, Lewis. *Alice's adventures in Wonderland*[1865]. *In The Penguin Complete Lewis Carroll*. Harmonsworth: Penguin, 1982.

______. *Through the Looking Glass*[1872]. *In The Penguin Complete Lewis Carroll*. Harmonsworth: Penguin, 1982.

Chambers, Aidan. *Dance on My Grave*[1982]. London: Random House, 1995.

______. *The is All. The Pillow Book of Cordelia Kenn*. London: Bodley Head, 2005.

Cleary, Beverly. *Dear Mr Henshaw*. New York: Morrow, 1983.

Collodi, Carlo. *The Adventures of Pinocchio*. Trans. Anne Lawson Lucas. Oxford: Oxford University Press, 1996(*Le avventure di Pinocchio*, 1881)

Coolidge, Susan. *What Kate Did*[1897]. London: Penguin, 1997.

Cooper, Susan. *The Dark Is Rising*. London: Chatto&Windus, 1973.

Dahle, Gro, and Svein Nyhus. *Bak Mumme bor Moni*(Behind Mumme Lives Moni). Oslo: Cappelen, 2000.

De Brunhoff, Jean, *Bonjour, Babar!* New York: Random House, 2000.

Druon, Maurice. *Tistou of the Green Thumbs*. Trans. Humphrey Hare. New York: Scribner, 1958(*Tistou les pouces verdes*, 1957).

Duvoisin, Roger. *Veronica*. New York: Knopf, 1961.

Ekman, Fam. *Hva skal vi gjøre med little Jill?* (What shall we with little Jill?) Oslo: cappelen, 1976.

Ende, Michael. *Momo*. New York: Doubleday, 1985(*Momo*, 1973).

Gaiman, Neil. *Coraline*. New York: HarperCollins, 2002.

Gandolfi, Silvana. *Aldrabra, or the Tortoise Who Loved Shakespeare*. London: Arthur A. Levine, 2004(*Aldabra. La tartaryga che amava Shakespeare*, 2001).

George, Jean Graighead. *My Side of the Mountain*. London: Harper, 1960.

______. *Julie of the Wolves*. London: HarperCollins, 1972.

______. *The Talking Earth*. London: HarperCollins, 1983.

______. *Julie's Wolf Pack*. London: HarperCollins, 1997.

Gubarev, Vitaly. *Troye na ostrove*. Availiableat: http://www.lib.ru/TALES/GUBAREW/gubarev.txt.Haddon, Mark. *The Curious Incident of the Dog in the Night-time* [2003]. London: Vintage, 2004.

Haller, Bent, and Dorte Karrebæk. *Ispigen*(Ice Girl). Copenhagen: Høst&Søn, 2001.

Hamberg, Emma. *Linas kvällsbok*(Lina's Noctuzy). Stockholm: Bonnier, 2003.

Hartnett, Sonya. *Thursday's Child*. Sydney: Penguin, 2000.

______. *Forest. Journey From the Wild*. Sydney: Penguin, 2001.

______. *Surrender*. Sydney: Penguin, 2005.

______. *The Ghost's Child*. Sydney: Penguin, 2007.

Hinton, *S. E. The Outsiders* [1967]. Harmondsworth: Penguin, 1997.

______. *That Was Then, This Is Now* [1971]. Harmondsworth: Penguin, 1998.

Hoffman, E. T. A. *The Life and Opinions of Tomcat Murr* [1820]. London: Penguin, 1999.

______. *Das fremde Kind*(The Alien Child) [1818]. Berlin: Rohrwall, 2001.

______. *Tales of Hoffman*. Penguin, 2004.

______. *The Nutcracker and Mouse King* [1816]. London: Penguin, 2007.

Hoffman, Heinrich. *Struwwelpeter* [1845]. New York: Dover, 1995.

Hofmeyr, Dianne. *Bokie You Better Believe It*. Cape Town: Tafelberg, 1994.

Hunter, Erin W. *Into the Wild*. London: HarperCollins, 2003.

Jones, Diana Wynne. *The Homeward Bounders*. London: Macmillan, 1981.

______. *The Lives of Christopher Chant*. London: Methuen, 1988.

______. *Castle in the Air*. London: Methuen, 1990.

______. *A Tale of Time City* [1987]. London: HarperCollins, 2000.

Joyce, James. *The Cat and the Devil* [1957]. London: Moonight, 1980.

Kadefors, Sara. *Sandor slash Ida*. Stockholm: BonnierCarlsen, 2001.

Karlsson, Ylva. *Dit man längtar*(Whither You Long). Stockholm: Alfabeta, 2001.

Karrebæk, Dorte. *Pigen der var go' til mange ting*(The Girl who Was Good at Many Things). Copenhagen: Forum, 1996.

______. *Lille frøken Buks og de små sejre*(Little Miss Pants and Small Victories). Copenhagen: Gyldendal, 2004.

Katayev, Valentin. *Tsvetik-semitsvetik*. Available at: http://www.2lib.ru/getbook/5081.html.

Kemp, Gene. *The Turbulent Term of Tyke Tiler*(1977). Harmondsworth: Penguin, 1979.

kieri, Katarina. *Ingen grekisk gud, précis*(Not a Greek God Exactly). Stockholm: Rabén & sjögren, 2002.

______. *Dansar Elias? Nej!* (Does Elias Dance? No!) Stockholm: Rabén & sjögren, 2004.

Kingsley, Charles. *The Water Babies* [1863]. London: Wordfsworth, 1994.

Kipling, Rudyard. *The Complete Just So Stories*. Availiable at: http://www.gutenberg.org/dirs/etext01/jusss10.txt.

Korczak, Janusz. *King Matt the First*. Trans. Richard Lourie. Introduction Bruno Bettelheim. New York: Farrar, Straus and Giroux, 1986(*Krol Macius Pierwszy* 1923).

Kuijer, Guus. *The Book of Everything*[2005]. Trans. John Nieuwenjuizen. London: Arthur A. Levine, 2006.

Lagin, Lazar. *Starik Hottabych*. Availiable at: http://www.lib.ru/LAGIN/hottab.txt.

Le Guin, Ursula. *A Wizard of Earthsea*. New York: Parnassus, 1968—The first book in the Earthsea suite.

Lewis, C. S. *The Lion, the Witch and Wardrobe*. London: The Bodley Head, 1950.

______. *The Horse and His Boy*. London: The Bodley Head, 1954.

______. *The Magician's Nephew*. London: The Bodley Head, 1955.

Lindenbaum, Pija. *Bridget and the Gray Wolves*. Stockholm: R & S Books, 2001 (*Gittan och gråvargarna*, 2000).

______. *När Åkes mamma glömde bort*(When Ake's Mom Forgot). Stockholm: Rabén&sjögren, 2005.

Lindgren, Astrid. *Pippi Longstocking*. Trans. Tiina Nunneli. Oxford: Oxford University Press, 2007(*Pippi Långstrump*, 1945).

______. *Pippi in the South seas*. Trans. Gerry Bothmer. Harmondsworth: Penguin, 1997(*Pippi Långstrump i Söderhavet*, 1948).

______. *Karlsson on the Roof*. Trans. Sarah Death. Oxford: Oxford University Press, 2008(*Karlsson på taket*, 1955).

Lowery, Lois. *The Giver*. New York: Doubleday, 1993.

MacDonald, George. *The Princess and the Goblin*[1872]. London: Penguin, 1964.

______. *The Princess and Curdie*[1882]. London: Penguin, 1966.

______. *At The Back of the North Wind*[1871]. London: Penguin, 1984

______. *The Complete Fairy Tales*. London: Penguin, 1999.

______. *Lilith*[1895]. Grand Rapids, MI: Eerdman, 2000.

______. *Phantastes*[1858]. Grand Rapids, MI: Eerdman, 2000.

Machado, Ana Maria. *História meio ao contrário*(The Upside-Down Story). São Paulo: Ática, 1978.

______. *O menino Pedro e seu boi voador*(Pedro and His Flying Bull). São Paulo: Ática, 1979.

______. *De olho nas penas*(Eyes on feathers). Rio de Janeiro: Salamandra, 1981.

______. *Bisa Bia Bisa Bel*(Grandmother Bisa, Grandmother Bel). Rio de Janeiro: Salamandra, 1982.

______. *Beijos mágicos*(Magic Kisses).São Paulo: FTD, 1992.

______. *Palavras, palavrinhas, palavrões*(Big Words, Little Words, Four-letter Words). São Paulo: Quinteto, 1998.

Malot, Hector. *The Foundling*. New York: Harmony, 1986. (Sans famille, 1878).

Marsden John. *Letters from the Inside*. Sydney: Macmillan, 1991.

Major, Kevin. *Dear Bruce Springsteen*. Toronto: Doubleday, 1987.

______. *Diana: My Autobiography*. Toronto: Doubleday, 1993.

Marshall, James. *George and Martha*. New York: Houghton Mifflin., 1972.

McCaughrean, Geraldine. *The Kite Rider*. Oxford: Oxford University Press, 2001.

Milne, A. A. *Winnie-the Pooh* [1926]. London: Methuen, 1965a.

______. *The House At Pooh Corner* [1928]. London: Methuen, 1965(b).

Moeyeart, Bart. *Bare Hands*. Trans. David Colmer. Asherville, NC: Front Street, 2005(*Blote handen*, 1996).

Molesworth, Mary. *The Cuckoo Clock* [1877]. London: Jane Nissen, 2002.

Morpurgo, Michael. *Kensuke's Kingdom*. London: Heinemann, 1999.

Nesbit, Edith. *The Story of the Amulet* [1906]. London: BiblioBazaar, 2007.

______. *The House of Arden* [1908]. London: Penguin, 1986.

______. *The Phoenix and the Carpet* [1904]. London: Wordsworth, 1995.

______. *The Railway Children* [1906]. London: Penguin, 1995.

______. *The Enchanted Castle* [1907]. London: Penguin, 1999.

______. *Five Children and It* [1901]. London: Penguin, 2004.

Nöstlinger, Christine. *Konrad*. New York. Avon, 1982(*Konrad oder das Kind aus der Konservenbüchse*, 1975).

O'Dell, Scott. *Island of the Blue Dolphins*. Boston: Houghton Mifflin, 1960.

Park, Linda Sue. *A single Shard*. Oxfored: Oxfored University Press, 2001.

Paterson, Katherine. *The Sign of the Chrysanthemum*. New York: HarperCollins, 1973.

______. *Of Nightingales That Weep*. New York: HarperCollperCollins, 1974.

______. *The Master Puppeteer*. New York: HarperCollperCollins, 1975.

______. *Rebels of the Heavenly Kingdom*. New York: Dutton, 1983.

______. *Jacob Have I Loved* [1980]. New York: HarperCollins, 1990.

______. *Preacher's Boy*. New York: HarperCollins, 1999.

Pearce, Philippa. *Tom's Midnight Garden* [1958]. Oxford: Oxford University Press, 2008.

Perrault, Charles. "Press in Boots." Available at: http://www.surlalunaefairytales.com/pussboots/index.html.

Potter, Beatrix. *The Tale of Peter Rabbit*. London: Warne, 1992.

Pressler, Mirjam. *Let Sleeping Dog Lie*. Trans. by Erik J. Macki. Asheville, NC: Front Street, 2007(*Die Zeit der schafenden Hunde*, 2003).

Pullman, Philip. *The Firework Maker's Daughter*. London: Doubleday, 1995.

______. *Northern Lights*. London: Scholastic, 1995.

______. *The Subtle Knife*. London: Scholastic, 1997.

______. *The Amber Spyglass*. London: Scholastic, 2000.

Rey, H. A. *Curious George*. Boston: Houghton Mifflin, 1941.

______. *Curious George*. Boston: Houghton Mifflin, 1969.

Robson, Jenny. *The Denials of Kow-Ten*. Cape Town: Tafelberg, 1998.

Rolling, J. K. *Harry Potter and the Philosopher's Stone*. London: Bloomsbury, 1997.

______. *Harry Potter and the Chamber of the Secrets*. London: Bloomsbury, 1998.

______. *Harry Potter and the Prisoner of Azkaban*. London: Bloomsbury, 1999.

______. *Harry Potter and the Goblet of Fire*. London: Bloomsbury, 2000.

______. *Harry Potter and the Order of the Phoenix*. London: Bloomsbury, 2003.

______. *Harry Potter and the Half-Blood Prince*. London: Bloomsbury, 2005.

______. *Harry Potter and the Deathly Hallows*. London: Bloomsbury, 2007.

Sachar, Louis. *Holes*. New York: Dell, 1998.

Said, S. F. *Varjak Paw*. London: David Fickling, 2003.

Saint-Exupéry, Antoine. *The Little Prince*. London: Wordsworth 1995(*Le petit Prince*, 1943).

Salinger, Jerome D. *The Catcher in the Rye*[1951]. Philadelphia: Chelsea House, 2000.

Sendak, Maurice. *Where the Wild Things Are*. New York: Harper, 1963.

______. *Outside Over There*. New York: Harper & Row, 1981.

Seton, Ernest Thompson. *Animals Heroes*[1905]. Availiable at: http://www.gutenberg.org/etext/2284.

Seuss, Dr. *The Cat in the Hat*. New York: Random House, 1957.

Sigsgard, Jens and Arne Ungermann. *Paul Alone in the World*. St Louis: McGraw-Hill, 1964(*Palle alene i verden*, 1942).

Spyri, Johanna. *Heidi*[1880]. London: Wordsworth, 1993.

"The Story of Dick Wittington." Availiable at: http://www.archive.org/stream/historyofdickwhi00cruiiala/historyofdickwhi00cruiiala_djvu.txt.

Stretton, Hesba. *Jessica's First Prayer*[1867]. London: Kessingger, 2004.

Tayler, G. P. *Shadowmancer*. London: Faber, 2004.

Tayler, Mildred D. *Roll of Thunder, Hear My Cry*. New York: Dial, 1976.

______. *Mississippi Bridge*. New York: Dial, 1990.

Thydell, Johanna. *I taket lyser stjärnorna*(The Stars Are Shining on the Ceiling). Stockholm: Natur och kultur, 2003.

Talkien J. R. R. *The Hobbit*[1937]. Boston: Houghton Mifflin, 1997.

______. *Lord of the Rings*[1954-55]. Philadelphia: Chelsea House, 1999.

Tomin, Yuri. *Shol po gorodu volshebnik*. Available at: http://www.lib.ru/TALES/TOMIN/.

Townsend, Sue. *The Secret Diary of Adrian Mole, Aged 13 3/4*. London: Mandarin, 1982.

Travers, Pamela. *Mary Poppins*[1934]. London: HarperCollins, 2008.

Trivizas, Eugene. *The Las Black Cat*[2001]. Trans. Sandy Zervas. London: Egmont, 2005.

Twain, Mark. *The Adventures of Tom Sawyer*[1876]. Harmondsworth, Penguin, 1985.

______. *The Adventures of Huckleberry Finn*[1884]. New York. Penguin, 1995.

Wahl, Mats. *Anna-Carolinas krig*(Anna-Carolin's War). Stockholm: Bonniers Junior, 1986.

______. *Vinterviken*(Winter Bay). Stockholm: Bonnier Junior, 1993.

______. *Lilla Marie*(Little Marie). Stockholm: BonnierCarlsen, 1995.

Webster, Jean. *Daddy-Long-Legs*[1912]. London: Penguin, 1995.

• Secondary Sources

Auerbach, Erich. *Mimesis. The Reprentation of Reality in Western Literature*. 4th ed. Princeton, NJ: Princeton University Press, 1974.

Bakhtin, Michail. *Rabelais and His World*. Cambridge, MA: MIT Press, 1968.

______. "Epic and Novel" in *The Dialogic Imagination*. Austin: University of Texas Press, 1981(a), pp. 3-40.

______. "From the Prehistory of Novelistic Discourse" in *The Dialogic Imagination*. Austin: University of Texas Press, 1981(b), pp. 41-83.

______. "Forms of Time and Chronotope in the novel" in *The Dialogic Imagination*. Austin: University of Texas Press, 1981(c), pp. 84-258.

______. "Discourse in the Novel" in *The Dialogic Imagination*. Austin: University of Texas Press, 1981(d), pp. 259-422.

______. *Problems of Dostoevsky's Poetics*, Manchester: Manchester University Press, 1984.

______. "The Bildungsroman and Its Significance in the History of Realism (Toward a Historical Typolgy of the Novel)" in *Speech Genres and Other Late Essays*. Austin: University of Texas Press, 1986, pp. 10-59.

______. "Author and Hero in Aeshetic Activity" in *Art and Answerability: Early Philosophical Essays*. Austin: University of Texas Press, 1900, pp. 4-256.

Beckett, Sandra. *Crossover Fiction: Global and Historical Perspectives*. London: Routledge, 2008.

Briggs, Katharine M. *Nine Lives*. Cats in Folklore. London: Routledge & Kegan Paul, 1980.

Butler, Judith. *Gender Trouble*. Feminism and the Subversion of Identity. 2nd ed. New York: Routledge, 1999.

Certeau, Michel de. *Heterologies*. Discourse on the Other. Minneapolis: University of Minnesota Press, 1986.

Clark, Beverly Lyon. *Kiddie Lit*. The Cultural Construction of Children's Literature in America. Baltimore: The Johns Hopkins University Press, 2003.

Coats, Karen. *Looking Glasses and Nevelands*. Iowa City: University of Iowa Press, 2004.

______. "Keepin' It Plural: Children's Studies in the Academy" in *Chilren's Literature: Critical Concepts in Literary and Cultural Studies* edited by Peter Hunt. London, Routledge, 2006, vol.2, pp. 181-199.

Eliade, Mircea. *The Sacred and the Profane*. New York: Harper & Row, 1961.

Flanagan, Victoria. *Into the Closet: Cross-dressing and the Gendered Body in Children's Literature and Film*. New York: Routledge, 2007.

Froster, E. M.: *Aspects of Novel*. San Diego, CA: Harcourt, Brace, 1985.

Fouault, Michel. *Power: Essential Work of Michel Foucault 1954-1984 Volume 3*. London: Penguin, 2002.

Frye, Northrop. *Anatomy of Chriticism. Four Essays*. Princeton, NJ: Princeton University Press, 1957.

Calbraight, Mary. "Goodnight Nobody' Revisited: Using an Attachment Perspective to Study Picture Books about Bedtime." *Children's Literature Association Quarterly* 23(1998-99)4 : 172-180.

Genette, Gérard. *Narrative Discourse. An Essay in Method.* Ithaca, NY: Cornell University Press, 1980.

Gilbert, Sandra M. and Susan Gubar. *The Madwoman in the Attic. The Woman Writer and the Nineteenth-Century Literary Imagination.* New Haven: Yale University Press, 1977.

Gray, William N. "George MacDonald, Julia Kristeva and Black Sun." *Studies in English Literature: 1500-1900.* 36(1996)4 : 877-93.

Hintz, Carrie and Elaine Ostry, eds. *Utopian and Dystopian Writing for Children and Young Adults.* New York: Routledge, 2003.

Holmgren, Virginia. C. *Cats in Fact and Folkore.* New York: Howell, 1996.

Hourihan, Margery. *Deconstructing the Hero. Literary Theory and Children's Literature.* London: Routledge, 1997.

Hunt, Peter. "Narrative Theory and Children's Literature." *Children's Literature Association Quarterly* 9(1984)4: 191-194.

______. "Necessary Misreadings: Directions in Narrative Theory for Children's Literature." *Studies in the Literary Imagination* 18(1985) 2: 107-121.

______. *Criticism, Theory and Children's Literature.* London: Blackwell, 1991.

______. "Dragons in the Department and Academic Emperors: Why Universities are Afraid of Children's Literature." *Compar(a)ison*(1995) 2: 19-31.

______. "Children's Literature Studies." *Canadian Children's Literature* 32(2006a)1: 112-115.

______. ed. "Childist Criticism: The Subculture of the Child, the Book and the Critic." *In Children's Literature : Critical Concepts in Literary and Cultural Studies.* London: Routledge, 2006b, vol. 2, pp. 263-279.

Inglis, Fred. *The Promise of Happiness. The Value and Meaning in Children's Fiction.* Cambridge: Cambridge University Press, 1981.

Jackson, Rosemary. *Fantasy : The Literature of Subversion.* New York: Methuen, 1981.

Jameson, Fredric. *Archaeologies of the Future. The Desire Called Utopia and Other Sccience Fictions.* London: Verso, 2005.

Jenkins, Ruth Y. " 'I am Spinning This for You, My Child' : Voice and Identity Formation in George MacDonald's Princess Books" . *The Lion and the Unicorn* 28(2004) 3: 325-344.

Kristeva, Julia. *Power of Horror : An Essay on Abjection*. New York: Columbia University Press, 1982.

______. *Revolution in Poetic Language*. New York: Columbia University Press, 1984.

Lacan, Jacques. *Ecrits : A Selection*. New York: Norton, 1977.

Lanser, Susan Sniader. *The Narrative Act: Point of View in Prose Fiction*, Princeton, NJ : Princeton University Press 1981.

______. *Fictions of Authority. Women Writers and Narrative Voice*. Ithaca, NY: Cornell University press, 1992.

______. "Toward a Feminist Narratology." *style*(1986)3 : 341-363.

Lassén-Seger, Maria. *Adventures into Otherness. Child Metamorphs in Late Twentieth -Century Children's Literature*. Åbo: Åbo Akademi University Press, 2006.

Lurie, Alison. *Don't Tell the Grownups. Subversive Children's Literature*. Boston: Little, Brown, 1990.

Lyotard, Jean-Francois. *The Postomodern Condition: A Report on Knowledge*. Minneapolis: Minnesota University Press, 1984.

MacDonald, George. "The Fantastic Imagination" in *Fantasists on Fantasy* edited by R. H. Boyer and K. J. Zahorski. New York: Avon, 1984.

May, Jill P. *Children's Literature and Critical Theory*. New York: Oxford University Press, 1995.

MacCallum, Robyn. *Ideologies of Identity in Adolescent Fiction: The Dialogic Construction of Subjectivity*. New York: Garland, 1999.

MacGavran, James Holt, ed. *Literature and the Child. Romantic Continuations, Postmodern Contestations*. Iowa City: University of Iowa Press, 1999.

McGillis, Roderick, ed. *For the Childlike. George MacDonald's Fantasies for Children*. Methchen, NJ: Scarecrow, 1992.

______. *The Nimble Reader. Literary Theory and Children's Literature*. New York: Twayne, 1996.

______. "Postcolonialism, Children, and Their Literature." *Ariel* 28(1997) 1: 7-15.

______. ed. *Voices of the Other: Children's Literature and the Postcolonial Context*. New York: Garland, 2000.

______. "A Fairy tale is Just a Fairytale: George MacDonald and the Queering of Fairy." *Marvels Tales* 17(2003)1: 86-99.

______. "The Delights of Impossibility: No Children, No Books, Only Theory" in *Children's Literature: Critical Concepts in Literary and Cultural Studies* edited by Peter Hunt. London: Routledge, 2006(a), vol. 2, pp. 323-335.

______. "One Way, No Return: Let's See Where is Here." *Canadian Children's Literature* 32.1(2006b): 77-86.

Mezei, Kathy, ed. *Ambiguous Discourse. Feminist Narratology and British Women Writers*. Charlotte, NC.: The University of North Carolina Press, 1996.

Natov, Roni. *The Poetics of Childhood*. New York: Rouledge, 2003.

Nikolajeva, Maria. *Children's Literature Comes of Age: Towards a New Aesthetic*. New York: Garland, 1996.

______. *From Mythic to Linear: Time in Children's Literature*. Lamham, MD: Scarecrow, 2000.

______. *The Rhetoric of Character in Children's Literature*. Lanham MD: Scarecrow, 2002.

______. *The Aesthetic Approaches to Children's Literature: An Introduction*. Lanham, Md.: Scarecrow, 2005.

Nodelman, Perry. "Children's Literature as Women's Writing." *Children's Literature Association Quarterly* 13(1988)1: 31-34.

______. "The Other: Orientalism, Colonialism, and Children's Literature." *Children's Literature Association Quarterly* 17(1992) 1: 29-35.

______. "Fear of Children's Literature: What's Left(or Right) After Theory?" in *Reflections of Change* edited by Sandra Beckett. Westport, CT: Greenwood, 1997, pp. 3-14.

______. "What Are We After? Children's Literature Studies and Literary Theory Now." *Canadian Children's Literature* 31(2005) 1: 1-19.

______. "Interpretation and the Apparent Sameness of Children's Literature" in *Children's Literature: Critical Concepts in Literary and Cultural Studies* edited by Peter Hunt. London: Routledge, 2006, vol.1, pp. 88-113.

______. *The Hidden Adult. Defining Children's Literature*. Baltimore: The Johns Hopkins University Press, 2008.

Paul, Lissa. "Enigma Variations. What Feminist Criticism Knows about Children's Literature" in *Children's Literature: Critical Concepts in Literary and Cultural Studies* edited by Peter Hunt. London: Routledge, 2006, vol.3, pp. 208-223.

Perrot, Jean. "Shall We Burn Our Goddness 'Theory'?" *Canadian Children's Literature* 32(2006) 1: 97-111.

Pratt, Annis, et al. *Archetypal Patterns in Women's Fiction*. Bloomington: Indiana University Press, 1981.

Prickett, Stephen. *Victorian Fantasy*. Hassocks: Harvester Press, 1979.

Reynolds, Kimberley. *Radical Children's Literature: Future Visions and Aesthetic Transformations in Juvenile Fiction*. Basingstoke: Palgrave Macmillan, 2007.

Rose, Jacqueline. *The Case of Peter Pan, or The Impossibility of Children's Fiction*. London: Mamillan, 1984.

Rudd David. "Theorizing and Theories: The Conditions of Possibility of Children's Literature" in *Children's Literature: Critical Concepts in Literary and Cultural Studies* edited by Peter Hunt. London, Routledge, 2006, vol. 2, pp. 356-374.

Said, Edward W. *Orientalism*. New York: Pantheon, 1978.

Salminen, Jenniliisa. *Fantastic in Form, Ambigiguous in Content: Secondary Worlds in Soviet Children's Fantasy Literature*. Turku: Turku University Press, 2009.

Schwarcz, Joseph and Chava Schwarz. *The Picture Book Comes of Age*. Chicago: American Library Association, 1991.

Scott, Carole. "Clothed in Nature or Nature Clothed: Dress as Metaphor in the Illustrations of Beatrix Potter and C.M. Barker." *Children's Literature* 22(1994): 70-89.

Shavit, Zohar. "The Ambivalent Status of Texts. The Case of Children's Literature." *Poetics Today* 173(1980): 75-86.

Showalter, Elaine. *Speaking of Gender*. New York: Routledge, 1989.

Spender, Dale. *Man Made Language*. London: Pandora, 1998.

Stephens, John. *Language and Ideology in Children's Fiction*. London: Longman, 1992.

______. "Gender, Genre and Children's Literature." *Signal* 79(1996): 17-30.

Stephens, John, ed. *Ways of Being Male: Representing Masculinities in Children's Literature and Film*. New York: Routledge: 2002.

Thacker, Debora Cogan, and Jean Webb. *Introducing Children's Literature*. From Romanticism to Poststructuralism. London: Routledge, 2002.

Todorov, Tzvetan. *The Fantastic: A Structural Approach to a Literary Genre*. Cleveland: The Press of Case Western Reserve University, 1973.

Trites, Roberta Selinger. *Walking Sleeping Beauty. Feminist Voices in Children's Novels*. Iowa City: University of Iowa Press, 1997.

______. *Disturbing the Universe. Power and Repression in Adolescent Literature.* Iowa city: University of Iowa Press, 2000.

______. "The Harry Potter Novels as Test Case for Adolescent Literature." *Style* 35(2001) 3: 472-485.

Usrey, Malcolm. "Johanna Spyri's *Heidi*: The Conversion of a Byronic Hero" in *Touchstones: Reflections on the Best in Children's Literature* edited by Perry Nodelman. West Lafayette, IN: Children's Literature Association, 1985, vol.3, pp. 232-242.

Veglahn, Nancy. "Images of Evil: Male and female Monsters in Heroic fantasy." *Children's Literature* 15(1987): 106-119.

Von Frans, Marie-Louise. *The Cat: A Tale of Feminine Redemption.* Toronto, University of Toronto Press, 1999.

Wall, Barbara. *The Narrator's Voice. The Dilemma of Children's Fiction.* London: Macmillan, 1991.

Watson, Victor. *Reading Series Fiction: From Arthur Ransome to Gene Kemp.* New York: Routledge, 2000.

Weinreich, Torben. *Children's Literature: Art or Pedagogy?* Roskilde, Denmark: Roskilde University Press, 2000.

Westwater, Martha. *Giant Despair Meets Hopeful. Kristevian Readings in Adolescent Fiction.* Alberta: University of Alberta Press, 2000.

Wilkie-Stibbs, Christine. *The Feminine Subject in Children's Literature*. New York: Routledge, 2002.

Wimsatt, William K., and Monroe C. Beardsley. *The Verbal Icon. Studies in the Meaning of Poetry.* London: Methuen, 1954.

Zipes, Jack. *Fairy Tales and the Art of Subversion.* New York: Wildman, 1983.

______. Sticks and Stones. *The Troublesome Sucess of Children's Literature from Slovenly Peter to Harry Potter.* New York: Routledge, 2001.

Zornado, John. *Inventing the Child. Culture, Ideology, and the Rise of Childhood.* New York: Garland, 2000.

찾아보기

가벼운 공주 87
가짜여자 200
간접 자유 화법 112
거울 나라의 앨리스 40
걸리버 여행기 87
고립지 129
고스트 차일드 290, 292
고양이 전사들 249
고정 시대 71
곰돌이 푸우는 아무도 못 말려 37, 233
공주와 고블린 91
공주와 커디 91
괴물들이 사는 나라 254
구덩이 79
구루 43
규범짓기 150
기억 전달자 116, 119, 120
꽃 피우는 아이 티스투 283

나이팅게일의 죽음 149
남성성 166
남장여자 204
내러티브 185
내 무덤에서 춤을 추어라 168, 189, 190
내포 작가 168, 174, 177
낸시 드류 31
네부카네자르 191
노랑 가방 227
눈의 여왕 93

다니엘 191, 202
다르게 규범 짓기 14, 20
다중우주 71
달리 보기 연구 169
데우스 엑스 마키나 30
동성묘사 198
동시적 198
동음이의어 52
동일초점 199
뒷골목 고양이 238
디스토피아 117

라캉주의 113
레나 184
레이첼 227
로젠블룸 75
루이샴 72
루이스 180
루카스-카사의 두 개의 인생 143
룬드 씩스티 119
리넷 127
리얼리즘 64
릴레브로르임 77
릴리스 86

마법사의 조카 69
마술적 리얼리즘 64, 212
말과 소년 143
말하는 대지 158
메리 포핀스 67
모모 283
모비 딕 188
모스크 포티 나인 119
모티프 87
목소리의 전유 164
목요일의 아이 287
무디 24
물의 아이들 88
미메시스 79
미지 78

바바 시리즈 234
바박 179
바이올렛 126
반어적 183
반지의 제왕 285
발신인 186

배어 184
벌 나인티 투 119
범죄와 괴기 소설 199
베로니카, 넌 특별해 234
벨테샤자르 191
변신 83
병행 구조 81
보리스 214
복장전환 174
볼카 219
부족 이야기 67, 143
북풍의 등에서 88, 282
비고정 시대 71
비모방적 글쓰기 86
비모사 64
비비안 72
빌 위글리 34
뻐꾸기 시계 107

사금파리 한 조각 143
산도르 178
산드라 206
상위허구적 195
상호 텍스트 296
샤인 123, 125
샬롯 192
섀도맨서 69
서사 관점 190
서사 주체 198
서술 시간 172
성고정성 185
성전환 204
성정체성 207
소울메이트 184
소원 빌기 모티브 226
수식적인 담화 110, 113
순수 환상 87
스탠리 80
스테판 185
시니피에 242
시적 허용 234
심리화법 196

아니마 42, 108
아덴의 집 67
아웃사이더 249
아타이 나인 119
안나 캐롤리나 174
앤웰 292
앳킨스 168
양성화 204
양치기 소녀와 굴뚝청소부 142
언어유희 43
에밀과 탐정들 84
엔클레이브 136
엘리사 83
연을 타는 소년 144
열린 내러티브 167
예변법 98
예술가 소설 182
오리엔탈리즘 142
오즈의 마법사 67, 108
외부화 73
외적 초점화 167
요정 이야기 212
우화 언어 212
이구투르 138
이기투르 125
이반호탑 219
이솝의 언어 212
이야기 시간 172
이지스 122
이항대립 166
인형극의 대가 149

자기 모순 171
작은 아씨들 176
전-언어 단계 58
조지와 마사 235
지니브 에이티 119

체셔 고양이 41

카알손 78
카이로 세븐티 119

퀴어 설화론 188
크로노토프 87
크리스테바주의 113
크리스토퍼 챈트의 삶 143

타이크 207
타이터스 126, 127
타자성 64, 86
타자화 206, 236
토포스 87
투사 73
트리갭의 샘물 285
트릭스터 241

파버 존 74
판게안 119
페미니스트 설화론 188
폭죽 만드는 장인의 딸 143
프리데인 연대기 34
피드넷 134

하퍼 287
해방 전략 169
헬 169
헤게모니 78
헤드비그 128, 137
호비트 285
홀든 콜필드 196, 287
홈스쿨 129
황금 열쇠 88
후버크라포트 134
후술법 171

Adela Cathcart 87
aeon square 70
Aidan Chambers 168, 186
Alice's Adventures in Wonderland 42
Anna-Carolina's War 174
Ana Maria Machado 226
Annie M. G. Schmidt 84
Astrid Lindgren 76

Bare Hands 294
Bart Moeyaert 294
Beardsley 278
Beatrix Potter 259
Behind Mumme Lives Moni 269
Bent Haller 271
Beverly Cleary 195
Boikie You Better Believe It 191
Bridget and the Gray Wolves 272

Carlo Collodi 67
Charles Perrault 240
Christine Nöstlinger 283
continuum 70

Diana Wynne Jones 70, 143, 245
Diana, My Autobiography 194
Dianne Hofmeyr 191
Dick Whittington 236
Dorte Karrebaek 271, 272, 275

Earthsea 21
Edith Nesbit 26, 67, 95, 143
Edward Said 142
Emma Hamberg 177
Erich Auerbach 64
Erich Kästner 84
Erin Hunter 249
Ernest Thompson Seton 238
Eugen Trivizas 248
Eyes on the Feathers 226

F. Anstey 218
Fam Ekman 267
Flanagan 204
Fredric Jameson 117
Free Rope 228

Gene Kemp 207
George MacDonald 66, 86
Geraldine McCaughrean 144
Gérard Genett 299
Gilbert 167

Granny's House 227
Gro Dahle 269
Gubar 167
Guss Kuijer 83

Hans Christian Andersen 93, 142
Hector Malot 84
Hintz and Ostry 117
homovocalization 189
Hourihan 26, 167

Isaac Asimov 70
Island of the Blue Dolphins 158, 200

Jacques Lacan 106, 193
James Joyce 237
James Marshall 235
Jean de Brunhoff 234, 263
Jenny Robson 116
Jerusha Abbot 192
Jessica's First Prayer 282
Johanna Thydell 176
John Burningham 265
John Marsden 195
John Stephens 79
Julie of the Wolves 153

Katarina Kieri 182
Katerine Paterson 180, 201
Kevin Major 194

Lacan 54
Lanser 188, 190
Laser 189
Lassén 206
Lazar Lagin 218
Letters from the Inside 195
Lina's Noctury 177
Linda Sue Park 143
Little Lord Faunteroy 282
Little Marie 174, 189
Lois Lowry 116
Louis Sachar 79
Lygia Bojunga 226
Lyotard 203

Malorie Blackman 116
Mark Haddon 296
Mats Wahl 173, 174
Maurice Sendak 50, 254
Melvin Burgess 206, 208
metaphor 64
metonymy 64
Meville 188
Michael Ende 283
Michael Morpurgo 151
Mikhail Bakhtin 49, 87
Mildred Taylor 201, 202
Mircea Eliade 33
Mirjam Pressler 299
Mississippi Bridge 202
Molesworth 107
My Side of the Mountain 158

Nathalie Babbit 285
Neil Gaiman 247
Nikolajeva 218
noctury 177
Northrop Frye 20
Nöstlinger 283
Noughts and Crosses 116, 118

Old Man Hottabson 218
Omigod 130

Pamela Travers 67
Pedro and His Flying Bull 227
pendulum garden 70
Philip Pullman 21, 143
Pija Lindenbaum 272, 273
Preacher's Boy 201

Roger Blachon 238
Roger Duvoisin 234
Rudyard Kipling 238

Sandor Slash Ida 178
Sara Kadefors 178
Scott O'Dell 158
Showalter 167
Six Times Lucas 228
Sonya Hartnett 249, 287, 290
Stephen Prickett 106
Stephens 64, 167, 278
Sue Townsend 194
Surrender 291
Susan Coolidge 196
Susan Cooper 21
Svein Nyhus 269

The Alien Child 282
The Book of Everything 83
The Brass Bottle 218
The Castle in the Air 143
The Cat in the Hat 242
The Denials of Kow-Ten 116, 118, 119
The End of Eternity 70
The Firework Maker's Daughter 143
The First Two Lives of Likas-Kasha 143
The Foundling 282
The Giant's Heart 87
The Homeward Bounders 75, 286
The Horse and His Boy 143
The House at Pooh Corner 55
The Ice Girl 271
The Island of Blue Dolphins 199
The Kite Rider 144
The Last Black Cat 248
The Life and Opinions of Cat Murr 236
The Little Elephant 234
The Master Puppeteer 149
The Outsiders 189, 200
The Rainbow Flower 213
The Secret Diary of Adrian Mole 189
The Sign of the Chrysanthemum 148
The Story of A Bad Bo 196
The Story of the Amulet 29, 143
The Talking Earth 158
The Town Cats and Other Tales 241
The True Confession 200
The Turbulent Term of Tyke Tiler 207
The Upside-down Story 227
This is All 186, 189
Thomas Bailey 196
Three on an Island 214
Through the Looking-Glass 40
Time Cat 244
Todorov 91
Trites 23, 167, 201
Tzvetan Todorov 86

Ursula Le Guin 21

Valentine Katayev 213
Varjak Paw 249
Vitaly Gubarev 214

Walt Whitman 174
When Ake's Mom Forgot 273
Whither You Long 116, 118, 121
Wilkie-Stibbs 167
Wimsatt 278
Winter Bay 173, 174

Ylva Karlsson 116

Zipes 24

역자소개

고선주

Institute of Education University of London 아동학 석사, 교육학 박사학위 취득
현재 숭의여자대학교 유아교육과 조교수
역서 그림책을 보는 눈-그림책의 분석과 비평(2011)
공저 세계 그림책의 역사(2008)

김현경

성균관대학교 대학원 아동문학교육전공 석사
성균관대학교 대학원 아동미디어교육전공 박사
영국 캠브릿지 대학교 교육학과 PLACE 방문 연구자 역임
국제아동청소년도서협의회 한국위원회(KBBY) 사무국장 역임
현재 유아를 위한 그림책 앱 관련 박사논문 준비
경민대학교 및 어린이문학세계관학교 강사
공저 긍정적 행동지원을 활용한 독서치료(2012)
옛이야기와 에듀테인먼트 콘텐츠(2008)
좋은책 110 & 150(2005)

구은혜

국민대학교 대학원 미국소설 전공 석·박사
현재 국민대 및 가천대 강사
역서 만들어진 아동(2011)

나선희

이화여자대학교 불어불문학과 졸업
서강대학교 불어불문학과 박사과정
성균관대학교 아동학과 아동문학교육전공 박사
현재 성균관대학교 아동청소년학과 강사

권미경

서울대학교 학사 가정관리학 전공
뉴욕대학교 석사 유아교육학 전공
서울대학교 박사 아동가족학 전공
현재 육아정책연구소 부연구위원
공저 유아다문화교육(2011)
유아 혼합연령 프로그램(2011)
영유아 언어지도(2010)
몬테소리 유아교육의 이론과 실제(1992)

송 정

이화여자대학교 대학원 유아교육전공 석·박사
이화여대, 성신여대, 서울여대 강사 역임
현재 경기도가족여성연구원 연구위원
역서 그림책을 보는 눈-그림책의 분석과 비평(2011)

어린이 문학에 나타난 힘과 목소리, 주체성

2012년 7월 6일 초판 인쇄
2012년 7월 13일 초판 발행

원서 Power, Voice and Subjectivity in Literature for Young Readers
엮은이 마리아 니꼴라예바 Maria Nikolajeva
옮긴이 고선주·구은혜·권미경·김현경·나선희·송정
펴낸이 류제동
펴낸곳 ㈜교문사

디렉터 양계성
책임편집 김진영
본문디자인 에바다에딧
표지디자인 신나리
제작 김선형
영업 정용섭·이진석·송기윤

출력 현대미디어
인쇄 동화인쇄
제본 과성제책사

우편번호 413-756
주소 경기도 파주시 교하읍 문발리 출판문화정보산업단지 536-2
전화 031-955-6111(代)
팩스 031-955-0955
등록 1960. 10. 28. 제406-2006-000035호

홈페이지 www.kyomunsa.co.kr
E-mail webmaster@kyomunsa.co.kr
ISBN 978-89-363-1280-0 (93800)

값 20,000원
* 잘못된 책은 바꿔 드립니다.
* 저자와의 협의하에 인지는 생략합니다.